보인다!
윤리와 사상

윤리와 사상의 흐름

보인다!
윤리와 사상

허 훈 지음

이담 Books

『윤리와 사상』Ⅱ단원(윤리의 흐름과 특징)과 마찬가지로 여타 단원도 해설을 해 달라는 요청을 여러 차례 받았습니다. 여타 단원은 Ⅱ단원에 비해 그리 이해가 어렵지 않으나 선수학습이 부족한 학생들의 경우, 타 단원에서도 적지 않은 내용들을 선뜻 이해하지 못하여 어려움을 겪습니다. 교과내용의 기초적인 부분에 있어서도 여전히 질의가 많습니다. 이해와 암기가 다르다는 사실은 누구나 압니다. 교과 내용을 충분히 이해하지 못하면 실전(모의고사, 수능)에서 어려움을 겪을 수밖에 없다는 사실은 자명합니다.

또한 Ⅱ단원의 경우에도 최근 모의고사나 수능 문제를 보면 교과 내용 밖에서 지문(주로 원전)을 가져오는데, 그 생소한 지문들은 교과 내용을 철저하게 이해하지 못하면 풀이가 쉽지 않습니다. 반복되는 얘기지만, 그렇다고 모든 관련 지문을 일일이 찾아볼 수도 없는 노릇입니다. 그렇다면 비록 생소한 내용이 나오더라도 어떤 사상가의 사상적 배경에 비추어 그의 주장이라 함 직한 내용을 가려낼 수 있는 능력이 필요한데, 많은 학생들이 그렇지 못합니다. 필요한 것은 유추할 수 있는 능력입니다.

그래서 이번 개정판 Ⅱ단원에서는 해당 단원에 나오는 내용이 아니더라도, 좀 더 내용을 보충하고 타 교과서(『전통윤리』)에 나오는 관련 지문만큼은 모두 소개하려 합니다. 본서의 본문을 먼저 읽고 관련 지문을 읽어 나가면 그 이해에 큰 어려움이 없으리라 생각합니다. 나머지 단원도 지난번처럼 교과서 내용을 자세히 설명하겠지만, 너무 장황한 설명이 되지 않도록 하고, 가급적 교과서 내용과 크게 달라지지 않도록 유의할 것입니다. 그러나 Ⅰ, Ⅲ, Ⅳ단원은 교과서 자체에 중복되는 내용이 많아, 반복되는 내용을 다시 소개하고 설명을 붙이는 것 또한 시간 낭비가 될 것입니다. 아주 드물지만 교과서 내용을 상세하게 설명한 자습서들도 있는데, 너무 장황합니다. 그리고 교과서 밖에서 빌려 온 참고 내용(설명)이 어려운 경우도 있고 또 너무 많은 경우도 있습니다. 그러면서도 정작 중요한 개념에 대한 설명을 빠뜨리는 경우가 종종 있습니다. 그러면 학습 능률이 떨어지고, 학습자의 입장에서는 아예 새로운 내용을 공부하는 느낌이 들 것입니다. 본서에서는 이런 점들에 유의하여, 내용을 구성해 나가려 합니다.

윤리와 사상 교과를 열심히 공부하면 여러모로 득이 됩니다. 최근 인문학 열풍(?)이 불고 있는데, 그 기본적 · 핵심적 내용은 윤리와 사상에 있습니다. 인문학의 범주를 간단하게 설정하기는 어렵지만, (우리나라) 인문학의 핵심내용으로 자본주의나 신자유주의, 동 · 서양 철학사 등등을 꼽고 있는 것을 보면, 윤리와 사상 교과는 그 중핵이라 할 수 있습니다. 특히 수험생들의 논술에 직 · 간접적으로 큰 도움이 됩니다. 비록 귀에 걸면 귀걸이, 코에 걸면 코걸이식이 될지언정, 윤리와 사상 교과에서 벗어나는 논술 주제는 거의 없다고 해도 과언이 아닙니다. 윤리와 사상 교과에는 인문 · 사회 논술의 배경 지식으로서 반드시 필요한 기본적인 내용들이 담겨 있습니다.

만약 윤리와 사상을 공부하는 방법(know - how)이 있다면, 나는 그것을 '신화(神話)'에서 찾습니다. 윤리 이전에 신화가 있습니다. 어떤 사상가의 '바탕 생각(Sponsoring Thought, root thought)'을 알아보면, 그 사람의 윤리사상을 이해할 수 있습니다. 즉 "어떤 사상가가 등장하면, 그 사람의 문화 신화(=바탕 생각)를 보기 바랍니다. 그러면 (문화) 윤리를 알 수 있을 것입니다." (다행히도?) 한두 마디로 압축될 수 있는 바탕 생각을 통해 그의 사상 전체를 이해할 수 있습니다. 그러면 생뚱맞은(?) 지문이 출제되어 나오더라도 별 어려움 없이 해결할 수 있을 것입니다. 모쪼록 수험생들의 건투를 빕니다. 끝으로 수험생의 입장에서 원고를 읽어 준 서울 상일여자고등학교의 주소영, 김정화 학생에게 감사의 말을 전합니다.

본서는 다소 도전적인 의도로 쓴 것입니다. 교육현장에서 항상 느끼는 것이지만, 많은 학생들이 교과내용을 제대로 이해하지 못해 어려움을 겪고 있습니다. 필자는 기초 지식이 없어도 교과내용을 충분히 이해할 수 있는 자료집이 있다면 학생들에게 얼마나 큰 도움이 될 것인가를 생각해 보곤 했습니다. 일일이 인터넷을 뒤지거나 선생님을 쫓아다닐 필요가 없을 정도의, 그런 참고서가 없는 것이 늘 아쉽게 느껴졌습니다. 하지만 시중에 나와 있는 자습서나 참고서들은 너무나 요약된 내용만을 제시하거나 지나치게 교과서의 범주를 넘어서는 학습 자료를 제시하고 있습니다.

사실, 필자는 학생들의 잘못된 공부 방법 중 하나가 '지나치게 서머리(Summary, 요약)에 의존하는 것'이라고 생각합니다. 교과 내용을 이해하는 핵심은 소위 '숲과 나무'를 보는 것인데, 학생들은 개념(나무)을 확실하게 이해하지 못하면서도 교과 내용의 윤곽(숲)을 파악하는 데에도 소홀히 합니다. 단지 요약된 내용만을 보면서 기계적으로 외우려 하거나 그것만으로 교과서 내용을 이해하려는, 실로 안타깝고도 힘든 노력을 기울이고 있습니다. 하지만 학교에서 치르는 (전국)모의고사나 수능 시험문제를 보면, 결코 요약된 내용만을 공부해서는 문제를 풀 수 없다는 사실을 충분히 느낄 수 있을 것입니다. 출처를 알 수 없는(?) 제시문을 읽고 의미를 파악해야 하는 문항이 대부분인데, 이는 결코 요약 암기로 해결할 수 없습니다. 그렇다고 해서 모든 출제 예상 지문을 일일이 찾아볼 수도 없는 노릇입니다. 말 그대로 '교과내용을 철저하게 이해해야' 풀 수 있는 것입니다. 그러자면, 다시 강조컨대 '서머리의 병폐'에서 벗어나야 합니다.

본서는 윤리교과(윤리와 사상)의 II단원 「윤리의 흐름과 특징」을 설명한 것입니다. 여타 단원을 모두 다루지 않고 II단원만을 대상으로 한 것은, 다른 단원들은 내용 이해가 교과서만으로 충분하다고 느꼈기 때문입니다. 굳이 불필요한 부연설명을 한다면 학습자의 입장에서는 지루함을 느낄 수 있고 또 시간낭비일 수도 있기 때문입니다. 두툼한 참고서는 오히려 학습능률을 떨어뜨릴 것입니다. 교과내용의 지나친 축약 혹은 산만함, 지루함을 벗어나자는 것이 본서의 취지입니다.

윤리교과는 보통 교육과정에 따라 1학년 『도덕』, 2학년 『윤리와 사상』, 3학년 『전통윤리』 순으로 공부하는데, 알다시피 윤리 전체 교과 중에서 「윤리의 흐름과 특징」 단원이 가장 중요하면서도 어렵습니다. "철학은 만학(모든 학문)의 왕"이라는 말이 있듯이, 본 단원을 충실하게 공부한다면 모든 학문의 가장 기본적인 뼈대를 세우는 공부를 했다고 감히 말할 수 있습니다.

『도덕』 교과나 『전통윤리』는 비교적 내용이 평이하여 이해에 큰 어려움이 없지만, 『윤리와 사상』은 교과 내용 대부분이 철학·사상으로 엮어져 있어 이를 어려워하는 학생들이 많습니다. 특히 그중 II단원 「윤리의 흐름과 특징」 단원은 동·서양 철학(윤리)과 한국 윤리, 세계 윤리로 구성되어 있는데, 수능 문제의 대부분이 이 단원과 관련되어 출제되고 있다고 해도 과언이 아닙니다. 그럼에도 많은 학생들이 II단원에서 어려움을 느끼고 『윤리와 사상』 교과 자체에 대한 자신감을 잃어버리는 모습을 보이곤 합니다. 여기서는 어떤 체면이나 형식 같은 것은 모두 버리고, 그야말로 학생들이 편하게 볼 수 있는 학습 자료를 제공한다는 입장에서 서술했습니다.

본서는 교과서 내용을 모두 담았지만, 교과서보다 더 많은 내용을 담지는 않았습니다. 단, 보다 교과서 내용을 충실하게 설명하기 위해 필요하다고 느껴질 때, 도움이 될 약간의 내용을 첨부하는 정도에 그쳤습니다. 일부 『전통윤리』 교과서의 내용을 발췌한 것도 그런 의도(意圖)입니다. 하지만 단언컨대, 동·서양, 한국 윤리사상과 관련된 모의고사나 수능문제는 본서의 범주에서 벗어나서 출제될 수 없으리라고 확신합니다. 사실 필자는 현행 윤리 교과서의 구성과 전개 방식이 다소 불만스러워서, 교과 내용을 새로 편집해 보려는 구상도 해 보았으나 학습자의 혼란을 생각해서 교과서 체제를 그대로 따랐습니다. 그리고 4절의 세계 윤리 부분은 그리 어렵지 않으나 II단원은 모두 정리해 본다는 의미에서 포함하였습니다. 따라서 본서는 동양·서양·한국 철학 및 세계 윤리를 모두 담고 있어 수험생은 물론이고 일반인이 본서를 일독한다면 철학·윤리사상의 기본 개념을 익히는 데 크게 유익할 것으로 믿습니다.

| 차 례 |

윤리와 사회사상의 의의

Ⅱ 윤리의 흐름과 특징

 # 사회사상의 흐름과 변화

 한국 윤리 및 사회사상의 정립과 민족적 과제

　　우리는 지금 '윤리와 사상'이라는 제목의 교과를 공부하려 합니다. 그러면 어떤 내용을 공부하게 될지 짐작이 되지요? 처음 Ⅰ단원에서는 윤리와 (사회)사상의 뜻(의의)을 보고, 이어 Ⅱ단원에서는 윤리, Ⅲ단원에서는 (사회)사상을 공부할 것입니다. 그리고 마지막 Ⅳ단원에서는 윤리와 사상이 앞으로 나아가야 할 방향을 살펴 볼 것입니다. 지극히 당연한 순서이지만, 유심히 한 번쯤 살펴 둘 필요가 있습니다. 다른 모든 교과도 마찬가지입니다. 교과의 전체 내용 중에 내가 지금 어디쯤 공부하고 있는지 머릿속에 그림을 그려보라는 얘기입니다.

Ⅰ 윤리와 사회사상의 의의

1. 인간의 삶과 윤리

1) 인간의 특성

'나는 누구인가?(Who I am?)'라는 의문은 모든 의문 중에서도 핵심이라고 할 수 있지만, 우리 인간 대부분은 자신이 어떤 존재인지를 모릅니다. 또한, 종종 우리는 '인간이란 무엇인가?'라는 의문도 갖지만, 이 역시 확실한 답을 찾기란 매우 어렵지요. 왜 그럴까요? "인간은 간단히 설명하기 어려운 복잡하고 수수께끼 같은 존재이기 때문"이라고나 할까요.

일단, 인간도 동물이라고 하니까 다른 동물과 비교해 볼까요. 분명 인간은 동물이지만, 다른 동물과는 다른 특성을 지니고 있습니다. 만약에 여러분이 누군가에게 "당신 동물 같다!"라는 얘길 듣는다면 상당히 불쾌하겠지요. 사람들은 스스로를 동물이라고 부르기를 주저하며 동물과는 다른 어떤 고귀한 특성을 지녔다고 생각합니다.

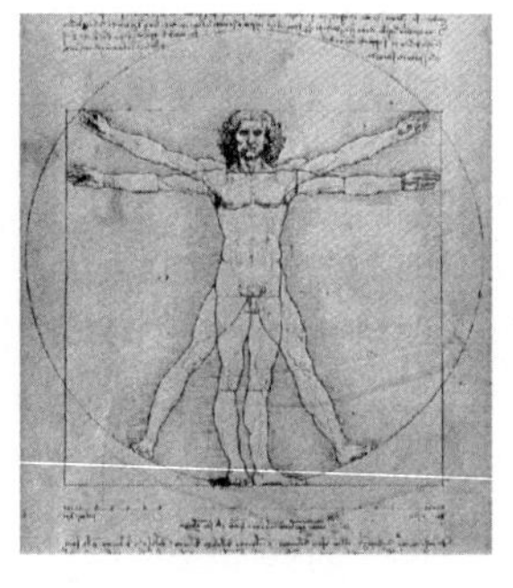

인간이란 무엇인가?

그것이 무엇일까요? 이에 대해서는 예부터 많은 사람들이 여러 가지로 표현해 왔습니다. 그 특성으로서 제일 먼저 꼽아 볼 수 있는 것이 인간은 단순한 기계적인 본능 이외에도 스스로 결정하면서 살아가는 자유를 지니고 있다는 것 아닐까요. 사람들은 자연환경의 지배로부터 벗어나려는 의지를 가지기도 하며, 주체적이고 창조적으로 자신의 삶을 개척해 나가기도 합니다. 이렇게 자신의 행동과 삶의 방식을 스스로 결정할 수 있으며, <u>태어날 때부터 어떤 것에 얽매어 있지 않다는 의미에서 인간을 **열려 있는 존재**라고 표현합니다</u>. 즉 열려 있는 존재란 "모든 분야에 잠재 가능성을 가지고 있는 존재"를 일컫는 말입니다. 곰곰이 생각해 보면, 인간이 미완성된 상태로 태어난다는 것은 큰 의미가 있지요. 스스로를 완성시키려는 노력이 필요하니까요. 또, 그 과정에서 인간의 특성이 자연스럽게 나타납니다.

◇ 도구적 · 유희적 존재 ◇

"인간은 미완성된 상태로 태어난다."고 했는데, 무엇을 말하는지 짐작이 될 겁니다. 다른 동물들의 신체 기관은 자연환경에 잘 적응하면서 살아갈 수 있게 되어 있는 반면에, 인간은 다른 동물에 비하여 생리적 · 신체적 조건이 자연에 순응해서 살아가기 매우 불리하게 되어 있다는 얘기이지요. 인간의 신체 기관은 다른 동물들에 비해 그리 우수한 편이 아니랍니다.

그래도 인간들은 주체적이고 창조적으로 자신의 삶을 개척해 나간다고 하지 않았나요. 위와 같은 결점을 보완하기 위해 여러 가지 도구나 기계를 만들어 사용합니다. 이제 인간들은 하늘을 날기도 하고, 물 위를 자유롭게 다니기도 합니다. 즉 간단한 도구(칼, 도끼, 망치, 괭이, 호미, 항아리, 손수레 등)에서부터 복잡한 도구(배, 자동차, 비행기, 우주선, 라디오, 텔레비전, 컴퓨터 등)에 이르기까지 이루 헤아릴 수 없이 많은 도구나 기계들이 있습니다.

인간은 이런 도구들을 필요에 따라 끊임없이 만들기 때문에 '**도구적 존재**'라고 불립니다. 그런데 유의할 것은, 도구라고 해서 꼭 형체가 있는 것만이 도구가 아니며, 형체가 없는(=무형의) 도구도 있다는 점입니다. 각종 사회제도(법률, 풍습 등) 또한 우리가 만들어 사용하는 것(=도구) 아니겠습니까. 이러한 도구는 무형의 도구라 하고, 앞의 여러 간단하고 복잡한 도구들은 유형의 도구라고 합니다.

인간의 특성은 이것 말고도 많이 있지요. 여러분이 공부하는 것보다 더 좋아하는 것(?), 바로 '노는 것(=**유희(遊戲)** 놀 유, 놀이할 희)' 아닐까요? 여러분과 마찬가지로 사람들은 삶의 재미를 적극적으로 추구하고자 하는 의지적인 활동을 합니다. 여기에는 게임, 바둑, 스포츠뿐만 아니라 음악, 미술, 연극·영화 같은 창조적인 예술 활동까지 모두 포함됩니다. 이 활동은 생활상의 이해관계(利害關係, 이익과 손해가 걸려 있는 관계)를 떠나 이루어지는 것이지요. 부모님께서는 놀지 말고 공부하라고 하시지만, 유희가 나쁘기만 할까요? 아닙니다. 유희는 피로를 풀고 생활에 탄력을 주며 삶의 기쁨을 표현하는 계기가 됩니다. 또한 생활상의 열등감을 극복하는 기회를 제공하여, 보다 성숙한 삶을 위한 준비를 가능하게 합니다. 스트레스가 쌓이면 놀이를 통해 확 풀어버릴 수도 있습니다(그렇다고 놀기만 하면 물론 안 되겠지요. 열심히 공부한 다음에 즐기는 놀이가 정말 신나지요.). 이렇게 삶의 활력소가 될 수 있는 유희를 예전에는 불건전한 것으로 보고 건전한 노동과 대립되는 개념으로 간주해 왔습니다. "놀지 말고 일하라."는 말이 그것이지요. 그러나 최근에는 우리의 삶에 꼭 필요한 것으로, 즉 인간 생활에 있어 중요한 요소 중 하나로 인식하고 있습니다. 유희는 인간 활동에서 커다란 부분을 차지하며, 인간의 정신적 기본 요소 중 하나라고 할 수 있습니다.

◇ 문화적 존재 ◇

자, 우리는 다른 동물과 다른 인간만의 특징으로 열려 있는 존재, 도구적·유희적 존재라는 사실을 알아보았습니다. 또 무엇이 있을까요?

예, 인간의 고유한 특성으로 문화(文化, culture)를 들 수 있습니다. 인간만이 언어, 지식, 사상, 기술, 예술 등 인간 생활양식의 총체라고 할 수 있는 문화를 가지고 있습니다. 즉 인간은 언어, 문자와 같은 상징체계로 문화를 계승하고 창조하는 **문화적 존재**입니다. 같은 문화권 속에 사는 모든 사람들이 매우 닮은 행동을 하는 것은 인간이 자연조건보다 문화 조건을 따르기 때문이지요.

한편, 인간은 나름대로 자기 자신을 만들어 갈 수 있기 때문에 개성을 갖는 것처럼, 문화 또한 인간이 시간과 장소에 따라 자유롭게 자기 형성을 한 결과로서 개성을 가지고 있으며, 다양성을 갖기도 합니다. 한국의 문화와 일본의 문화가 서로 다른 것처럼 말이지요.

그런데 문제는 자기가 사는 방식이 다른 사람의 생활 방식보다 더 우수하고 가치 있는 것이라고 주장하는 사람들이 있다는 데 있습니다. 이것을 **문화 절대주의**라고 합니다. 프랑스의 여배우 브리지트 바르도(Brigitte Bardot, 1934~)는 우리의 개고기 먹는 풍습을 공개적으로 비난해서, 우리에게 욕(?)을 먹었지요. 프랑스 사람들이 살아 있는 원숭이의 생골을 꺼내 먹는 것을 보면, 우리 입장에서는 아주 끔찍하고 야만스러운 행위로 보입니다. 프랑스 사람들이 즐겨 먹는 달팽이 요리만 해도 그렇지요. 우리에게 달팽이는 식용으로 하기에는 아주 혐오스러운 벌레입니다. 그럼에도 일부 사람들이 우리의 개고기 식문화를 문제 삼는다는 것이 문제(?)네요. 아무래도 낯선 방식은 낯익은 것보다 가치가 적다고 보이는 모양입니다. 이들은 어떤 문화는 무조건 다른 문화보다 우수하다고 말합니다. 나아가, 자기 방식에 맞지 않는 다른 문화는 '도덕적으로 멸시할 만한 것'이며, '세련되지 못하고', '야만적'이며, '미신적'이며, 심지어 '진실하지 못하다.'는 선입견과 편견을 가지고 있지요.

또 예를 들어 볼까요. 어떤 사람들은 미개한 사람이라고 치부되는데, 별다른 이유가 있어서가 아니라 마늘이나 고추와 같은 향신료 또는 특정한 음식물을 즐겨 먹거나 좋아하기 때문입니다. 혹은 우리가 옷을 어떻게 입고, 어떤 집에서 살고 있느냐에 따라 인간 대접을 받기도 하고 받지 못하기도 합니다.

그래서 잘 생각해 보면, <u>'미개인'이라든가 '야만인' 또는 '토인'이라는 말은 종족 우월감에서 나온 말이라는 것</u>을 알 수 있습니다. 이에 대하여, 문화는 제각기 독자적인 방향으로 발전하기 때문에 문화의 우열을 가릴 수 없다고 보는 태도나 관점을 취할 수 있겠지요. 이런 관점을 **문화상대주의**라고 합니다.

사실 우리 문화는 우리 자신이 만들어 낸 것이 아니라, 상당 부분 다른 사람들로부터 물려받은 것이지요. 구체적으로, 우리가 가지고 있는 지식, 삶의 양식, 풍속, 가치관 등은 우리 조상이나 선배, 이웃으로부터 전수받고 배운 것입니다. 다시 말해, <u>문화는 사회성과 역사성을 가질 수밖에 없다는 것</u>입니다. 오랫동안 축적되고 계승되어 온 문화를 바탕으로 새로운 문화를 창조할 수 있는 것이지요. 이에 우리는 전통 문화를 보존하는 동시에 다른 문화를 수용함으로써 우리 문화를 발전시켜 나가야 할 것입니다.

◇ 사회적 존재 ◇

피히테

'인간'이라는 말을 한자로 쓴다면, 人(사람 인)＋間(사이 간)이지요. 즉 인간이라는 말 자체가 인간은 사람들 사이에서만 인간임을 뜻합니다. 만약 홀로 생활하는 사람이 있다면 어떨까요? 아마도 인간다운(?) 삶을 살기가 어려울 것입니다. 이런 면에서 인간은 누구나 다른 인간의 도움을 받아야만 제대로 살아갈 수 있는 '**사회적 존재**'입니다. 그래서 피히테(Fichte, J. G., 1762∼1814)라고 하는 독일의 철학자는 "인간은 인간 가운데서만 인간이다."라고 하였습니다.

그렇다면 모든 동물들은 사회적 존재가 아닐까요? 물론 짐승도 사회성과 감정이 있고 모여서 살기도 하지만, 비교적 본능에 따라 행동하기 때문에 인간과 구별됩니다. 인간은 한 사회의 언어, 지식, 기술, 예술 등을 배움으로써 자기가 속한 사회에 참여하게 되는데, 이것을 사회화(社會化) 과정, 곧 인간이 되는 과정(사회화＝인간화)이라 하지요. 인간은 특정한 전통을 지니고 있는 사회 속에서 성장해야만 비로소 완전한 인간으로 성장할 수 있다는 말입니다.

만약에 어떤 인간이 인간 사회로부터 고립된 채 늑대나 원숭이에 의해 길러진다면, 어떻게 될까요? 그 인간은 인간의 행동이 아닌 자신을 길러 준 동물들의 습관을 그대로 따라하게 되겠죠. 실제 1920년 인도에 있는 늑대 굴에서 한 선교사에 의해 두 소녀가 발견되었다고 하는데, 이 소녀들은 늑대처럼 행동했다고 합니다. 늑대처럼 울부짖고 네 발로 걷고 뛰는 것은 물론, 음식을 먹기 전에 냄새부터 맡았으며 우유와 고기만을 먹었다고 하네요. 뿐만 아니라 어두운 곳에서도 잘 볼 수 있었고 멀리 떨어진 곳의 냄새도 잘 맡았지만, 사람처럼 의사소통은 불가능했습니다.

이런 사례를 보면, 인간은 사회를 떠나서 온전한 인간으로 성장하고 살아갈 수 없다는 사실을 잘 알 수 있을 것입니다. 사회는 그 자체가 문화 영역일 뿐만 아니라, 동시에 문화를 보존하고 전승(傳承)하는 역할을 담당하기 때문입니다.

◇ 정신적 · 윤리적 존재 ◇

또 하나 인간의 특징으로 인간은 생각할 수 있는 '정신적 존재'이며, '윤리적 존재'라는 사실을 들 수 있습니다. 짐승은 본능에 따라 행동한다고 했었지요. 이것은 짐승은 본능에 따라 욕구를 쉽게 자동 조절할 수 있다는 뜻입니다. 반면에 인간은 그때그때마다 자기반성, 즉 정신적 활동을 통해서 자기를 제어해야 합니다. 예를 들자면, 짐승은 필요한 만큼 먹고 마시며 과식을 하지 않으나, 인간은 과음 과식을 하여 소화불량에 걸릴 수도 있습니다. 여러분도 맛난 음식을 과식하여 배탈이 난 적이 있을 겁니다. 자기 스스로 통제를 해야 한다. 즉 정신적 · 윤리적 존재가 되어야 한다는 말입니다.

예로부터, "사람이 된다."는 우리말 속에는 이미 윤리성이 들어 있습니다. "(어떤 재주가 뛰어난 사람이 되기 이전에) 먼저 인간이 되어야 한다."는 말뜻이 무엇일까요? '인간다운 인간', '사람다운 사람'

이라는 말은 인간이 본질적으로 윤리적 존재임을 보여 줍니다.

그러나 문제는 우리 주변에서 인간성을 상실한 사람들을 가끔 찾아볼 수 있다는 것이지요. 우리 사회가 산업화와 도시화로 치닫고 있는 상황에서 인간성 상실의 문제는 심각하게 대두되고 있습니다. 하지만 잊지 말아야 할 것은 인간이 대체로 육체적 욕구를 가진 점에서는 동물과 비슷하지만, 또한 인간은 의식적으로 행위하며, 스스로 가치를 추구하고 정신적으로 행동할 수 있다는 사실입니다.

2) 다양한 인간관

> 사람다운 도리(道理)가 없어지면 짐승과 같이 된다.
>
> — 유성룡(柳成龍)

앞서 여러 가지 인간의 특성을 살펴보았습니다. 물론 '인간관(人間觀)'이란 인간을 바라보는 관점(觀點)을 말합니다. 사람을 바라보는 관점은 제각각이고, 사람들의 개성 역시 서로 다르지만, 그 가운데서도 공통점을 찾아볼 수 있습니다. 인간을 이해하기 위해, 지금까지 밝혀진 무수히 많은 인간의 본성에 관한 학설 중 대표적인 것만 소개해 보도록 하지요. 여기에는 성선설, 성악설, 성무선악설이라는 세 가지 학설을 생각해 볼 수 있습니다.

첫째로, **성선설(性善說)**은 사람이 생득적(生得的)으로, 즉 선천적으로 순선(純善, 순수할 순, 착할 선)한 성품을 가지고 태어난다고 봅니다. 하지만, 사람은 육체를 지닌 존재이기 때문에 정욕(情慾)이나 환경에 의하여 악행을 자행할 수 있다는 것이지요.

둘째로, **성악설(性惡說)**은 말 그대로 성선설과는 대립적인 입장이지요. 인간은 그 본성이나 감성적 욕구가 악할 수 있기 때문에 악한 충동이나 공격성을 지니게 된다는 것입니다.

그런데 셋째로 **성무선악설(性無善惡說)**에서는 선악이 인간의 고유한 속성이 아니라, 인간 자신의 선택과 판단이나 환경에 달려 있다고 봅니다.

여러분은 어떤 입장이 옳다고 보이나요? 아주 다양한 견해가 나올 것만 같네요. 여기서는 위의 세 가지 입장 중에서 성선설을 지지하는 맹자와 성무선악설을 주장하는 고자의 논쟁을 볼까요?

맹자

고자(告子)가 말하였다. "본성은 갇힌 채 소용돌이치는 물과 같아 동쪽으로 트면 동쪽으로 흐르고, 서쪽으로 트면 서쪽으로 흐른다. 사람의 본성에 선함과 선하지 않음의 구분이 없는 것은 물에 동쪽과 서쪽의 구분이 없는 것과 같다."
맹자(孟子)가 말하였다. "물은 진실로 동쪽과 서쪽의 구분이 없지만, 위와 아래의 구분도 없겠는가? 사람의 본성이 선한 것은 물이 아래쪽으로 흐르는 것과 같다. 사람은 선하지 않음이 없고 물은 아래로 흐르지 않음이 없다. 이제 물을 쳐서 튀어 오르게 하면 이마보다 높이 넘어가게 할 수도 있고, 물을 역류시키면 산 위로도 올라가게 할 수 있지만, 이것이 어찌 물의 본성이겠는가? 외부의 힘에 의해 그렇게 되는 것이다. 사람도 선하지 않은 짓을 하게 만들 수 있는데, 그 성질은 물의 경우처럼 외부의 힘에 의해 그렇게 되는 것이다."

고자는 "인간의 본성에 선(善)과 불선의 구분이 없다."고 하여 성무선악설을 말하면서, 마치 "물의 흐름에 동서가 없는 것과 같다."고 멋진 비유를 들었습니다. 이에 대해 맹자 또한 비유를 들어 반론을 제기합니다. '물은 항상 아래쪽으로 흐른다'고 하여 사람의 본성이 이미 정해져 있음을 말하였고, 이를 선(善)하다고 보았습니다.

◇ 동양의 인간관 ◇

맹자의 성선설, 순자의 성악설, 고자의 성무선악설을 간단히 보았지만, 보통 동양의 인간관은 동양의 대표적 종교인 유교·불교·도교를 통하여 설명하곤 합니다. 이 셋을 간단히 유불도(혹은 유불선)라고 부릅니다.

먼저, 유교에서는 인간을 어떻게 보고 있을까요? "인간은 만물의 영장으로서 <u>하늘의 기품과 땅의 형상을 가장 완벽하게 부여받은 중간적 존재자</u>"로 봅니다. '인간은 소우주'라는 말도 이런 뜻에서 나왔지요. 우주 만물의 이치가 인간에게 선천적으로 구비되어 있기 때문입니다. 비록 인간은 생물학적으로는 땅의 형상을 닮았지만, 인격적으로는 하늘의 기품을 이어받은 까닭에 인간의 본성이 선하다고 보았습니다.

하지만 육신은 욕구를 지니고 있으며, 그 육욕(肉慾) 또는 사욕(邪慾)이 선한 본성을 가려서 그 유혹에 넘어가는 경우도 종종 있겠지요. 여러분도 "형제간은 콩 한 쪽이라도 나누어야 한다."는 것은 잘 알지만, 실제 아주 맛있는 음식을 앞에 두고 형제간에 혹은 친구간에 그런 마음이 쉽게 가려졌던 경험이 있을 것입니다. 때문에 인간은 항상 자신을 억제하고 사람의 도리를 다해야 한다고 주장합니다. 즉 인간에게는 수기(修己)와 수양(修養)이 요구된다는 말이지요. 이렇게 고도의 수양을 쌓은 사람을 **군자(君子)** 또는 **성인(聖人)**이라 부릅니다.

'유교!' 하면 윤리·도덕을 말씀하시는 지조 곧은 선비가 연상되지 않나요? 유교의 핵심은 수양을 통해 윤리적 인간이 되는 것이기에, <u>유교의 인간관은 한마디로 **윤리적 인간관**</u>이라 할 수 있습니다.

이제, 두 번째로 불교의 인간관을 볼까요. 불교의 창시자가 석가모니(釋迦牟尼)라는 사실을 모르는 사람은 없을 것입니다. 석가모니의 고뇌가 무엇이었지요? 예, 삶의 고통과 죽음의 문제, 그것을 어떻게 극복하느냐의 문제였지요. 그래서 <u>불교에서는 인간이 현실적 고뇌를 어떻게 극복하느냐 하는</u> **인생론적 입장**에서 인간을 조명하고 있습니다.

모든 인간은 소위 '불성(佛性)'을 지니고 있기에, 인간의 심성이 본래 맑고 깨끗한 것이지만, 실제 인생의 모습은 무지(無知)와 탐욕에 의해서 '고통[苦]'으로 나타난다고 하였습니다. 그렇다면, 이를 어떻게 극복하나요? 당연히 고통의 원인을 깨닫고 탐욕을 버려야 하겠지요. 그럴 때 비로소 행복을 누리며 올바른 삶을 영위할 수 있다는 것입니다.

유교의 이상적인 인간이 군자(君子) 또는 성인(聖人)이라면, 대승(大乘) 불교의 이상적 인간상은 **보살(菩薩)**입니다. 텔레비전 사극에서 많이 들어 본 것 같네요. 스님들이 "~ 보살님"이라고 부릅니다. 보살이란 위로는 깨달음을 구하고 아래로는 중생을 가르쳐 자비(慈悲)를 구현하는 사람입니다(* 대승 불교는 중생과 함께하는 대중 불교라고 할 수 있다. 이에 비해 소승 불교는 개인의 해탈을 강조).

마지막으로 도교의 인간관을 볼 차례이네요. 도교는 유교와는 사뭇 다릅니다. 그래서 유교와 비교해서 얘기를 많이 합니다. 위에서 본 것처럼 유교는 윤리적·규범적 측면에서 인간다움을 찾으려 하였지만, 도교는 오히려 인간은 인위적(人爲的)인 부자연스러움(=규범)에 의하여 본래의 모습을 발휘할 수 없다고 보았습니다. 즉 '무위(無爲)'의 자연스러움 속에서 인간 본연의 모습을 찾아야 한다는 것이지요. 물론 '무위'라고 해서 아무것도 하지 않는다는 의미는 아니겠지요. '쓸데없이 인위적(人爲的)으로 일을 벌여 놓지 않는다.'는 뜻입니다. 인간을 비롯한 만물의 자연스러움을 중시했던 도교에서는, 인간과 자연을 구분하지 않으며 세속적인 생활을 초월하고 대자연과 하나가 되어 자연의 흐름에 내맡기고 살아가는 것을 인간의 이상으로 삼았습니다. 이러한 인간의 이상에 이른 사람을 '**지인(至人)**'이나 '**신인(神人)**' 혹은 '**천인(天人)**'이라고 불렀습니다. 지인(至人) 혹은 진인(眞人)은 '어떤 경지에 이른 사람'이라는 뜻이고, 신인(神人)은 '신(神)과 같이 누리고 사는 사람', 천인(天人)은 '하늘과 더불어 사는 사람'이라는 의미입니다.

그렇다면, 도교의 인간관은 무엇이라 할 수 있을까요? 한마디로 **자연적 인간관**이라 할 수 있습니다. 이상과 같은 유불도의 인간관은 도표로 정리해서 보면 좋을 듯하네요.

구분	유교	불교	도교
인간의 본질	• 하늘의 기품과 땅의 형상을 부여받은 중간적 존재. • 만물의 이치가 선천적으로 구비되어 있어 선한 존재.	• 본성은 맑고 깨끗함. • 무지(無知)와 탐욕에 의해 고통으로 나타남.	• 인간과 자연을 구분하지 않음. • 무위(無爲)의 자연스러움에서 본연의 모습을 찾음.
삶의 원리	• 자신을 억제하고 사람의 도리를 다해야 함 (수기, 수양)	• 깨닫고 탐욕을 버림.	• 세속적인 생활을 초월하여 대자연과 하나 되는 삶, 무위자연(無爲自然).
이상적 인간상	군자(君子), 성인(聖人)	보살(菩薩)	지인(至人), 신인(神人), 천인(天人)
특징	윤리적 인간관	인생론적 인간관	자연적 인간관

◇ 서양의 인간관 ◇

동양의 인간관을 유·불·도의 순으로 간단히 보았습니다. 그러면 서양에서는 인간을 어떻게 보았는지(?) 궁금해지네요. 크게 보아서 두 가지 정도로 정리해 볼 수 있습니다.

첫째가 서구 인간관의 주류를 이루는 **합리주의적 인간관**(=이성 중심적 인간관)입니다. 인간은 일종의 동물이지만, 다른 한편으로는 동물과 근본적으로 다른 존재라는 것이지요. 어떤 점이 근본적으로 다른 것일까요? 인간이 자기를 에워싸고 있는 환경이나 자기 자신에 대해서 알며 생각하는 힘, 즉 이성(理性)을 가지고 있다는 점에서 그렇지요. 이런 믿음은 고대 그리스 이후 계속되어 온 것입니다.

이성은 우리로 하여금 직접적이고 일차적인 감각이나 감정의 차원에서 벗어나게 해 줄 뿐만 아니라, 외부의 자극에 대하여 창조적으로 다양하게 반응할 수 있게 해 주기 때문에, 인간은 학문과 제도, 기술 등을 발전시킬 수 있게 되었다고 생각합니다. 이런 이성을 동물에게서는 찾아볼 수 없지요. 이러한 <u>이성 중심적 인간관이 모든 문제를 이성적으로 해결해야 한다고 주장하는 합리주의적 인간관으로 발전하게 됩니다</u>.

따라서 합리주의적 인간관에 의하면, 사람은 이성에 따라 생각하고 행동할 때에 가장 사람다운 사람이 되는 것입니다. 그런데 이렇게 좋게만 보이는 이성에도 문제가 생깁니다. 즉 이성이라는 개념이 생성된 과정을 보면, 그 자체가 인간의 생존을 위한 도구적 성격을 지닙니다(=**도구적 이성**). 이미 배운 바 있었지요? "도구적 이성이란, 우리가 주어진 목적을 성취하기 위해서 수단을 어떻게 마련하는 것이 가장 경제적인가를 계산할 때 의지하는 합리성"이라고요. 따라서 도구적 이성은 목적의 타당성, 가치를 중요시하는 것이 아니라 주어진 목표를 가장 효과적, 효율적으로 달성할 수 있는 방안을 모색하게 됩니다. 그래서 심지어 도덕적, 정신적 계몽이 요구되는 문제에서조차도 그것을 해결해 줄 기술적 해결책에 매달리게 되고 맙니다. 나아가 자연 역시 인간의 이성으로 이용할 수 있는 것으로 인식하게 되지요. 결국, 인간의 이성은 자연을 이용하는 도구가 되기도 하는군요. 여기서 인간이 자연을 정복할 권리를 가지고 있다는 잘못된 생각이 나왔습니다.

합리주의(合理主義)

비합리적 · 우연적인 것을 배척하고 이성적 · 논리적 · 필연적인 것을 중시하는 태도로서, 합리론 · 이성론 · 이성주의라고도 한다. 실천의 기준으로서 이성적인 원리만을 구하는 생활 태도를 가리킬 경우도 있다. 형이상학적으로는, 이성이나 논리가 세계를 지배하고 있어 이 세상에 존재 이유를 가지고 있지 않은 것은 하나도 없다고 주장한다.

이러한 합리주의에 의하면, 인간은 태어나면서부터 인식할 수 있는 이성(理性)을 지니고 있다. 이성은 분명하게 증명될 수 있다는 입장으로, 그 대표적인 주창자로서는 데카르트(Descartes, R.), 스피노자(Spinoza, B.), 라이프니츠(Leibniz, G. W.) 등을 들 수 있다. 일반적으로 합리주의는 이른바 대륙의 합리론에서 전형적인 모습을 찾아볼 수 있으며, 감각적 경험을 소홀히 하는 대신 논리적 지식을 중시한다.

라이프니츠

『윤리와 사상』 p.17.

두 번째의 서구 인간관으로 **그리스도교적 인간관**이 있습니다. 기본적으로 그리스도교적 인간관에서는 인간을 신(神)의 모사(模寫)로 여깁니다. '모사(模寫, 본뜰 모, 베낄 사)'라는 말은 어떤 형체를 그대로 본뜨는 것(copy)을 말합니다. 종교를 갖고 있지 않는 사람들도 성경(聖經) 창세기 1장에 나오는 다음 구절들을 모르는 이는 없을 것입니다. "하나님이 가라사대 우리의 형상을 따라 우리의 모양대로 우리가 사람을 만들고……", "하나님이 그들에게 복을 주시며 그들에게 이르시되 생육하고 번성하여 땅에 충만하여라. 땅을 정복하여라. 바다의 고기와 공중의 새와 땅 위에서 살아 움직이는 모든 생물을 다스려라."

이와 같이 그리스도교적 인간관은 인간을 자연보다 존엄하다고 생각하며, 인간은 자연을 정복하고 이용할 권리가 있는 것으로 여깁니다. 또한, 신(神)의 모사인 인간은 자유 의지와 창조 능력을 가지며 문화를 창조하고 도덕적 책임이 있는 존재로 보고 있습니다.

◇ 한국의 인간관 ◇

이제, 마지막으로 우리나라의 인간관을 볼 차례입니다. 한국의 인간관으로는 다섯 가지 정도로 정리해 보도록 하지요.

먼저 생각나는 인간관이 있지요? 첫째, **홍익인간(弘益人間)의 인간관**, 알다시피 단군의 건국 이야기에서 비롯된 것으로 우리나라에서 가장 대표적이고 오래된 인간관입니다. "널리 사람을 이롭게 하라."는 뜻인지는 모두 알지만, 그 구체적인 이념을 열거해 보라면 쉽지 않겠죠? ① 풍요로운 삶과 선량한 인심, 화평한 사회를 추구하는 인도주의적 이념 ② 인간을 중히 여기는 인간 존중 ③ 다른 사람을 이롭게 하자는 이타주의 ④ 널리 사람을 이롭게 하는 평등사상 ⑤ 하늘의 신인 환웅과 땅의 웅녀가 결합하는 천지조화라는 묘합(妙合)의 원리를 토대로 합니다. 이러한 홍익인간의 정신은 전통적인 윤리사상의 원류가 되어 우리의 민족정신으로 끊임없이 이어져 왔다고 할 수 있습니다.

둘째, 삼국시대로부터 고려시대를 거쳐 발전해 온 **불교적 인간관**도 한국인의 인간관에 큰 영향을 줍니다. 앞서 불교의 인간관을 보

주자

았기 때문에 어떤 내용일지는 짐작이 되지요? 인간은 내적으로 불성(佛性)을 지니고 있으므로 모두 존귀하고 평등한 존재이며, 끊임없는 수행을 통해 자기 자신의 참모습을 깨닫고 그 희열을 유지할 수 있다고 봅니다. 또한, 한국 불교는 홍익인간 이념의 영향 등으로 조화를 강조합니다. 만약에 서로 다른 의견이 있더라도 화(和)를 통해서 조정할 수 있다고 보았습니다.

셋째는 조선시대의 대표적 인간관인 **성리학적 인간관**입니다. 성리학(性理學)은 중국 송나라 때 주자(朱熹: 1130~1200)가 집대성한 유학(유교)을 말합니다. 유교의 인간관에서 본 것처럼, 인간의 본성을 지극히 착한 것으로 보고 있으나, 이러한 본성은 육체적 욕망 때문에 선악의 기로에 서게 되고 악의 유혹에 빠질 가능성도 있다고 봅니다. 이럴 때 어찌한다고 했나요? 인간의 선한 본성도 마치 맑은 거울에 때가 묻듯이 욕심으로 더럽혀지므로, 이것을 씻어 내기 위하여 부단히 공부하고 수양을 게을리하지 말아야 한다고 하였습니다.

넷째는 조선 후기를 대표하는 **실학적 인간관**입니다. 성리학에서는 인간을 천(天)의 성품을 갖는 존재로 보았지만, 실학은 인간을 자연 앞에서 독존(獨存)하는 자율적 인격의 주체로 파악합니다. 즉 우주의 기와 인간의 혈기를 엄격히 구분하여 인간을 혈기적(血氣的)이고 현실적 존재로 보는 것이지요. 여기서 '혈기(血氣)'란 인간의 욕망을 의미합니다. 인간의 욕구 충족을 긍정하기 시작한 실학은 인간을 누구나 평등하게 자신의 욕구를 발현하여 충족시켜 나가는 존재로 봅니다. 이에 따라, 실학자들은 위민 민본(爲民民本)의 개혁 사상을 주장하기도 하였습니다.

마지막 다섯째는 조선 말기에 등장한 우리 민족의 신흥 종교인 **동학(東學)의 인간관**입니다. '동학(東學)'이라고 하면 "'서학(西學)'이라고 불리는 천주교에 대항하는 의미로 붙여진 것이며, 시천주(侍天主)·인내천(人乃天) 사상을 내세웠다."는 사실이 떠오르죠. 동학에서는 시천주(侍天主), 즉 "천주를 모시라."는 교시를 강조하였는데, 이는 곧 모두가 하느님(＝한울님)을 믿고 하느님과 한 몸이 되어 하느님의 뜻을 잊지 말라는 것입니다. 천주만 믿으면 천주와 하나가 될 수 있다는 주장은 서학(천주교)과 사뭇 다르지요. 이렇듯 <u>사람은 누구나 하느님과 하나가 될 수 있으며, 무궁한 존재가 될 수 있다는 것이 동학의 독특한 인간관</u>입니다. 인간의 존엄성을 강조했던 시천주 사상은 '사람이 곧 하늘'이라는 인내천(人乃天) 사상으로 발전하게 됩니다.

지금까지 인간의 본성(성선설, 성악설, 성무선악설)과 그에 따른 동서양의 인간관에 대하여 살펴보았습니다. 한마디로 결론짓기는 어렵지만, 인간은 어떤 고정 불변의 실체라기보다는 자신의 의지와 교육적 노력, 문화적 환경에 따라 다양하게 형성되어 간다고 할 수 있습니다. 인간의 본질을 어떤 고정된 것으로 정형화시키지 말아야 한다는 뜻입니다. 인간은 미완성의 존재로 태어나지만, 많은 가능성을 가지고 있습니다. 따라서 점차적으로 완성되어 가는 과정이나 이상을 향하여 정진하는 자세를 더욱 중요하게 생각해야 합니다. 아울러, 우리 모두가 이 지구촌에서 함께 더불어 살아가야 할 운명 공동체이기 때문에 나와 다른 인간관을 가진 사람들을 이해하려고 노력해야 합니다.

한 유학생의 살신성인(殺身成仁)

일본에 유학 온 한국 대학생이 도쿄 전철역 구내에서 술 취한 일본인을 구하려다 목숨을 잃는 안타까운 사고가 발생했다.

지난 2001년 1월 26일 오후 7시 20분쯤 일본 도쿄도 신주쿠구 지하철 야마노테센 신오쿠보역에서 사카모토 세이코(37) 씨가 플랫폼에서 발이 미끄러져 철로에 떨어졌다. 만취해서인지 그는 일어나지 못했다. 역에는 전차가 곧 도착한다는 벨이 울렸다. 사람들은 비명을 질렀다.

故 이수현

그때 건너편 플랫폼에서 한 젊은이가 철로로 뛰어들었다. 그는 사카모토 씨를 붙잡고 일으키려 했다.

그때 한 사람이 더 내려와 거들었다. 바로 그 순간 전차가 진입했고, 셋은 함께 전차에 치여 숨졌다.

건너편 플랫폼에서 맨 먼저 뛰어든 젊은이는 한국인 유학생 이수현(26세) 씨였다. 당시 그는 아르바이트를 하던 가게에서 일을 끝낸 후 기숙사로 돌아가기 위해 전차를 기다리던 중이었다. 또 한 사람은 일본인인 것으로 밝혀졌다. 이들은 서로 전혀 모르는 관계인 것으로 확인되었다.

『윤리와 사상』 p.19.

3) 인간의 삶과 윤리의 필요성

> 깊이 생각하면 할수록 새로운 놀라움과 경건함을 주는 것이 두 가지가 있으니, 하나는 내 위에서 항상 반짝이는 별을 보여 주는 하늘이며, 다른 하나는 나를 항상 지켜 주는 마음 속의 도덕 법칙이다.
>
> - 칸트(Kant, I.)

◇ 윤리적 행동의 의의 ◇

윤리(倫理)란 글자의 뜻을 보면 '윤(倫, 인륜 륜·무리 윤)＋리(理, 도리 리)'입니다. 즉 사람과 사람 사이의 관계, 즉 인간관계의 도리를 말합니다. 사람이라면 누구나 '어떻게 행동하는 것이 옳으며 어떻게 사는 것이 인간답게 사는 것인가'에 대해 생각해 보곤 합니다. 자기 행동의 옳고 그름을 반성하면서, 때로는 심한 양심의 가책을 받기도 합니다. 또한 다른 사람에 대해서도 우리는 종종 어떤 사람은 착하고 좋은 사람이고 어떤 사람은 악하고 나쁜 사람이라고 가치 판단을 내리기도 하고 듣기도 합니다. 하지만 정확히 말하자면, 어떤 사람이 항상 악하거나 나쁜 것이 아니라, 그 사람의 어떤 행동이 어떤 때에는 좋고 어떤 때에는 나쁜 것입니다. 세상에 100% 좋은 사람, 100% 나쁜 사람이란 존재하지 않겠지요. 그렇다면 과연 그 사람의 행동에 대한 옳고 그름의 기준은 어디에 있을까요? 또, 무엇을 착하다고 혹은 나쁘다고 말할 수 있을까요? 나아가 우리는 어떻게 살아야 하며 어떻게 행동해야 하는 걸까요?

이런 문제들은 결코 간단치 않은 문제들입니다. 이런 물음들은 근본적으로 인간의 올바른 도리를 다루는 도덕의 문제이지요. 이러한 도덕에 대해서 근본적으로 묻고 탐구하는 학문 분야를 우리는 '윤리학(=도덕 철학)'이라고 합니다.

◇ 윤리를 배우는 이유 ◇

좀 더 구체적으로 왜 우리가 윤리를 공부해야 하는가에 대해 살펴보기로 할까요. 그런데 이 책을 읽는 여러분 중에는 그런 사람이 없겠지만, 윤리에 대해서 편협한 생각을 가진 사람들이 적지 않다는 것이 문제입니다. 그 사람들은 도덕 규칙이란 무엇을 하고 무엇을 하지 말라고 조목조목 적어 놓은 하나의 목록이나 처방 같은 것으로 생각하기도 합니다. 그들에게 윤리란 아주 고리타분한 것이겠지요. 예를 들어, '도둑질하지 말라', '거짓말하지 말라', '규칙을 지켜라' 등과 같은 규범들을 나열한 것이 윤리라고 생각합니다. 대체로 어렸을 때부터 주입되었을 이러한 도덕적 태도는 거의 무비판적으로 받아들여질 뿐만 아니라, 전혀 모순이 없고 유용한 것으로 여기기도 합니다.

그러나 과연 위와 같은 도덕적 태도는 항상 유용하고 전혀 모순이 없을까요? 예컨대, '훔치지 말라'는 지극히 당연하게 보이는 도덕 규칙도 그 적용이 그리 간단치 않습니다. '훔친다'는 것이 무엇을 말하는 것일까요? 사람들은 단순하게 훔치는 것이 다른 사람의 재산을 주인의 허락 없이 가지는 것이라고 생각합니다. 우리가 어린 시절에 배운 도덕관념은 매우 단순한 것이기 때문에, 타인의 물건을 주인의 허락 없이 직접 가져왔을 때에만 도둑질을 한 것이며 도덕규범을 어긴 것으로 생각하기 쉽다는 말입니다. 그런데 (교과서에 나오는) 다음의 사례는 훔치는 것이 되지 않을까요?

· 시험 중에 부정행위를 하는 것.
· 법망을 교묘하게 피해서 세금을 내지 않는 것.
· 어떤 일에 자기보다는 자기 경쟁자가 더 적격이라는 것을 알면서도 순간적인 이익을 위해서 경쟁자의 능력이나 성격을 비난하면서 돌아다니거나 뇌물을 사용해서 자신이 그 일을 맡는 행위.

물론 이런 사례들도 훔치는 행위에 속하는 것입니다. 만약에 위 사례가 왜 훔치는 것이 되는지 이해하기 어렵다면, 어린 시절에 배운 도덕관념을 제대로 발전시키지 못했다고 해야겠지요. 또, 교과서의 사례를 들어 볼까요.

· 어떤 선거 입후보자가 그의 경쟁자를 살해함.
· 정치가가 교묘한 방법으로 경쟁자의 인격과 명예를 손상시키거나, 유권자에게 금품을 제공함.

이 두 사례 중 위의 경우 사람들은 매우 분개할 것입니다. 그러나 아래의 경우 사람들은 이러한 행동을 크게 잘못된 것으로 생각하지 않을 뿐만 아니라, 흔히 있을 수 있는 일로 받아들이기도 합니다. 이 것은 **행위의 이중 기준** 때문입니다. 사회생활에서 흔히 발견할 수 있지요. 이 역시 어린 시절에 주입된 유치한 도덕관념이 제대로 발전하지 못했기 때문입니다. 그런데 여러분도 보다시피 이러한 이중 기준이 우리 사회에 만연해 있지요. 따라서 우리는 항상 올바른 가치 판단을 할 수 있도록 윤리를 공부해야만 합니다.

다시 말해, <u>윤리를 공부하면 적어도 어떤 행동이 바르고 바람직한지를 판단하는 기준을 알 수 있고, 올바른 가치 판단을 할 수 있는 능력을 기를 수 있기 때문에</u> 윤리를 공부하는 것입니다.

그러나 사람들은 자기가 하고 싶은 일을 먼저 결정하고, 그 후 그 일에 대한 이유를 그럴듯하게 꾸며 대려 애를 쓰지요. 왜 그럴까요? 양심상 편하고 싶거나 타인에게 체면을 내세우는 것이 필요하다고 여겨지면, 그리합니다. 이것을 소위 '합리화(合理化)' 또는 '정당화(正當化)'라고 하지요.

주의할 것은 위에서 말한 것처럼 대부분의 도덕규범을 문자 그대로 누구나 항상 다 받아들일 수는 없다는 사실입니다. 그래서 우리가 도덕적으로 행동하기 위해서는 도덕규범을 표현하고 있는 용어들을 명확하게 규정하고 이해할 필요가 있습니다.

누구나 당연히 수긍할 것 같은 '살인하지 말라'는 도덕규범조차도 정당방위와 같은 경우라면 예외를 인정합니다. 그러나 정당방위도 애매한 경우가 있기 때문에, '정당한 살인의 기준이 무엇인가?'를 묻지 않을 수 없게 되지요. 따라서 '어떤 경우에 예외를 인정할 것인지', 또 '그 근거는 무엇인지', '무엇이 정당화될 수 있는 행위인가'를 묻고 결정하는 윤리적인 탐구는 반드시 필요하게 됩니다.

◇ 윤리적 삶의 필요성 ◇

단원 첫 부분에서 동물과는 다른 인간의 특징으로 인간은 생각할 수 있는 '정신적 존재'이며, '윤리적 존재'라는 사실을 들었습니다. 실제로 인간에게만 윤리 현상이 가능하고 또 윤리에 따르는 생활을 필요하게 만드는 특성이 있지요. 그 특성이 무엇일까요? 여러 가지가 있겠지만, 여기서는 세 가지 정도로 정리해 봅니다.

첫째, <u>인간만이 자유 의지를 가지고 있으며, 자유 의지가 전제되어야만 윤리가 성립한다</u>는 것입니다. 이런 점을 동물과 비교해 보면, 다음과 같습니다.

- 짐승들은 행동이 옳지 못하다는 것을 반성할 수 없으며, 스스로 옳지 못한 행동을 자제할 줄도 모른다. 짐승들은 타고난 본능에 따라 기계적 혹은 조건반사적으로 움직이기 때문에, 그들의 세계에서는 윤리가 성립되지 않는다.
- 인간은 생각하고 도구를 사용하는 능력을 이용하여 엄청나게 큰 힘을 가질 수 있으며, 다른 사람이나 사회 집단에게 의식적으로 고통을 가하거나 심각한 피해를 줄 수도 있다.

또한, 윤리는 한 사람 혹은 다른 사람이나 사회 집단에 대하여 직접 또는 간접적으로 해를 끼치지 않도록 스스로 행동을 규제하기 위하여 꼭 필요하다는 것인데, 이 또한 동물과 비교해 보면 다음과 같습니다.

- 짐승은 다른 짐승에게 고통을 가할 수 있지만, 어떤 짐승도 의식적으로 해를 끼치는 일은 없다.
- 인간은 옳지 못한 행동을 분별할 수 있는 능력을 가지고 있으며, 의식적으로 그와 같은 행위를 자제할 수 있다.

둘째로, 윤리는 **인간의 이중성** 때문에 존재하는 것이고, 또한 필요한 것입니다. 즉 인간은 전적으로 선하지도 않고 악하지도 않다는 말이지요. 만약에 인간이 항상 선하다면 어찌 될까요? 윤리가 필요 없어지겠죠. 만약에 항상 악하다면요? 윤리는 불가능해질 것입니다. 윤리가 인간을 선하게 하거나, 적어도 덜 악하게 할 수 있으므로 필요한 것입니다.

셋째로, 인간은 다른 사람과 더불어 살아가는 **사회적 존재**이므로 윤리가 필요합니다. 혼자 생활한다면 다른 사람에게 피해를 줄 일도 없을 것이고, 윤리도 필요 없게 될 겁니다. 그러나 인간이 자신의 능력을 개발하거나 행복을 누리는 것은 물론이고, 인간이 당하는 고통도 대부분 다른 사람에 의하여 결정되는 경우가 많겠지요. 그래서 사회생활을 영위하는 데 윤리가 요구됩니다.

그런데 윤리 규범 중에는 어느 사회에나 공통된 보편적인 규범이 있는가 하면, 특정 사회에서만 통용되는 독특한 규범도 있기 마련입니다. 문제는 모든 사회의 윤리 규범이 항상 옳은 것은 아니며, 불변하는 것도 아니라는 데 있습니다. 사람들은 대부분 그 사회에 형성되어 있는 윤리 규범에 따라서 행동합니다. 물론 구체적인 상황에 처할 때마다 반드시 그렇게 행동하는 것은 아니지만요. 이렇듯 사회 규범들이 요구하는 대로 행동하면 대부분의 경우 사회질서가 확립되고, 다른 사람에게도 부당한 손해를 끼칠 일은 별로 없을 것입니다. 또한, 잘못된 사회 규범은 사회 지도자나 윤리 문제를 다루는 학자 또는 교육자들이 신중히 검토할 것이고, 사회 성원들의 동의를 얻으면 규범을 고칠 수도 있고, 어떤 것들은 시간이 흐르면서 저절로 바뀌기도 하지요. 많은 사람들이 윤리 규범을 공유한다면, 그들은 사회에 대한 소속감을 가지게 될 것이며, 사회 전체의 유대 또한 강화될 것입니다.

2. 자아실현과 인격 완성

1) 삶의 의미와 다양성

◇ 삶의 의미와 선택 ◇

우리는 평소에 별 의문 없이 생활하다가도 때로는 '인생이란 무엇인가?' 또는 '우리는 왜 살아가야 하는가?', '산다는 것은 무슨 의미가 있는가?' 등의 의문을 갖습니다. 사실 이러한 질문을 한다는 것은, 인간을 정신적 존재라고 했듯이 인간만이 갖는 특권이라 할 수 있습니다.

만약에 자기 삶의 의미나 목적에 대해서 한 번도 반성해 보지 않고, 그 가치나 의미에 대해서 별다른 관심을 가지지 않으며, 남이 하는 대로 살아가는 사람이 있다면, 그런 사람들은 인생의 깊은 의미를 모르고 산다고 해야 하겠지요. 그들은 일상의 근심 걱정과 향락에 몰두하며, 삶의 목적을 돈벌이나 쾌락을 맛보는 일에서 찾습니다. 그런데 '그것이 무슨 문제가 되느냐?' 한다면, 딱히 무어라 하기도 어렵습니다. 어찌 보면 그것도 하나의 선택이며, 어떤 방식으로 살 것인가를 선택하는 것은 결국 본인이 선택하는 것이기 때문이지요. 그리고 그러한 선택에 대해서는 어디까지나 본인이 책임을 집니다.

그러나 분명한 것은 사람은 짐승과 달리 자신의 의지에 따른 선택이 자기 삶의 방향과 의미를 결정하며, 나아가 다른 사람들에게도 매우 중요한 영향을 끼친다는 사실입니다. 잘못된 선택에 따른 삶은 한 번밖에 없는 일생을 매우 비참하고 무의미하게 만들 수도 있겠지요.

◇ 삶의 다양성 ◇

사회적 배경에 따른 가치관의 차이, 자신이 처한 개인적·사회적 상황, 타고난 능력이나 받을 수 있는 교육 등과 같은 여러 가지 요소들로 인해 사람들의 삶의 방향은 매우 다양하게 선택되고 그 의미가 결정됩니다. 그런데 이와 같은 삶의 다양성은 개인이나 사회 전체의 발전을 위해서도 필요한 것입니다. 어느 누구도 다른 사람이 가지는 삶의 목적이나 의미에 대해서 부당하게 간섭할 권리가 없지만, 모든 사람의 삶이 똑같이 가치 있고, 그들이 선택한 삶의 목적이 모두 정당하다고 할 수는 없을 것입니다. 자기 이익만을 챙기고 다른 사람의 권리나 이익을 무시하는 사람들은 존경을 받기 어려운 것이 사실이며, 여러 사람의 이익을 위하여 자신을 희생할 줄 아는 사람들이 존경을 받게 되는 것 또한 사실입니다.

◇ 가치 있는 삶의 조건 ◇

어느 누구도 다른 사람이 가지는 삶의 목적이나 의미에 대해서 부당하게 간섭할 권리가 없다고 했지만, 가치 있는 삶의 조건은 있습니다. 즉 우리가 선택할 수 있는 삶의 목적은 적어도 <u>다른 사람들이나 사회 전체에 부당한 손해를 끼치지 않고, 자신이 보람 있고 의미가 있다고 생각하는 것이어야</u> 합니다. 이러한 두 조건은 누구에게나 요구될 수 있고, 또 마땅히 요구되는 겁니다. 왜 그럴까요? 이러한

안창호

조건들이 무시되면, 결과적으로 사람들은 모두 불행해지고 그 사회의 존속 자체도 불가능해지기 때문이지요.

아무리 자기 자신에게 의미 있는 삶이라도, 그것이 남에게 고통과 마음의 상처를 준다면 그것은 좋은 삶이라 할 수 없겠지요. 반대로, 자신의 주관이나 자아 정체성이 결여된 사람의 삶처럼 아무리 남에게 손해를 끼치지 않더라도 자기 자신에게 별다른 의미나 가치가 없다면, 이것은 비인간적인 삶이라 할 것입니다.

정리해 볼까요. 가장 고상한 삶은 자신을 희생하면서도 다른 사람에게 이익을 주는 삶이라 할 수 있습니다. 즉 <u>다른 사람을 위하여 자신이 희생하고 고통을 당하더라도 스스로 이를 보람 있는 삶이라고 생각한다면, 그것은 매우 이상적인 삶이 될 것</u>이라는 뜻입니다. 예컨대, 자신과 가족의 편안함을 돌보지 않고 독립 운동을 위해 일생을 바친 의사(義士)나 열사(烈士)들처럼 타인이나 동포들을 위하여 봉사하고 헌신할 경우, 그러한 삶은 더욱 가치 있는 삶이라 할 수 있겠지요.

독일의 철학자 **칸트**(Kant, I.)는 <u>인간에게서 가장 중요한 것은 인생의 의미를 올바로 아는 일임</u>을 역설합니다. 그는 "인간의 가장 위대한 임무는 어떻게 인간이 만물 중에서 그가 차지하고 있는 지위를 합당하게 실현할 것이며, 또한 그가 인간답게 존재하기 위해서 어떻게 되어야 할 것인가를 올바로 이해하는 것이다."라고 하였습니다. 독립 운동가 도산 **안창호**(安昌浩, 1878~1938) 선생 또한 "개인이 제 민족을 위해 일함으로써 인류와 하늘에 대한 의무를 다한다."고

하여, 바로 위와 같은 의미를 나타내고 있습니다.

2) 자아 발견과 자아실현

◇ 자아 발견의 중요성 ◇

'자아발견'이라는 말을 단순하게 보면, 자신이 존재한다는 사실을 아는 것이지만, 물론 그런 뜻으로 쓰는 것은 아니겠지요. 진정으로 자아를 안다는 것은 "자기 자신이 어떤 조건에 처해 있고, 어떤 가능성과 이상을 가지고 있으며, 다른 사람들과는 어떤 관계를 맺고 있는가에 대하여 올바로 아는 것"을 말합니다. 여기서 중요한 것은 자신의 삶을 의미 있고 보람 있다고 생각하며 살아가는 것입니다. 다시 말해, 남이 나를 어떻게 평가하느냐 하는 것도 중요하지만, 나 자신이 스스로를 어떻게 평가하느냐가 더욱 중요하다고 할 수 있지요. 오늘날 인간의 삶에는 이른바 **조용한 혁명**(silent revolution)'이 일어나고 있다고 합니다. '조용한 혁명'은 미국 미시간 대학의 잉글하트 교수가 제시한 용어인데, <u>물질적 풍요와 생활의 안정을 1차적 관심사로 여기던 종래의 생활 방식에서 벗어나, 점차 '삶의 질(質)' 문제로 관심이 옮겨 가는 과정을 표현한 것</u>입니다. 실제로 과거에는 삶의 조건을 설명해 주는 객관적 지표의 개선만을 삶의 목적과 깊이 연관시키려는 경향이 있었습니다. 여러분 주위에는 아직도 '돈을 많이 벌어 부자가 되는 것'을 삶의 최고 목표로 삼는 사람이 있을지도 모르겠네요. 그러나 이제는 사람들이 '자신이 얼마나 높은 수준의 삶을 누리고 그 속에서 보람을 찾느냐' 하는 주관적 지표에도 관심을 기울이기 시작했습니다. 그래서 지적(知的)·심미적(審美的, 아름다움을 살펴 찾는 것) 만족이나 사랑과 존경에의 욕구를 실현함으로써 삶의 질을 높이기 위해 부단히 노력하고 있는 것이지요. 이러한 점을 달리 말한다면, 삶의 목적에서 자아의 발견과 그 실현이 중시되고 있음을 나타내고 있다고 할 수 있지요.

우리의 관심은 주로 자신의 바깥에 있는 것에만 기울어져 있기 때문에 별 생각 없이 하루하루를 지내다 보면 자기 자신을 찾아내고 깨닫기가 쉽지 않습니다. 오직 깊은 반성을 할 수 있는 사람들만이 자신의 '자아'에 눈을 돌릴 수 있습니다. 그리고 자기 자신에게 관심을 기울이는 것보다 더 어려운 것은 자신을 올바로 아는 것이 아닐까요.

◇ 자아실현의 의미와 조건 ◇

이제, 자아의 발견과 그 실현이 중시되고 있다고 했지만, 예로부터 많은 사람들은 인간의 본성이나 개인의 일생이 이미 선천적으로 결정되어 있다고 생각했기 때문에, <u>자아실현에 대해서는 제한된 의미밖에 부여하지 않았습니다.</u> 동·서양을 막론하고 말이죠. 우리나라의 **성리학**에서도 자아실현이란 인간에게 본래 주어진 인간성을 회복하는 것이라고 보았습니다. 성리학이 무엇이었죠? 중국 송나라 때 주자가 집대성한 유학을 말하는 것이라 했었지요. 그것이 우리나라에 들어온 것이고요. 아무튼 인간에게 본래 주어진 인간성이 있다면, 사람이 할 수 있고 또 마땅히 해야 하는 것은 무엇일까요? 예, 자신의 본성이나 운명에 순응하면서도 타고난 가능성을 최대한 실현시키는 것이었습니다. 그렇게 하면, 사회가 안정되고 평화로우며, 개인은 가장 보람을 느끼고 행복할 것이라고 믿었습니다.

서양에서도 비슷한 생각을 하고 있었습니다. 어떻게 자그마한 씨가 자라서 꽃을 피우고 열매를 맺는 것일까요? **고대 그리스시대의 철학자들**은 이미 씨눈 속에 그러한 (주어진) 가능성이 들어 있기 때문이며, 개인의 자아실현도 그와 같은 가능성이 현실화된 것으로 이해하였습니다.

그리고 아직까지도 우리 사회에는 이러한 세계관을 지닌 사람들이 적지 않습니다. 흔히 듣게 되는 '운명(運命)'이니, '팔자(八字)'니 하는 말들이 다 그것을 뜻합니다. 이런 사람들은 새로운 것을 창조하기보다는 주어진 제약과 조건에 순응하면서 본성에 충실함으로써 행복과 평화를 추구하려 합니다. 물론 우리 사회나 개인에게 독특한 조건과 가능성이 있다는 사실을 부인하기는 어렵지만, 오늘날 이러한 생각을 그대로 받아들이기는 어려울 것 같습니다. 주어진 조건이나 제약에만 너무 수동적으로 얽매여 자유와 창의성을 발휘하지 못한다면, 그것이 바람직할까요? 그렇다고 해서 그것을 완전히 무시해 버리는 것도 지혜롭지 못한 일일 겁니다.

그렇다면 바람직한 생각은 어떤 것일까요? "우리에게 주어진 조건에 잘 적응하면서 동시에 (주어진 가능성을 넘어) 잠재적인 가능성을 실현하고 자기가 설정한 삶의 목적을 성취하는 것"이 되겠죠. 이럴 때야 비로소 그 개인에게 만족과 성취감을 가져다주고, 결과적으로 사회 전체에도 도움을 주게 될 것입니다.

그런데 여기에는 반드시 갖추어야 할 조건들이 몇 가지 있습니다. 건강, 절제, 창의적 사고방식, 사회 정의, 인류평화 등등인데, 한 가지씩 간단히 봅시다.

첫째, **건강**은 육체적·정신적 활동의 기본 조건이 되므로, 몸과 마음이 건강해야 합니다.

둘째, **절제(節制)**라고 하였는데, 절제는 "주어진 충동과 욕망을 좀 더 큰 목적을 달성하기 위해서 합리적으로 적절하게 조정하는 것"을 뜻합니다. 시험이 코앞인데, 컴퓨터 게임에 빠져들면 어찌 될까요? "사람이 아니면 참지 않고, 참지 않으면 사람이 아니다."라는 옛사람들의 가르침을 본받아, 자기의 감정을 억누르고 분함과 어려움 등을 스스로 참을 수 있어야 합니다. 유교나 서양의 고대 철학자 아리스토텔레스(Aristoteles)는 중용(中庸)을 강조하는데, 이 중용의 덕도 감정을 절제할 수 있는 길을 제시해 주고 있는 겁니다.

셋째, **창의적 사고방식**이 요구됩니다. 여러분도 잘 알다시피 오늘날과 같은 고도정보산업 사회에서 많은 정보를 암기하는 것은 별로 도움이 안 되지요. 새로운 정보를 얻거나 활용하는 방법, 또 새로운 정보를 만들어 내는 일에 관심을 기울여야 합니다. 에디슨의 수많은 발명은 남다르게 생각했기 때문이 아닐까요. 아예 남다르게 생각해 보는 습관(習慣)을 키워 나갈 필요도 있습니다.

넷째, 자기 이상을 실현하려면 **사회 정의**를 이루어야 합니다. 정의롭지 못하고 평화가 위협받는 사회에서 어떤 일이 순조롭게 진행될 수 있을까요? 또, 어떤 사람이 다른 사람들과의 갈등 관계에 있다면 그 사람은 제대로 일을 할 수 있을까요? 개인은 사회 속에서 다른 사람과 조화로운 관계를 유지하고, 사회는 질서 있고 평화로워야, 더욱 많은 사람들이 자기 이상을 실현할 수 있습니다.

다섯째, **인류 평화**를 이루어야 합니다. 예컨대 환경오염은 한 개인의 문제가 아니지요. 그 영향이 크게는 전 지구에 미칠 것입니다.

◇ 자아실현과 인격 완성 ◇

자아실현에 대해서는 살펴보았으니, 인격에 대해 알아볼까요. 역사

이래로 사람들은 자아실현과 함께 인격 완성을 삶의 목적 중에서 가장 으뜸으로 꼽으려는 경향이 있었습니다. 따라서 올바른 삶의 방향을 정립하기 위해서 인격이나 인격 완성에 대한 의미를 찾아보는 것이 중요하지요. 우리는 일상생활에서 '인격(人格)'이나 '인격자'라는 말을 자주 쓰지만, 실제로 인격이란 무엇을 뜻하며, 인격자로서 갖추어야 할 요건이 무엇인지를 명확히 규명하는 것은 쉽지 않습니다. 여러분도 주위에 훌륭한 인격자로 보이는 친구들이 있을 겁니다. 그렇다면 대체 인격이란 무엇일까요? 인격은 어떤 능력을 의미하지 않습니다. 공부를 잘한다거나 운동을 잘한다고 해서 인격자라고 하지는 않지요. 즉 학습 능력이라든가 어떤 재주를 의미하는 것이 아니지요. 또한 어떤 물건 같은 것이 아니며, 측정될 수 있는 것도 아닙니다. 이를테면, 정신 활동은 엄밀하게 지각될 수 없고 오로지 체험을 통해 느낄 수 있을 뿐입니다. 그렇다면, 희망, 믿음, 사랑, 책임감, 수치심, 사양하는 마음 같은 것들은 어떨까요? 물론 이러한 정신 활동은 인격에서 나오지만, 인격은 심리적, 물리·화학적인 것과는 무관합니다. 즉 모든 정신 활동 속에 인격이 들어 있으나, 그렇다고 정신 활동을 합계한 것을 인격이라고 할 수는 없습니다.

인격은 그 무엇과도 대치할 수 없는 그 자체로서 도덕적 가치를 지니는 것으로, 한마디로 우리는 인격을 정확하게 설명할 수 없고, 이해할 수 있을 뿐입니다. 참 어렵지요?

그런데 동양과 서양이 생각하는 인격의 의미가 각기 다릅니다. 먼저, 동양 사회에서 말하는 인격(人格)은 **인간으로서의 '표준'과 '자격'**을 뜻합니다. 동시에 개인으로서 지니는 지적(知的), 정서적, 의지적, 신체적 특징 등을 포괄하기도 하지요. 인간으로서의 '자격(표준)'을 인격으로 보았다는 것은 도덕적인 완성을 중시했다는 의미겠죠. 지(知)·정·의·체는 우리가 인격의 4요소라고 불렀던 그것이고요.

서양은 어떻게 보았을까요? 서양에서는 '인격은 **이성적 본성을 가지고 있는 개별적인 실체**'라는 정의가 중세부터 오랫동안 통용되어 왔습니다. 여기서 이성적 본성은 자아의식과 자기 행위에 대한 지배력을 가지고 법적 책임을 질 수 있는 존재를 의미합니다. 또한, 개별적 실체성은 자유, 자립성, 완전성, 불양도성을 지니고 있다는 것을 의미합니다. 좀 어렵지요?

우선, 서양에서는 이성이나 개인의 자립성 같은 덕목을 강조하고 있고, 법적(法的) 책임도 강조하는 것을 볼 수 있죠. 또한 개인의 주권 같은 기본권을 양도할 수 없다는 불양도성을 지니고 있다고 하였습니다. 우리와 비교해 보면 상대적으로 서양은 개인주의가 발달했고 도덕보다는 법을 강조한다는 사실, 여러분도 알고 있지요? 우리는 전통적으로 법보다는 도덕, 개인주의보다는 공동체를 강조했고요. 이것이 인격의 개념에도 그대로 반영되었다는 것을 알 수 있습니다. 우리의 도덕적인 인격 개념과는 사뭇 다르지요.

하지만 현대에 들어와서는 이러한 추상적인 관점보다는 세계 안에서, 즉 현상적인 면에서 인격을 고찰하려 합니다. 특히, 인격은 활동적인 주체성으로서 도덕적 책임을 가지고 있는 존재라는 점을 강조하고 있지요. 여기서, 인격은 자립적이며, 독립적인 정신적 존재이며, 공동체에 책임을 지고 있으며, 다른 모든 것과 구별되는 존재이며, 인간은 어떤 사람을 사랑하지 않고는 그 사람의 인격을 이해할 수 없다는 것을 의미합니다. 즉 인격은 다른 것과 비교될 수 없고, 객관적으로 설명될 수 없으며, 선행을 하는 순간에 이해될 수 있을 뿐이지요. 다시 말해, 인격은 어떤 대가나 보상을 바라지 않고 항상 양심에 의하여 선을 행하며, 그 자체로서 도덕적 가치를 지니고 있는 것입니다. 그 무엇과도 대치할 수 없고, 모든 인격은 서로 같지 않다는 의미에서 모든 인격은 유일(唯一)한 것입니다.

한편, 우리나라에서는 인격을 도덕적인 자질로 생각하는 경향이 강했습니다. 그래서 인격 완성이란 자기반성과 훈련을 통하여 도덕적으로 여러 사람들의 존경을 받을 수 있는 품성을 갖추게 된 상태라고 생각합니다.

싱가포르는 '클린 앤 그린(Clean and Green)' 정책을 표방하고 있어 거리에 담배꽁초나 쓰레기를 버리면 500 싱가포르 달러(한화로 약 35만 원 상당)의 벌금을 낸다. 호텔, 관청 등의 공공건물과, 학교와 버스 정류장 등 사람들이 줄을 서서 있는 곳에서의 흡연은 법으로 금지되어 있다. 대부분이 벌금 제도이며, 자신이 직접 적발되지 않았어도 목격한 다른 사람의 신고에 의해서 벌금이 부과될 수 있다. 음주 운전의 경우, 혈중 알코올 농도가 100㎖당 80㎎이 넘으면 현장에서 체포되고 수갑이 채워진다. 최근에는 껌의 제조·판매를 금지하는 조치를 발표하였으나, 소량의 껌을 휴대·반입하는 것은 가능하다.

또한, 일정량 이상의 마약 거래자에 대해서는 사형을 선고한다. 기물 파손 및 훼손, 장물 보관, 강간 등 파렴치 행위에 대해서는 강제적 태형(곤장)을 엄격히 집행하므로 각별한 유의가 필요하다.

『윤리와 사상』 p.36.

3) 인격 완성을 위한 노력

> 겸손하고 양보하는 마음은 인격을 완성하는 데 있어서 절대 필요한 양식이다. 이러한 인격 완성의 양식이 떨어지면, 사람들은 교만하고 악해진다.
>
> — 러스킨(Ruskin, J.)

◇ 전통 사회의 덕목 ◇

우리 조상들은 인격을 완성하기 위한 구체적 방안은 덕(德)을 실현하는 것으로 보았습니다. 그러면 전통적인 실천 덕목을 유·불·도를 중심으로 살펴볼까요.

먼저, 유가에서는 인·의·예·지·신(仁義禮智信)의 **오상(五常)**을 몸에 익히는 것이 덕을 쌓는 것이라고 봅니다. 오상이란, 사람이 항상 지켜야 할 다섯 가지 도리를 말하는 것이지요.

불가에서는 고통에서 벗어나 열반에 이르기 위해서 여덟 가지 올바른 길, 즉 **팔정도(八正道)**를 수행해야 한다고 가르칩니다. 팔정도는 석가모니가 깨달은 네 가지 진리인 사성제(四聖諦)를 터득하기 위한 길을 말합니다(*사성제는 2장 불교 윤리에서 설명합니다.). 이 팔정도를 닦고 열반에 이르는 것은 인생에 있어 고통의 원인을 알고 욕심을 줄이며 중도(中道: 어디에도 치우치지 않는 진실의 도리)를 깨닫는 것이며, 이것이 인격을 완성하는 길이기도 하다는 것이지요.

그리고 도가에서는, 인간의 덕은 몸에 의식적으로 익히는 것이 아니라, 만물에 이미 갖추어져 있는 절대 불변의 진리에 순응하는 데에서 이루어진다고 보아, 이른바 **무위(無爲)**와 **무욕(無慾)**의 덕을 강조합니다. '자연의 흐름에 몸을 맡긴다.'라고 해야 할까요.

한편, 우리 조상들은 이러한 덕의 실현 이외에도 일상적인 행동거지를 매우 중시합니다. 우리 조상들이 수신서(修身書)로서 필수적으로 읽었던 『계몽(啓蒙)편』에서 이른바 '**구용(九容)**'을 강조하고 있다는 사실을 보면 알 수 있지요.

우리의 전통적인 덕목 중에 미래 사회에 계승·발전시켜야 할 것들에는 경천애인과 홍익인간, 오상과 무위, 자연의 도덕적 명령을 따르는 순천 절물(順天節物) 등등이 있습니다.

다 알다시피, **경천애인**은 고대부터 우리 조상들이 중요시해 온 사상으로, 하늘[天]에 대한 숭배와 사람에 대한 사랑을 뜻합니다. 우리 민족은 인간을 존중하면서도 하늘의 뜻을 거역하지 않는 순리적이고 조화로운 삶을 강조합니다. **홍익인간**은 인간 세상을 밝은 빛으로 교화하고 다스려 널리 이롭게 한다는 정신으로, 인본주의를 바탕으로 하고 있지요.

그리고 **순천 절물**은 자연에 따르고(順天) 절도에 맞게 행동(節物)하는 것입니다. 동양에서는 인간이 자연 속에서 균형과 조화를 유지하고 자연의 생성 작용을 그치지 않게 해야 한다고 생각하였습니다. 그러려면 물질은 궁색하지 않을 만큼만 있으면 되며, 경제적 수치나 물량에만 너무 급급하지 말고 욕망을 줄이고 소박하게 살아야 합니다.

팔정도(八正道)

팔정도는 석가모니가 깨달은 네 가지 진리인 사성제(四聖諦)를 터득하기 위한 길이다.
- ☐ 종교 생활의 입문: 정견(正見 – 바른 견해), 정사(正思 – 바른 생각)
- ☐ 종교 생활의 규칙: 정어(正語 – 바른말), 정업(正業 – 바른 행동), 정명(正命 – 바른 생활 또는 바른 삶), 정정진(正精進 – 바른 노력)
- ☐ 종교 생활의 체험: 정념(正念 – 바른 명상 또는 바른 상태), 정정(正定 – 바른 수행)

『윤리와 사상』 p.37.

구용(九容)

구용은 군자가 몸가짐을 단정히 함에 있어 취해야 할 9가지 자세를 가리킨다.

- ☐ 족용중(足容重): 걸을 때에는 가볍게 행동하지 않는다.
- ☐ 수용공(手容恭): 손을 공손하게 모으고 쓸데없이 움직이지 않는다.
- ☐ 목용단(目容端): 시선을 바르게 하고 흘겨보거나 훔쳐보지 않는다.
- ☐ 구용지(口容止): 말을 하거나 음식을 먹을 때가 아니면 입을 움직이지 않는다.
- ☐ 성용정(聲容靜): 목소리는 조용하고 침착하게 하며, 트림 따위의 잡소리를 내지 않는다.
- ☐ 두용직(頭容直): 머리를 바르게 하고 돌리거나 한쪽으로 치우치지 않는다.
- ☐ 기용숙(氣容肅): 호흡을 고르게 하고 소리 내지 않는다.
- ☐ 입용덕(立容德): 바르게 서서 엄연히 덕 있는 기상이 있어야 한다.
- ☐ 색용장(色容莊): 얼굴빛을 단정히 하여 태만함이 없어야 한다.

『윤리와 사상』 p.37.

◇ 민주 사회의 덕목 ◇

전통사회의 덕목은 살펴본 바와 같고, 민주 사회에서 강조되는 덕목으로는 인권 존중과 공정성, 준법정신과 책임감, 그리고 정직성 등을 들 수 있습니다.

첫째로 **인권 존중**은 다른 사람의 권리와 이익을 자기 자신의 것 못지않게 존중하는 것입니다. "내가 대접을 받고자 하는 대로 남에게 대접하라."는 말이 있지요? 인권 존중이라는 덕목은 '처지를 바꾸어 그것을 생각한다.'는 역지사지(易地思之)의 원칙에 의하여 어느 정도 정당화될 수 있습니다. 그래서 이것은 시민 사회의 질서를 이루는 바탕인 평등과 정의의 원칙을 내면화한 덕목이라 할 수 있습니다.

둘째로 **공정성**이란, 옳고 그른 것, 좋고 나쁜 것, 중요하고 중요하지 않은 것 등을 분별하고 그 정도를 평가할 때에 가능한 한 객관적이고 중립적인 입장에서 정확하게 판단하는 것을 의미합니다. 혈연(血緣)이나 지연(地緣) 등에 매달려 일을 불공정하게 처리한다면, 사회질서가 파괴되겠지요. 그래서 공정성은 사회 정의의 기초가 되며, 사회질서를 유지하기 위한 필수적인 덕목이라고 할 수 있습니다.

셋째로 **준법(遵法)정신**은 말 그대로 법을 잘 지키고 따르는 것을 의미합니다. 법(法)이라는 것이 국민 전체의 이익이나 사회질서를 유지하기 위한 것이므로, 모두가 법을 잘 지켜야 원만한 사회생활이 이루어질 수 있겠지요.

넷째로 **책임감**은 자기에게 부여된 임무를 성실히 수행해 내는 마음으로, 사회의 기능을 원활하게 하는 데 필수적인 요소라고 할 수 있지요. 타인과의 약속에는 이를 지킬 책임과 의무가 따릅니다. 따라서 책임감이 부족한 사람은 사회 성원으로서 자격이 부족한 사람이라고 할 수 있겠지요.

그리고 마지막으로 **정직성**인데, 사실을 있는 그대로 정확하게 전달해야 다른 사람이 그것을 믿고 올바른 판단을 내릴 수 있겠지요. <u>특히 현대사회는 정보 사회로서, 그 정보가 거짓되고 정확하지 못하다면, 우리는 올바른 판단을 내릴 수 없게 될 것입니다.</u> 불신 풍조가 생겨날 것이고, 사회 전체의 응집력도 약해지겠지요.

정리해 볼까요. 많은 사람들이 남의 권리를 존중하지 않고, 공정하지 못하며, 준법정신이나 책임감이 약하고, 정직하지 못한 경향이 있지만, 진정한 인격자라면 자기가 손해를 보더라도 끝까지 **정직**하고 **공정**하며, **책임감** 있게 말하고 행동하며, 다른 사람의 **권리**를 자기 권리처럼 **존중**할 것입니다. 또한, 미래 사회에서 필요로 하는 바람직한 인격을 위해서 우리는 전통적인 덕목 중에서 유지하고 지켜야 할 것은 살리면서, 동시에 우리에게 부족한 서구 민주 사회의 보편적인 덕목들을 추가하여 양자 간의 조화를 모색해야 합니다.

3. 사회적 삶과 사회사상의 중요성

1) 사회적 삶의 특성

> 인간은 그의 노력으로 천지조화에 기여하고 만물과 화육(化育)할 수 있는 천인합일(天人合一)의 존재이다.
>
> — 공자(孔子)

지금까지 윤리사상(& 자아실현과 인격완성)을 공부했습니다. 처음에 얘기한 것처럼, 윤리의 의미를 보았으니 이제 사회사상의 의미를 공부해 보도록 합시다.

◇ 사회의 본질과 특징 ◇

인간은 사회적 동물이라고 하는데, 그렇다면 사회란 무엇인가요? 모두 다 알고 있는 것인가요? 간단히, 사회는 상호 작용하는 개인들의 집합체라고 할 수 있겠지요. 즉 사회는 일정한 경계가 설정된 지역에서 가치관·규범·언어·종교·문화 등을 상호 공유하고, 특정한 제도와 조직을 형성하여 질서를 유지하고 성원을 재생산하면서 존속하는 인간 집단을 의미합니다.

오늘날 우리의 생활권이 갈수록 확대되고 있지만, 사회는 본래 일정한 지역을 단위로 하는 자급자족의 공간에서 출발한 것입니다. 사람들 간의 상호 작용은 거주 지역을 함께하는 사람들 사이에서 가장 잘 이루어지기 때문이지요.

이렇게 보면, 사회는 지속적인 상호 작용으로 인해 지역 내의 거주민들에게 공통되는 행동 양식 내지 생활양식으로서의 문화를 공유합니다. 즉 사회는 하나의 **문화 공동체**입니다. 일정 지역 내의 사람들이 다른 지역 사람들과 구분되는 자신들만의 문화적 고유성을 인식하게 되면, 그들 상호 간에는 친밀감과 소속감이 생기겠지요. 나아가 이러한 공동체 의식을 통해 그들은 사회를 지지하고 발전시키려는 집단적 의지를 갖게 되므로, 사회는 하나의 **정신적 통일체**라고 할 수 있습니다.

또한, 사회는 제도와 조직을 통해 질서를 유지하는데, 이러한 제도는 사회에 따라 다양한 모습을 띱니다. 예컨대, 사회 성원의 재생산을 기준으로 나누면 모계와 부계 사회, 재산의 소유 형태에 따라 나누면 자본주의와 공산주의 사회, 주권의 소재에 따라서는 군주정과 공화정 제도 등이 있습니다.

이상과 같은 특징을 모든 사회가 완전히 갖추고 있는 것은 아니며,

이는 시대에 따라 변화하기도 합니다. 예컨대, '제2의 도시'라고 할 수 있는 가상공간의 탄생은 종래 사회에서 가장 중요한 요소였던 지역성을 상당히 약화시키고 있지요. 오늘날에는 시간적·공간적 제약을 초월한 가상 공동체가 현실화되고 있습니다.

◇ 인간의 사회성 ◇

사회를 떠난 인간은 머릿속으로 상상할 수는 있어도 현실적으로 존재할 수는 없겠지요. "인간이 개체로서 먼저 존재하고, 그 다음에 필요에 따라서 사회를 이룩하는 것이 아니라, 인간은 사회적 존재로서 공동생활과 문화에의 참여를 통해 살아간다."라는 말은 인간이 본질적으로 사회적 존재라는 얘기지요. 실제 그럴까요? 예, 인간의 정서 생활이 이를 뒷받침합니다. 어린 아이를 보세요. 어린이는 언제나 부드러운 접촉과 친절한 대화, 사랑의 표정과 따뜻한 손길을 그리워합니다. 또한, 인간이 홀로 있을 때 고독을 느낀다는 것도 이를 증명하는 것이죠. 모든 인간에게 있어 의식의 본질적인 부분에 이미 사회라는 것이 내면화되어 있습니다.

이것을 다른 멋진 말(?)로 표현해 볼까요. "나는 우리의 일부일 뿐만 아니라, 또한 우리는 나의 필연적 구성 요소이다." 혹은 "다른 인간들과 함께 있음은 인간의 본래 모습이요, 개인으로 떨어져 있음은 인간의 특수한 모습에 지나지 않는다."라고 표현해도 같은 의미이지요. 이를 독일의 철학자 <u>하이데거(Heidegger, M.)</u>는 "홀로 있음(독존)은 다만 함께 있음(공존)의 변형적 형태에 불과하다. 독존의 가

하이데거

능성은 공존의 근거이다."라고 표현합니다. 즉 홀로 있음이 가능하려면 함께 있음이 전제되어야 하는군요.

◇ 사회적 삶에서의 윤리와 사상 ◇

위와 같이, 사회 속의 인간은 서로 관계를 맺고, 질서를 유지히며, 공동체의 욕구와 필요를 충족시키면서 공존하게 됩니다. 만약 홀로 살게 된 인간이 있다면, 그는 사회사상을 필요로 하지도 않을 것입니다. 사회적 존재로서의 인간은 사회질서를 유지하면서 살아가야 하며, 이를 위해 사회제도를 형성하고, 윤리 규범을 만들어 냅니다. 즉 인간은 사회적 삶을 통하여 윤리와 사상을 형성하고 내면화하게 되지요.

구체적으로, 사회에서 윤리는 다음과 같은 세 가지 이유로 인해 형성됩니다.

첫째, 인간이 <u>집단생활을 하고 있기 때문</u>입니다. 홀로 떨어져 살게 된 개인은 필요가 없겠지만, 더불어 사는 인간은 다른 인간과의 평온한 질서를 유지하기 위해 무엇이 올바른 행동인가에 대한 기준이 필요하게 되겠지요.

둘째, 인간의 <u>욕망은 상대적으로 다양하고 무한하지만, 이를 충족시킬 수 있는 재화는 한정되어 있기 때문</u>입니다. 한정된 재화의 합리적 배분을 위해서, 인간의 욕망을 제한하는 윤리가 필수적이 될 수밖에 없지요.

셋째, <u>가치관의 다양성 때문</u>에 윤리가 형성됩니다. 무엇이 바람직한 삶이고 무엇이 사회의 공동선인가에 대한 생각이 서로 다르면, 갈등과 대립이 발생하겠죠. 이를 조정·해결할 수 있는 판단 기준으로서 윤리가 필요한 것입니다.

이상과 같은 이유로 윤리가 필요하다면, 사회적 삶에 있어서 사상이 필요한 이유는 무엇일까요? 사람은 사회생활을 하면서 삶의 바탕인 사회에 대하여 관심을 갖고, 사회의 현실이나 문제점을 분석·비판하고, 사회가 나아가야 할 새로운 방향을 제시하기도 합니다. 이와 같이 사회사상이란 다름이 아니라, "현실 사회를 분석·비판하고 바람직한 사회상을 제시하는 체계적인 사고의 틀"을 의미하는 것입니다.

따라서 사회사상은 모든 사회에서 발견이 되겠죠. 모든 고대 사회의 신화, 전설 및 민담 속에서도 초보적인 형태로 발견됩니다. 우리의 단군 건국 이야기에도 '널리 인간을 이롭게 하기 위해서 내려왔다.', '형벌과 선악을 주관하고 다스렸다.'는 말이 있는데, 이것이 인간 존중이나 정의에 관한 사상이지요.

2) 사회적인 삶과 사회사상의 필요성

◇ 사회사상의 의미와 역할 ◇

사회사상이 무엇인지를 알려면 먼저 사상이 무엇인지를 알아야 하겠죠. 사상이란, 넓은 의미에서는 정신 속에 일어나는 모든 활동을 의미하며, 좀 더 엄밀하게는 세계와 인생을 종합적으로 이해하는 이성의 작용을 말합니다. 위에서도 말했듯이, 사회사상은 사회를 종합적으로 이해하는 이성의 작용으로서, 사회의 바람직한 모습에 관한 체계적인 생각이나 태도를 말합니다. 즉 사회사상이 추구하는 목표는 인간의 사회적 삶에 대한 일관되고 체계적인 이해를 제공하는 것이지요. 따라서 사회사상은 <u>사회 현상을 설명하고 정당화하거나 변화시키는 기준으로</u> 작용합니다. 우리가 사회사상에 관심을 갖는 이유도 여기에 있지요. 그리고 사회사상은 인류의 역사 속에서 사회제도, 관행 및 윤리를 통해 구현되어 왔습니다.

정리하자면, 사회사상은 다음과 같은 **역할**을 수행합니다.

첫째, 인간의 사회적 삶과 관련된 개념들을 정의·분석·구별하며, 사회적 삶을 이해할 수 있는 개념적 틀을 발전시킵니다. 그 개념적 틀은 인간의 현실 생활을 규제하고, 미래의 삶을 위한 좌표로서 기능하게 됩니다.

둘째, 사회사상은 사회적 삶이 왜 특정한 방식으로 구성되어 있으며, 사회의 상이한 구성 요소들이 어떻게 연관되어 있는지를 설명해 줍니다.

셋째, 사회사상은 현 사회를 정당화하거나 비판하며, 바람직한 사회(이상적인 사회)에 대한 대안을 제시한다는 점에서 규범적 기준입니다.

이런 역할들을 보면, 사회사상은 **실천적 가치**를 가지고 있다는 것을 알 수 있습니다. 즉 사회사상은 사회가 택할 수 있는 선택의 범위를 명료히 함으로써 <u>사회적 삶의 한계와 가능성을 밝혀 줄 뿐만 아니라, 사회에 대한 어떤 요구가 정당하게 제기된 것인지를</u> 설명해 줍니다. 나아가 사회를 구성하는 집단이나 개인들 간에 <u>분쟁이 발생했을 때, 분쟁을 해결할 수 있는 규범적 기준을</u> 제시해 줍니다. 사회사상이 단지 머릿속에 있는 것이 아니라, 실제 생활에서의 실천적인 의미를 갖는 것이죠. 교과서에 나와 있는 실례를 들어 볼까요.

□ **'양심적 병역 거부' 공방:** 양심적 병역 거부는 병역을 자신의 양심에

반하는 절대악이라고 확신하여 거부하는 행위를 의미한다. 양심적 병역 거부를 인정하는 사람들은 종교적·윤리적 확신에 따라 전쟁에 참가하는 것을 반대하는 자에게 병역을 강제한다면, 그것은 종교의 자유와 양심의 자유를 침해하는 것이 된다고 주장한다. 반면, 양심적 병역 거부를 반대하는 사람들은 그 근거로서 형평성의 문제, 분단 상황에 있는 국가 안보의 문제, 선정의 모호성 등을 제시하고 있다.

□ **'사형제도 존속·폐지' 공방**: 사형제도 찬성론자들은 중대한 범죄나 잔인하고 포악한 범죄에 대처하고 국가적 질서 유지와 인류 문화의 유지를 위해 사형제도를 존속시켜야 한다고 주장하고 있다. 반면, 사형제도 폐지론자들은 헌법이 보장하는 인간의 존엄과 가치의 존중에 부응하고 형벌이라는 미명하에 행해지는 '또 하나의 살인'을 막기 위해 사형제도를 폐지해야 한다고 주장한다.

최근에도 법원에서 '사형제도의 존속이냐 폐지냐' 하는 공방이 있었듯이, 위의 사례들은 집단이나 개인 간에 발생하는 대표적인 갈등 현상이라고 할 수 있습니다. 여기서 보듯이 사회사상은 사회적 제도, 가치 및 운동이 논쟁과 갈등의 대상이 될 때, 그러한 논쟁과 갈등에 활력을 불어넣고, 또 그것을 통해 발전합니다. 다시 말해, 사회 문제에 대한 합리적 논쟁, 사회적 삶에 대한 비판적이고 독자적인 사유를 통해 궁극적으로는 사회의 통합성을 확보하고, 건전한 사회의 창출과 유지에 기여하게 됩니다.

◇ 사회사상의 특징 ◇

사회사상의 특징을 정확히 이해하기 위해서는 세상을 이해하는 또 다른 방식인 자연 과학과 비교해 보는 것이 좋겠습니다. 자연과학도 사회사상처럼 세상을 설명하고 변화를 예측하고 있으니까요. 하지만, 이론과 현실의 관계에 있어서 사회사상은 자연 과학과는 다른 복잡성을 띠고 있습니다. 어떤 차이가 있을까요?

첫째, <u>자연 과학자가 탐구하는 자연계는 거의 변화하지 않지만, 사회 사상가가 이론화하는 사회는 그 자체가 변화</u>합니다. 여러분도 잘 알고 있겠지만 고대의 아리스토텔레스, 근대의 뉴턴, 그리고 현대의 아인슈타인이 연구의 대상으로서 관찰한 자연계에 변화가 있었을까요? 예, 없었습니다. 그러나 사회 사상가가 직면하여 설명하고자 하는 세계는 끊임없이 변화하고 있지요.

둘째, <u>자연 과학자의 자연계에 대한 태도와 사회 사상가의 사회 현실에 대한 태도가 다릅니다.</u> 즉 자연 과학자는 자연계의 현상을 설명할 뿐 자연계 그 자체를 변화시키려고 하지는 않지만, 사회 사상가는 사회를 단순히 있는 그대로 설명하는 데 만족하지 않고 근본적으로 변화시키려고 합니다. 특히, 사회적 위기와 혼란의 시대에 더욱 그렇지요. 그래서 사회사상은 변혁 지향적이고 실천적인 성격을 띱니다.

셋째, 자연 과학자들은 자연계를 바라보는 <u>기본 방법과 시각에 관해서 합의를</u> 하는 경우가 일반적이지만, 사회 사상가들은 동시대, 동일 문화권의 사상가라 할지라도 <u>같은 사회 현상에 대해서 서로 다른 견해를</u> 가질 수 있습니다.

◇ 사회사상의 바람직한 방향 ◇

우리 한국 사회는 급속한 서구적 근대화 이후에 극심한 변화를 겪게 되는데, 그중 하나가 '전통의 단절'이었지요. 그러나 한국 사회가 아직도 여러 면에서 전통을 간직하고 있음을 볼 때, 근대화가 일방적인 서구화가 아니라, 한국적인 것과 서구적인 것의 상호 침투 과정이었다는 것을 알 수 있습니다.

더구나 최근 동양사상과 관련된 저작들에 대한 대중적 관심의 고조, 전통 식품이나 음료의 시장화 전략 성공, 우리 농산물 지키기 운동과 더불어 대두한 '신토불이(身土不二: 몸과 땅은 둘이 아니다. 자신이 사는 땅에서 나는 농산물이 체질에 맞는다.)' 사상 등에서도 확인할 수 있듯이, 한국 사회에서는 '전통적인 것'을 부정적으로 보던 시각에서 벗어나, 좀 더 긍정적인 차원에서 조명하고자 하는 사고의 전환이 일어나고 있습니다.

주목할 것은, 이러한 전환이 <u>단순히 일상적 삶의 영역에 그치지 않고, 학문 영역에서도 점차 강하게 일어나고 있다는 점입니다.</u> 예를 들어, 종래 유교는 경제 발전이나 민주화에 부정적인 영향을 미친 것으로 해석되어 왔지만, 최근에는 동아시아 유교권 국가의 눈부신 경제 발전과 더불어, 유교를 긍정적으로 재평가하고자 하는 새로운 현상이 나타나고 있습니다. 동아시아 유교권 국가의 눈부신 경제 발전의 원동력은 과연 무엇이었을까요? 그것이 **'신(新)유교윤리'**라고도 불리는 소위 **'아시아적 가치'**입니다.

<u>'아시아적 가치'란, 1960~1980년대 한국, 타이완, 홍콩, 싱가포르 등 이른바 아시아 네 마리의 용이라고 불리는 동아시아권 국가들의 급속한 경제 발전의 원인을 아시아의 유교 문화에서 찾은 데서 비롯된 용어입니다.</u>

유교 문화의 어떤 점이 경제 발전의 원인이 되었을까요? <u>아시아적 가치의 핵심으로는</u> **가족주의, 공동체주의, 사회적 도덕성과 책임감, 교육 중시 풍토** 등이 있습니다.

여기서 특히, **공동체주의**는 자유주의의 대표적 결함인 개인주의와 공동체의 해체라는 모순을 보완하기 위해 유력하게 부각되고 있지요. 서구의 개인적인 기업 문화와는 달리 동양의 기업은 가족적인 기업

문화를 형성합니다. 여러분도 사원을 모집할 때 '가족 구함'이라고 광고하는 것을 자주 보았을 것입니다. 회사원들이 서로를 가족처럼 여기고 회사를 위해 헌신적으로 일하여 경제 발전을 이루었다고 보는 것이죠.

이처럼 유교는 자유주의의 취약점을 치유할 수 있는 요소를 보유하고 있는 것으로 평가받았지만, 1990년대 말 아시아의 경제 위기 이후에는 다시 정경 유착(政經癒着: 정치인과 기업가 사이의 부도덕한 밀착 관계), 뇌물 관행, 불투명한 정실 인사(情實人事: 사사로운 정이나 관계에 이끌려 채용이나 승진이 이루어지는 것) 등의 부정적인 측면이 부각됩니다.

그러나 '아시아적 가치'는 각국이 그들의 고유한 문화적 전통에 입각한 발전 모델을 추구하게 한다는 점에서 의미가 있으며, 전통적인 한국 사상이나 동양사상에 대한 이해와 창조적인 활용이 적극적으로 요구된다는 점을 시사하고 있습니다.

유교 자본주의(儒敎資本主義)

『전통윤리』 교과서(교육인적자원부, 18쪽)에는 '유교 자본주의'라는 내용의 아시아적 가치에 대한 내용이 나옵니다.

자본주의는 사유 재산 제도와 의사 결정의 분권화를 근간으로 하는 한 가지 경제 체제이다. 자본주의의 기본적 체계와 속성은 보편적이지만, 실제로 그것이 운영되는 모습은 지역이나 문화에 따라 다를 수 있다. 1960년대 이후 급속한 고도성장을 이룩해 온 동아시아는 서구의 자본주의를 도입하되, 전통적 유교 문화를 바탕으로 그것에 적응하며 독자적인 운영을 해 왔다. 그리고 그 높은 경제적 성취도는 세계인의 주목을 받았다.
그러나 20세기 후반에 동아시아는, 선진국들이 주도하는 세계 경제의 질서 속에서 경제적 어려움을 경험하였다. 동아시아가 경제 위기를 맞게 되자, 세계의 언론은 지금까지의 호의적 논평에서 돌변하여 아시아적 가치나 유교 자본주의를 온정주의, 혈연주의 등으로 묘사하며 결점투성이라는 비난 보도를 쏟아내기 시작하였다. 그러나 한편으로는, 유교 자본주의의 장점을 되살린다면 동아시아의 자본주의 체제가 더 인간 중심적 경제 체제가 될 수 있다는 지적도 나오고 있다.

'난타'는 한국의 사물놀이를 서양식 공연 양식에 접목한 작품으로서 한국 최초의 대사 없는 연극이다. '난타'는 1997년 10월에 첫 막을 올린 이래 국내 공연과 해외 공연을 거듭하면서 전 세계 20여 국가에서 공연되었다. 이 중 미국·영국·네덜란드·일본·독일 등에서는 두 차례 이상 앙코르 공연을 가졌으며, 국내 공연물 사상 최고액을 받고 수출 길에 오르기도 하였다.

『윤리와 사상』 p.50.

난타

3) 사회사상의 다양성

◇ 개인주의와 집단주의 ◇

간단히, 개인과 사회의 관계에서 개인을 우선적 존재로 인식하면 개인주의, 사회를 우선적 존재로 인식하면 집단주의입니다. 따라서 개인주의는 사회보다 앞서서 존재한다고 여겨지는 개인적인 현상의 관점에서 사회 현상을 설명하고자 하고, 집단주의는 인간의 행위를 사회적·문화적·역사적 맥락과 연계하여 이해하고 고찰해야 한다고 주장합니다.

그렇다면, "사회 또는 정치 공동체가 개별 인간들에게 바람직한지 혹은 개인의 권리를 잘 보호하고 있는지와 같은 것을 평가 기준으로 삼는 경향이 있다."고 한다면, 어느 쪽 주장일까요? 예, 당연히 개인주의지요. 반대로 "사회질서는 사회에 앞서 존재한다고 여겨지는 개인의 존재와 이익을 근거로 하여 설명되거나 평가될 수 없다고 본다."면, 집단주의 주장입니다.

이렇게 사회사상을 개인주의와 집단주의의 두 가지로 구분할 때, <u>자유주의는 개인주의적 사회사상</u>으로, <u>민족주의와 사회주의는 집단주의적 사회사상</u>으로 분류합니다.

◇ 관념론과 유물론 ◇

먼저, 관념(觀念)이란 '어떤 일에 대한 견해나 생각'을 말하는 것이고, 유물(唯物)이란 '물질이 실재하는 것이며, 마음은 물질의 작용에 불과하다.'고 보는 입장입니다. 따라서 관념론(觀念論)적 사회사상은 인간의 정신적 생활 및 의식을 중심으로 사회 현상을 설명하는 사상이고, 유물론(唯物論)적 사회사상은 인간의 물질적 삶 및 생산 활동을 중심으로 사회 현상을 설명하는 사상이라고 할 수 있습니다.

예컨대, 인간의 역사를 <u>문화·종교·철학과 같은 추상적 원리의 전개에 의해 설명하면 관념론적 사회사상</u>이며, 인간의 역사를 추상적 원리 대신에 <u>사회의 경제적 토대 또는 사회 계급 간의 갈등에 의해 설명한다면 유물론적 사회사상</u>이지요.

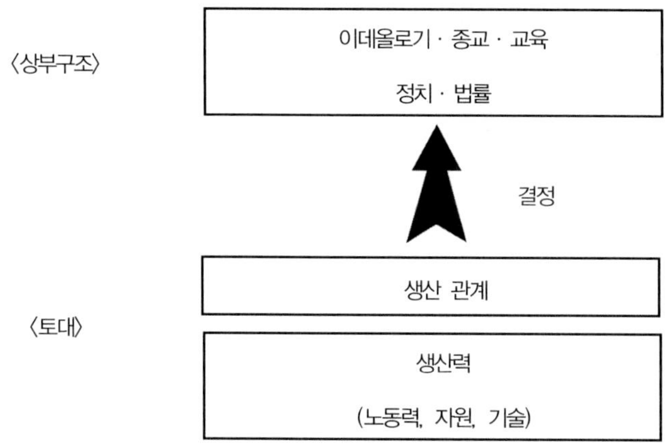

　유물론적 입장을 견지하는 공산주의 이론가 **마르크스**(Marx, K.)에 따르면, 인간의 생산 활동이야말로 사회에 기본적인 것이며, 인간의 생산 활동을 해석하고 조직하는 정치적 · 철학적 · 종교적 관념과 개념은 부차적인 것입니다. 어때요? 위의 '유물(唯物)'의 뜻과 다름이 없지요. 반대로, 근대 합리주의 사상의 창시자인 **데카르트**(Descartes, R.)가 "나는 생각한다. 그러므로 나는 존재한다."라고 말했을 때, 그는 관념론적인 입장을 드러낸 것입니다.

　그렇다면 "근대 서양 사상의 발전 과정을 계몽주의, 합리주의, 낭만주의 등의 용어를 통해 파악하는 입장"은 어느 쪽일까요? 예, 관념론적 관점에서 사상사를 파악하는 것입니다.

　이러한 구분으로 보면, 근대의 주요 사상 가운데 사회주의는 유물론적 사상을 기초로 하고 있으며, 자유주의 · 보수주의 등은 대체로 관념론적 사상을 기초로 하고 있습니다.

◇ 보수주의와 급진주의 ◇

또한, 사회사상은 기존 질서에 대해 어떠한 태도를 취하는가에 따라 분류할 수 있습니다. 그것이 보수주의와 급진주의이지요. **보수주의**는 사회의 기존 질서를 유지·보존하려는 것이고, **급진주의**는 사회의 기존 질서를 근본직으로 변혁시키고자 하는 것입니다. 급진주의는 '과격한'이라는 부정적 이미지를 갖고 있죠. 그리고 정도와 강도에 있어서 어느 한쪽으로 규정하기 어려운 경우도 있겠죠? 점진적이고 부분적인 **개혁적 입장**도 있을 수 있습니다. 이 외에도 **수구(守舊)**라고 하면, 일체의 변화를 거부하고, 현존 질서의 무조건적인 고수를 옹호하는 입장을 말합니다. 여러분들도 보수니, 진보니 하는 말들을 매스컴을 통해 귀가 따갑도록 들었을 것입니다.

지배 계급은 어느 쪽일까요? 기득권을 지키려 사회의 기존 질서를 유지하고자 할 테니, 보수주의를 신봉하겠죠. 반대로 권력에서 소외된 피지배 계급은 변혁을 꾀하는 급진주의를 지지할 겁니다. 그리고 개혁적 사회사상은 지배 세력의 일부가 위로부터의 변화를 추진할 때 신봉합니다.

그런데 문제는 현실적으로 사회사상은 매우 복잡하고 다양하기 때문에 이러한 분류가 항상 타당한 것은 아니라는 데 있습니다. 예컨대, 보수주의 역시 기존 질서를 보존하기 위해 일정한 변화를 수용하기도 하고, 급진주의 역시 나름대로의 목표 달성을 위하여 속도와 강도를 늦추거나 조절하기도 합니다.

위에서 언급했지만, 사회사상을 보수, 개혁, 급진으로 구분하는 입장과 달리 보수와 진보로 구분하는 입장도 있습니다. 이런 분류들은 사회의 발전 단계와 긴밀하게 결부되어 있습니다. 즉 어떤 한 사회사상이 항상 보수주의 사상이 되거나 급진주의 사상이 되지 않는다는 말입니다. <u>역사의 발전 단계에 따라 일정한 사회사상이 보수주의로 분류되기도 하고 진보주의로 분류되기도</u> 하지요. 예를 들어 볼까요. 자유주의 사상이 근대 초 유럽에서는 급진적인 혁명 사상이었지만, 시민 혁명을 거치면서 19세기 중반 이후 지배적인 사회사상이 되었고, 사회주의(공산주의)의 도전을 받게 됨에 따라 보수적 사회사상이 되었습니다. 아직도 좀 어렵나요? 쉬운 예로, 조선시대에 양성평등을 주장했다면, 급진적인 사상이었을 것입니다. 그러나 현대사회에 양성평등은 지배적인 사상입니다. 만약에 미래에 양성평등을 위협하는 새로운 사상(?)이 나온다면 그때 양성평등의 주장은 보수적 사상이 될 겁니다.

급진주의(急進主義, radicalism)

'래디컬(radical)'은 본래 '근본적'이라는 뜻을 지닌다. 따라서 <u>현존하는 사회 체제를 근본적인 비판의 대상으로 삼고 그 뿌리부터 부정하는 입장</u>을 의미한다. 그런데 보수적 입장에서 볼 때 '근본적'인 혁신을 주장하는 사상은 너무나 급하게 앞으로 나아가려 하거나, 지나치게 격렬한 변화를 추진하는 것으로 여겨지기 쉽다. 이러한 이유에서 <u>급진주의가 '급진적' 또는 '과격한'이라는 부정적 이미지를 갖게 되었다.</u>

『윤리와 사상』 p.53.

◇ 사회제도, 사회 운동과 사회사상 ◇

사회제도란 무엇일까요? <u>"사회 내에서 일어나는 어떤 행동을 미리 정해진 방향으로 이끌어 주는 일반적으로 인정되고 조직화된 관행과 절차"</u>를 말합니다. 따라서 사회제도는 인간이 사회적으로 살아가는 데 필요한 기본적인 틀이라고 할 수 있지요. 교과서에 좋은 비유가 나와 있네요.

만약, 망망대해를 항해하던 배가 폭풍으로 외딴섬에 표류하게 되었다고 가
정하자. 외딴섬에 표류한 사람들에게 가장 시급한 문제는 의식주의 해결,
질서 유지, 자녀 양육, 수확한 농작물의 분배 등일 것이다. 이상과 같은 문
제를 해결해 나가기 위해서 필요한 것이 바로 사회제도이다.

이와 같이 삶의 대부분의 문제를 사회제도가 관장합니다. 즉 사회
제도는 인간의 기본적이고도 지속적인 욕구를 충족시켜 주면서, 사
회생활의 특정 측면에서 적절한 일을 집단적으로 행하게 하는 것입
니다. 따라서 인간의 사회적 삶은 사회제도를 중심으로 실현되고, 사
회제도는 주어진 사회의 목표를 달성하기 위해 개인의 활동을 조직
하고 미래 세대를 양육하는 데 필수적인 기능을 담당합니다.

하지만 사회제도는 변화하기도 하지요. 그 혁신과 변화의 가능성
은 구성원들이 사회의 제도적 체계나 사상에 대해 어떠한 태도를 취
하는가에 달려 있습니다. 만족스러워하는지 아니면 불만족스러운 태
도를 보이며 변화를 꾀하는가에 달려 있겠지요.

하지만 아무리 사회제도가 공통된 가치와 상징을 통해서 사회 규
범을 수립하고 정당화하는 데 성공한다고 할지라도, 모두가 만족할
수는 없습니다. 어느 사회든 이러한 규범으로부터 약간의 자율성을
유지하는 집단이 존재하기 때문에, 사회 전체에 의해 받아들여지는
일은 결코 있을 수 없습니다.

그래서 사회제도에 일정한 변화를 초래하거나 새로운 질서를 창조
하고자 하는 집단적인 행동이 생겨납니다. 이것이 바로 **사회 운동**입
니다. 만약 사회질서를 신성한 창조물이라고 생각한다면 변화를 도
모하지는 않겠지요. 근본적으로 사회 운동은 사회질서가 인간의 산
물로서 인간의 의지에 종속된다고 인식해야 비로소 가능해집니다.

아무튼 사회 운동은 다음과 같은 특징을 지닙니다. 첫째, 뚜렷한

이념과 목표를 갖습니다. 자유, 생존권, 평등, 생태계 보호, 평화 등의 보편적 이념 없이는 많은 사람들의 지지를 얻기 힘들겠지요. 우리 사회에도 '생존권'을 위한 투쟁, '생태계 보호'를 위한 환경 단체들이 많이 있죠.

둘째, 조직을 가지고 상당 기간 지속됩니다. 앞서 생태계 보호를 위한 단체들이 있다고 했는데, 사회 운동 조직은 참여자의 이익을 실현하기 위해 지지자를 확보하고 지속적으로 활동하지요. 예컨대 세계적인 조직망을 가진 국제 환경단체인 그린피스(Greenpeace)는 여러분도 모두 알 것입니다. 셋째, 사회제도권 내외(內外)에서 사회제도를 변화시키려고 합니다. 그렇다면, 다음 글에 제시된 사람들은 사회 운동의 주체로 볼 수 있을까요?

· 축구 경기를 관람하기 위해 모인 사람들
· 유명 가수의 공연에 모인 수많은 10대들
· 할인 판매 기간 동안 물건 구입을 위해 백화점에 모인 사람들

위 사회 운동의 특징을 하나하나 보면, 이들을 사회운동의 주체로 볼 수 없겠지요. 위 글에서 제시한 사람들은 어떠한 목표를 가지고 있다는 점에서 사회운동의 조건을 만족시킨다고 할 수 있지만, 이념을 가지고 있지 않고 조직적으로 지속되지 않으며, 사회제도를 변화시키고자 하는 의도가 없습니다.

다시 말하지만, 사회 운동은 무엇보다도 사회 변동을 일으키거나 저지하려는 목적을 가집니다. 따라서 광의의 사회 운동은 정치 운동, 종교 운동, 여성 운동, 학생 운동 등을 포함하게 되지요. 다음은 한 대중 가요의 가사인데, 어떤 의미를 담고 있는 것일까요?

오늘은 괜찮아 마음껏 훑어봐. 늘 그랬던 것처럼 …… 머리는 무거워 입
술은 저려와 하지만 참을 수 있어. 우스운 나의 웃음, 우스운 나의 웃음
은 세계의 평화 위해 어색하게 웃음 짓는 미스 코리아 …… 쇼는 끝났어,
입술도 풀렸어 …… 새로운 이름과 새로운 세계가 내 앞에 펼쳐져 있어.

이는 여성의 상품화를 비판함으로써 사회의 변화를 꾀하고 있는
글입니다.

근대의 사회 운동은 첫째, 자신들의 목표를 정당화하기 위해 기존
의 경제적·정치적·문화적 제도에 대한 비판과 결합하면서 인간의
본성, 목표 및 자연권 등 추상적 원리를 통해 호소해 왔습니다. 둘째,
자유와 평등사상은 주요한 사회 운동에 공통적으로 나타나며, 때로
는 민족의 독립 사상과 결합되기도 하였습니다. 셋째, 근대 사회 운
동은 사회사상과 긴밀한 영향을 주고받으면서 발전해 왔습니다(사회
운동은 재산 소유나 권력 분배와 관련하여 새로운 질서의 창조를 목
표로 하기 때문에, 체계적이고 정교한 이론 체계, 즉 사회사상을 필
요로 합니다.). 넷째, 근대 사회 운동이 신봉하는 사회사상은 새로운
사회에 대한 상세하고 합리적인 모습을 제시하고, 마르크스주의와
같이 새로운 사회의 필연적인 도래를 예견하는 역사 이론을 포함하
기도 합니다.

오늘날 사회 운동은 근대의 자유주의·민족주의·사회주의 운동
이나, 현대의 환경 운동·여성 운동 등이 국가나 민족 사회의 경계
를 넘어서 전 세계적으로 확산되는 경향이 있다는 특징을 갖습니다.

4. 이상사회의 구현과 사회사상

1) 이상사회의 본질과 특성

큰 도[大道]가 행해지고 어진 사람과 능력 있는 자가 버려지지 않으며, 가족주의에 얽매이지 않고 노인은 자기의 생을 편히 마치며, 젊은이는 모두 일할 수 있고 노약자·병자·불쌍한 자들이 부양되며, 길에 재물이 떨어져도 줍지 않는 세상이 바로 대동 사회이다.

– 『예기(禮記)』, '예운(禮運)'편

앞에서는 사회사상의 필요성이나 그 다양성에 대하여 공부했습니다. 이제 Ⅰ장의 마지막 소단원으로 사회사상은 이상사회와 어떻게 관련되는가를 살펴볼 것입니다.

◇ 이상사회의 의미와 본질 ◇

동서고금을 막론하고 <u>사회사상의 주요한 목표 가운데 하나는 최선의 정치 공동체나 이상사회를 추구하는 것</u>이었습니다. 이상사회(理想社會)는 말 그대로 '인간이 바람직하다고 생각하는 사회의 모습'인데, 사회사상의 목표 또한 백성들의 단순한 삶을 보존할 뿐만 아니라, 선한 삶을 추구하는 것이기 때문입니다.

역사적으로 인류는 억압으로부터 해방된 이상적인 사회를 추구해 왔지요. 우리의 경우, 19세기 말 동학 농민들은 이상사회를 인내천(人乃天: 사람이 바로 하늘이니 사람 섬기기를 하늘같이 하라.)사상을 통해 표현하고, 이를 실천에 옮기고자 하였습니다.

중국 춘추시대의 정치적 혼란기에 태어난 **공자(孔子)**는 하(夏)나라와 은(殷)나라의 장점을 종합하여 찬란한 문화를 이룩하였던 주

논어

(周)나라의 정치 제도를 이상으로 한 인의(仁義)의 정치가 구현된 사회를 이룩하고자 하였습니다. 그것이 『논어(論語)』에 잘 나타나 있지요.

서양에서도 그리스의 철학자인 **플라톤(Platon)**이 『국가(Politeia)』라는 책에서 제시한 '지혜로운 철학자가 통치하는 정의로운 국가'가 이상사회를 추구한 것입니다.

사회 사상가들이 이상사회를 제시하는 데는 이유가 있습니다. 사회사상은 <u>선한 인간의 완성과 선한 공동체의 실현이 밀접하게 연관되어 있다</u>는 가정을 바탕으로 하고 있기 때문이지요. 즉 공공연한 야망, 탐욕스러운 이익, 교활함이 조장되는 사회에서는 최선의 인간조차 부패할 수밖에 없다는 것이지요. 그러면 어떻게 해야 해결이 될까요? 사회 사상가들은 총체적으로 타락한 정치 공동체를 개혁하고 그 구성원들을 도덕적으로 개선할 수 있는 이상국가나 이상사회를 제시합니다.

그런데 '이상사회'라고 하면 떠오르는 말이 있지요? **유토피아(utopia)!** 근대 이래 서구에서는 이상사회를 '유토피아(utopia)'라고 부릅니다. 잘 알려진 것처럼, 유토피아라는 말은 1516년 영국의 **모어(More, T., 1477~1535)**가 집필한 『유토피아』라는 책의 제목에서 유래한 것입니다. 모어는 이상사회의 삶을 구현하고 있는 신기한 섬나라의 이름을 유토피아라고 부르면서, 다음과 같이 묘사합니다.

초승달 모양의 섬 유토피아는 같은 말과 비슷한 풍습·시설·법률을 가진 54개의 마을로 구성되어 있다. 그곳의 시민들에게는 빈곤도 없고 사치나 낭비도 없다. 유토피아의 성인들은 남녀를 가리지 않고 생산적 노동에 종

사한다. 노동은 매일 6시간으로 제한되고, 8시
간 잠자고 남은 시간은 정신적 오락이나 연구에
사용한다. ……집집마다 열쇠를 채우거나 빗장
을 거는 일이 절대로 없다. 왜냐하면, 집 안에
들어간들 어느 개인의 소유란 것이 없기 때문이
다. 그리고 10년마다 그들은 제비를 뽑아 집을
교환한다. …(후략)…

토마스 모어

묘사된 것처럼, 모어가 그리고 있는 이상
사회는 <u>모든 인간이 소유와 생산에 있어서</u>
<u>평등하고, 경제적으로 풍요</u>하며, <u>도덕적으로 타락하지 않은</u> 사회입니다.

유토피아의 의미

모어가 사용한 유토피아라는 명칭은 그리스어인 '없는(ou: 영어의 no에 해당)'과 '장소
(topos: 영어의 place에 해당)'를 합성한 단어이다. 따라서 <u>유토피아는 '아무 데도 없는 곳
(영어의 'no place'에 해당)'이라는 풍자적인 의미를 담고 있다</u>. 다른 한편으로, 이와 비슷
한 발음의 그리스어 '에우토피아(eutopia: 'eu'는 '좋은'이라는 뜻)'는 '좋은 곳'을 뜻한다.
그리하여 오늘날 <u>유토피아는 두 가지 의미를 혼합한 이중적인 의미</u>를 띠게 되었다. '유토피
아', '유토피아적'이라는 단어는 보통 '이상적' 또는 '상상적'이라는 뜻을 지니기도 하지만,
다른 한편으로 그것은 실현 불가능하다는 의미에서 '실용성 없는' 또는 '유용성 없는'이라는
뜻을 지니게 되었다.

『윤리와 사상』 p.58.

◇ 이상사회와 현실 ◇

그러나 동·서양의 사상가들이 묘사한 이상사회는 다양했지만, 실
제로 그들이 제시한 이상사회가 실현된 적은 없었습니다. 앞서 공자
나 플라톤을 얘기했지만, 그들도 이상사회가 현실에서는 자신들의
구상대로 실천에 옮겨지기 어렵다는 것을 알고 있었습니다.

『논어(論語)』나 『국가』를 볼까요. 『**논어**』에는 "천하에 도가 있으

면 내가 천하를 변화시키려 나서지 않았을 것이다.”라는 공자의 탄식과 “군자가 벼슬하는 것은 의를 행하는 것이니, 도가 행하여지지 못할 것을 이미 알고 있다.”는 구절이 나옵니다.

『국가』에도 플라톤이 소크라테스의 입을 빌려 다음과 같이 말합니다. “도대체 이론이 실천으로 완전히 옮겨질 수 있는가? 사물의 본성상 인간의 행위가 인간의 생각보다 진리에 훨씬 못 미치는 것은 당연하지 않는가?” 이런 말들을 보면 좀 슬퍼지지 않나요?

하지만, 이상사회가 현실로 구현되기 어렵다고 해도, 사상가들이 이상사회를 제시함으로써 기존 사회의 모순과 한계를 지적하고, 좀 더 나은 사회에 대한 방향과 목표를 설정할 수 있었습니다. 즉 이상사회가 제시하고 있는 바람직한 모습은 인간으로 하여금 부조리(不條理)한 현실을 비판하게 합니다. 나아가 그러한 현실을 개혁하는 데 필요한 기준과 목표를 제공하여, 보다 나은 사회로 나아가게 하는 추진력으로서 작용해 왔습니다. 예컨대, 마르크스(Marx, K.)는 사회주의라는 이상사회를 기준으로 하여 자본주의 사회의 모순과 부패를 비판할 수 있었지요. 베버(Weber, M, 1864~1920)는 “인간이 때때로 불가능한 것을 달성하려고 노력하지 않았더라면, 현재 가능한 것마저도 성취되지 못했을 것이다.”라고 말합니다.

이와 같이 이상사회에 대한 인간의 투쟁과 노력이 비록 그 목표에 미흡한 결과를 낳았다고 할지라도 현재 인류가 누리는 삶을 성취하도록 만든 원동력으로 작용한 점을 잊어서는 안 됩니다.

사상가들이 제시한 이상사회 또는 이상국가는 학문적으로 중요한 의미를 갖지요. 이상사회에 대한 탐구는 사회사상의 발전은 물론, 오늘날 사회 과학의 산실(産室: 아이를 낳는 방, 어떤 일을 이루어 내는 바탕)이 되었다고 할 수 있습니다. 마치 서양의 중세 연금술이

오늘날 화학이라는 과학의 모태가 되었듯
이 말이지요. 이렇듯 이상사회에 대한 탐
구는 인간 세계를 인간이 다룰 수 있는
비율과 변수로 조정하여 그것을 새로운
방법으로 재조합하는 상상적 실험을 의미
합니다. 그 결과, 인간은 실제 육안으로
관찰할 수 없는 사회의 구성 요소들 간의
상호 연관된 관계와 사회의 총체적 모습
을 체계적으로 파악할 수 있게 되었지요.

베버

마찬가지로 이상사회에 대한 탐구는 기존의 사회사상과 윤리에 대
한 끝없는 비판과 성찰을 통해 그것들을 발전시키는 데도 커다란 공
헌을 합니다.

고부 군수 조병갑은 1893년 만석보(저수지)를 증축할 때 군민에게 임금도 주지 않고, 수세
(水稅)를 징수·착복하였으며, 무고한 사람에게 죄목을 씌워 재산을 착취하는 한편, 태인
군수를 지낸 부친의 비각을 세운다고 금품을 강제 징수하는 등 온갖 폭정을 자행하였다. 이
에 격노한 군민들은 군수의 불법에 항의하였으나, 듣지 않고 오히려 학정을 가중함으로써
이듬해 동학 농민 운동을 유발한 직접적인 원인이 되었다.

『윤리와 사상』 p.60.

2) 이상사회의 지향과 이데올로기

◇ 이상사회와 이데올로기의 등장 ◇

인간은 예로부터 이상사회를 꿈꾸어 왔으며, 이를 실현하기 위해 바람직한 이상사회의 모습과 실현 방법 등을 제시해 왔습니다. 현실 사회의 문제점을 개선하여 <u>바람직한 이상사회를 이룩하는 데 필요한 방향을 제시해 주는 관념이나 이상</u>을 '이데올로기'라고 합니다(이데올로기라는 말을 최초로 사용한 사람은 18세기 프랑스의 계몽주의 철학자 **데스튀트 드 트라시**(Destutt de Tracy, A. L. C., 1754~1836)였다고 하네요.). 따라서 이데올로기는 삶의 전체적 방향을 제시해 주는 한편, 보편적으로 추구해야 할 바람직한 사회의 모습은 무엇이고, 현 사회의 문제점은 무엇이며, 개인이 어떻게 행동하며 살아가야 하는가를 제시해 줍니다. 즉 이데올로기는 <u>사회가 어떻게 조직되고, 어떠한 목표를 추구하며, 어떠한 방향으로 개선되어야 하는지를 제시해 주는 일종의 세계관·가치관</u>이라고 할 수 있죠.

좀 더 엄격한 의미에서 이데올로기는 몇 가지 속성을 지닙니다.

① 이상사회의 모습을 제시하고, 인간의 경험 및 외부 세계에 대해 <u>포괄적인 설명을 시도하는 이론을 제공</u> ② <u>일반적이고 추상적인 용어로 사회·정치 조직에 대한 프로그램을 제시</u> ③ 프로그램의 실현이 <u>투쟁을 수반하는 것으로 파악</u> ④ <u>일반 대중을 설득하고, 추종자들을 충원</u>하려 하며, 그들의 헌신을 요구함 ⑤ 가급적 광범위한

대중에게 접근하고자 하며, <u>지식인들에게 특별한 역할을 수행하는 리더십을 부여함.</u>

좀 복잡하게 보이지만, 곰곰이 생각해 보면 이해할 수 있는 내용들이지요? 다시 번호순으로 설명해 볼까요. ① 단지 이상사회를 건설하자고 외치는 게 아니라, 그를 뒷받침할 이론을 제시하고 ② 이론으로 제시하므로 일반적(추상적)인 언어를 사용하며, 사회 전반의 문제를 해결하고자 하고 ③ 사회를 바꾸려는 시도에는 기득권층의 반발이 있으므로 투쟁이 필요하며 ④ 투쟁에는 많은 사람들의 참여와 헌신이 필요하고 ⑤ 그 대중을 설득할 지식인의 역할이 중요해집니다.

그러면, 어떤 이데올로기들이 있으며, 또 언제 등장한 것일까요? 대표적인 이데올로기로 자유주의 · 민주주의 · 사회주의 · 민족주의 · 파시즘 등을 꼽을 수 있습니다. 그리고 <u>19세기 유럽에서 처음으로 다양한 형태의 정치 이데올로기들이 등장합니다.</u> 프랑스 혁명 및 일련의 혁명 이후, 근대의 주요 이데올로기들이 출현하였으며, 이러한 이데올로기들의 각축과 투쟁에 의해 유럽의 근대 정치는 이데올로기화되어 갑니다.

그 과정 속에서 <u>주요 이데올로기의 원천을 구성하는 결정적인 사건은 역시 **프랑스 혁명**</u>입니다. 굵직한 사건에는 꼭 프랑스 혁명(1789~1794)이 연관되어 나오네요. 프랑스 혁명으로 인하여 왕정이 폐지되고 공화정이 성립되지요. 프랑스 혁명과 뒤이은 일련의 혁명은 근대 이데올로기의 출현에 결정적인 조건을 마련합니다. 그렇다면 어떤 이데올로기가 나왔을까요?

먼저, 프랑스 혁명의 '인권 선언'은 바로

드 트라시

버크

자유주의 이데올로기를 표현한 것입니다. 또한 혁명의 와중에 당시 과격한 정치 단체였던 자코뱅(Jacobin) 파는 급진적 **민주주의**를 제창합니다. 그리고 평등주의자들의 음모(1796)는 근대 **사회주의** 이념의 효시를 이룹니다('평등주의자들의 음모'란 혁명 때 군인들 중 일부 급진주의자들이 총재 정부를 타도하고 평등주의에 입각한 철저한 사회 개혁을 수행하고자 하는 사건을 일으키는데 이를 부르는 말입니다.).

또한, 프랑스 국왕 루이 14세의 "짐은 국가이다."라는 말이 혁명 중에 "민족은 국가이다."라는 말로 바뀜으로써, 프랑스 혁명은 **민족주의**의 산실이 되었습니다. 여기에 그치지 않고, 영국의 버크(Burke, E., 1729~1797)라는 사람은 프랑스 혁명 후의 급진적인 변화에 제동을 걸고, 프랑스 혁명에서 권력을 상실한 왕과 귀족들이 과거의 질서를 옹호하는 사상을 체계적으로 정립하게 되는데, 과거의 것을 지키려 한다는 의미에서 **보수주의**가 등장하게 되었다고 할 수 있습니다. 그는 프랑스 혁명은 미개한 문명으로의 후퇴라고 공박했다죠.

이상과 같이 프랑스 혁명을 계기로 자유주의, 급진적 민주주의, 사회주의, 민족주의, 보수주의 등의 이데올로기가 전개됩니다. 그리고 19세기에 서구를 중심으로 전개된 다양한 이데올로기의 등장과 경쟁은 제2차 세계대전 이후 미국과 소련 중심의 이데올로기적 대립(자유민주주의 vs 사회주의)이 전 세계적 냉전 질서로 확대됨에 따라 더욱 확산되어 갑니다. 그리하여, 세계사적 차원에서 20세기는 '이데올로기의 시대'라고 불리고 있습니다.

이데올로기의 어원적 구조와 의미

□ 어원적 구조: 이데올로기(Ideologie)라는 말은 그 어원상 'Idea'와 'Logik'으로 이루어진 합성어이다. 'Idea'는 어떤 구체적인 현상에 대한 관념과 이상적인(Ideal) 것이라는 말과 관련된다. 'Logik'은 어떤 대상에 대한 사실에 근거한 인식, 즉 과학이라는 의미로 해석될 수 있다. 따라서 이데올로기는 '관념의 과학' 혹은 '이상의 과학'이라고 할 수 있다.

□ 의미: 이데올로기는 넓은 의미로 세계관, 가치관, 사상, 기본적 사고방식을 의미하며, 다만 행동 지향적인 신념 체계라는 점에서 이들 개념과 다를 뿐이다.

『윤리와 사상』 p.61.

◇ 이데올로기의 기능 ◇

이데올로기가 어떻게 등장했는가를 보았는데, 그렇다면 이데올로기는 사회적으로 어떤 역할을 하는 것일까요? 이데올로기는 일반적으로 <u>사회를 통합하고, 사회질서를 유지하거나 변화시키는 기능을</u> 합니다. 이데올로기가 서로 다른 사람들 사이에는 갈등이 있겠지만, 같은 이데올로기를 가진 사람들끼리는 쉽게 통합이 이루어지겠죠.

또한 이데올로기는 역사적 상황에 따라서 진보 이데올로기로서 기능할 수도 있고, 보수 이데올로기로서 기능할 수도 있습니다. 앞서 사회사상을 공부할 때, 어떤 한 사회사상이 항상 보수주의 사상이 되거나 급진주의 사상이 되지는 않는다고 했는데, 그와 꼭 같습니다.

예컨대, 자유주의 이데올로기는 봉건적 이데올로기에 대해서 사회질서의 변화를 촉진하는 기능(=진보 이데올로기)을 수행하지만, 사회주의 이데올로기의 도전 앞에서는 기존의 사회질서를 유지하는(=보수 이데올로기) 기능을 합니다.

위와 같이 이데올로기의 일반적 기능에 대해 말했지만, 이데올로기는 근대 세계에서 여러 가지로 긍정적 기능과 부정적 기능을 수행해 왔습니다. 먼저 긍정적 기능을 요약해 보면, 다음 세 가지입니다.

첫째, 이데올로기는 인간에게 사회를 개조하고 역사를 창조함으로써 삶을 개선할 수 있다는 역사의 진보에 대한 믿음을 심어 줍니다. 나아가 이러한 믿음을 실천에 옮기도록 하였지요. 이런 진보에 대한 믿음은 어디서 생겨난 것일까요? 근대 초에 갈릴레이, 뉴턴 등에 의해 주도된 **과학 혁명**이나, 인간의 생산력 발전에 급격한 변화를 가져온 18세기 말의 **산업혁명** 등에 의해 생겨납니다. 즉 이를 통해 인간은 긍정적인 물질생활의 변화에 기초하여 정치 제도나 사회 조직 및 인간성마저도 개선할 수 있다는 낙관적인 세계관을 갖게 된 것이죠. 그 결과로 18세기 후반 프랑스 혁명을 전후하여 바람직한 이상 사회의 모습을 제시하는 다양한 이데올로기가 나오게 된 것입니다.

둘째, 인간 사회의 바람직한 목표를 제시하고 기존 사회에 대한 비판의 틀을 제공함으로써 일반 대중들의 정치적 각성에 영향을 미쳤습니다. 과거 일반 대중들은 종교적 설명에 따라 정치적 억압 및 사회적 궁핍에 대해 침묵하거나 복종하는 태도를 지녔었지요. 그러나 근대 이데올로기들은 일반 대중들에게 기존 사회를 비판하고 대안적 사회를 추구할 수 있는 합리적인 근거를 제시해 줍니다.

셋째, 근대 이데올로기의 대두는 민주주의의 성장과 발전에 큰 공헌을 합니다. 이데올로기가 정치 사회의 민주화를 선도한 근본적 동력이라는 것이지요. 어떻게요? 앞의 이데올로기의 속성을 공부할 때, "가급적 광범위한 대중에게 접근하고자 한다."고 하였는데, 바로 그 때문입니다.

근대 유럽에서 이데올로기를 통해 이상사회를 향한 변혁을 추구하고자 한 사람들은 자신들의 이데올로기에 대한 정당성을 확보하기 위해 일반대중의 지지와 동의를 얻으려고 노력하였습니다. 이것이 민주주의 발전과 무슨 관련이 있나요? 이는 곧 정치권력 또는 사회 변혁의 정당성을 신(神)과 같은 초월적인 권위, 과거의 전통이나 관습, 지도자의 초인적 능력에 의존하는 것이 아니라, 사회 성원의 동의와 지지에 의존한다는 점을 반영하는 것입니다.

다음으로 근대 이데올로기의 부정적 기능도 요약해 보면, 다음 세 가지입니다.

첫째, 이데올로기는 투쟁을 고조시키기 위해 낙관적 언어로써 목표를 제시하였지만, 이데올로기가 추구하는 목표가 현실적으로 달성하기 어려운 것임이 밝혀짐에 따라, 투쟁에 참가한 대중들이 정치적 무관심과 냉소주의(冷笑主義)에 빠지거나 더욱 급진적인 이념에 휩쓸리는 결과를 초래하였습니다.

둘째, 이데올로기가 고양시키는 투쟁적인 정신은 '우리'와 '그들', 즉 '친구' 아니면 '적'이라는 경직된 이분법을 통해 획일적으로 세계를 바라보는 성향을 키웠습니다. 예를 들어 볼까요. 탐욕스러운 자본가 대 착취받는 노동자, 압제적인 제국주의자 대 애국적인 민족주의자 등등. 이러한 태도는 비타협적이고 독선적인 태도를 고양시키고, 관용의 정신을 약화시킴으로써, 다원적이고 민주적인 사회의 발전에 장애물로 작용해 옵니다.

셋째, 이데올로기는 총체적 성격과 극단주의 및 폭력성을 내포하고 있으며, 이로 인해 많은 지식인들에게 비판의 대상이 되어 왔습니다. 이러한 이데올로기의 문제점을 극복하려면, 프랑스의 소설가이자 극작가인 **카뮈**(Camus, A., 1913~1960)의 말을 상기해 볼 필요가 있지요. 그는 이데올로기에 대한 광신적인 헌신보다는 정의, 절제, 인간적 온화함, 삶

카뮈

의 환희를 강조합니다. 그는 『반항인』이라는 책에서 진정한 반항인은 혁명적 이데올로기에 순응하기보다는 불의(不義)에 대해 "아니다."라고 말할 수 있는 인간이라고 강조합니다. 카뮈는 이데올로기가 저지르는 폭력과 잔인성을 혐오하면서, 근대 세계에서 이데올로기의 대두가 인간의 고통을 엄청나게 증대시켰다고 주장하였습니다.

◇ 이데올로기와 이상사회 ◇

그런데 이데올로기를 공부하다 보니, 이상사회와 너무나 흡사해서 혼돈스럽지요? 실제로 둘 다 현실의 문제를 극복하고 우리가 나아가야 할 방향을 제시해 준다는 면에서 공통점이 있습니다. 그러나 근대에 발생한 이데올로기와 근대 이전에 제시된 이상사회는 많은 점에서 차이가 발견됩니다.

그 차이점은 네 가지 정도로 정리할 수 있습니다. 첫째, 이데올로기는 기존의 사회질서에 대하여 직접적이고 치열한 비판을 제기하는 데 반해, 이상사회는 우회적이거나 풍자적인 방법으로 비판합니다. 앞에서 본 **모어**의 『유토피아』는 가상의 사회를 통해 현실 사회를 비판한다면, 마르크스의 『자본론』은 자본주의 사회를 직접이면서도 치열하게 비판하고 있지요. 둘째, 이데올로기는 목표에 도달하기 위한 구체적 수단이나 투쟁 방법을 제시하는 데 반해, 이상사회는 반드시 이러한 요소를 수반하지 않습니다. 셋째, 이데올로기는 인간 중심의 세계관, 진보에 대한 믿음, 민주적 세계관을 신봉하는 근대의 산물인 데 반해, 이상사회는 신화·설화 및 종교적 미래상 등에 포함되어 있는 전통시대의 산물입니다. 그리고 마지막 넷째, 이데올로기가 역사적 미래상을 담고 있는 반면, 전통시대의 이상사회에 대한 모습은 초역사적인 경우가 많습니다. 이상과 같은 내용은 도표로 정리해 보면 좋겠지요.

비교	이데올로기	이상사회
출현 시기	근대	전통시대
기존 사회질서에 대한 입장	직접적이고 치열한 비판	우회적이거나 풍자적인 방법으로 비판
목표 달성을 위한 수단 방법에 대한 입장	구체적 수단·투쟁 방법을 제시	반드시 수단·투쟁 방법을 수반하지 않음
등장 배경	인간 중심의 세계관, 진보에 대한 믿음, 민주적 세계관 등	신화·설화 및 종교적 미래상 등
미래상의 성격	역사적 미래상	초역사적 모습

하지만 이러한 차이점에도 불구하고, 이상사회는 이데올로기의 필수적인 부분으로 제시되었음을 염두에 두어야 합니다. 아울러 <u>이상사회와 이데올로기 모두 과학·기술의 발전에 긍정적인 태도를 취합니다.</u> 즉 이상사회에 대한 미래상은 과학 기술의 발전과 산업혁명에 따른 생활의 편리함과 물질적 풍요에 따라 제기되기도 하였다는 것이지요. 더욱이 서구에서는 근대 이전에도 이상사회에 대한 미래상이 과학 기술의 발전에 기초하여 제기된 적이 적지 않았습니다.

실례를 들어 볼까요. 서양의 고대 철학자 **플라톤**의 이상국가에 대한 미래상은 수학, 기하학, 천문학, 의학 등의 눈부신 발전에 고무되어 동기를 부여받은 것입니다. 근대 초 **베이컨**(Bacon, F.)의 『뉴 아틀란티스(The New Atlantis)』에 제시된 이상사회도 과학 기술자들이 지배하는 신비의 섬입니다. 베이컨은 새로운 과학 기술의 발전에 의해 이상사회가 이루어질 수 있다고 주장합니다.

한편, **생시몽**(Saint-Simon, 1760~1825) 등 일부 공상적 사회주의자들은 이상사회에 대한 미래상과 확신을 과학 기술의 발전 및 산업혁명에 힘입어 전개하고 있습니다. 자본주의를 비판하는 **마르크스** 역시 이러한 점에서는 예외가 아니지요. 그가 말하는 공산 사회는 생산력이 고도로 발전한 사회입니다.

또한, 현재 정보 통신 혁명의 와중에서 미래학자나 사회 과학자들이 제시하는 정보 사회에 대한 낙관적 청사진도 눈부신 과학 기술의 발전에 근거하고 있는 것입니다. 이런 점을 생각해 보면, 서구에서 제시된 이상사회의 주류는 오늘날의 의미에서 '테크노토피아'라고 부를 수 있겠지요.

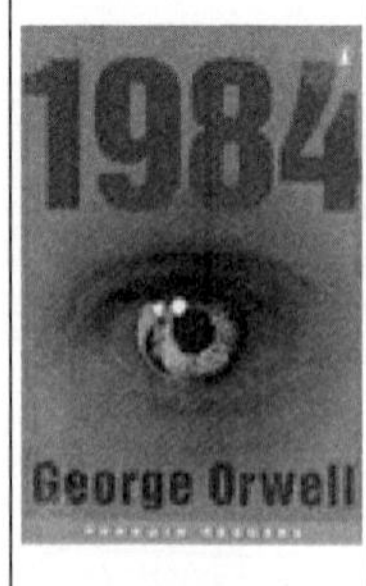

과학의 발전은 컴퓨터의 등장으로 개막된 디지털시대의 도래와 함께 정보 사회를 낳음으로써 멋진 신세계를 만들어 냈다. 오웰(Orwell, G.)은 1949년에 '빅 브라더(Big Brother)'로 불리는 국가 권력자, 즉 거대한 중앙집권적 감시자에 의해 통치되는 악몽의 미래에 대한 우울한 예언서인 『1984년』을 발표하였다.
우리는 멋진 신세계에 살고 있는 만큼 또한 '멋진 공포' 속에 살고 있다. 할리우드에서 생산된 우주시대의 활극이라 할 수 있는 '스타워즈', '터미네이터', '에일리언', '매트릭스', '큐브' 등의 모든 공상과학 영화들은 과학시대의 어두운 면을 제시하고 있다.

『윤리와 사상』 p.66.

『1984』

3) 이상사회의 구현을 위한 조건

> 꿈을 밀고 나가는 힘은 이성이 아니라 희망이며, 두뇌가 아니라 심장이다.
>   — 도스토예프스키(Dostoevskii, F. M.)

◇ 이상사회의 다양한 모습 ◇

인류는 이상사회에 대한 탐색을 계속해 왔지만, 사회 사상가들이 파악한 현실 사회의 모순과 부패상은 제각기 달랐습니다. 따라서 그들이 제시한 이상사회의 모습도 매우 다양했지요. 이를 동·서양으로 나누어 살펴볼까요.

먼저, 동양에서는 유가의 대동(大同) 사회와 노자의 소국 과민(小國寡民) 사회 등을 이상사회로 꿈꾸어 왔습니다. **대동 사회**는 이상적인 성인이 나라를 다스리되 왕위가 세습되지 않고 지혜로운 자들이 왕위를 물려받으며, 자기 부모나 자식을 특히 구분하지 않고 모두가 가족처럼 지내며, 재물이 자기 이익만을 위해 사용되지 않는 사회입니다. 이에 비해, **소국 과민 사회**는 인간의 자유로운 삶을 제약하는 '예(禮)'와 같은 인위를 거부하고 인간 본연의 본성을 회복할 것을 주장하는 사회입니다.

한편, 서양에서 이상사회의 예로는, 플라톤의 이상국가, 루소(Rousseau, J. J.)의 민주적 이상사회, 마르크스의 공산 사회, 바쿠닌(Bakunin, M. A., 1814~1876)의 무정부 사회 등을 들 수 있습니다. **플라톤**의 이상국가는 오랜 교육과 엄격한 훈련을 통해 '좋음[善]의 이데아'라고 하는 도덕적 선에 관한 절대적 지식을 성취한 현명한 철학자들이 통치자로서 다스리는 사회를 의미합니다(2장에 나옵니다.). **루소**는 인간의 본성을 선하다고 생각했기 때문에 직접 민주주의에 의해 스스로를 다스리는 민주 사회를 꿈꿨습니다. 다만 빈부의 차가 생기면 갈등이 생길 수 있기 때문에 그가 그렸던 민주적 이상사회는 빈부의 차이가 거의 없는 소농(小農)으로 구성된 정치 공동체입니다. **마르크스**의 공산 사회는 사유 재산과 계급이 소멸하고 생산력이 고도로 발전한 결과, 각자가 능력에 따라 일하고 필요에 따라 분배를 받는 평등한 사회이지요. 러시아의 혁명가이자 무정부주의자인 **바쿠닌**은 모든 정치적 조직·규율·권위를 거부하고 국가 권력 기관의 강제 수단을 철폐함으로써, 인간이 자유와 평등, 정의, 형제애를 누릴 수 있는 사회를 이상사회로 제시합니다. 그것이 무정부(無政府) 사회입니다.

바쿠닌

이들이 구상한 이상사회가 그대로 실현된 적은 거의 없고, 현실 세계가 다양하고 불완전함에도 불구하고, 유토피아적 사상가들은 인간이 이를 극복할 수 있다는 신념을 고수해 왔습니다. 현실의 인간 사회가 인간의 잠재적 능력과 본성을 무시·억압·왜곡·파괴해 왔기 때문에, 그 잠재력은 여전히 실현되지 않았다고 주장합니다. 오늘날 인류가 과거보다 자유롭고 평등하며, 물질적으로 풍요한 삶을 누리게 된 것은 바로 이러한 사상가들의 신념과 이에 따른 인간의 노력 덕분이 아니었을까요.

다음 도식은 2009학년도 수능에 나왔던 것인데, A, B, C 사상가들이 누구인지 금방 알 수 있겠죠? 예, A는 루소, B는 마르크스, C는 바쿠닌입니다.

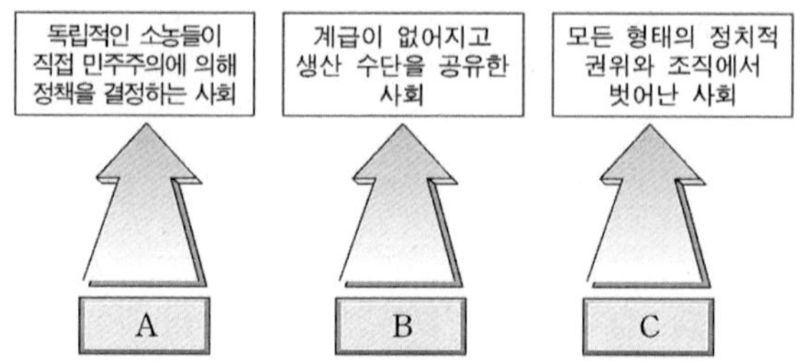

대동 사회, 소국 과민

□ 대동 사회: <u>사람이 천지 만물과 서로 융합하여 한 덩어리가 된다</u>는 말로서, 중국의 유가들이 추구한 이상사회이다. 큰 도가 행해지고 어진 사람과 능력 있는 자가 버려지지 않으며, 가족주의에 얽매이지 않고 노인은 자기의 생을 편히 마치며, 젊은이는 모두 일할 수 있고 노약자·병자·불쌍한 자들이 부양되며, 길에 재물이 떨어져도 줍지 않는 세상이 바로 대동 사회이다.

□ 소국 과민: 작은 나라에 적은 백성, 즉 문명의 발달이 없는 무위와 무욕의 이상사회를
이르는 말이다. 도가의 정치사상에서는, 이상적인 백성은 완전한 무지의 상태라고 본다.
백성이 완전히 무지하다면 그들은 악을 행할 능력이 없다. 그런데 이러한 백성이 굶주린
다면 그 이유는 정치를 하는 지도층이 세금을 수탈하기 때문이고, 백성을 다스리기가 어
렵다면 그것은 지도층이 어떤 일을 도모하려 하기 때문이다. 따라서 정치란 그 근본이
무위 정치(無爲政治)여야 한다는 것이다.

『윤리와 사상』 p.67.

◇ 이상사회의 조건 ◇

　그렇다면, 오늘날 우리가 추구하는 이상사회는 어떠한 조건을 충족해야 할까요? 그 조건을 제시해 보면 다음과 같습니다.

　첫째, 이상사회는 <u>공평한 경제 제도를 전제로 해야</u> 합니다. 여기 공평한 경제 제도란, 이상사회의 구성원들에게 그 시대의 물질문명 수준에 비추어 인간에게 필요한 물질적 삶을 보장하는 것을 뜻합니다.

　유의할 점은 대부분의 이상사회론은 물질적 풍요보다 물질의 균등한 분배를 더 바람직하게 평가했다는 사실입니다. 『논어』에도 이런 말이 나와 있지요. "나라나 가정을 다스리는 자는 부족함을 걱정할 것이 아니라, 고르지 못함을 걱정해야 한다."

　둘째, 인간의 기본적 권리와 자유를 보장하기 위해 최대한의 노력을 기울이는 <u>민주적 사회가 되어야</u> 합니다. 이러한 민주주의의 원리는 비단 정치적 영역에서뿐만 아니라, 가족, 학교, 직장 등 일상의 비정치적 영역에서도 이루어져야 하겠지요.

　또한, 시민들 사이에서 발생하는 분쟁과 갈등을 해결할 수 있는 정의로운 원칙과 절차가 마련되어야 할 것입니다. 만약 이러한 제도가 시대에 적합하지 않고 부정의(不正義)하다면, 양심적 소수의 반대나 다수결에 의하여 그러한 제도의 부정의를 시정할 수 있는 공정한 기회 역시 마련되어야 하겠지요.

셋째, 이상사회는 다양한 삶의 양식을 인정하는 <u>관용적이고 다원적인 사회가 되어야</u> 합니다. 이는 개인의 자유와 평등을 중시함을 의미하며, 여성, 소수 민족, 거류 외국인 등이 자신들의 문화적 자치를 향유할 수 있는 권리를 인정한다는 것을 뜻합니다.

정리하자면, 이상사회는 모든 인간의 자유와 평등 및 존엄성이 존중되고, 경제적 분배 정의와 정치적 민주주의 그리고 다양성이 인정되는 다원주의 사회가 되어야 합니다.

◇ 이상사회 구현을 위한 과제 ◇

이상사회의 조건이 위와 같다면, 이를 구현하기 위해 오늘날 우리가 해결해야 할 과제에는 어떤 것이 있을까요?

첫째, 이상사회에 대한 미래상에는 정의로운 국제 질서의 수립과 인류 공동의 문제와 관련된 <u>전체 인류의 협조 체제에 대한 구상이 제시되어야</u> 합니다. 오늘날 이상사회는 국제 사회의 압력과 영향으로부터 자유로울 수 없기 때문이지요. 생태계 파괴의 위협, 천연자원의 고갈, 인구폭발, 핵전쟁 및 핵 테러의 위협은 국가 차원을 넘어서 전 인류적 차원의 대응을 절실히 요구하고 있습니다.

둘째, 동양사상의 지속적인 전통이었던 <u>인간과 자연의 공생 공영에 대한 관심을 높이고, 생태계 파괴의 위협에 대처해야</u> 합니다. 이를 위해서는 인간 중심주의적인 세계관인 휴머니즘을 전면적으로 재검토하는 동시에, 생태 중심적인 세계관을 적극적으로 수용해야 하겠지요. 또한, '환경적으로 건전하고 지속 가능한 개발'이라는 명제에 대한 진지한 성찰이 요구됩니다.

셋째, 우리가 처한 특수한 민족적 현실인 <u>분단을 극복하고 통일을 이룩해야</u> 합니다. 이를 위해서는 다양한 형태의 통일 또는 통합 방안이 구상되고 논의되어야 하겠지요. 정보화 · 세계화 시대에 과거와 같은 냉전적 이데올로기에 대한 집착은 시대착오적인 것입니다. 따라서 우리는 정보화 · 세계화 추세에 부합하는 새로운 형태의 민주적 통일 국가를 적극 구상해야 할 것입니다.

Ⅱ 윤리의 흐름과 특징

1. 동양 윤리

1) 동양 윤리의 연원

◇ 유교 윤리 ◇

공자

"아침에 도를 들으면 저녁에 죽어도 좋다."는 간절한 구도(求道)의 신념을 밝혔던 것으로 유명한 공자에 대하여 공부해 보도록 하겠습니다. 중국의 상고시대, 즉 아주 오랜 옛날 중국에는 하(夏), 은(殷), 주(周)라는 고대 왕조가 있었습니다. 이를 삼대(三代)라고 부릅니다. 주나라 말기에 주나라의 제후국이었던 노(魯)나라에서 태어난 공자(孔子 기원전 551~기원전 479)는 이 삼대의 문화를 비교·종합해서 새로운 체계를 세웁니다. 주나라의 봉건질서가 쇠퇴하여 사회적 혼란이 심해지자, 주나라의 예악(禮樂: 예법과 음악) 문화를 숭

공자

상하였던 공자는 주왕조 초의 제도로 복귀해야 한다고 생각했던 것이죠. 이 시기의 주나라는 이미 중앙 정권으로서의 통제력을 잃어 크고 작은 제후국들이 힘을 겨루고 있었습니다.

이때가 도덕적 기강이 무너져 혼란에 빠졌다는 춘추시대(春秋時代, B.C.770~403)입니다. 그러자 공자는 인간의 **도덕적 타락**이 사회를 혼란에 빠뜨렸다고 보고, 자신의 할 일이 도덕성을 회복하는 것이라 생각하여 천하를 두루 돌아다니게 됩니다. 공자의 생각으로는 인간이 본래 타고난 **내면적 도덕성**인 '**인(仁)**'을 회복한다면, 올바른 사회가 이룩될 수 있을 것이라고 보았습니다. 따라서 예수의 사랑, 석가모니의 자비처럼 공자의 사상 중 '인'은 핵심 개념입니다.

그렇다면 과연 '인'은 무엇일까요? 인은 다양한 의미를 지니고 있지만, 크게 두 가지로 나누어 설명합니다. 하나는 <u>인간의 본질을 이루고 있는 사랑의 정신</u>, 다른 하나는 <u>사회적 존재로 완성된 인격체의 인간다움</u>입니다. 뜻이 언뜻 파악이 안 되나요? 부모 자식 간, 형제간, 이웃 간의 사랑 등 모든 인간관계에서 있을 수 있는 사랑의 정신을 포괄적으로 말한 것이 첫 번째 뜻입니다. 두 번째는 학교에서도 '범생이'가 있듯이, 사회에서도 도덕적 행동에 모범을 보이는 사람들이 있을 것이고 그들의 훌륭한 인격의 아름다움을 인이라 한 것입니다.

여기서 주의해야 할 것은 공자가 말하는 인은 예수의 사랑과 같은 무조건적 사랑이 아니라, 옳고 그름을 구분하는 차별적 사랑이라는 점입니다. 공자는 "참으로 어진 사람만이 남을 좋아할 수도 있고, 남을 미워할 수도 있다.”고 하였습니다.

아무튼 말뿐인 사랑이나 용서는 아무런 의미가 없을 것입니다. 당연히 인을 실천해야 사회질서가 회복되겠죠. 이러한 인을 **실천**하려면 공자는 기본적으로 **효제충신(孝悌忠信)**의 덕목을 갖추어야 한다고 하였습니다. ‘효제충신’이라는 말이 어렵게 보이지만, 말 그대로 부모에 대한 ‘효도’와 형제간의 ‘우애’, 내면적 ‘성실’과 이웃 간의 ‘신의’를 뜻합니다. 여기서 효제는 금방 알겠는데, 충신은 대체 무슨 말일까요. 충(忠)은 단순히 나라에 충성한다는 의미라기보다는 마음(心)의 중심(中), 즉 마음에 거짓이 없는 상태를 말합니다. 다시 말해 인간관계에서 성실과 신뢰를 위주로 해야 한다는 것이 충신(忠信)입니다.

그런데 나 자신이 실천하지 못하는 것을 남에게 요구할 수는 없겠죠. 그래서 공자는 “내 마음을 미루어 남에게 미친다(추기급인, **推己及人**).”, “내 마음[心]과 같이[如]한다.”는 ‘서(恕, 용서할 서)’를 제시합니다. “내가 하기 싫은 일은 남도 하기 싫은 법”입니다. 그 일을 남에게 시키면 되겠습니까? 또 “네가 대접받고자 하는 대로 남을 대접하라.”는 말도 생각나네요.

이와 같이 인간의 마음에 있는 내면적인 도덕성을 ‘인’이라고 한다면, 겉으로 드러나는 **외면적인 사회 규범**은 ‘예(禮)’입니다. 예의바른 사람은 금방 눈에 띄게 마련이죠. 공자는 당시의 예가 지나치게 형식화되어 사회질서가 무너진다고 생각했기 때문에 예 또한 강조하게 됩니다. 흔히 말하듯, “겉과 속이 다른 사람이 되면 안 된다.”는 말입니다. 따라서 사람마다 “자신의 사욕을 극복하여 진정한 예를 회복해야 한다.”는 **‘극기복례(克己復禮)’**를 강조하게 됩니다.

결국 공자의 사회사상은 몇 가지로 정리할 수 있습니다. 여기서는 크게 다섯 가지 정도로 정리해 봅니다. 먼저 공자는 사회 성원들이 제각기 각자의 신분과 지위에 따라 맡은 바 역할을 다한다면(**정명, 正名**), 평화롭고 안정된 사회가 이룩될 것으로 생각하였습니다. 어른들이 학생들에게 흔히 "학생이 학생다워야지."라고 말씀하시는데, 사실 어른들도 어른답게, 속된 말로 '나잇값'을 한다면 사회가 원활하게 잘 움직여 나갈 것은 당연하겠죠. 그러나 그렇게 행동하지 못하는 사람들이 있기 마련이고 그렇다면 그 사람들은 어찌할 것인가요. 공자는 이들은 강제된 법률이나 형벌로 다스리기보다는 도덕과 예의로써 교화를 해야 한다고(**덕치, 德治**) 생각하였습니다. 그래야 진정한 사회질서가 이루어집니다. 형벌이 무서워 겉으로만 따르는 사람들은 불만을 갖고 자꾸 뒤에서 딴소리를 합니다. 그렇다면 중요한 것은 통치자가 먼저 모범을 보여 군자다운 인격을 닦고서 다스려야 합니다(**수기이안인, 修己以安人**). 흔히 "자기도 못 하면서 남에게 뭐라고 한다."는 말을 하는데, 바로 그것입니다. 먼저 모범을 보여야 주위사람들이 따르고 도덕과 예의가 주된 사회 규범이 됩니다. 아울러 통치자는 재화의 많고 적음보다도 분배가 얼마나 균등하게 이루어지고 있는가(**경제적인 분배의 형평성**)를 중시해야 한다고 하였습니다. 공자가 꿈꿨던 이상사회를 '**대동 사회(大同社會)**'라고 하는데, '대동(大同)'이란, 말 그대로 모든 사람이 더불어 잘 살 수 있는 사회이기 때문입니다. 이렇게 정명, 덕치, 수기이안인, 경제적인 분배의 형평성, 대동 사회 정도로 공자의 정치사상을 정리해 봅니다.

한마디로 정리한다면, 공자는 인과 예를 통하여 올바른 도덕을 확립하고 바람직한 사회질서를 회복함으로써, 대동 사회 건설을 궁극적인 목표로 삼았다고 할 수 있습니다.

대동 사회

대동 사회는 <u>만인의 신분적 평등</u>과 <u>재화의 공평한 분배</u>, <u>인류의 구현</u>을 특징으로 합니다. 『예기(禮記)』에서는 대동을 다음과 같이 설명합니다. 그 전문을 요약하면 다음과 같습니다.

"큰 도가 행해지면 전체 사회가 공정해져서 어진 사람과 능력 있는 사람이 지도자로 뽑히게 되며 신의가 존중되고 친목이 두터워진다. 그러므로 모든 사람들은 자기 부모만을 부모로 생각지 않고 남의 부모도 부모와 똑같이 생각하며, 자기 자식만을 자식으로 생각하지 않고 남의 자식도 내 자식과 똑같이 생각한다. 노인은 여생을 편안히 마치게 되고 젊은이들은 각각 자기의 적성과 능력에 맞는 일자리에서 활동을 하게 되며, 어린이들은 곱고 바르게 자라게 되고, 과부나 고아, 불구자가 된 사람들은 모두 편안히 보호를 받게 된다. 성년 남자는 다 자기 분수에 맞는 일을 하게 되고, 여자에게는 합당한 남편이 있도록 해 준다. 재물과 물건들이 헛되이 버려지는 것을 싫어하지만 그것을 자기 집에다 감춰두는 일이 없으며 자기가 직접 노력을 제공하지 않는 것을 싫어하지만 그것이 자기 개인을 위한 것으로는 생각지 않는다. 모두가 이런 마음가짐이기 때문에 권모술수와 같은 것이 필요치 않게 되고 도둑이나 폭력 같은 것이 없으며, 집집마다 문을 닫는 일이 없다. 이러한 사회를 가리켜 대동이라 말한다."

또한 『논어』에는 다음과 같은 구절이 있습니다.

"국가를 다스리고 가족을 이끄는 사람은, 백성들이 가진 것이 적은 것을 걱정하기보다는 그들이 고르지 못한 것을 걱정해야 한다. 사람들이 빈곤한 것을 걱정하기보다는 그들 사이에 안정이 없는 것을 걱정해야 한다. 그들이 균등하면 빈곤은 없어지고, 서로 화합하게 되면 빈곤이 없어지고, 안정하면 기울어짐이 없다."

충(忠)의 참된 의미

또한, 『전통윤리』 교과서(교육인적자원부, 209쪽)에는 충(忠)의 의미에 대한 설명이 나옵니다. 위의 내용과 관련하여 여기에 소개합니다.

"충(忠)을 흔히 군주와 신하 사이의 낡은 봉건적 윤리 덕목쯤으로 여겨 왔다. 실제로 그러한 측면이 없는 것도 아니지만, 충의 본래 의미는 그와 다소 거리가 있다. 충이라는 글자는 '중(中)'과 '심(心)'이 합쳐진 형태로, <u>원래는 자기 자신 및 타인, 그리고 국가에 대해서, 조금의 속임이나 꾸밈없이 자신의 온 정성을 기울인다는</u> 의미였다.
송대 성리학을 집대성한 **주자**는 충에 대해 '<u>자신의 정성을 다하는 것을 충이라 한다.</u>'라고 하였는데, 이는 <u>내면의 참된 마음을 다한다</u>는 적극적인 측면을 의미한다. 그리고 충과 짝을 이루는 **서(恕)**는 '여(如)'와 '심(心)'이 합쳐진 형태로, '<u>자신을 미루어 남에게 미치는 것</u>'이라 하였다. 이는 곧 '나를 미루어서 다른 사람을 헤아리고 배려한다.'라는 소극적인 의미를 지니고 있다."

맹자

이러한 공자의 사상은 공자의 제자였던 맹자나 순자에 의해서 계승되어 더욱 발전합니다.

공자는 인(仁)을 말씀하셨지만, 맹자(孟子, B.C.372~289)는 인에다가 '**의(義)**'를 덧붙여 강조합니다. 오히려 맹자는 인보다 의를 더욱 강조합니다. '의'란 우선 '의리'나 '정의'로 규정할 수 있습니다. 의를 모으면(**집의, 集義**), 즉 옳은 일을 쌓아 가면 **호연지기**(浩然之氣, 지극히 크고 굳세며 올곧은 도덕적 기개)를 기를 수 있다고 보았습니다. 앞에서도 말했지만, <u>인이 따뜻하고 포용적인 사랑을 의미한다면, 의는 옳고 그름을 분명하게 구분하는 사회적 정의</u>를 말합니다. 결국 맹자가 주장하는 인간의 본성은 '인'과 '의'라는 두 가지 덕목으로 요약할 수 있습니다. 그렇다면 스승이었던 공자는 어떠했을까요? 공자에게도 '의'란 '예'와 더불어 인간의 행위를 이끌고 조절하는 주요한 도덕적 힘이었습니다. 그런데 맹자는 '의'에다 '인'에 못지않은 높은 지위를 부여한 것이지요. 맹자는 '인'과 '의'의 차이점에 대하여 "인은 사람의 마음이요, 의는 사람의 길"이라고 합니다. '인'을 사람의 마음에서부터 나오는 자연적 감정으로 보았고, '의'는 사람들이 순응해야만 하는 어떤 절대적인 도덕적 의무로 보았습니다.

왜 맹자는 의를 강조했을까요? 맹자가 살던 전국시대(戰國時代, B.C.403~221)는 공자가 살았던 춘추시대보다 더욱 혼란스러웠기 때문입니다. 속된 표현으로 분위기가 험악해지면 "좋은 말로 해서는 안 되겠다."고 하는데, 바로 그런 식이죠. 맹자는 극도로 혼란한 상황에서 옳고 그름을 판단하여 정의를 밝힘으로써 현실 사회의 혼란을 극복하려고 하였습니다.

그렇지만 맹자 역시 공자와 마찬가지로 덕으로써 나라를 다스릴 것을 주장하였습니다. 이를 '**왕도(王道)정치**'라 합니다. 즉 덕(德)에 의한 정치를 말합니다. 당시 대부분의 나라들이 취하고 있던 부국강병책(富國强兵策)에만 의존하는 **패도(覇道)**를 배척한 것이죠. '부국강병'이니, '패도'니 하는 말이 어려운데, 부국강병은 한자의 뜻을 잘 보면 알 수 있듯이, 나라의 경제력을 넉넉하게 하고 군사력을 튼튼하게 하는 것을 말하며, 패도는 '으뜸 패(覇)'에 '길 도(道)' 자로 무력으로 백성을 통제하려는 방법을 의미합니다.

아무튼 이러한 왕도 정치에서는 당연히 백성들이 가장 중시됩니다. 그래서 맹자는 "백성이 제일 귀하고, 나라가 그 다음이고, 군주가 가장 가볍다."고 하였습니다. 이를 무시하고 군주가 폭정을 일삼으면 백성들은 혁명을 일으킬 수 있는 권리가 있다고 합니다. 다음은 『맹자』에 나오는 대화입니다.

맹자가 제선왕(齊宣王)을 찾아가 이렇게 말했다. "왕의 신하 가운데 어떤 사람이 자신의 처자식을 친구에게 맡기고 초나라에 갔다 돌아와 보니 그동안 친구가 처자식을 돌봐주지 않아 굶주림과 추위에 떨고 있었습니다. 왕께서는 그런 친구를 어떻게 하시겠습니까?" "절교하도록 하겠습니다." 맹자는 이번에는 이렇게 물었다. "사사(士師, 오늘날 법무장관)가 그 부하를 제대로 거느리지 못하면 어떻게 하시겠습니까?" "그만두게 하겠습니다." "그렇다면 나라가 제대로 다스려지지 않을 때에는 어떻게 하시겠습니까?" 그러자 왕은 난처한 듯 좌우를 둘러보면서 엉뚱한 이야기로 얼버무리려 했다.

맹자가 추구하였던 정치사상이 어떤 것이었는지 짐작이 가지요? 이러한 맹자의 민본주의는 "군주가 잘못하면 군주를 바꾸어야 한다."

는 생각까지 갖습니다. "임금이 크게 잘못하면 간언하고, 만약에 여러 번 간언해도 듣지 않는다면, 그때에는 그 임금을 폐하고 덕이 있는 다른 사람으로 임금을 세워야 한다."는 것입니다. 이것이 맹자의 **역성혁명**(易姓革命)사상입니다.

이러한 맹자의 생각 밑바탕에는 인간의 본성에 대한 깊은 신뢰, 즉 인간의 본바탕이 선하다는 신념이 깔려 있었습니다. 맹자는 왕도 정치란, 남의 고통과 불행을 차마 그냥 지나치지 못하는 사람들의 착한 마음[不忍人之心]에서 비롯된다고 하였습니다. 따라서 이러한 마음을 통치에 적용하는 것이 바로 왕도 정치의 근본이라고 여겼던 것입니다. 맹자가 말하는 인간의 본성은 '인'과 '의'라는 두 가지 덕목으로 요약할 수 있다고 했는데, 기본적으로 사람의 마음에서 우러나오는 마음씨는 네 가지입니다. 이를 넷 사(四)에 실마리 단(端) 자를 써서 **사단(四端)**이라 부릅니다. 중요한 개념이니 꼭 알아 두어야 합니다. 사단이란, 불쌍히 여기는 마음(측은지심), 옳지 못함을 부끄러워하고 착하지 못함을 미워하는 마음(수오지심), 겸손하게 사양하는 마음(사양지심), 옳고 그름을 가릴 줄 아는 마음(시비지심)입니다. 사람이라면 누구나 이런 마음을 가지고 있습니다. 이처럼 맹자는 '인간의 본성은 착하다'고 보아 **성선설(性善說)**을 주장하였습니다. 성선설은 사람이 생득적으로 순선(純善)한 성품을 가지고 태어나지만, 육체를 지닌 존재이기에 정욕(情慾)이나 환경에 의하여 악행을 자행할 수 있다고 보는 입장입니다. 이런 사욕(私慾)은 위에서 말한 호연지기를 기름으로써 제거할 수 있지요. 또한, 이러한 호연지기를 지닌 사람을 **대장부(大丈夫)**라 부릅니다. 맹자는 대장부를 이렇게 말합니다. "천하의 넓은 곳에 거하며, 천하의 바른 자리에 서며, 천하의 큰 도(道)를 행한다. 뜻을 얻으면, 백성과 더불어 함께하고, 뜻을 얻지 못하면, 홀로 그 도를 행한다. 부(富)하고 귀(貴)하여도 도리에 어긋나지 않고, 가난하고 낮은 위치에 있어도 지조가 변하지 않으며, 위협과 무력에도 능히 굽히지 않는 사람, 이를 일컬어 대장부라 칭한다."

유학의 사단과 수신

『전통윤리』교과서(교육인적자원부, 81～82쪽)에는 유학의 사단과 수신에 대한 설명이 나옵니다. 위의 내용과 관련하여 여기에 소개합니다.

유학에서는 인간의 몸과 심성을 자연과 별개가 아니라, 바로 우주 자연의 원리와 성질을 담고 있는 자연의 일부분으로 파악하고 있다. 그리하여 『중용』에서는 "사람이 타고나는 것을 본성이라고 하고, 타고난 본성대로 따르는 것이 도이다."라고 말한다. 이것은 인간과 자연을 같은 맥락에서 파악하는 것이다.

맹자는 모든 인간의 본성에는 공통점이 있으며, 이것은 인간이 본래부터 지니는 자연적 본성이라고 하였다. 그는 이러한 본성을 갈고닦는 실마리로서 네 가지 마음을 말하고 있다. 이것을 네 가지 '실마리' 또는 '싹'이라는 의미로 '사단(四端)'이라고 하는데, '불쌍하게 여기는 마음[惻隱之心]', '부끄러워하는 마음[羞惡之心]', '겸손하게 사양하는 마음[辭讓之心]', '시비를 가리는 마음[是非之心]'이 그것이다. 이 네 가지 마음은 인간이 무엇을 해야 하고 무엇을 하지 말아야 하는가를 알려 준다. 또, 이것은 지적 탐구나 외적 강제에 의해서 얻어지는 것이 아니라, 이미 모든 인간에 선천적으로 내재한 자연적인 마음이다. 그리하여 그는 인간의 본성을 회복하기 위해서는 이 네 가지 마음을 잘 보존하고 확장해야 한다고 주장하였다.

남의 고통을 자신의 고통으로 여기는 마음은 인(仁)을 꽃피우는 실마리이며, 잘못을 부끄러워하고 미워하는 마음은 의(義)를 꽃피우는 실마리이며, 물러서고 밀어 주는 마음은 예(禮)를 꽃피우는 실마리이며, 옳고 그름을 가리는 마음은 지(智)를 꽃피우는 실마리이다. 우리가 팔과 다리를 갖추고 있듯이, 사람의 마음 속에는 이 네 가지 실마리가 있다. 이 실마리를 키워 나갈 수 있으면 천하라도 안정시킬 수 있지만, 키우지 못하면 부모조차 모시지 못한다.

예컨대, 사단의 하나인 '인(仁)을 꽃피우는 실마리'를 넓히고 키워 간다는 것은, 가정에서 우선 나의 어버이와 형에게 사랑하고 존경하는 도리를 다하는 것이고, 이에 그치지 않고 가정 밖의 사회에서는 남의 어버이와 어르신에게까지도 사랑하고 존경하는 도리를 다하는 것이다.

순자

이와는 대조적으로 순자(筍子, B.C.298～238)는 **성악설(性惡說)**을

순자

주장합니다. 어떤 주장을 했을지는 짐작이 되지요. 인간은 태어날 때부터 이익을 좋아하고, 남을 미워하며, 자기의 본능적인 욕구를 따르는 존재라는 것이죠. 성악설에 의하면, 인간은 그 본성이나 감성적 욕구가 악할 수 있기 때문에 악한 충동이나 공격성을 지니게 된다는 것입니다. 그럼 어찌해야 하나요. "옛 성현들의 가르침에 따라 끊임없이 행실을 갈고닦아 악한 본성을 변화시켜 선하게 만들어야 한다."고 하였습니다. 이런 주장을 **'화성기위(化性起僞)'**라고 합니다('위(僞)'라는 글자가 어렵게 보이는데, 성인들이 만든 인위적인 예법과 제도가 위(僞, 작위 위)입니다. 그런 예법으로 인간의 악한 본성을 선하게 만들자는 말입니다.). 반복되지만, '악한 본성을 변화시켜 선하게 만들어야 한다.'는 화성기위는 아주 중요한 개념이기도 하고, 출제도 자주 되니 꼭 알아두어야 합니다.

다시 정리해 봅시다. 성선설은 사람이 생득적으로, 즉 선천적으로 순선(純善)한 성품을 가지고 태어나지만, 육체를 지닌 존재이기에 정욕(情慾)이나 환경에 의하여 악행을 자행할 수 있다고 봅니다. 이와 반대로 성악설에 의하면, 인간은 그 본성이나 감성적 욕구가 악할 수 있기 때문에 악한 충동이나 공격성을 지니게 된다고 봅니다.

이처럼 인간이 악한 성품을 지녔다면 공자나 맹자처럼 자기 내면의 마음을 강조할 수는 없을 것입니다. 그래서 순자는 외적인 행동을 규제하는 예가 필요하다고 주장하였습니다. 예(禮)의 실천과 교육을 강조하였고, 정치도 **'예치(禮治)'**가 되어야 한다고 주장하였습니다. 인간의 생활을 외적으로 규제하여 질서를 유지하자는 것이죠.

순자는 말합니다. "사람에게 예가 없으면 생존할 수 없고, 도모하는 일에 예가 없으면 성공할 수 없으며, 국가에 예가 없으면 사회의 안정을 이룩할 수 없다."라고요. 그러고 보니, 공자도 예를 말했었는데, 서로 어떻게 다른 것인지 궁금해지네요. 여러 이견이 있지만, <u>공자의 예가 인간 본성의 자발적인 발현이라면, 순자의 예는 얼마간의 강제력이 동원되는 사회규범</u>이라는 데 있습니다. 즉 공자의 예는 도덕규범이지만, 순자의 예는 법(法)과 결합하여 도덕규범에 국한되지 않고 법적 규범을 포함하고 있는 것으로 봅니다. 다시 말해, 공자의 예는 자연스러운 정(情)에 근거한 자율적인 규범이고 순자의 예는 강제성이 있는 법 규범이라는 것이지요.

그렇다면 순자와 맹자의 차이점을 서술해 보라는 문제가 나왔다면 어떻게 서술하겠습니까. 간단히 써 볼까요. "맹자는 인간의 내면 속에 들어 있는 인의의 도덕을 바깥으로 확충할 것을 강조했지만, 순자는 인의(仁義)의 도덕이 실현되려면 외적인 행동을 규제하는 예가 필요하다고 주장했다."

◇ 불교 윤리 ◇

석가모니

불교는 기원전 6세기경 인도에서 성립된 종교입니다. 석가모니(釋迦牟尼, B.C.563~483?)가 출생한 시대는 당시 지배적이었던 브라만(Brahman)교리의 권위가 무너지고 새로운 사상이 싹트는 과도기였습니다. 그 유명한 카스트 제도를 주장했던 종교가 브라만교입니다.

당시에는 여러 가지 사상이 있었지만, 사회혼란을 극복할 수 있는 도덕적 지침이 되지 못했습니다. 석가모니는 왕자라는 고귀한 신분

석가모니

으로 태어났지만, 사람들이 고통에 괴로워하는 모습에 충격을 받고 "인생의 괴로움은 어디서 오며, 거기서 벗어나는 방법은 무엇인가."를 고민하던 끝에 출가·수행합니다. 그리고는 드디어 35세에 보리수(菩提樹, 인도가 원산지인 나무이름) 아래에서 진리를 깨우침으로써 불타(佛陀: 부처)가 되었다고 합니다.

그렇다면 부처님이 깨달은 진리는 무엇일까요? 크게 연기설(緣起說), 사성제(四聖諦), 삼법인설(三法印說) 등과 같은 사상인데, (삼법인설은 4장에서 상세히 다룸) 여기서는 연기설과 사성제를 살펴보겠습니다.

먼저, 우리가 흔히 "우리 인연이 깊네요."라는 말을 사용하는 것처럼 불교의 '인연'이나 '자비' 사상은 우리 일반 대중의 윤리사상에 깊은 영향을 주고 있습니다.

'인연(因緣)'에서 '인(因)'은 직접적인 원인을 말하고 '연(緣)'은 간접적인 원인을 말합니다. 마치 달걀이 '인'이라면 어미닭이 따뜻하게 알을 품는 것은 '연'이라고 할 수 있습니다. 그래야 병아리가 탄생(果, 결과)하죠. 따라서 인연 사상은 "모든 현상이 무수한 원인(因)과 조건(緣)에 의해 서로 관련되어 생겨나며 원인과 조건이 없으면 결과(果)도 없다."는 것입니다. 바꿔 말하면 "이것이 있으면 그것이 있고, 이것이 생기기 때문에 그것이 생긴다. 이것이 없으면 그것이 없고 이것이 멸하기 때문에 그것이 멸한다."는 것입니다. 크게 이해가 어려운 말은 아니죠.

이런 생각은 사람들로 하여금 '나'와 '자연 만물'이 보이지 않는 불가분의 끈으로 맺어져 있다는 자각을 심어 주게 됩니다. 만물이 서로 꼬리에 꼬리를 물고 연결되어 있다고 생각하게 되면 이 세상 모든 생명에 대한 경외심을 자연스럽게 갖게 되겠죠. 결국 나 자신이 소중하듯이 남도 소중하다는 **자비(慈悲)**의 윤리가 나오게 됩니다.

그리고 **사성제(四聖諦)**는 석가모니가 깨달은 네 가지 (성스러운) 진리를 말합니다. 고·집·멸·도제(諦, 진리제)라고 합니다. **고제(苦諦)**는 현실 세계가 괴로움으로 가득 차 있다는 것으로, 대표적인 고통은 생로병사(四苦, 삶·늙음·병·죽음)입니다. 왜 이런 고통이 생기는 것일까요. 고통이 모여 일어나는 원인은 어리석은 중생이 모든 사물은 변한다는 사실을 깨닫지 못하고 집착을 고집해 고통의 원인을 모여들게 하기 때문입니다. 이것을 **집제(集諦)**라 합니다. 그렇다면 고통의 원인이 되는 집착과 탐욕을 없애면 되겠군요. 집착과 탐욕을 없애면 이상향인 열반의 세계, 청정무구(淸淨無垢)한 해탈을 얻은 경지에 이르게 됩니다. 이것이 '없앤다'는 뜻의 **멸제(滅諦)**입니다. 그리고 멸제에 이르는 방법으로, 즉 이상향인 열반에 이르는 수행 방법으로 석가모니는 팔정도(八正道: 올바른 여덟 가지 길)를 제시합니다. 이것이 **도제(道諦)**인데, 물론 여기서 도(道)는 '이르는 길' 또는 '방도'라는 뜻을 갖습니다.

그러고 보니 교과서 첫 단원에서 불교의 인간관을 공부한 적이 있었네요. 한번 볼까요. 우선 불교는 인간이 현실적 고뇌를 어떻게 극복하느냐 하는 인생론적 입장에서 인간을 조명하고 있다고 하였지요. 불교에서는 "인간의 심성을 본래 맑고 깨끗한 것으로 보았으나, 인생의 모습은 무지(無知)와 탐욕에 의해서 '고통'으로 나타난다."고 하였습니다. 이러한 "고통의 원인을 깨닫고 탐욕을 버림으로써 행복을 누리며 올바른 삶을 영위할 수 있다."고 주장하였지요. 또한 "대승불교에서는 이상적 인간상으로 보살을 제시하고 있는데, 보살이란 위로는 깨달음을 구하고 아래로는 중생을 가르쳐 자비를 구현하는 사람"이라고 했습니다. 어때요? 여기서 불교의 인간관을 이해하기가 그리 어렵지는 않을 것 같네요.

불교의 연기(緣起)

『전통윤리』 교과서(교육인적자원부, 250쪽)에는 불교의 연기에 대한 설명이 나옵니다. 위의 내용과 관련하여 여기에 소개합니다.

"불교에서는 세상의 모든 존재가 인연에 의하여 생겨난다고 보았다. 이를 '인연생기(因緣生起)'라고 하고, 줄여서는 '**연기(緣起)**'라고도 한다.
연기설에 의하면, 개개의 존재는 자신과 관계를 맺고 있는 전체에 의해 형성되는 것이지만, 동시에 개별적인 존재가 모여서 전체를 형성하는 원인이 되기도 한다. 그러므로 모든 존재자는 서로가 서로에게 영향을 주고받는 관계에 놓여 있다고 본다. 세계를 연기의 관점에서 파악하게 되면, 우리는 자연스럽게 '모든 존재는 상호 의존적이다.'라는 결론에 도달하게 된다. 상호 의존성은 불교적 용어로 '**상의성(相依性)**'이라고 하는데, 이를 간단히 설명하면 '저것이 있을 때 이것도 있게 되고, 이것이 있을 때 저것도 있게 된다.'라는 공존의 법칙을 말하는 것이다.
만물이 상호 의존적이라는 원리에 대한 비유로 『아함경』에서는 갈대의 묶음을 예로 들고 있다. 뿌리가 잘린 갈대들은 혼자 힘으로 땅 위에 설 수가 없다. 최소한 세 개의 갈대가 서로 의지해야 비로소 땅 위에 설 수 있다는 것이다. 따라서 연기설의 관점에서 자연 세계를 보면 이 세상의 어떤 존재도 혼자 힘만으로는 독립해서 존재할 수 없다는 사실을 깨닫게 된다. 그러므로 자연계의 한 존재가 나머지 존재의 주인으로 자처하거나, 인간이 타 존재를 정복하고 지배하려는 시도는 연기론적 세계관에서 보면 자연의 원리에 위배되는 폭력이 된다."

◇ 도교윤리 ◇

앞서 본 유교가 공자에서 비롯되어 맹자에 의해 발전되었기 때문에 공맹사상이라고 하는데, 도가는 노자(老子, 기원전 579?~기원전 499?)에게서 비롯되어 장자에 의하여 발전되었기 때문에 노장사상(老莊思想)이라고도 합니다.

노자

공자와 비슷한 시기에 살았던 노자는 당
시 사회의 혼란상을 공자와는 전혀 다른
시각에서 보았습니다. 공자는 "인간의 도
덕적 타락이 사회를 혼란에 빠뜨렸다."고
했는데, 노자는 당시 사회가 혼란한 원인
을 근본적으로 인간의 그릇된 인식과 가치
관, 그리고 인위적으로 만들어진 사회제도

노자

때문이라고 생각하였습니다. 차이점이 느껴지나요? 간단히 말해 노
자는 인위적인 것을 거부한 것이죠. 다시 말해 공자는 도덕성의 회
복을 위해 인위적인 노력을 강조했으나, 노자는 오히려 인위적인 가
치와 제도 때문에 인간 본래의 소박한 마음을 잃어버렸다고 생각했
습니다. 즉 "인간은 본래 소박하고 순수한 자연의 덕을 가지고 있으
나, 흔히 사물의 겉모습에 이끌려서 사물의 본질이나 가치를 올바르
게 인식하지 못한다."는 것이 노자의 주장입니다. 그렇다면 사람들은
어떻게 해야 할까요? 자연 그대로의 모습과 섭리로 살아가는 인간의
소박한 삶이 사회혼란의 해결 방안이라는 겁니다. 인위적인 것을 거
부한 노자는 사람의 힘이 더해지지 않은 자연 그대로의 상태 곧 '무
위자연(無爲自然)'을 이상적인 삶의 모습으로 주장합니다. 순자의
화성기위처럼, 노자에게 무위자연은 매우 중요한 개념입니다. 꼭 알
아두어야겠지요.

반복되지만, 도가에서는 인간의 의지나 욕구와는 관계없이 존재하
는 자연의 가치나 아름다움을 인정하고 귀하게 여겼으며, 그와 같은
삶의 태도를 강조했던 것입니다.

노자는 말합니다. "사람은 땅을 법칙 삼아 어긋나지 않고(人法地),

땅은 하늘을 법칙 삼아 어긋나지 않으며(地法天), 하늘은 도를 법칙 삼아 어긋나지 않고(天法道), 도는 자연을 법칙 삼아 어긋나지 않는다(道法自然)."라고요. 말이 좀 어렵지요? 도교사상은 매우 심오하고 난해하다는 말이 그래서 나오는 것 같습니다. 결국 '사람은 도 혹은 자연에 어긋나지 말아야 한다.'는 뜻이 되네요.

우선 노자의 주장이 인위적으로 자꾸 무언가를 하려 하지 말고 자연 그대로 놓아두라는 뜻인지는 알겠지요. 위에서 '도(道)'란 우주 만물을 존재하게 하는 본질, 즉 천지 만물의 근원이며, '자연'은 도의 절대성을 보여 줍니다. 노자에 따르면, 도는 세상 모든 것을 존재하게 하고 만물을 주재하므로 그냥 내버려 두어도 세상은 저절로 잘 움직여 갑니다. 그게 바로 자연이지요.

왜 도를 강조할까요? 이제 짐작이 되나요. 노자는 "대도(大道)가 없어지면 인의(仁義)가 강조되고, 지혜가 발달하면 크나큰 거짓이 판을 치며, 육친(六親: 부모형제부부)이 화목하지 못하면 효도와 사랑이 생겨나고, 나라가 혼란에 빠지면 충신이 나오게 된다."고 주장했습니다. 이 말이 이해하기 어렵다는 학생들이 많은데, 역시 (대)도를 강조한 말입니다. 인의나 효도, 사랑, 충신은 좋은 것(?)이니 있어야 하는 것 아니냐고 하는데, 노자의 생각에는 이 모두가 도가 없어지면 나타나는 것입니다. 도에 의해 모든 것이 저절로 해결되는데, 굳이 효도나 사랑이 필요할까요. 예컨대 인간이 타락해서 제 부모를 섬기지 않으면 억지로 효라는 덕목을 만들거나 사랑을 강조하게 된다는 말입니다.

이런 생각을 했던 노자는 **겸허와 부쟁(不爭)**의 덕을 중시합니다. 이 겸허와 부쟁의 덕을 극명하게 보여 주는 예가 바로 물입니다. 물은 항상 낮은 곳에 처하는 겸허함을 보여 주며, 사진에서 보는 것처럼 바위가 있으면 돌아서 갑니다(부쟁). 물이 갖추고 있는 덕이 그대로 무위자연을 나타내고 있어, 노자는 "으뜸이 되는 선(善)은 물과도 같다."는 뜻의 '상선약수(上善若水)'라는 말을 통해서 가

장 이상적인 무위자연 삶의 모습을 설명하고 있습니다(이 역시 아주 중요한 개념으로 출제가 자주 되니 꼭 알아두어야 합니다.). 물은 만물을 아주 이롭게 하면서도 다투지 아니하고, 많은 사람들이 싫어하는 낮은 곳에 머무르니, 그런 까닭으로 도에 가깝다는 것입니다.

결국 노자의 윤리사상은 한마디로 "무위자연의 도와 이에 입각한 겸허와 부쟁의 덕을 중심으로 한다."고 정리할 수 있습니다.

그러면 노자의 정치사상은 무엇이었을까요? 공자와 마찬가지로 노자도 당시 정치 상황에 대하여 대안책을 내놓았는데, 공자와는 사뭇 달랐습니다. 공자는 백성의 안위를 위해서 통치자가 모범을 보이고 적극 나서야 한다고 했지만, 노자는 정치 제도에 있어서도 작은 나라에 적은 수의 백성이 모여 사는 것을 이상적으로 봅니다. 이를 '소국 과민(小國寡民)'이라 하지요. '이웃나라의 닭 우는 소리가 들릴 정도로 작으면 좋겠다.'는 정도이니, 상당히 자그마한 나라를 원한 것이죠. 무위자연을 주장했다는 사실에 비추어 보면 쉽게 이해할 수 있는 주장입니다. 나라가 커지면 통치자의 이익에 부합되는 방향으로 나라가 운영되기 마련입니다. 따라서 노자는 주나라와 같이 거대한 통일 제국의 국가 형태에 반대하였고, 통치자보다는 백성들의 평화로운 삶이 중요함을 강조하였습니다.

도가의 자연관

『전통윤리』 교과서(교육인적자원부, 250쪽)에는 도가의 자연관이 나옵니다. 위의 내용과 관련하여 여기에 소개합니다.

"도가에서는 자연을 목적론적 체계로 보는 것이 아니라 <u>아무런 목적도 간직하지 않은 '무위(無爲)'의 체계로 보았다</u>. 그러나 도가에서 말하는 '무위'가 자연 세계에 아무런 질서나 법칙도 없다는 의미는 아니다. 즉 자연 세계에는 어떤 목적론적 원인이 있다고 말할 수는 없지만, <u>'무목적의 질서'가 그 안에 내재되어 있다</u>는 뜻이다. 이렇게 도가에서는 <u>자연 세계의 목적성을 부인함</u>으로써 인위적인 조작과 통제를 거부하였다. 따라서 자연 세계가 무위의 상태에서 운행하듯이, 인간도 자연의 질서를 본받아 무위의 삶을 사는 것이 바람직하다고 보았다."

또한, 『전통윤리』 교과서(교육인적자원부, 77쪽)에는 노자와 장자의 '도'에 대한 설명이 나옵니다. 위의 내용과 관련하여 여기에 소개합니다.

"동양에서 '도'라는 말은 본래 사상적으로 깊은 연원을 가진다. 도란 너무나 신묘하고 포괄적이어서 과학 법칙이나 공식처럼 <u>인간의 언어로 충분히 표현하기 어려운 개념</u>으로 본다. 즉 도라는 말은 의사 전달을 위해서 편의상 이름을 붙인 것이며, '도' 그 자체를 온전히 지칭하는 말이 될 수 없다는 것이다. 그리하여 <u>'도를 도라고 말로 표현하면, 그 도는 이미 항구 불변한 본연의 도가 아니다.'</u>라고 한다. 이러한 도에 대해서 한 사상가는 다음과 같이 표현하였다.

도는 실상이 있고 확실성도 있다. 그러나 의식적으로 힘을 들여서 함이 없고 나타남이 없다. 전할 수는 있지만 받을 수는 없다. 얻을 수는 있지만 알 수는 없다. 스스로 뿌리가 되고 스스로 바탕이 된다. 천지가 있기 이전부터 존재하며 신령스러운 작용으로 하늘을 만들고 땅을 만든다. ―『장자』

동양사상에서는 이러한 도가 하늘과 땅 사이에 존재하는 인간을 포함한 우주 만물에 공통적으로 관통하는 어떤 것으로 본다. 그리하여 도는 인간 세계의 어디에도 존재한다고 본다. 장자는 '<u>도는 땅강아지나 개미한테도 있고, 기와나 벽돌에도 있으며, 똥이나 오줌에도 있다.'라고 말한다.</u>"

<h2 style="text-align:center">노자 『도덕경』의 제1장</h2>

"도(道)를 도라고 말로 표현하면, 그 도는 항구 불변한 본연의 도가 아니고, 이름 지어 부를 수 있는 이름은 참다운 실재의 이름이 아니다[道可道非常道, 名可名非常名]."

□ '도가도 비상도(道可道非常道)': 앞의 '도'는 명사로, 노자 철학의 가장 중요한 개념이다. 우주의 본원, 즉 우주의 천지만물을 창조하고 운행하고 발전시키는 실체이자, 원리이고 원동력이다. 뒤의 '도'는 동사로, '말하다.'의 뜻을 지닌다. '상'은 "영원히 변하지 않고 항상 같다."는 뜻이다. '상도'는 항구 불변의 본체를 의미한다.

□ '명가명 비상명(名可名非常名)': 앞의 '명'은 명사로 실재나 실상을 의미하고, 뒤의 '명'은 동사로 '말로 나타내다.', '일컫다.'의 뜻이다.

"노자가 말하는 도는 인간의 감각이나 인식을 초월한 형이상적(形而上的)인 것이므로, 인간의 말로 표현할 수 있는 것이 아니다. 또, 도는 만물의 근원이자 시간과 공간 밖에 있는 것이므로, 피조물의 유한한 말로 규제될 수가 없다. 그러나 사람들이 알 수 있게 하는 방편으로 이름 지어 도라고 하는 것이다."

다음 예문은 모의고사(2007. 9)에 나왔던 것인데, 갑·을·병·정의 입장이 누구의 것인지 알 수 있겠죠? 갑은 공자, 을은 노자, 병은 『중용』에 나오는 말인데, 『중용』은 공자의 손자인 자사(子思)가 지었다고 전해집니다. 그리고 정은 당연히 장자의 말입니다.

장자

노자의 뒤를 이은 장자(莊子, B.C.365?~270?)의 사상은 더욱 난 해하다고 알려져 있습니다. 그래도 한번 볼까요.

장자의 사상을 한마디로 한다면 “모든 사건이나 사물을 차별화하지 않는 정신적 자유의 경지인 제물(齊物)을 지향했다.”는 것입니다. 그 래서 사람들은 장자를 말하면 곧 ‘**제물론(齊物論)**’을 떠올립니다.

제물이 과연 무슨 말일까요. 모든 사건이나 사물을 차별화하지 않 는다고 했는데, 장자는 만물을 모두 하나라고 보았기 때문입니다. 조 금 전에 노자는 “지혜가 발달하면 크나큰 거짓이 판을 친다.”고 했 는데, 장자는 “만물을 차별시하는 것은 보잘것없는 지혜에 속하고, 만물이 하나라는 생각은 큰 지혜”라고 하였습니다.

그렇다면 만물을 하나라고 볼 수 있는 까닭은 또 무엇일까요? 만 물의 근원적 모습을 담고 있는 도의 입장에서 사물을 보면 갖가지 편견이나 차별이 사라집니다. 그런데도 사 람들은 ‘나’에 집착을 합니다. 그러면 판단 이 주관적이고 불확실해지며, 만물에 대해 서는 아무것도 모르게 된다고 장자는 주장 하였습니다.

예컨대 필자의 키가 170㎝ 정도가 되는 데, 학생들은 훨씬 작게 혹은 드물지만 좀 더 크게 봐주기도 합니다. 필자의 키는 이

장자

미 보이는바 그대로인데, 자기 주관적인 판단으로 작다, 크다 말이 많습니다. 즉 인간의 <u>오감(五感)</u>에 의해 얻어지는 지식은 관계적·상대적입니다.

그런데 이 주관적인 판단이나 편견을 서로 고집한다면 어찌 되겠습니까? 갈등이 생기겠죠. 따라서 장자는 "고뇌를 벗어나서 최대의 즐거움을 얻기 위해서는 나에게서 초탈해 보잘것없는 지혜를 끊어야 한다."고 하였습니다. 또한 "삶을 누리는 동안은 주위 환경에 의해 본심을 어지럽히지 말고 도와 일치되는 삶을 살아야 한다."고 강조합니다.

정리해 볼까요. 자아의 정신세계로부터 나와 너의 대립을 해소하려면 어떻게 해야 하나요?

장자에 의하면, "이 세상에는 모순·대립하는 것으로 보이는 양면성이 있는데, 그것은 상대적이고 상호 의존적으로 생겨나는 것이므로, 그중에서 어느 것만이 옳다고 집착하지 말아야 한다."는 것이었습니다. 만약 그중 한 가지만을 집착하면 갈등이 생긴다고 하였습니다. 따라서 그와 같은 편견으로부터 벗어나야만 평화로운 삶을 살아갈 수 있다고 하였습니다. 다음은 『장자(莊子)』의 '제물론'에 나오는 내용입니다.

사람은 습기가 많은 곳에 살면 허리 병이 생기지만, 미꾸라지는 그렇지 않다. 나무 위에서 살면 불안해하지만, 원숭이는 그렇지 않다. 사람들이 여희를 미인이라고 하지만, 물고기는 그녀를 보면 물속 깊이 숨고, 새는 하늘 높이 날아오르며, 순록은 기운껏 달아난다(여희(麗姬)라는 미인은 중국의 애(艾)라는 곳의 변방지기의 딸이었는데, 미모가 소문이 나서 진(晉)나라의 궁궐로 들어가 왕을 수발하게 되었지요. 처음에는 궁중으로 오기 싫어서 울고 불고 했지만 궁중에서 화려한 생활을 하게 되자, 울었던 일을 후회합니다.).

이와 같이 장자는 상식적인 사고방식에 의문을 품습니다. 사람들의 사물을 보는 잣대는 주관적이어서 제멋대로입니다. 따라서 편협한 안목으로 상대를 평가해서는 안 될 것입니다. 이렇게 보면 유학자들이 말하는 도덕적 가르침 따위는 하잘 것 없는 것이지요. 또한『장자(莊子)』에 나오는 가장 유명한 이야기 중 하나는「제물론」편에 나오는 '호접지몽(胡蝶之夢)'에 대한 것입니다.

어느 날 장주(莊周: 장자)는 나비가 되는 꿈을 꾸었다. 훨훨 날아다니는 나비가 되어 유유자적 재미있게 지내면서도 자신이 장주임을 알지 못했다. 문득 깨어 보니 다시 장주가 되었다. 장주가 나비가 되는 꿈을 꾸었는지 나비가 장주가 되는 꿈을 꾸었는지 알 수가 없다.

어떻습니까? 장자와 나비 사이에 무슨 구별이 있는 것일까요? 위의 말을 통해 우리는 모든 사건이나 사물을 차별하지 않아야 한다는 것을 느낄 수 있습니다.

그런데 문제는 어떻게 집착과 편견으로부터 벗어날 수 있는가 하는 방법이네요. 장자는 이러한 정신적 자유를 추구하는 방법으로 **좌망(坐忘)**과 **심재(心齋)**를 주장합니다.

좌망, 즉 조용히 앉아서 우리를 구속하는 모든 것을 잊고, 마음을 깨끗이 비우는 심재를 통해 자연과 내가 하나가 되는 **물아일체(物我一體)**의 경지에 이를 수 있다고 하였습니다. 즉 일체의 감각이나 사유 활동을 정지한 채 사물의 변화에 임하면, 절대 평등의 경지에 있는 도가 그 빈 마음 속에 모이게 된다는 것입니다. 또 조금 어려워졌나요. 가만히 앉아서 정신을 집중하고 있으면 차츰 주변의 모든 것을 잊게 되고(좌망) 마침내는 마음이 텅 비게 된다(심재)고 합니다. 그때 비로소 텅 빈 마음으로 도가 가득 들어차게 된다고 합니다. 그 경지가 물아일체의 경지이지요. 이러한 경지에 이른 사람을 '경지에 이른 사람'이라는 뜻의 **지인(至人)** 또는 **진인(眞人)**이라고 불렀습니다. 물론 우리가 추구해야 할 이상적인 인간입니다. 다음 그림을 볼까요.<2009. 4 모의>

이 그림의 인터뷰 대상은 누굴까요? 예, 장자입니다. 장자는 모든 사물을 차별화하지 않는[물아일체, 物我一體] 정신적 자유의 경지인 제물(齊物)을 지향한다고 했지요.

그러고 보니 도교의 인간관을 교과서 첫 단원에서도 배운 바 있었네요. 지금까지 공부한 내용을 바탕으로 다시 볼까요.

도교에서는, 인간과 자연을 구분하지 않으며, 유교처럼 규범적 측면에서 인간다움을 찾으려 하지 않는다. 오히려 인간은 인위적인 부자연스러움에 의하여 본래의 모습을 발휘할 수 없다고 보며, 그와 반대되는 '무위'의 자연스러움 속에서 인간 본연의 모습을 찾으려 한다. 이에 따라, 세속적인 생활을 초월하고 대자연과 하나가 되어 자연의 흐름에 내맡기고 살아가는 것을 인간의 이상으로 삼는다. 도교에서는 이러한 인간의 이상에 이른 사람을 지인이나 신인 또는 천인이라고 부른다. 따라서 도교의 인간관은 자연적 인간관이라 할 수 있다.

어때요? 이제는 이해가 어렵지 않지요. 천인(天人)은 '하늘과 더불어 사는 사람'이라는 뜻이고, 신인(神人)은 '신(神)과 같이 누리고 사는 사람'으로 자연을 가장 많이 닮은 사람을 의미한다고 했었지요.

장자의 비유

『전통윤리』 교과서(교육인적자원부, 87쪽)에는 장자의 비유가 나옵니다. 위의 내용과 관련하여 여기에 소개합니다.

"도가 사상에서는 자연에 따르는 삶을 살아가기 위해서 자신의 의도와 목적, 선입견 등 일체의 사의(私意)를 배제해야 한다고 보았다. 그래서 장자는 '<u>사물의 자연스러운 본성에 따르되 사사로운 마음을 버려라.</u>'라고 하였다. 도가에서 말하는 사사로운 마음은 물질세계에서 사물·사건들과 접촉하는 사이에 물이 들고 때와 먼지가 낀 마음이다. 그러한 마음을 정화하여 본래의 모습을 되찾은 것을 '**허심(虛心)**'이라고 한다. 장자는 이러한 허심으로 사물의 자연스러운 성향에 따를 것을 주장하였다. 이에 대하여 장자는 다음과 같이 비유를 들어 말하였다.

옛날에 어떤 바닷새가 노나라 교외로 날아들었다. 노나라 임금은 그 새를 맞아 묘당 위에서 연회를 열어 아름다운 음악을 연주하고, 기름진 음식을 베풀어 환대하였다. 그러나 그 바닷새는 도리어 눈이 어지럽고 마음이 슬퍼서 고기 한 점 먹지 못하고 물 한 모금 마시지 못한 채 사흘 만에 죽고 말았다.

-『장자』"

장자의 인간관

또한 『전통윤리』 교과서(교육인적자원부, 65쪽)에는 장자의 인간관이 나옵니다.

"『장자(莊子)』에서는 상아(喪我), 좌망(坐忘), 무기(無己) 등의 수양 방법이 자주 언급된다. 특히, **좌망**은 인·의·예·악(仁義禮樂)의 관념을 버리고 무아의 경지에 몰입하는 것을 뜻한다. 이러한 수양 방법을 거쳐 덕과 간격이 없는 경지인 '천인합덕(天人合德)'의 경지에 이를 수 있다고 한다. 장자는 이상적 인간상을 지인(至人), 신인(神人), 진인(眞人) 등으로 표현하였다. 이러한 사람은 소요자재(逍遙自在), 순성(順性), 순물자연(順物自然)의 방법으로 세상을 살아간다. **소요자재**는 어떤 외물에도 얽매이지 않고 자유스럽게 살아가는 정신의 자유를 뜻하고, **순성**은 본성인 덕의 자연스러운 흐름에 맡기는 것, 소박한 본성에 따르는 것을 말한다. **순물자연**은 자기의 사심과 주관을 버리고 사물의 자연스러운 변화에 따르는 것이다."
* 상아(喪我): 나를 잊음. 진정한 내가 됨. * 무기(無己): '자기'가 없음.

◇ 제자백가 ◇

위에서 중국 춘추전국시대에 공자, 맹자, 노자, 장자와 같은 사상가들이 당시 사회 혼란상을 극복하려고 애썼다고 했습니다. 하지만 단지 그들의 사상만 있었던 것은 아닙니다. 이때는 여러 나라가 난립해 다투고 있었기 때문에 많은 학자들은 사상의 자유를 만끽할 수 있었습니다. 이들 학자들을 '제자백가(諸子百家)'라고 부릅니다. 이들의 사상은 당연히 통칭해서 제자백가사상이라 합니다. 그중에서 특히 우리가 알아 두어야 할 만한 유명한 것이 고자(告子), 묵가(墨家), 그리고 법가(法家)의 사상입니다.

고자

먼저 고자는 중국 전국시대 제(齊)나라의 사상가로서 맹자와 같은 시대의 사람입니다. 그의 성무선악설을 살펴볼까요. 우리는 이미 교과서 1장에서 인간의 본성에 관한 학설은 무수히 많지만, 크게 성선설(性善說), 성악설(性惡說), 성무선악설(性無善惡說)의 세 가지로 나누어 생각해 볼 수 있으며, 고자는 **성무선악설**의 입장이라고 하였습니다. 설마 성선설, 성악설이 어떤 내용이었는지 잊지는 않았겠죠. 성선설·성악설은 인간이 각각 선하고, 악한 본성을 타고난다고 생각하였습니다. 그런데 고자는 맹자의 성선설에 반대합니다. "인간의 본성은 선한 것도 선하지 않은 것도 없다."는 것입니다. 많이 다르죠. 고자에 의하면, 인간은 본래 생존과 생식의 두 가지 욕망을 가지고 있을 뿐이라는 것입니다. 그래서 "타고난 그대로가 본성이다."와 "식욕과 성욕이 인간의 본성의 전부이다."라는 주장을 합니다. 정리하자면, 성무선악설에서는 선악이 인간의 고유한 속성이 아니라, 인간 자신의 선택과 판단이나 환경에 달려 있다고 봅니다.

인간 본성에 대한 고자와 맹자의 논쟁을 볼까요. 이미 여러분이 교과서 1장에서 본 내용인데, 매우 중요한 논쟁이니 다시 봅시다.

고자(告子)가 말하였다. "본성은 갇힌 채 소용돌이치는 물과 같아 동쪽으로 트면 동쪽으로 흐르고, 서쪽으로 트면 서쪽으로 흐른다. 사람의 본성에 선함과 선하지 않음의 구분이 없는 것은 물에 동쪽과 서쪽의 구분이 없는 것과 같다."
맹자(孟子)가 말하였다. "물은 진실로 동쪽과 서쪽의 구분이 없지만, 위와 아래의 구분도 없겠는가? 사람의 본성이 선한 것은 물이 아래쪽으로 흐르는 것과 같다. 사람은 선하지 않음이 없고 물은 아래로 흐르지 않음이 없다. 이제 물을 쳐서 튀어 오르게 하면 이마보다 높이 넘어가게 할 수도 있고, 물을 역류시키면 산 위로도 올라가게 할 수 있지만, 이것이 어찌 물의 본성이겠는가? 외부의 힘에 의해 그렇게 되는 것이다. 사람도 선하지 않은 짓을 하게 만들 수 있는데, 그 성질은 물의 경우처럼 외부의 힘에 의해 그렇게 되는 것이다."

어떻습니까? 고자는 "인간의 본성에 선(善)과 불선의 구분이 없다는 것은 마치 물의 흐름에 동서가 없는 것과 같다."고 하였는데, 이에 대한 맹자의 반론이 만만치 않지요? 맹자의 주장 역시 상당히 설득력 있게 보입니다. '물은 항상 아래쪽으로 흐른다.', 즉 본성이 이미 정해져 있음을 의미하지요. 반면에 고자는 다음과 같이 말합니다.

> 인간의 성(性)에는 선도 없고 악도 없다. 생리적 욕망이 성품이며, 그중에서 대표적인 것으로 식욕과 색욕을 들 수 있다. 그것은 인간이나 동물이 다 함께 가지고 있는 것이며 그 자체를 선하다거나 악하다고 할 수 없다. 그것은 마치 봇물을 동쪽으로 트면 동쪽으로 흐르고, 서쪽으로 트면 서쪽으로 흐르는 것과 같다. 이러한 인성에는 인의(仁義)가 들어 있지 않으므로, 그 자체를 선 또는 악이라고 할 수 없다. 즉 인의란 후천적인 교육이나 학습을 통하여 만들어지는 것이지, 본래부터 고유하게 가지고 나온 것이 아니다. 인은 장인(匠人)이 버드나무로 바구니를 만드는 것과도 같은데, 버드나무 속에 바구니가 들어 있지 않은 것이나 마찬가지다. 따라서 인성은 교육과 훈련을 통하여 개조시킬 수 있다.

위와 같이 고자는 "버드나무 속에 바구니가 들어 있지 않은 것과 마찬가지로 인간의 본성은 정해진 것이 없다."고 하여, 맹자의 성선설과는 대립되는 주장을 하였습니다.

묵자

이제 묵자에 대해서 알아볼까요. 묵자(墨子, 기원전 480~기원전 390) 역시 전국 시대 초기의 사상가입니다. 그의 사상을 계승하는 학파인 묵가는 소위 **'겸애설(兼愛說)'**로 유명합니다. 간혹 학생들 중에서 '가(家)'를 붙이면 뜻이 달라지는 것이냐는 질문을 하곤 하는데, 묵자의 사상을 신봉하고 따르는 학자나 학파를 말합니다. 유

묵자

가라고 하면 공자의 학설과 학풍을 신봉하고 연구하는 학자나 학파를 말하는 것이죠.

아무튼 '겸애(兼愛)'의 겸(兼)은 '아울러 겸', 애(愛)는 '사랑 애'의 뜻이므로 '무차별적인 사랑'을 의미합니다. 사랑은 남을 이롭게 하는 것이지만 그것은 이윽고 자신도 이롭게 합니다. 요컨대 <u>자신(自身)', '자가(自家)', '자국(自國)'을 사랑하듯이 '타인(他人)', '타가(他家)', '타국(他國)'도 사랑하라는 주장입니다.</u> 풀이하면 "자기를 사랑하듯이 남을 사랑하고, 자기 집 · 자기 나라를 사랑하듯이 다른 나라를 사랑하면, 천하가 태평하고 백성이 번영한다."는 말입니다. 앞에서 공자의 인의 의미는 무조건적 사랑이 아니라고 했는데, 그렇다면 공자의 인과는 많이 다르다고 할 수 있네요. 맹자는 모든 사람을 자기 가족과 같이 대해야 한다는 묵자의 주장에 대하여, "그것은 결과적으로 다른 사람을 대하는 것같이 무관심하게 자기 아버지를 대하게 됨을 의미한다."고 했습니다. 또한 나의 나라와 남의 나라를 똑같이 대하고 나의 부모와 남의 부모를 똑같이 대하라는 묵가의 논리가 "어미 아비도 몰라보게 만드는 주장"이라고 비판합니다.

구체적으로 <u>겸애는 **무차별의 사랑**인 데 반하여, 유가의 인은 사랑을 주요 내용으로 삼으면서도 존비친소(尊卑親疏)의 구별이 있음을 전제로 하는 점이 다릅니다.</u> 존비친소라는 말이 어렵지요? 지위나 신분의 높고 낮음과 어떠한 사람과 친함과 그렇지 않음을 생각해서 사람을 각각 다르게 대한다는 말입니다. 『논어』에는 "의(義)를 행함에 있어서 존비친소(尊卑親疏)를 생각해서 예(禮)로써 대한다."는 말이 나옵니다.

이에 비하여 백성들의 배부름과 따뜻함을 가장 먼저 강조했던 묵자는 물질**생산**에 노력하여 백성들의 생존에 필요한 것들을 만족시켜야 한다고 생각했습니다. 아울러 생존의 기본적 수요에 만족하는 것만을 추구하고 기타의 다른 모든 것들은 낭비라고 생각하여, 사치를 삼가고 기타의 다른 모든 **소비**는 줄이라고 설파하였습니다. 이에 따라 검약한 생활 태도, 실제적인 이익을 중시했으며, 소박하고 강력한 상부상조의 공동체를 강조합니다.

다음은 실제로 모의고사<2009. 9>에 나왔던 예문인데, 갑과 을의 입장을 보면 갑은 인(仁)과 더불어 의(義)를 강조했던 맹자이고, 을은 서로 차별 없는 사랑을 바탕으로 이익을 나누자고 주장한 묵자입니다. 묵자는 유가의 예법을 사치와 낭비라고 비판합니다.

또한 정리의 의미에서 고대 사상가들의 예(禮)에 대한 견해를 살펴볼까요. 이 예문도 모의고사<2008. 9>에 출제되었던 것입니다.

여기서 갑은 낭비를 삼갈 것을 강조하는 것을 보면, 묵자의 주장이라는 것을 충분히 짐작할 수 있겠죠. 을은 노력을 통해 예(禮)에 능통하게 된 사람을 등용하자고 주장하는 것을 보니, 순자이고요. 그리고 병은 유학에서 중시하는 인, 의, 예가 도(道)를 잃은 후에 나왔다고 하니, 노자입니다. 앞서 말한 것처럼 순자가 말하는 예는 고대의 성왕이 제정한 것으로서, 인간의 악한 본성을 규제하고 재화를 공정하게 분배하기 위한 사회적 규범이라고 할 수 있습니다.

한비자

한비자

마지막으로 **법가**를 대표하는 한비자(韓非子, 기원전 280?~기원전 233)의 사상을 볼까요. 한비자 역시 전국시대 말기에 활동하였습니다. 그는 성악설을 주장한 순자의 영향을 받아 법가 사상을 체계화합니다. 시대적 상황이 더욱 악화되었기 때문일까요. 순

공자의 '인(仁)'의 정신

『전통윤리』 교과서(교육인적자원부, 52쪽)에는 공자의 인이 잘 정리되어 있습니다. 묵자의 겸애와 어떻게 다른가를 확인하기 바랍니다.

- 인(仁)의 글자가 논어에 다양하게 나타나는 것으로 보아 한마디로 정의 내리기가 어렵다.
- 인간다움을 의미한다.
- 인간다움의 바탕은 효(孝)와 제(悌)에 있다.
  - "부모님을 섬기는 효와 형제간의 우애는 곧 인의 근본이 되느니라."
  - "번지가 인을 물으니 공자께서 말씀하시기를, '사람을 사랑하는 것이다.'"(번지는 공자의 제자임.)
- 조건적이며 구별된 사랑이지, 맹목적이며 무조건적 사랑은 아니다.
  - "오직 어진 자만이 능히 사람을 좋아할 수 있고, 사람을 미워할 수 있다."
- 인을 실현하기 위해 극기복례를 강조하였다.
  - "이기심을 버리고 예를 따르는 것이 곧 인(仁)이니라."
  - 편협한 혈연, 지연의 이기주의가 나타날 가능성을 배제하여야 한다.

또한, 『전통윤리』 교과서(교육인적자원부, 53쪽)에는 **맹자의 묵자에 대한 비판**이 나옵니다. 위의 내용과 관련하여 여기에 소개합니다.

"유학에서는 사랑을 보통 분별적인 사랑이라고 하는데, 맹자는 바로 이러한 문제 때문에 같은 시대의 철학자인 묵자를 비판하였다. 묵자는 겸애설을 주장한 것으로 유명한데, 그는 나의 아버지와 다른 사람의 아버지를 구별하지 말고 똑같이 사랑해야 한다고 주장하였다. 이에 대해, 맹자는 <u>나의 아버지와 다른 사람의 아버지를 똑같이 사랑하는 것은 있을 수 없는 일</u>이라고 하면서, '나의 부모를 부모로 받들고서 남의 부모에게로 미치고, 나의 자식을 어린 자식으로 사랑하고서 남의 자식에게로 그 사랑이 미치게 한다면 천하를 손바닥에 얹어 움직이는 것과 같을 것이다.'라고 하였다."

자가 강조한 '예(禮)'보다 한비자의 '법(法)'이 더욱 엄격하게 느껴지지 않나요. 어른들이 논쟁을 벌이다가 해결이 안 되면 "법대로 하자!"고 말씀하시는데, 아주 극한 상황이지요. 실제로 한비자는 백성에게 인의와 자애를 강조하게 되면 도리어 이익을 탐하는 마음을 조장하게 되고 윗사람을 범하여 혼란을 일으키게 되니, 국가는 철저하게 형법(刑法)에 의지해 통치해야 한다고 강조합니다. <u>정치의 요체가 **법(法: 법률)**과 **술(術: 부하를 거느리는 술수)**에 있다</u>는 것입니다. "인간은 이기적이며 간사한 지혜에 차 있기 때문에 믿을 수 없고, 오직 상(賞)과 벌(罰)로써만 조종할 수 있다."는 주장입니다.

한비자는 말하기를, "'<u>법에 맞는 자는 상을 주고 법에 안 맞는 자는 벌할 것이다.</u>'라고 한다면 영(令: 명령)이 아침에 이르면 백성이 저녁에 변하고 저녁에 이르면 아침에 변하여 열흘이면 천하에 고루 다 미치게 될 것이다. 어찌 일 년을 기다리겠는가. 순(舜)은 오히려 이를 가지고 요(堯)를 설득하여 백성이 따라오게 하지 않고 자신이 몸소 행하였으니 술(術)을 터득하지 못하였던 것이 아닌가. 몸으로 직접 고생을 한 뒤에라야 백성을 감화시킬 수 있다는 것은 요순(堯舜: 중국 고대의 명군)도 하기 어려운 일이다. 한편 권세 있는 자리에서 아랫사람을 다루는 것은 평범한 군주도 하기 쉬운 일이다. <u>장차 천하를 다스리려고 하면서 평범한 군주도 하기 쉬운 것을 버려두고 요순도 하기 어려운 일을 거치려 한다면 정사를 함께 할 수 없다.</u>"고 합니다.

2) 동양 윤리의 전개

> 아무리 훌륭하고 아름다운 말도 행동하지 않으면 보람이 없다.
>
> — 석가모니(釋迦牟尼)

◇ 유교 윤리 ◇

앞서 유교윤리의 연원(근원)에서 춘추전국시대의 공자, 맹자, 순자의 사상에 대하여 공부했습니다. 춘추전국시대는 전쟁과 분열 및 혼란을 겪으면서도 사상적으로는 자유스러워서 많은 학설과 학파가 등장했다고 했습니다. 하지만 이후 진(秦)나라에 의해 통일 제국이 성립됨으로써 막을 내립니다.

훈고학

진나라는 도덕성을 외면하고 한비자의 법가, 전쟁을 연구했던 병가(兵家)의 부국 강병책을 채택합니다. 또한 법가 사상을 숭배했던 진나라의 시황제는 유가의 정치 비판을 봉쇄하기 위해 사서(史書)를 모두

주자

불태우고 유생들을 암매장시키는 사건을 일으킵니다. 이를 '분서갱유(焚書坑儒)'라고 하지요. 이런 과정을 통해 진나라는 통일 대업을 이루지만, 유교의 가르침은 상당부분 사라지고 맙니다. 그래서 유학이 다시 연구되기 시작하는 것은 진나라가 망한 후 한나라 때부터입니다. 이후로 당나라 때까지 유학은 크게 발달하지 못하고 기껏해야 사라졌던 경전들을 복원하고 주석을 다는 데 급급했습니다. 이를 '**훈고학(訓詁學)**'이라고 합니다. 다른 말로는 유교 경전의 내용을 연구했기 때문에 '**경학(經學)**'이라고 합니다.

훈고학은 진나라를 이은 한(漢)의 무제(기원전 159〜기원전 87)가 유학을 국학(國學)으로 삼으면서 발달하였습니다.

성리학

당나라 때까지 유학은 크게 발달하지 못했다고 했지만, 유학은 당(唐)에서도 국학의 지위를 누렸으며, 송(宋)에 이르면 주자(朱子, 1130〜1200)에 의해 새로운 전기를 맞이합니다. 당나라 때까지 유행하던 노장사상과 불교에 영향을 받은 학자들이 유학의 재정립을 시도했기 때문입니다. 주자는 공자, 맹자의 유학 본연의 모습을 회복시키려 했을 뿐만 아니라, 도교와 불교의 연구까지 접목시킨 새로운

유학을 만듭니다. 유학자들이 유학의 부흥을 꿈꾸며 많은 노력을 기울인 결과죠. 이렇게 새롭게 정립된 학문을 주자학 내지는 성리학(性理學)이라고 부릅니다. 다시 말해 주자는 맹자의 성선설과 앞선 도학자(유교도덕에 관한 학문을 연구하는 학자)들의 **성즉리설(性卽理說)**을 집대성한 것입니다.

  '**성즉리**'라는 말은 처음인가요? '인간의 본성은 곧 천리(天理)'라는 것인데, 풀어 말하면 "인간은 나면서부터 하늘의 이치를 성품으로 부여받았다."는 말입니다. 원래 우주에 존재하는 선한 보편성이 우리 인간에게도 그대로 들어 있는 것입니다. "우리 딸은 천성(天性)이 착해."라는 말이 그런 뜻으로 쓰는 말이죠. 또 "저 사람 실성(失性)했다."고 하면 착한 본성을 잃어버린 것 아니겠습니까. 정신에 이상이 생겨 본정신을 잃어버리는 겁니다. 그리되면 안 되겠죠. 그래서 주자는 인간의 순수한 본성을 바탕으로 한 인격의 수양과 실천을 강조하였습니다.

  (인간의 순수한 본성이 하늘로부터 온 것이라는 점에 주목하세요. 천(天)이란 우주만물의 근원적 존재로서 우주 자연의 질서를 총괄하는 것입니다. '하늘이 다 보고 있다'거나 '하늘이 무섭지도 않느냐?', '하늘이 벌을 주실 것'이라는 말들은 유교의 하늘관에서 나온 것이라 할 수 있겠죠. 반면에 도가에서의 하늘은 사람과 직접적으로 관련이 없으며, 어질다거나 도덕적 의지가 없습니다. 그저 자연일 뿐입니다. 아래에서 다시 설명하겠습니다.)

  앞서 새롭게 유학을 체계화한 것이 성리학이라고 하였는데, <u>크게 보면 네 가지로 체계를 나누어 볼 수 있습니다.</u> 원래 공자의 유학은 복잡하지 않았는데, 주자가 새로운 유학을 선보이면서 복잡해졌네요.

  주자는 **우주**의 존재문제를 탐구[=이기론(理氣論)]하였고, **인간**의 내면적 구조와 본질을 분석[=심성론(心性論)]하기도 하였으며, **도덕**을 실천하는 방법[=거경궁리론(居敬窮理論)], 그리고 **정치와 사회** 문제를 해결하기 위한 이론[=경세론(經世論)] 등을 기본적으로 연구합니다. 연구 범위가 상당히 광범위하다는 것을 알 수 있겠죠. 무엇보다도 그는 도덕적 기초가 되는 인륜의 이치에 대해 형이상학적으로(≒철학적 사유를 통해) 체계를 갖추어 설명하려고 노력합니다.

이렇게 ① 이기론, ② 심성론, ③ 거경궁리론, ④ 경세론 네 가지가 기본사상이라 할 수 있습니다. 그런데 이 말들이 쉽지 않습니다. 풀이를 보아도 어렵다는 학생들이 있지만, 하나하나 꼼꼼히 보면 이해가 될 겁니다. 다음 도표는 모의고사<2007. 6>에 나온 것인데, 공자의 유학이 위와 같이 네 가지로(㉠~㉣) 나뉘어 체계화되었음을 보여 줍니다.

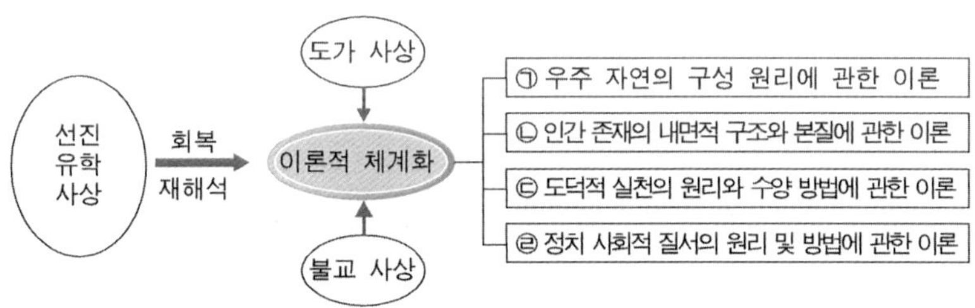

먼저 ① **이기론**에서 '이(리, 理)'는 '이치'나 '원리'라고 번역하면 될까요. 모든 사물이 존재하는 이유(혹은 그 당위성과 근본 원리)를 말하며, '기(氣)'는 현실세계의 물질적 재료 혹은 도구를 말합니다. '이'는 절대적으로 선한 '원리'적 개념이지만, '기'는 선과 악이 섞여 있는 '현상'적 개념입니다. 실제 현실을 보면, 항상 선도 있지만 악도 함께 존재합니다. 우주의 모든 존재는 이와 기로 이루어져 있습니다. 비유컨대, 집의 설계도가 이라면 집을 만든 재료는 기입니다.

그런데 이 둘은 <u>서로 떨어질 수 없으며(불상리, 不相離), 같은 것이라고 할 수도 없습니다(불상잡, 不相雜).</u> 설계도 없이 집이 세워지겠습니까. 그렇다고 설계도와 집을 지은 재료를 같은 것이라고 하면 말이 안 되죠. ② **심성론**은 물론 인간의 '심성(心性)'에 대해 연구한 것이겠군요. ③ **거경궁리**는 "마음의 경건성을 유지하면서 사물의 이치를 깊이 연구해야 한다."는 말인데, 뜻이 금방 이해되나요? 주위환경이 혼란스러워도 정신을 흐트러지지 않게 하는 것이 '거경(居敬, 있을 거ㆍ평상시 거, 공경할 경)'이며, 사물의 이치를 깨닫기 위해 생각을 거듭하는 것이 '궁리(窮理)'입니다. 어른들이 어려운 문제에 부딪히면 "궁리 좀 해 보자."라고 하지 않던가요. ④ **경세론**의 경세(經世)란 말은 말 그대로 '다스릴 경(經)'에 '세상 세(世)' 자로 이 세상에 관한 것으로 정치(사회)문제를 해결하기 위한 이론입니다.

궁극적으로 유학에서는 인격적으로 완성된 사람, 즉 군자(君子)나 성인(聖人)이 되고자 합니다. <u>어떻게 하면 성인이 될 수 있을까요? 여기서는 크게 세 가지 정도로 정리합니다.</u> 우선 주자는 성인이 되기 위해서 먼저 자기 자신을 포함한 세계의 참모습에 대하여 밝게 알아야 한다고 했습니다. 이를 '**격물치지(格物致知)**'라고 합니다. 세계의 현실적 모습은 참모습과 통해 있기 때문에 이를 관찰하고 연구함으로써 참모습에 접근해 가자는 겁니다. 왠지 오늘날의 '과학(science)'과 의미가 같다는 생각이 안 드나요? 실제로 중국 사람들이 처음 '사이언스(science)'라는 말을 접했을 때, 격물치지(혹은 줄여서 격치)로 표현했답니다. 아무튼 성인이 되기 위해서는 사물의 이치를 공부해야 하는군요.

또한 양심을 보존하고 본성을 함양하면서 나쁜 마음이 스며들지 않도록 잘 살펴서 단호하게 물리쳐야 한다는 '***존양성찰(存養省察)***'

을 주장합니다. 세계의 참모습에 대하여 밝게 알아야 한다는 격물치지가 외적인 수양방법이라면, 양심을 보존하고 본성을 함양하자는 존양성찰은 내적인 수양방법이 되겠네요. 그리고 마지막으로 '**존천리거인욕(存天理去人慾)**'인데, "타고난 본성을 지키고 욕망을 물리쳐야 한다."는 것입니다.

이들 수양의 방법이 인간의 본성을 선하다고 본 성선설에 바탕을 둔 것임을 쉽게 이해할 수 있을 것입니다. 누구든지 본래의 선한 본성을 회복하면 성인이 될 수 있기 때문입니다.

그러고 보니 교과서 첫 단원에서 불교, 도교와 마찬가지로 유교의 인간관을 공부한 적이 있었네요. 정리해 본다는 의미에서 다시 상기해 볼까요. "인간은 만물의 영장으로서 하늘의 기품(선한 본성)과 땅의 형상을 가장 완벽하게 부여받은 중간적 존재자"였지요. 인간의 모습이 머리는 하늘처럼 둥글고 발은 땅처럼 평편하지 않나요. 모습에 나타난 것처럼, 인간에게는 하늘과 땅의 이치가 주어져 있다고 생각했지요. '천·지·인'이라는 표현도 인간이 하늘과 땅의 중간에 위치한다는 것을 말하는 것이죠. 또한 "우주 만물의 이치가 인간에게 선천적으로 구비되어 있기 때문에 인간의 본성이 선하다."고 하였습니다. 그러나 "사욕 또는 육욕이 본성을 가려서 유혹에 넘어가는 수도 있기 때문에 인간에게는 수기(修己)와 수양(修養)이 요구된다."고 했지요. 이렇듯 고도의 수양을 쌓은 사람을 군자 또는 성인이라 불렀습니다. 어때요? 이해가 어렵지 않지요.

그리하여 유학은 중국의 전 역사를 통해 교육 정책의 중심이요, 윤리사상의 이론 체계가 되었습니다. 주자학은 원(元) 이후로 관학(官學: 국가가 설립 운영하는 학교)의 대우를 받았고, 우리나라에는 고려 말에 들어와 조선시대 유학의 주류가 되었습니다.

하늘의 성격과 의미

유가에서 말하는 하늘, 즉 천은 도가에서 말하는 천과 의미가 아주 다릅니다. 이를 정리해 보면, 다음과 같습니다(시험에 자주 나오는 중요한 내용입니다.).

먼저, (도가의) **노자**는 "하늘은 어질지 않아 사람을 포함한 만물을 '**짚으로 만든 개**(추구, 芻狗)'처럼 취급한다. 성인은 어질지 않아 백성을 마치 '짚으로 만든 개'처럼 취급한다."고 합니다. 짚으로 만든 개란 '하잘 것 없는 것'이라는 의미입니다. 이렇듯 하늘이 인간 또는 다른 존재에게 아무렇지도 않게 대한다고 하였습니다. 하늘은 사람과 직접적인 관련이 없는 자연의 법칙으로서의 하늘을 의미하지요.

반면에 **유학**에서의 하늘은 가장 절대적인 원리인 동시에 도덕적인 원리까지 포함하는 것입니다. 하늘은 일정한 규범에 따라 인간 세상의 일에 관여하는 것으로 여깁니다. 따라서 인간이 가지고 있는 도덕적 본성(선, 善)이 이미 하늘에 내재되어 있다고 봅니다. 또한 하늘은 선악을 구별하여 응징하는 윤리적 존재[권선징악, 勸善懲惡]이기도 합니다. 이런 생각에서 기우제를 드리기도 하였던 것입니다.

천도로서의 인격수양

또한, 『전통윤리』 교과서(교육인적자원부, 79쪽)에는 '천도로서의 인격수양'에 관한 내용이 나와 있습니다. 위의 내용과 관련하여 참고로 여기에 소개합니다.

맹자를 비롯한 유학의 여러 사상가들은 모든 인간의 마음에는 천도가 덕성의 상태로 이미 주어져 있다고 본다. 『시경』에 다음과 같은 시가 있다.

하늘이 뭇사람을 내시니,
사물이 있으면 법칙이 있도다.
사람들이 마음에 항상 순선(純善)한 본성을 가지고 있는지라,
이 아름다운 덕성을 좋아한다.

그러나 이러한 순선한 덕성이 인간에게 부여된 것이라면, 왜 인간 중에는 악한 사람도 있고 착한 사람도 있는 것인가? 결코 악한 사람은 나타날 수 없는 것이 아닌가? 이에 대한 대답은, 이러한 덕성이 인간의 내면에 다만 '가능성'으로 주어져 있을 뿐이라는 것이다. 그러한 가능성으로 주어진 덕성은 나의 노력과 수양을 통해서 도를 실천할 때 비로소 나의 인격을 형성하는 덕성이 된다는 것이다.

 다음의 그림은 실제로 2009년도 수능에 나왔던 예문인데, 갑, 을, 병의 '하늘'에 대한 관점이 나타나 있습니다. 여기서 병은 "하늘의 도는 겨루지 않고도 이기고 부르지 않아도 저절로 찾아온다."고 하여 하늘을 인위적인 선악과 관련이 없는 그 자체로 보았습니다. 도가의 입장이지요. 이에 비해 갑은 인간의 길흉화복이 하늘과 관련을

맺고 있다고 보았던 유가의 입장[논어]이고요, 을은 차별 없는 사랑(겸애설)을 주장했던 묵개[묵자]의 주장입니다.

양명학

그런데 송나라와 원나라에 걸쳐 유행했던 성리학도 (중국에서는) 명나라 때부터는 차츰 빛을 잃어 갑니다. 명(明)에 이르러 왕수인(王守仁, 1472~1528)이라는 사람이 양명학을 창시하여 주자학과 맞섰기 때문입니다. 왕수인의 호가 '양명(陽明)'이라서 '양명학'이라 부릅니다. 조금 전에 주자가 '성즉리설'을 말했다고 했는데, 왕수인은 마음을 중시하여 인간의 마음이 천리라는 **'심즉리설(心卽理說)'**을 주장합니다. 이것이 대체 무슨 말일까요? '성즉리'와 '심즉리'는 어떻게 다른 것일까요?

'마음이 곧 이치'라는 말은 내 마음이 만물을 포함하고 있으며, 내 마음을 절대적 진리로 간주한다는 말입니다. 왠지 스님들이 "모든 것이 다 내 마음 안에 있다."고 말씀하시는 것이 떠오르죠. 이처럼 양명학은 '마음 밖에 사물이 없다.'고 하여, 밖에서(객관적 사물에서도) 이치를 구하려고 했던 성리학과는 달랐습니다. 단적으로 말해, <u>이론적인 학습 과정을 거치지 않아도 인간의 본질이 구현될 수 있다</u>고 본 것이 성리학과 다릅니다. 배우지 못한 사람들은 가방끈이 짧아서 양심이 없을까요? 그렇지 않습니다. 사람에게는 누구나 윤리적으로 착한 사람이 될 수 있는 순수한 양심이 있다고 하여, 왕수인은 (원래는 맹자의 말이지만) 인간이 <u>본래부터 타고난 참된 앎을 '**양지(良知)**'라고 부릅니다.</u> 하지만 이미 알고 있는 것이라 하더라도 실천에 옮기지 않는다면 모르는 것과 마찬가지겠죠. 효도의 도리를 알고 있는 학생이 실제로는 부모님께 불효를 한다면, 그 알고 있다는 사실이 무슨 의미가 있을까요? 따라서 그는 양지를 근거로 하여 양심을 바르게 깨닫고 그에 따라 실천할 것을 강조하였습니다. "앎은 행함의 시작이요, 행함은 앎의 완성"이라는 그의 말은 결국 앎과 행함이 하나라는 의미를 잘 나타냅니다. 말이 좀 어렵지만, 이것이 인식으로서의 지(知)나 실천으로서의 행(行)이 본래부터 하나라는 '**지행합일설(知行合一說)**'입니다. 반면에 성리학에서는 무언가를 안 다음에 행할 수 있다고 보았으므로 선지후행(先知後行)이라고 할 수 있죠.

왕수인

이 양지를 발휘하자는 것이 **치양지설(致良知說**, 힘쓸 치)입니다. 결국 양지를 구체적이고 적극적으로 발휘하는 것이 중요합니다. 그럼에도 인간의 마음에 있는 천리로서의 순수한 도덕성이 실현되지 못하는 근본 이유는 무엇일까요? 그는 사욕 때문이라고 보았습니다. 버스에 어르신이

타시면 자리 양보를 해야 한다는 걸 잘 알지만, 안 하는 경우는 내 한 몸 편해 보자는 욕심 때문 아닌가요. 만약에 사욕을 극복하고 인간의 순수한 본래성만을 유지한다면, 누구나 지선의 경지에 이를 수 있을 것입니다. 이상을 간단히 정리하면, 심즉리설, 지행합일설, 치양지설 정도로 정리할 수 있겠네요.

이렇듯 양명학은 도덕적 실천이 중요하지만, 주자학은 도덕적 실천과 함께 이론적 탐구로써 지식을 확충할 것을 주장한다는 점이 차이점이라고 말할 수 있습니다.

여러분의 이해를 돕기 위해 실제로 출제되었던 지문을 볼까요.
〈2009. 4 모의〉

지문에서 갑은 주자, 을은 왕양명입니다. 주자는 수양 방법으로서 마음 안의 천리인 본성을 함양하는 거경(居敬)과 마음 밖의 사물의 이치를 탐구하는 궁리(窮理)를 강조합니다. 이에 비해 왕양명은 "마음 밖에는 이(理)도 없고 물(物)도 없다."고 하여, 선천적인 참된 앎, 즉 양지(良知)를 적극적으로 발휘하는 치양지(致良知)를 제시합니다. 하지만 두 사상가 모두 욕심을 버리고 천리(天理)를 보존해야 한다고 강조하는 것은 공통점이지요.

맹자의 성선설(性善說)

양지(良知)가 원래 맹자의 말이라고 하였는데, 이와 관련된 내용이 『전통윤리』 교과서(교육인적자원부, 81쪽)에 나와 있습니다. 참고로 여기에 소개합니다.

"맹자는 인간의 선천적인 요소를 양지(良知), 양능(良能)이라는 말로도 설명하였다. 그는 사람이 배우지 않고서도 가능한 것이 **양능**이며, 생각하지 않고도 아는 것이 **양지**라고 하였다. 이렇게 사단, 양지, 양능 등 선한 본성이 인간에게 선천적으로 갖추어져 있다는 맹자의 성선설은 일종의 도덕 선험론(先驗論)으로, 당대의 고자(告子)뿐만 아니라 후대의 순자 등 여러 학자들로부터 비판을 받았다. '인간의 본성이 선하다는데, 왜 악한 사람이 존재하는가?'라는 직접적인 비판으로부터 '선한 본성이 있다면 후천적인 학습이나 교육이 무슨 의미가 있으며, 정치는 무엇을 위해 존재하는가?'라는 간접적인 비판이 그것이다. 그러나 맹자가 인간의 본성은 선하고 그것이 선천적인 것이라고 주장한 것은 인간의 잠재적인 도덕의식을 말하는 것이다. 그래서 그는 이 선천적 도덕의식을 반드시 후천적으로 배양하고 발전시켜야 한다고 하였다. 그의 '인간의 본성은 선하다.'는 명제는, 비록 그것이 선험론적인 한계를 가지고 있다고 하더라도, 인간의 사회생활에서 도덕의 중요성을 긍정하고 인간과 짐승의 근본적인 구별 기준을 제시한 것으로, 중국 고대 윤리학과 철학의 발전에서 중요한 의의를 가진다."
* 선험론: 경험 이전에 선천적으로 가능한 인식능력

고증학

이상과 같이 송나라 때의 주자학(성리학), 명의 양명학에 뒤이어 청대에 와서는 고증학이 발달합니다. 중국 유학에서 가장 나중에 등장한 것이죠. 비록 교과서에는 생략되어 있지만, 학생 여러분이 명심해야 할 것은 어떤 이념이나 사상이 등장한 시대적 배경을 꼭 알아야 한다는 것입니다. 불쑥 어떤 새로운 사상이 튀어나오면, 그 사상의 명확한 이해를 위해서 시대적 배경을 한번 살펴보세요. 그래야 보다 확실한 이해에 도움이 됩니다.

명나라 말기 농민폭동이 자주 발생했으며 떠돌아다니면서 사람을 해치고 재물을 빼앗는 도적들, 소위 유적(流賊)들이 대규모 폭동을 일으켜 사회는 혼란에 빠지고 국가는 위기에 처하게 됩니다. 결국 명나라는 만주족에 점령당하면서 청조의 지배하에 들어가게 됩니다. 이런 가운데 학문은 세상에 실제적으로 역할을 해야 한다는 자각이 생겨나게 되죠. 이들은 <u>성리학이나 양명학이 지나치게 인간의 도덕성 문제에만 매달려서 구체적인 현실 문제를 해결하지 못한다는 점을 비판</u>했습니다. 사실에 토대를 두어 진리를 탐구한다는 뜻의 실사구시를 주로 했던 고증학은 공허한 이론을 배척하고, 옛 문헌에서 명확한 증거를 찾으려고 했습니다. 이런 실증적 학풍으로 철기나 옛 비석 같은 것에 새겨진 글을 연구하는 **금석학(金石學)**이 발달하고 **사고전서(四庫全書**, 청황제 건륭의 명으로 완성한 중국최대의 총서)와 같은 많은 서적들이 간행됩니다.

청대의 학자들은 고전과 역사에 대한 넓은 지식을 토대로 하여 객관적이고 실증적인 태도로 학문을 연구하여, 학문은 세상을 다스리는 데에 실질적인 이익을 줄 수 있는 것이어야 한다는 경세치용의 사상을 전개합니다. 또한 조선의 실학에 영향을 주게 됩니다.

이쯤에서 유학의 흐름을 간단히 정리해 볼까요. <u>한나라 때는 **경학**과 **훈고학**이, 송나라 때는 **주자학(성리학)**이 득세했으며, 명나라 때는 **양명학**이 중심이었고, 청나라 때는 **고증학**이 유행했습니다.</u> 다음은 두 유학 사상의 계보를 간략하게 도식화한 것으로, 모의고사 <2008. 3>에 나왔던 것인데, ㉠~㉢에 해당하는 사상가가 누구인지 알 수 있을까요? ㉠은 주자(주희), ㉡은 왕수인, ㉢은 이황입니다. 이황에 대해서는 아직 공부하지 않았지만, 그는 성리학적 심성론을 바탕으로 경(敬)을 통한 도덕적 실천을 강조하였으며, 『성학십도』를 지었습니다. 그리고 이미 본 것처럼 왕수인은 앎과 행함이 서로 같다는 지행합일설을 주장하였고, 정제두는 조선 후기 양명학자로서 조선에 전래된 양명학의 사상체계를 확립합니다.

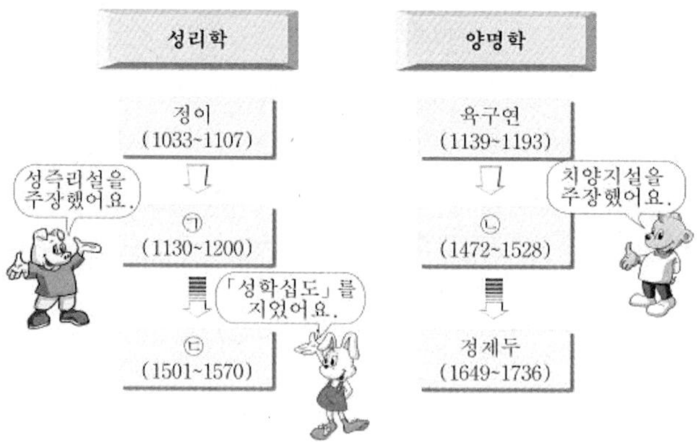

◇ 불교윤리 ◇

소승불교와 대승불교

앞서 석가모니의 기본사상으로 연기설과 사성제를 공부했습니다. 석가모니께서 입멸(入滅, 돌아가심의 불교표현)한 후 불교는 어찌 되었을까요?

불교는 소승 불교를 거쳐 대승 불교로 발전합니다. 불교가 크게 두 갈래로 나뉜 것이죠. 소승불교와 대승불교, 그중 대승불교가 우리 나라에 전래되었다는 말을 들어 본 것 같네요.

어떤 점이 서로 다른 것일까요? 앞 장에서도 언급했지만, 소승 불교는 수행자 자신의 정신세계에만 몰입하여 사회와는 분리된 엄격한 종교성과 개인의 해탈을 강조합니다. 이에 비해, 대승 불교는 중생과 함께하는 대중 불교이자 사회 불교라고 할 수 있죠. 대승불교는 엄 정한 출가수행에 의한 개인의 해탈에 반대하였습니다. 왜냐하면 보통 사람들에게 그 길은 너무도 어려운 길이기 때문이지요. '소승(小乘)', '대승(大乘)'이란 한자를 보면 금방 짐작이 될 겁니다. 소승은

'작을 소(小)'에 '탈 승(乘)', 대승은 '큰 대'에 '탈 승'이니, 소승은 작은 수레, 대승은 많은 사람이 함께 탈 수 있는 큰 수레입니다.

여기서는 대승 불교를 살펴보겠습니다.

대승 불교는 『반야경(般若經)』의 출현과 (기원후 2, 3세기에) **용수(龍樹)**의 사상으로부터 시작되었습니다. 반야경은 기원후 1세기경에 나타난 경전이며, 용수라는 학자는 인도의 불교학자로 사물의 공허함을 인식하고 무집착을 실천한 사람입니다.

말이 조금 어려운데, 한마디로 "대승불교는 공(空)사상과 중도(中道)사상을 통해 보살(菩薩)과 바라밀(波羅蜜)을 실천해서 열반에 도달하려는 것"입니다. 하나씩 볼까요.

먼저 **공(空)사상**이란, 사물의 본질을 인식함에 있어 항상 실체라는 것은 없다는 것입니다. 그러고 보니, 한자가 '빌 공(空)' 자이네요. 무언가 있는 듯해도 실체가 없고 텅 비어 있다는 뜻입니다. 있는 것도 아니고 없는 것도 아니라고 해야 하나요. 욕심 많은 사람들은 세상이 영원할 거라고 생각하고 거기에 집착을 합니다. 돈, 권력, 명예, 젊음 등등. 하지만 세상에 영원한 것은 아무것도 없습니다. 학생 여러분이 아무리 얼굴에 치장을 하고 몸매를 가꾸어도 종내에는 주름살이 생기고 육신은 사그라지고 말죠. 조금 슬퍼지네요. 허무하다는 생각도 들고요.

이런 생각을 가진 사람이라면, 욕망이나 아집(我執)과 같은 자아나 사물에 집착하는 인식의 오류로부터 벗어날 수 있을 겁니다. 따라서 공사상은 자아의 아집으로부터 벗어나서 너와 나를 하나로 여기는 지혜를 얻기 위한 것입니다. 주의할 점은 공사상이 세상이 공허하다는 허무주의는 아니라는 겁니다. 무아(無我)를 철저히 인식하여 이기심을 버리고 대중과 함께할 것을 강조한 것입니다.

그러므로 대승 불교에서는 나에 대한 이기적인 집착을 버리는 공 사상을 철저히 깨닫고 실천하는 것을 중시하였습니다. 그렇다면 위로는 진리를 구하고 아래로는 중생을 구제하는 사람이 필요합니다. 그런 사람이 대승 불교에서 말하는 보살입니다. **보살**은 "나보다 남을 위해서 봉사하며 남의 해탈을 위해서 자비로운 마음을 가지고 **바라밀**을 실천하는 불교의 이상적인 인간상"입니다. 그럼 바라밀은 또 무언가요? 원래 최고를 뜻하는 '파라마'에서 파생된 말입니다. 이에 근거해 바라밀을 '완성' 또는 '완전'으로 번역하지요. 직역하면 "이 언덕(차안, 此岸)에서 저 언덕(피안, 彼岸)으로 간다."는 뜻입니다. 풀어 말하면 욕망과 고통의 현실세계(차안)에서 해탈의 세계(피안)로 간다는 의미입니다. 곧 해탈의 경지로 가기 위한 수행을 말하는 것 인데, 여섯 가지가 있어 흔히 육바라밀이라고 합니다. 보시(布施, 조건 없이 베풂), 지계(持戒, 계율을 지킴), 인욕(忍辱, 욕됨을 인내함), 정진(精進, 열심히 노력), 선정(禪定, 참된 명상에 듦), 지혜(智慧, 바른 지혜)를 말하지요. 육바라밀 중에 남에게 베푸는 것을 뜻하는 '보시'는 눈여겨봐 둘 필요가 있는데요. 앞서 말한 『반야경』에는 상(相)에 머무르지 않는 보시[무주상보시, 無住相布施]란 말이 있습니다. '상에 머무르지 않는다'는 것은 '내가 내 것을 누구에게 주었다'는 생각조차도 버리는 것을 의미합니다. 내가 착한 일을 행하였다고 스스로 생각하는 순간에 나에게는 자만심이 생겨나서 진정한 선행을 할 수 없기 때문이지요.

처음에 '중도사상을 통해 보살과 바라밀을 실천한다.'고 하였는데, **중도사상**은 우주의 본질과 현실의 양면을 객관적으로 관찰하는 것입니다. 앞서 공사상이 세상이 공허하다는 허무주의는 아니라고 했는데, 공은 결코 단순한 무(無)가 아니라 중도(中道)입니다. 본질적으로 세상의 모든 존재는 공하지만, 현상적인 차원에서는 유(有)를 인정해야 합니다. 대승 불교에서는 중도사상을 통해서 현실이 진리와 떨어져 있지 않다고 전파하였습니다.

『전통윤리』 교과서(교육인적자원부, 83쪽)에는 대승불교에 관한 내용이 나와 있습니다. 위의 내용과 관련하여 참고로 여기에 소개합니다.

"대승 불교에서는 '나'라는 의식을 벗어 버리고 궁극적으로 불성을 깨닫기 위해서 나보다는 남을 위해서 사는 수행 방법을 강조한다. 이는 '나'가 없음을 철저히 인식하여 나의 이기심을 버리고 중생과 함께하며, 보살의 바라밀을 실천하는 것이다. 바라밀이란 "저 언덕으로 간다."는 뜻으로서, 욕망과 고통으로 얼룩진 이쪽 언덕으로부터 해탈의 경지를 상징하는 저쪽 언덕으로 가는 방법을 말하는 것이다. 즉 보시(布施), 지계(持戒), 인욕(忍辱), 정진(精進), 선정(禪定), 지혜(智慧) 등 여섯 가지 바라밀을 실천한다는 것이다. 선불교에서는 마음의 본성을 관찰하는 것을 '관심(觀心)'이라고 한다. 마음은 모든 현상의 주체이며 모든 것과 관련이 있으므로, 마음을 살피는 일은 곧 일체를 관찰하는 것과 통한다고 본다. 따라서 인간이 그의 본성을 깨닫게 되면 모든 사물의 본성을 꿰뚫어 볼 수 있는 능력을 갖추게 된다는 것이다."

교종과 선종

이상과 같이 불교는 소승을 거쳐 대승불교로 발전했는데, 인도의 대승 불교가 중국에 전파되면서 다시 또 두 갈래로 나뉩니다. 기원 후 6, 7세기경에 교종(敎宗)과 선종(禪宗)이 성립된 것이죠. 교종은 교리(경전)를 중시한다고 알아두면 되겠네요. 반면에 선종은 참선을 중시합니다.

중국불교의 쌍벽을 이루는 화엄종과 천태종은 교종의 양대 종파입니다. 화엄종은 『화엄경』을 경전으로 하는 종파로 당나라 때 성립되었으며, 천태종은 수나라 천태 대사인 지의(538~597)를 개조(開祖, 처음 종파를 연 사람)로 하는 종파입니다. 조금 복잡해졌나요. 도표로 그리면 다음과 같이 정리되네요.

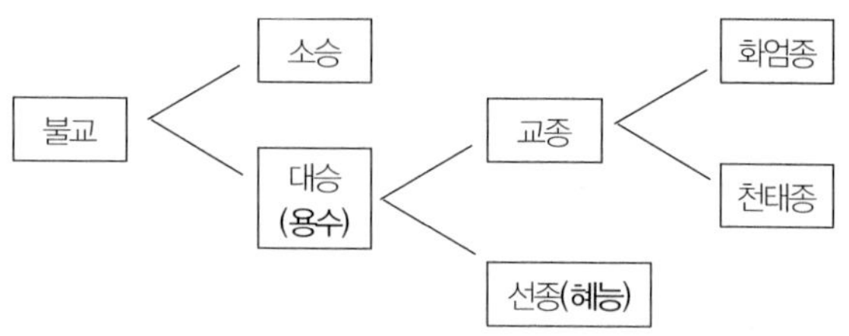

위의 양대 종파는 다 같이 일체의 천지 만물을 원융(圓融, 원만하여 막힘이 없음)하다고 보았기 때문에 너와 나, 인간과 자연이 현실적으로 원만한 관계로 존재하고 있다고 했습니다. 또한 공히 누구나 열심히 공부해서 깨달음을 얻으면 성불할 수 있다는 사상을 담고 있습니다.

이에 비하여 선종은 직관적 체험인 선을 중시하는 불교 종파로서, 우리가 본래 하나이며, 완성된 부처라는 것을 직관(直觀)해야 한다는 **돈오(頓悟**, 순간적인 깨달음) 사상을 주장합니다.

따라서 조금 전에 교종은 교리를 중시한다고 했는데, <u>부분적인 지식에만 집착하는 교종의 방법</u>을 비판하게 됩니다. 선종은 '마음으로써 마음을 전한다(마음으로 깨닫는다).'는 **이심전심(以心傳心)**과 문자로써 교(敎)를 세우는 것이 아니라는(문자에 구애받지 않음) **불립문자(不立文字)**를 종지로 삼습니다. 이 외에도 교외별전(敎外別傳, 전통적인 경전의 가르침과는 달리 따로 전해짐), 직지인심(直旨人心, 직접 사람의 마음을 가리킴), 견성성불(見性成佛, 사람의 본성을 보아 성불함)을 주장합니다.

선종은 우리가 잘 알고 있는 달마대사로부터 시작되어 당나라 때 **혜능(慧能**,

혜능

638년~713년)에 의해서 정립되어 그 후에 크게 발전합니다. 혜능대사가 어떤 주장을 했을지는 여러분도 짐작이 되지요? 글을 못 배워 까막눈이었던 그는 깨달음을 얻어(불립문자) 달마대사로부터 내려오던 법을 이어받습니다. 혜능은 불성을 인성으로 간주하였으며, 수행 성불을 주장하지 않고 사람의 마음속에서 부처를 찾을 것을 주장하였습니다. 다음 그림을 볼까요. 모의고사에 나왔던 것인데<2009. 7>, 그림에서 제자가 깨우친 수행 방법은 어떤 것일까요?

예, 선종의 수행자가 스승으로부터 깨달음을 얻는 장면입니다. 위에서 말한 것처럼, 선종에서는 계율을 지키고 경전을 읽는 것은, '모래를 쪄서 밥을 짓고, 기와를 갈아 거울을 만드는 것'처럼 어리석은 일이라고 보았습니다. 그러면서 '내 마음이 부처'[卽心卽佛]임을 직관해야 한다고 강조합니다.

◇ 도교윤리 ◇

앞의 도교윤리 연원에서는 노자의 무위자연과 장자의 제물론에 대해 공부했습니다. 이후로 도가 사상은 시대의 변화에 따라서 변형되거나 혹은 다른 사상과 결합하게 됩니다.

원래 "노장사상은 인위석인 관념이나 제도의 고착화를 반성했다."는 사실, 기억나나요? 이러한 본래의 실천적 동기에서 벗어나, 점차 논리적 사고만으로 현실이나 사물을 인식하려는 **사변(思辨) 철학**이나 **신비주의**로 변형됩니다. 한번 볼까요.

황로학파

한 나라 초기에 중국고대의 전설적 임금인 황제(黃帝)와 함께 노자(老子)를 숭상하는 황로학파(黃老學派)가 유행합니다. 황제는 법률을 제정하고 제도를 정비한 사람이고 노자는 무위자연을 주장한 사람입니다. **법가**와 도가가 합쳐진다고 봐야겠죠. 한나라 초에는 법가 정치의 형태가 많이 필요하였습니다.[법가의 한비자 사상은 진나라 때 채택된 것인데, 한나라로 이어졌군요(중국의 역사가 진-한-위진·남북조-수-당-송-명-청으로 이어진다는 사실, 알고 있겠죠.).] 그들은 내면적 도덕인 도(道)로부터 법(法)이 생겨나며, 도는 법을 초월한다고 주장하였습니다. 또한 심(心)을 움직이는 음악에는 법칙이 있어서 자연계의 객관적 법칙과 일치한다고 하여 심도 법칙에 따라야 한다고 합니다. 이것을 정치에 적용하여 그들은 법률에 사정을 두지 않는 공평한 재판관과, 법률이 갖추지 못한 점은 도에 의해 처리하는 융통성 있는 행정관을 이상적 관료로 여겼습니다.

황제와 노자를 숭상한다고는 했지만, 단순히 도가사상뿐만 아니라 유가, 묵가, 명가, 법가 등의 사상을 흡수합니다. 이처럼 다양한 사상을 흡수하였다는 것은 황로학파가 노장사상을 변형시켰다는 뜻입니다. 하지만 여전히 황로학파의 핵심은 청정무위(淸淨無爲)를 주장했다는 데 있습니다. 그래서 노장사상을 계승했다고 말할 수 있습니다.

오두미교

황로학파에 이어서 한나라 말기에는 오두미교(五斗米敎)가 등장합니다. '교(敎)'라는 말이 있는 걸 보니 교단의 형태를 지니고 있군요. 오두미(五斗米)라는 말은 교단에 가입하려는 사람에게 다섯 말의 쌀을 요구한 데서 유래한 것입니다.

오두미교는 병을 고치거나 배우기 위해 장도릉(張道陵, ?～?; 오두미교의 시조, 교주의 칭호를 따 '천사도(天師道)'라고도 합니다.)을 찾는 자들에게 모두 쌀 다섯 말을 바치도록 하였고, "어떤 병에 걸린 사람이라도 장도릉의 가르침을 믿고 그가 규정한 규율과 의식에 따르며 부적을 태워 물에 타서 마시면 반드시 낫는다."고 주장했습니다. 그래서 크게 위세를 떨치게 되지요. 아무튼 노장사상이 교단의 형태를 갖춘 종교로 발전하였군요. 사회가 혼란에 빠지면 종교는 더욱 번성한다고 하던가요. 오두미교는 당시 정치적 혼란에 처해 있던 백성들에게 종교적인 구원을 선전합니다. 즉 도덕적으로 선행을 하면, 질병이 낫게 되고 영원히 죽지 않는 신선이 될 수도 있다고 주장합니다. 병의 원인은 모두 죄과 때문이므로 병든 사람을 조용한 방에 가둬 반성케 하고 죄를 인정하는 뜻을 기록한 문서 세 통을 천(天), 지(地), 수(水)의 신(神)들에게 바치게 하였다고 합니다.

현학

황로학파와 오두미교가 종교적인 형태로 변형된 것이라면, 노장사상을 철학적으로 계승하여 발전시킨 것은 위진(魏晉)의 현학자(玄學者)들입니다. **현학(玄學**, 오묘할 현·깊을 현)이란 천지 만물의 존재 근거 등 심오한 문제를 토론하는 학문으로, 눈에 보이지 않는 형이상학적인 것을 지향했습니다. 대표적인 현학자로는 죽림칠현(竹林七賢)을 들 수 있죠. 그림을 보면 대나무 숲에 있는 7명의 선비를 볼 수 있네요.

이들은 정치권력에는 관심이 없고 죽림에 모여 거문고와 술을 즐기며 **청담(淸談)**으로 세월을 보냅니다. 청담(淸談)이 무얼까요? 직역하면 '맑은 이야기'란 뜻인데, 인간의 현실을 초월한 우주론적 최고 원리의 경지를 토론하는 논변을 말합니다.

이들에 의하면, 눈앞의 현실 세계는 다만 인간의 고정 관념에 의해 이루어진 것이고, 진실한 세계는 고정 관념을 초월한 무(無)의 세계라는 것입니다. 따라서 이들은 세속적인 가치를 초월한 철학적이고 예술적인 사유와 가치를 중시하였습니다.

위와 같이 원래의 노장사상이 종교적인 형태(신선사상, 신비주의) 혹은 철학적(사변철학)으로 변형되는 과정을 보았습니다. 그러한 과정에서 쾌락주의나 공리주의와 유사한 성격이 나타납니다. 사람들이 불로장생을 원했다는 사실을 생각해 보면 알 수 있겠지요. 전에는 죽음을 자연스러운 변화과정으로 생각했는데, 이제는 죽지 않겠다는 생각을 하니 말이지요. 또한, 죽림칠현의 사례에서 보았듯이 현실에 대한 직접적 참여보다 방관적 태도를 지녔

죽림칠현

으며, 세속적 윤리의 실천보다 개인의 생명이나 정신의 자유를 추구하려는 경향이 심화됩니다.

3) 동양 윤리의 현대적 의의

흔히 동양사상은 옛사람들의 고리타분한 생각으로, 현대사회의 우리와는 별 관련이 없을 것이라고 생각하는 학생들이 많습니다. 하지만 동양사상의 의미는 오히려 과거보다 현대에 더 큰 의미를 갖는다고 할 수 있습니다. 무엇보다도 동양의 윤리사상은 우주와 인간의 본성에 관한 근원적 깨달음을 통해서 인간과 인간, 인간과 자연 간의 조화를 추구합니다. 다양한 동양사상 중에서도 맥을 같이하는 어떤 특징을 찾아낼 수 있으며, 이 특징을 짚어 가면서 21세기 오늘의 시대에 동양 윤리가 어떤 의의를 지닐 수 있는지 알아봅시다. 여기서는 여섯 가지 정도로 정리합니다.

첫째, 동양 윤리는 그 중심에 '인간'을 세워둡니다. 즉 동양 윤리는 인간을 중심으로 해서 전개되는 인본주의적 특징을 지니고 있습니다. 서양 그리스도교의 신본주의(神本主義)와는 대조적이죠. 동양의 유교, 불교, 도교 등은 창조주라든지 절대자를 인정하지 않고 오직 인간이 인간의 의지로써 이 세상을 움직여 간다는 특징을 갖습니다. 예를 들어 볼까요. 유교의 격물치지나 불교에서는 부처가 되는 것 모두 자력(自力)으로 가능한 겁니다.

둘째, 우주의 생성·순환 원리와 인간의 존재·생활 원리를 하나로 봅니다. 곧 '우주가 곧 나'라는 생각을 갖게 되죠. 유학, 불교, 도가가 모두 마찬가지입니다. 유학의 이기론은 우주와 인간을 뗄 수 없는 관계로 설명하고 있으며, 불교는 "우주적 원리와 개인적 원리가 동일하다."고 합니다. 그리고 도가는 "사람은 땅을 법으로 삼고, 도는 자연을 법으로 삼는다."고 하였습니다.

셋째, 유·불·도 공히 <u>생명을 존중하고 자연과 하나 되는 조화를 중시</u>합니다. 유교의 인과 호생(好生)의 덕(생명을 살리기 좋아하는 덕), 불교의 자비, 도가·도교의 상생(相生) 원리 등에서 알 수 있죠.

넷째, <u>선악에 대한 엄격한 기준</u>을 둡니다. 동양사상은 선과 악을 구별하는 기준을 제시하기 때문에, 동양사상은 바로 윤리사상이라고까지 말하죠.

다섯째, <u>개인의 수양을 강조</u>하며, 이를 뒷받침하는 이론 체계가 확립되어 있다는 특징을 갖습니다. 개인의 수양 목표가 유학에서는 수기치인(修己治人), 도가에서는 무위자연, 불교에서는 전미개오(轉迷開悟, 어리석음에서 벗어나 불심을 깨우치는 것)입니다. 앞에서 본 것처럼 현실적 인간을 보는 입장이나 논의 방식은 서로 다릅니다. 하지만, 수양을 중시하고 그 방법을 모색하려고 힘쓰는 것은 유·불·도의 공통점이라는 것이죠. 동양 윤리에서는 궁극적인 경지를 이론이나 체계적으로 논술하기보다 그러한 경지에 도달할 수 있는 수양 방법을 중요한 과제로 삼았습니다.

여섯째, 동양 윤리는 <u>정치·사회적 측면에서 현대인들에게 지혜를 제공</u>한다는 점입니다. 예를 들면, 공자의 덕치사상, 법가의 패도와 대비되는 맹자의 왕도 정치와 개혁 사상, 나라를 통치함에 예가 중심이 되어야 한다는 순자의 예치 사상, 그리고 노자의 소국 과민 사상 등은 오늘날의 민주 사회에도 시사하는 바가 크다고 할 수 있습니다.

다시 정리해 볼까요. 동양 윤리의 특징은 인본주의, 우주와 인간의 동일시, 생명존중, 자연과의 조화, 선악의 엄격한 구분, 개인 수양의 강조였습니다.

2. 한국 윤리

1) 한국 윤리의 연원

◇ 토속 신앙 ◇

우리는 한국 윤리사상의 연원을 토속 신앙과 단군의 건국 이야기에서 찾아볼 수 있습니다. 한국 윤리의 연원으로 토속신앙에 대해 먼저 공부해 봅시다. 우리의 토속 신앙은 크게 세 가지로 볼 수 있겠네요. 샤머니즘(shamanism)과 토테미즘(totemism), 그리고 애니미즘(animism: 정령 숭배), 이렇게 세 가지요. 그런데 '토속신앙'이라는 말, 대충은 알지만 정확히 무얼까 궁금해지네요. 우리 민족이 혈족 공동체를 이루어 살아오면서 자연환경과 생활 조건에 따라 우리만의 독특한 사고와 생활 모습을 형성하게 되었는데, 이를 토속 신앙이라 합니다. 따라서 우리 민족 윤리의 원천이라고 할 수 있지요.

첫째로 **샤머니즘**(shamanism)을 볼까요. 우선 주술사(샤먼: shaman)가 있다는 것을 알 수 있네요. 주술사는 거대한 자연 또는 초월자인 하늘과 인간 사이에 주술, 종교적 직무를 수행하는 사람이지요. 그들은 인간 사회의 질서를 잡아주고 인간의 평안과 행복을 기원해 줍니다. 여러분은 무당이 신을 부르면서 사람의 복을 비는 '굿' 을 하는 것을 본 적이 있나요? 어려운 말로 샤머니즘은 망아(忘我: 자기 자신을 잊어버림), 탈아(脫我: 자신을 벗어남), 황홀과 같은 이상 심리 상태에서 초자연적 존재와 직접 접촉, 교섭하여, 점복(占卜: 점치는 일), 예언, 치병(治病: 병을 고침) 등을 행하는 주술사를 중심으로 하는 종교 현상이라고 할 수 있습니다. 샤머니즘은 지역에 따라 여러 형태가 있으며, 다른 종교 현상과 복합되어 있는 경우도 적지 않습니다.

두 번째로 **토테미즘**을 볼까요. 먼저 '토템(totem)'이라는 말을 집단의 상징이나 징표로서의 동·식물이나 자연물을 가리킵니다. 따라서 '토테미즘'이란 토템과 인간의 여러 가지 관계를 둘러싼 신념, 의례, 풍습 등이 제도화된 원시 신앙이라고 할 수 있죠. 말이 다소 어렵나요. 간단히 말해 동·식물이나 물건을 신성하게 여겨 종족의 상징이나 수호신으로 삼는 것입니다. 우리에게는 곰 토템이 있지요. 지금도 어떤 동·식물들을 신성하게 여기는 풍습이 남아 있는데, 이것이 토테미즘의 흔적이라고 할 수 있는 것이지요. 우리는 해마다 새해 첫날 솟아오르는 태양을 보며 두 손 모아 소망을 기원하곤 합니다.

어떤 현상이 토테미즘이 되기 위해서는 다음과 같은 몇 가지 조건(특징)에 합치되어야 합니다. ① 집단을 그 집단의 토템의 이름으로 불린다. ② 집단과 토템과의 관계는 신화, 전설에 의하여 뒷받침되어 있다. ③ 토템으로 하고 있는 동, 식물을 죽이거나 잡아먹는 일을 금기로 하고 있다. ④ 동일 토템 집단 내에서의 결혼이 금지되어 있다. ⑤ 토템에 대해서 집단적 의식을 행한다.

이러한 샤머니즘과 토테미즘은 한마디로 자연 숭배이고 정령 숭배라고 할 수 있습니다. 물론 자연 숭배는 자연이나 자연 현상에 대해 특별한 의미를 부여하고 숭배하는 사상이지요.

마지막으로 **정령 숭배**(animism)는 <u>인간 이외의 모든 동·식물,</u> <u>더 나아가 세상 모든 만물에 혼령이 깃들어 있다고 여기는 것입니다.</u> 옛날 사람들은 태양이나 달, 심지어 나무나 바위에 이르기까지 모든 자연물에는 영혼이 깃들어 있다고 생각했습니다. 그런데 자연숭배와 정령숭배는 비슷한 것 같은데, 굳이 왜 구분했을까요? 자연숭배는 자연 그 자체를 섬기는 데 그치지만, 정령숭배는 자연물에 깃든 정령을 숭배하는 것이지요. 그러고 보니 샤머니즘과 토테미즘은 정령숭배를 바탕으로 하고 있네요. 이렇듯, 우리 조상들은 자연을 두려워하고 신성시하였으며, 인간만큼이나 세상 만물을 귀하게 여겼음을 알 수 있습니다. 우리 조상들은 인간의 존엄성과 함께 행복을 강조하면서도, 하늘과 자연 그리고 세상 만물과 함께 어울리는 가운데 행복을 추구했지요.

전통 윤리의 원시 신앙적 기초

위와 관련된 내용이 『전통윤리』 교과서(교육인적자원부, 42~43쪽)에 나와 있습니다. 참고로 여기에 소개합니다.

"어느 민족이라도 가장 오랜 문화에서는 소박한 원시 신앙의 형태가 나타나고 있다. 우리 조상들도, **하늘을 비롯한 자연에 대한 숭배**, 영혼 불멸 사상에 근거한 **정령 숭배**, 인간과 신의 매개자인 **무당에게 의지하는 무속** 등과 같은 원시 신앙을 통해서 인간으로서의 기원과 희망을 얻고자 하였다.

그 가운데 윤리적 측면에서 우리가 주목하고자 하는 것은 하늘에 대한 숭배, 곧 **경천사상**(敬天思想)과 천지만물의 기운과 하나 됨을 추구하는 **무속**이다. <u>하늘을 경외하는[敬天] 삶</u> <u>이란, 다름이 아니라 <u>하늘을 닮아 사람들과 서로 사랑하면서[愛人] 도덕적으로 착하게 살아</u> <u>가는 것이다. 우리 민족에게 있어서 <u>종교적 차원의 의미를 가지는 경천은 일상생활 속에서</u> <u>애인이라고 하는 윤리적 차원의 의미로 전환되었다</u>고 할 수 있다.

◇ 단군의 건국 이야기 ◇

여러분은 단군의 건국 이야기가 『삼국유사』에 실려 있다는 사실을 알고 있죠. 하지만 단지 옛날 사서에 적혀 있는 단순한 설화라기보다 그것이 지니고 있는 상징성 자체가 우리 민족의 의식의 원형이며, 윤리 의식의 바탕이라고 할 수 있습니다. 왜냐고요? 단군의 건국 이야기가 지닌 구조나 전개, 내용 전반에 나타나는 일관된 인간 중심적 사상을 비롯한 많은 가치 의식을 보면 그렇다는 것이지요.

단군의 건국 이야기에 나타난 윤리적 의의는 크게 다섯 가지 정도로 찾아볼 수 있습니다. ① 인본주의 ② 천인합일 ③ 조화정신 ④ 홍익인간 ⑤ 평화적 내용이 그것입니다. 하나씩 볼까요.

첫째, 인간 중심적 사고인 **인본주의입니다.** 여러분 『삼국유사』에 나와 있는 단군에 관한 내용 아시죠? "천신인 환웅은 천상 세계에 있으면서도 인간 세상에 내려와 살기를 원하였고(탐구인세, 貪求人世), 곰과 호랑이도 인간이 되기를 원하였다(원화위인, 願化爲人)."고 했지요. 이것이 인간을 중심으로 하는 사고를 보여 주는 것이

단군

아니겠어요. 후에 한국 윤리사상에 흐르고 있는 인본주의적 전통의 바탕이 되지요.

둘째, **천인합일(天人合一)**의 사상입니다. 말 그대로 자연으로서의 하늘과 땅이 인간과 합하여 하나가 되었다는 것이지요. "천신인 환웅과 땅의 웅녀 사이에서 단군이 태어났다."는 점을 보면 알 수 있습니다. 이처럼 인간의 가치를 자연과 동일시하는 사유 형태는 동양사상에서 보편적으로 나타나는 것이지만, 한국사상에서는 자연과의 친화(親和)적 경향이 더욱 극대화된 형태로 나타났다는 사실이 중요합니다.

셋째, 환웅과 웅녀의 결합은 자연과 인간의 조화라는 측면에서 **조화 정신**의 의미로 파악할 수 있습니다. 그렇다면 천인합일 사상도 조화정신의 일면을 보여 준다고 할 수 있겠네요. 잠시 후에 공부하게 될 풍류도(風流道)나 원효의 화쟁(和諍)사상, 그리고 동학사상에서도 조화성을 찾아볼 수 있습니다. 이렇듯 조화 정신은 한국 사상의 전개 과정에서 나타난 뚜렷한 특질이라고 할 수 있지요. 조화 정신은 한국 윤리사상의 전개 과정에서 여러 가지 다양한 사상들이 조화롭게 수렴될 수 있는 역할을 해 옵니다.

넷째, **홍익인간(弘益人間)**인데, 설마 모르는 학생은 없겠지요. 하지만 단순히 "인간을 널리 이롭게 하다."는 뜻이라고만 알면 곤란합니다. 여기서 인간이란 개개인이 아니라 인간사회를 가리키는 것으로, 살기 좋은 사회를 만들기 위해 고조선에서는 '팔조법(八條法: 8개 조항으로 된 법률)'이라는 것을 만들죠. 8조 중 3조의 내용만이 전한다고 하는데, ① 살인자는 즉시 사형에 처하고, ② 남의 신체를 상해한 자는 곡물로써 보상하며, ③ 남의 물건을 도둑질한 자는 소유주의 집에 잡혀 들어가 노예가 됨이 원칙이나, 배상하려는 자는

50만 전을 내놓아야 한다는 것이었습니다.

따라서 홍익인간이란 하나의 추상적 개념이 아니라, 경제·생명·사회 복지·사회 정의 등 현실적 삶의 여러 영역에 있어 이상적 완성을 도모한 실천적 목표라고 할 수 있습니다. 즉 기록을 보면, 홍익인간을 실천하기 위해서 "환웅이 곡식과 생명, 질병과 형벌, 선악 등 인간 사회와 관련된 360여 가지 일을 다스렸다."고 되어 있는데, 그 상징적 의미를 생각해 보면 알 수 있습니다. 곡식이란 삶의 가장 기본적 조건으로서 경제적 가치를 의미하고, 생명이란 인간을 포함한 모든 생명의 가치를 뜻하며, 질병은 사회 복지의 의미를 가지며, 형벌은 사회 정의, 선악이란 도덕을 뜻한다고 할 수 있습니다.

다섯째, 단군의 건국 이야기는 지극히 **평화적인 내용**으로 일관하고 있습니다. 잘 알려진 그리스-로마 신화는 주신(主神)인 제우스가 권력을 장악해 나가는 과정에서 부모를 제거하고 형제들 간의 치열한 싸움을 벌이지요. 그러나 홍익인간은 이념 자체가 평화적이며, 심지어 맹수인 호랑이와 곰도 단지 사람이 되기를 꿈꾸고 기원하는 소박한 품성을 가진 동물로 등장합니다. 어때요? 이러한 이야기 속에서 우리는 한국 사상의 윤리적 의미를 새로이 찾아볼 수 있지 않을까요..

이상과 같이 토속 신앙과 단군의 건국 이야기를 통해서 한국 윤리 사상의 연원에 대하여 살펴보았습니다. 어떤 것이 있었나요? 인간을 소중히 여기는 인간 존중과 생명 존중 정신, 자연과의 친화를 통한 천인합일 사상, 인간을 위한 복지와 정의, 평화와 도덕적 가치의 실현을 추구하는 사상이 있었습니다.

이러한 사상들이 한국 윤리사상의 연원(근원), 즉 한민족의 삶을 지탱하는 뿌리였습니다. 뿌리는 줄기로, 가지로 연결되어 있죠. 연원이 되는 사상들은 각 시대가 요구하는 현실 문제에 대한 적절한 해답을 주는 근거가 되어 오면서 한국 사상의 정체성을 형성해 왔습니다.

2) 한국 윤리의 전개

◇ 유교 윤리 ◇

삼국시대에 이르러 새로운 외래 사상이 들어오면서 우리 민족의 윤리사상은 보다 정제된 이론 체계를 지니게 됩니다. 유교는 중국의 한자 전래와 함께 고구려를 시작으로 백제와 신라로 전해집니다. 자세히 볼까요. 먼저 고구려는 372년(소수림왕 2년)에 유교 경전의 교육을 위하여 중앙에 태학을 세웁니다. 사회 상층부의 자제들에게 유교 경전을 교육시키기 위한 기관이었는데, 지금의 대학에 해당되지요. 이후 중등교육 기관인 경당도 전국 곳곳에 설립됩니다. 당연히 유교가 강조하는 인(仁)과 의(義) 같은 윤리적 덕목이 교육되었겠죠. 백제에서도 유교 사상이 상당한 수준에 이를 정도로 발전하였다는 사실을 기록에서 찾아볼 수 있습니다. 『천자문』과 『논어』 같은 유교 경전에 능숙한 학자들이 배출됩니다. 백제는 일본에 유학을 전파해 주었다는 사실, 알고 있겠죠. 이처럼 유교는 정치 철학, 윤리 체계, 생활 규범으로 보편화되어 갑니다. 한편, 신라의 경우는 어땠을까요?

풍류도

'토황소격문(討黃巢檄文)'을 써서 문장가로서 이름을 떨쳤던 신라

최치원

말기의 학자 최치원은 '**난랑비**' 서문(鸞郎碑序文, 난랑이라는 화랑에게 지은 글로 『삼국사기』에 실려 있음)에서 유·불·도가 우리나라에 전래되기 이전부터 조상들이 생활 지침으로 삼아 왔던 풍류도에 대하여 언급하면서, 그 안에 이미 유·불·도의 내용이 포함되어 있었다고 주장하였습니다. 여러분은 풍류도(風流道)에 대해서 들어 보았나요? 일명 '화랑도'로 더욱 잘 알려져 있지요. 다른 말로 국선도·풍월도·원화도라고도 합니다. 원래 인재를 양성하여 국가에 등용하는 것을 목적으로 하였기 때문에 건전한 청소년을 양성함으로써 신라의 삼국 통일에 필요한 많은 인재들을 배출하였죠. 이렇듯 현실적 국가주의와 유·불·도의 보편적 정신세계를 융합하였습니다. 다음 글을 볼까요.

> 우리나라에는 현묘(玄妙, 깊을 현·오묘할 묘)한 도가 있으니 이를 풍류라고 한다. 이 풍류 사상은 유교와 불교와 도교를 포함한 것으로서, 많은 사람들을 교화시켰다. 가정에서 부모에게 효도를 다하고 나라에 충성을 다하는 것은 공자의 가르침과 같으며, 모든 일을 순리에 따라 묵묵히 실행하는 것은 노자의 가르침과 같고, 악한 행동을 아니 하고 착한 행실만을 신봉하면서 열심히 살아가는 것은 석가모니의 가르침과 같다.

유·불·도가 전래되기 이전부터 우리 조상들의 삶에 이미 유·불·도의 정신이 있었다니(?) 놀랍지 않나요? 또 유·불·도 조화의 정신도 엿볼 수 있네요. 유교의 덕목인 효와 충도 강조되어 나와 있고요.
원래 유교는 '수기안인(修己安人)'(자기 자신을 수양하고서 남을 편안하게 한다)의 윤리를 제시하는데, 수기는 성실한 마음으로 자아

를 수양하여 덕을 쌓는 것이며, 안인은 사
람을 대하고 일을 처리할 때 공경하는 마
음가짐으로써 가정을 가지런히 하고, 사회
를 평안하게 하는 것입니다. 여기서 수기
는 효가 그 실천의 첫걸음이고, 안인은 충
이 그 실현의 극치이지요.

쌍계사 진감선사 비문

　아무튼 '난랑비' 서문을 통해서 신라인들
이 유·불·도 사상의 내용을 이미 일상
생활 속에서 융해시키면서 살아왔다는 사실은 확인할 수가 있네요. 이
러한 최치원의 주장은 그의 **진감선사**(眞鑑禪師, 774~850) **비명**(碑銘,
비석에 새긴 글, 경남 하동 소재)에도 나타나 있습니다. 진감선사는
신라하대 선종의 승려(법명이 혜소(慧昭)이고 진감은 시호)인데, 그
의 비명에도 '난랑비' 서문과 비슷한 기록이 있다는 것이죠. 즉 신라
인들은 유교와 불교, 그리고 다른 종교들을 함께 믿고 공부하며 살
았다는 것입니다.

　정리해 볼까요. "신라인들은 어떤 특정한 종교나 사상에 치우쳐서
다른 종교나 사상을 비판하는 일이 없었으며, 여러 종교나 사상을
종합적으로 이해하고 수용함으로써 진리 앞에 개방적인 태도를 보여
주었다."

성리학

　이 유교 사상을 이론적으로 분석하고 체계화하여 철학적으로 심화
시킨 학문이 무엇이라 했지요? 주자의 성리학이지요. 성리학은 고려
말기에 안향(安珦)과 백이정(白頤正)에 의해 원나라로부터 받아들입
니다(자! 이 부분이 학생 여러분이 가장 힘들어하는 곳입니다. 그래
서 이황, 이이 선생님을 원망(?)하기도 합니다. 하지만 출제가 자주

되는 매우 중요한 내용입니다. "성리학의 초점은 **자연과 인간의 마음을** '이(리)'와 '기'라는 **개념으로 설명**해 체계화하는 데 있다."는 사실을 염두에 두고 잘 읽어 보세요. 혹시 이해가 잘 안 되면 주자를 공부할 때 배웠던 성즉리설과 이기론을 다시 봅시다.).

우주의 모든 존재는 이와 기로 이루어져 있다고 했지요. 또 '이'는 절대적으로 선하지만, '기'는 선과 악이 섞여 있다고 했습니다. 이 우주에 존재하는 선한 보편성이[=이(리理)] 우리 인간에게도 그대로 들어와 '인간의 본성은 선하다.'는 '성선설'이 나왔었죠. 한마디로, "인간은 나면서부터 하늘의 이치를 성품으로 부여받았다(성즉리)." 고 했습니다. 어때요? 사람이 태어날 때는 누구나 (천성이) 선하다는 생각이 들지 않나요. 그런데 문제는 현실적으로 악한 사람이 존재한 다는 것이었습니다. 성선설과는 안 맞는 얘기죠? 그래서 주자는 인간의 본성을 두 가지로 나눕니다. 그 자체로 선한 것은 '**본연지성(本然之性)**'이고, 선하게도 악하게도 나타날 수 있는 것이 '**기질지성(氣質之性)**' 이라고요. 사람이라면 누구나 선한 면이 있다고 해도 타고난 기질은 서로 다르다는 겁니다. 기질지성 때문에 탁한 사람이 있는 거죠(교과서에는 본연지성은 '이'이고 기질지성은 '기'라고 하였는데, 정확히 말하면 본연지성은 '이'이고 기질지**성**은 '**이**'와 '기' 를 합해 말한 것입니다. '**성즉리**'라고 했으니까요.).

사람의 본성은 선하다고 했는데, 성(性)은 외부에 반응하기 전의 상태이고 정(情)은 외부현상에 반응한(된) 마음의 움직임을 말합니다. 예컨대, "정이 들었다."고 하잖아요. 항상 문제는 인간의 본성에서 우러나오는 마음씨, 즉 **사단(四端)**은 순수한 선인데, **칠정(七情)**에는 악이 있을 수도 있다는 데서 생깁니다. 이황은 사단이란 '이'에서 나오는 마음이고 칠정이란 '기'에서 나오는 마음이라고 했습니다.

(사단이 무언지는 처음에 공부했네요. 원래 『맹자』에 나오는 말로 선천적이며 도덕적인 능력을 뜻한다고 했습니다. 중요하니 복습해 볼까요. '불쌍히 여기는 마음(측은지심), 자신의 불의를 부끄러워하고 남의 불의를 미워하는 마음(수오지심), 양보하는 마음(사양지심), 잘잘못을 분별하여 가리는 마음(시비지심)'이었습니다. 이에 비해, 칠정은 인간의 본성이 사물과 만나면서 표현되는 자연적인 감정으로 『예기』에 나오는 기쁨·노여움·슬픔·두려움·사랑·미움·욕망의 일곱 가지를 말합니다. 잘 보면 <u>사단은 밖으로 나오면 언제든지 선한 것인데,</u> <u>일곱 가지 감정은 지나치거나 모자라면 악이 될 수 있는 감정이라는 것을</u> 알 수 있겠죠.)

다시 정리해 봅시다.

이와 기를 여러 가지로 정의했지만, '이'는 우주 만물의 근원이 되는 이치라고 했고, '기'는 만물을 구성하는 재료라고 했습니다. 기억나죠? 여기서 좀 더 볼까요. '이'는 '기'의 활동 근거가 됩니다. 앞서 비유를 들었지만 설계도[이]가 있어야 집[재료, 기]을 지을 것 아닙니까. 그래서 둘은 서로 뗄 수도 없는 관계이지만, 같은 것도 아니라고 했습니다. 이 비유를 달리 든다면(이런 비유가 종종 출제됩니다.), 흔히 사람과 말에 비유합니다. 그림을 보면, 이[사람]와 기[말]는 서로 떨어져 있지 않고 그렇다고 섞여 있다고 할 수도 없습니다. 말[기]을 조종하는 건 사람[이]이지만, 사람은 말이 없으면 어느 곳도 (멀리) 갈 수가 없지요.

그런데 여기서 이 둘의 관계를 구체적으로 어떻게 볼 것인가가 문제가 되었습니다.

이(理)와 기(氣)의 관계

이황 & 이이

이황

이이

조선시대 대표적인 성리학자인 이황(李滉, 1501～1570)과 이이(李珥, 1536～1584)도 이 문제에 몰두합니다.

먼저 이황은 "**이가 발(발동)하면** 기가 이를 따르고, **기가 발하면** 이가 기를 탄다."고 주장합니다. 이것을 '**이기호발설**(理氣互發說)'이라고 합니다. 이와 기, 둘 다 발한다(호발)는 말이네요.

이에 대해 이이는 "**기가 발하면** 이가 탄다(기발이승)."는 명제는 맞지만, "이가 발하면 기가 이를 따른다."는 주장은 옳지 못하다고 비판합니다. 다시 자세히 보니, '기가 발하는' 경우만(일도) 인정하고 있네요. 이런 이이의 주장을 '**기발이승일도설**(氣發理乘一途說)'이라고 부르지요.

왜 이렇게 생각이 서로 다른 것일까요? 학생 여러분 생각에 운동성을 갖는 것은 '이'인가요? '기'인가요? 당연히 '기'라고 할 거 같네요. 그렇다면 '이'는 운동성이 없을까요? 이건 좀 생각해 봐야 할 것 같네요. 말을 조종하는 사람은 운동을 한다고 보아야 할지? 아니

라고 해야 할지? 한마디로 하자면, **이황은 '호발'이라 했는데, 이이는 '기발'**이라고 했습니다. 결국 '이'의 능동성을 인정하느냐, 인정하지 않느냐에 따라 서로 의견이 갈린 겁니다.

실제로 모의고사에 출제되었던 예문을 볼까요<2007. 3>. 여기서 <갑>은 "이(理)가 발(發)하고, 기가 발한다."(=호발)고 하였고, <을>은 "기가 발하는 명제만 맞다."고 하고 있습니다. 즉 <갑>은 이황의 입장이고, <을>은 이이의 입장이라는 것을 금방 알 수 있겠죠.

이처럼 이황은 이가 발해서[사단] 생기는 행동이 있고, 기가 발해서[칠정] 생기는 행동이 따로 있다고 보았으나, 이이는 기가 발하는 [칠정] 경우만 인정합니다. 칠정은 사단을 포함하고 있다는 것이지요.

이것을 앞의 비유로 말하자면, **이황**은 '사람이 말을 부리면 말이 따르고, 말이 움직이면 사람이 말을 탄다(人乘馬, 理乘氣).'가 되겠군요. 이 경우 **사람[理]의 역할이 중요하다**(주리, 主理)고 느껴지지요.

반면에 **이이**는 사람은 **말[氣]**이 없으면 어느 곳도 갈 수가 없다(주기, 主氣)는 입장이네요. 즉 <u>움직이는 것은 이가 아니라 기</u>라는 겁니다. 원래 이(=이치, 원리이므로)는 '형체와 움직임이 없고' 기(=재료, 도구이므로)는 '형체와 움직임이 있는 것'인데, 이 정의를 충실하게 따랐기 때문이지요. 그래서 이이는 '기발(氣發)'만 옳지, '이발(理發)'은 나타날 수 없다고 한 겁니다(* 그렇다고 해서 어느 책에서 말하듯이, 이황 – 주리론자, 이이 – 주기론자라고 하면 곤란합니다. 어디까지나 이와 기는 서로 뗄 수 없는 관계입니다. 이 부분은 후에 관심을 갖고 공부하기 바랍니다.).

<u>기는 형체와 움직임이 있기 때문에 현실적으로 다양한 모습으로 나타납니다.</u> 즉 인간을 포함한 모든 사물(事物)의 특성이 제각기 다른 것은 '기'의 국한성(局限性)[특수성] 때문이라는 것이죠.

이러한 이이의 견해는 '이'는 보편성을 갖고 '기'는 국한성을 갖는다는 독특한 견해로 표현됩니다. 이것이 "이는 통하고 기는 국한된다."는 '**이통기국(理通氣局)**'론이지요. 모든 사물의 특성이 제각기 다르지만, 서로 다른 특성 속에 본체로서의 '이'가 내재하고 있다는 의미에서 보면, 인간이나 사물은 모두 동일하다고 주장합니다. 따라서 이통기국론은 '이'와 '기'의 양자가 서로 의존하여 보완 관계를 유지하면서 조화됨을 강조하는 사상이라고 할 수 있습니다.

요컨대, 이이는 이통기국론을 통해 '이'와 '기'를 모두 중시하는 입장이었다면(=**이기지묘(理氣之妙**: 이기의 오묘한 결합), <u>상대적으로 이황은 '이'와 '기'를 차별하여, '이'의 존귀성을 부각시켰습니다</u>(이것을 '**이귀기천(理貴氣賤)**'이라고 합니다. "이는 귀하고 기는 천하다."는 뜻이지요.). 또한, 이황은 '이기호발'을 주장하였으나, 이이는 이황의 견해를 비판하면서 '기발'만을 인정했다고 했습니다. 이에 따라, 이황은 사단은 '이'가 발한 것, 칠정은 '기'가 발한 것으로 보고 있지만, 이이는 '이'는 스스로 발할 수 없고, '기'가 발하여 칠정이 된다고 했습니다(이이의 경우 사단은 칠정에 포함돼 있다고 했으므로, 사단과 칠정 모두 '기'가 발한 것이 됩니다.). 아래 소개한 사단칠정 논쟁을 보면 좀 더 이해가 될 것입니다. 다음 도표는 모의고사<2009. 3>에 나왔던 도표인데, 갑과 을의 입장이 각각 누구의 주장인지 알겠지요?

	갑	을
이(理)와 기(氣)의 관계	○ 이는 귀하고 기는 비천하다. ○ 이와 기는 섞여서는 안 된다.	○ 이는 두루 통하고 기는 국한된다. ○ 이와 기는 분리되어서는 안 된다.
사단(四端)과 칠정(七情)의 관계	사단　칠정	칠정 (사단)

　예, 갑은 이황, 을은 이이입니다. 이이는 성리학 일색의 조선시대에 불교나 도교 등에 대해서도 조예가 깊었다고 합니다. 또한 사회를 안정시킬 수 있는 방안을 연구하여 정치·경제·교육·국방 등에 대한 전반적인 개혁을 도모하였습니다. 이를 **사회경장론(社會更張**, 고칠 경, 고칠 장: 묵은 제도를 개혁하여 새롭게 함)이라 하지요. 후에 실학사상의 형성에도 큰 영향을 줍니다.

사단칠정(四端七情) 논쟁

『전통윤리』 교과서(교육인적자원부, 89쪽)에는 사단칠정 논쟁에 관한 내용이 나옵니다. 조선성리학과 관련하여 여기에 소개합니다. 모의고사나 수능에 얼마든지 출제될 수 있는 내용이고, 실제로도 여러 번 출제되었습니다. 비록 교과서에서는 어렵게 설명했으나, 위의 유교윤리를 열심히 읽었다면 충분히 이해하리라 생각합니다. 기대승(奇大升, 1527~1572)은 조선 중기의 성리학자로서, 이황과 8년 동안 사단칠정(四端七情)에 관해 편지교환을 했던 일화로 유명합니다.

"사단칠정 논쟁은 인간 마음의 본체와 그 작용이 무엇인가를 밝히려는 데서 생겨난 것으로, 이황과 기대승 간의 논쟁이 대표적인 사례이다. 이황은, **사단(四端)**이란 이(理)에서 나오는 마음이고, **칠정(七情)**이란 기(氣)에서 나오는 마음이라 하였으며, 인간의 마음은 이와 기를 함께 지니고 있지만, 마음의 작용은 이의 발동으로 생기는 것과 기의 발동으로 생기는 것 두 가지로 구분하였다. 즉 선과 악이 섞이지 않은 마음의 작용인 사단은 이의 발동에 속하는 것으로, 이것은 인성(人性)에 있어 본연(本然)의 성(性)과 기질(氣質)의 성(性)이 다른 것과 같다고 하여 이른바 **이기 이원론(理氣二元論)**을 주장하였다.

이황의 이러한 학설은 그 후 학계에 큰 파문을 일으켜 200여 년간에 걸쳐 유명한 사칠변론(四七辯論)을 일으킨 서막이 되었다. 즉 기대승(奇大升)은 이황에게 질문서를 보내어, 이와 기는 관념적으로 구분할 수 있으나 구체적인 마음의 작용에서는 구분할 수 없다고 주장하여 **이기 일원론(理氣一元論)**을 제기하였다.
두 사상가 간에 각각 3회씩 6회에 걸쳐 벌어진 논변은, 한국 유학 철학의 기초를 다지는 데 커다란 역할을 하였다. 이는 중국 유학에서도 다루지 못한 문제를 세밀하게 탐구해 들어갔다는 점에서 우리 철학의 우수성을 보여 주는 대표적인 사례로 꼽힌다."

실제로 모의고사(2008. 3)에서 다음과 같은 예문이 나왔습니다. 누구의 주장일까요? 이이의 주장입니다.

> 사단(四端)과 칠정(七情)의 관계는 곧 본연지성(本然之性)과 기질지성(氣質之性)의 관계와 같다. 본연지성은 기질을 겸하지 않은 것이지만, 기질지성은 오히려 본연지성을 겸한다. 그러므로 사단은 칠정을 겸할 수 없지만, 칠정은 사단을 겸할 수 있다. 만약 칠정과 사단을 둘로 나눈다면 인성의 본연과 기질은 또한 두 성(性)으로 나누어질 것이다. 어찌 이러한 이(理)가 있겠는가?

성리학에서 사단은 순선하며, 칠정은 선과 악이 혼재된 것으로 보았다고 했지요. 이이는 이런 성리학의 입장을 수용하면서도 (사단과 칠정이 개념상으로는 구별이 가능하지만) 칠정이 사단을 겸할 수 있다고 주장합니다. 이에 비해 이황은 사단은 이(理)가 발한 것이고, 칠정은 기(氣)가 발한 것이라고 합니다.

실학

　조선 사회 초기에는 비교적 평화로웠다고 할 수 있으나, 16세기 중엽 이후 임진왜란(1592)과 병자호란을 겪으면서 쇠퇴의 길을 걷기 시작합니다. 이에 따라 사회 전반에 걸쳐 개혁과 반성의 목소리가 나오게 되지요. 공리공론의 학문적 풍토에 대해서도 반성이 일어납니다. 이에 피지배층의 이해를 옹호하려는 사회 개혁적이고 근대 지향적인 경향을 가진 실학(實學)이 등장하지요. 여기에는 이기, 심성 등의 공허한 형이상학에 중심을 둔 송학(宋學: 송나라의 유학, 즉 성리학)에 대한 반발로 시작된 청(淸)나라의 고증학(考證學)과 서학(西學)이라는 서구 문물의 유입 등의 영향도 있었습니다. 백성들의 생활 어려움을 극복하는 과정에서, 모든 학문은 모름지기 민중의 실생활에 도움을 줄 수 있는 현실적이고 실질적인 문제를 대상으로 해야 하고 구체적인 성과를 거둘 수 있어야 한다는 사회적 분위기에서 실학은 등장합니다.

　실학사상은 전개된 양상에 따라서 농업에 주안점을 둔 **경세치용(經世致用)**과 경제 성장(& 사회복지)을 추구하는 **이용후생(利用厚生)** 그리고 사실에 입각하여 진리를 탐구하려는 **실사구시(實事求是)**의 경향을 띠게 됩니다. 구체적으로, 경세치용은 학문은 세상을 다스리는 데 실익을 증진하는 것이어야 한다는 것으로 유학의 객관적 실증성을 떠난 주관적 경향에 반대하여 일어난 것이었죠. 이용후생은 풍요로운 경제와 행복한 의·식·주생활을 의미하며, 실사구시는 실험과 연구를 거쳐 객관적 사실을 통하여 정확한 판단과 해답을 얻고자 한 것입니다.

정약용

실학을 집대성한 대학자로 알려진 정약용(丁若鏞, 1762~1836)은 당시의 성리학적 학문 풍토에서 벗어나 독자적인 학문의 탐구에 몰두합니다. 그는 종래의 성리학적 인간관과는 다소 다른 견해를 가지고 있었습니다. 그에 따르면 인간의 심성이란 선이나 악으로 결정되어 있는 것이 아니라, 행위의 구체적 실천을 통하여 결단을 촉구하는 자유 의지라고 하였습니다. 이를 '성기호설(性嗜好說)'이라고 부르지요. 인간의 본성을 무언가를 좋아하고 싫어하는 경향, 즉 '기호'로 파악한 것입니다(중요한 개념이니 알아 두어야 합니다.).

따라서 인의예지와 같은 덕도 인간의 본성에 내재하는 것이 아니며, 일상적인 행위 속에서 실천하면서 형성되는 것이라고 하였습니다. 내면적 도덕성보다는 도덕적 실천 의지와 행위를 중시한 것이죠. 정약용의 윤리사상은 "인간의 존재를 **현실성**과 **개체적 자율성**에 근거하여 파악하려는 새로운 사상을 전개했다."는 의미를 갖습니다. 인간을 자연 앞에서 독존하는 자율적 인격의 주체로 파악한 것이죠. 즉 자연과 인간을 분리하지 않았던 기존의 성리학과는 달리 우주의 기와 인간의 **혈기**(血氣, 인간의 욕망)를 엄격히 구분함으로써 인간을 혈기적(血氣的)이고 현실적 존재로 봤던 겁니다. 나아가 누구나 평등하게 자신의 욕구를 발현하여 충족시켜 나간다고 보았습니다. 인간의 욕구 충족을 긍정하고 '현실'과 '개체적 자율'을 강조하는 것을 보니 그의 실학적 입장이 잘 나타난다고 느껴지네요.

도심과 인심

교과서에는 나와 있지 않지만, 모의고사나 수능에는 나오는 성리학에 대한 내용이 있습니다. 도심과 인심에 관한 것입니다. 여기서 간단히 소개합니다(조선 성리학 내부의 논쟁은 여러 가지가 있습니다. 위에서 보았던 사단칠정 논쟁이 있고, 이 외에도 여러 논쟁이 있지만 인간이 지닌 순수한 마음(도심)과 욕심 섞인 마음(인심)에 대해서도 논쟁을 벌였습니다.).

『서경(書經)』에 "인심은 위태하고 도심은 미미하니(人心惟危 道心惟微), 정성을 다하고 한 가지에 집중해야 진실로 중심을 잡을 수 있다."는 말이 나옵니다. 이 말에 대해 **주자**는 "인심은 사람의 신체적 기운에서 생기고, 도심은 선천적인 본성에서 우러나오는 것"이라고 했습니다. 그렇다면 도심(道心)은 인간의 본성에 따른 것이므로 선한 것이고, 육체적 기운과 욕망에 따르는 인심(人心)은 선할 때도 있고 악할 때도 있다는 것입니다.

'인심이 위태롭다.'는 것은 '인심이 인욕(人慾)으로 흘러갈 수 있다.'는 것이고, 인욕으로 흐른 뒤라면 선하지 않습니다. 따라서 인심과 인욕은 구분해야 합니다(이런 내용이 자주 출제됩니다.). 그리고 **이황** 역시 "인심은 칠정이 되고, 도심은 사단이 된다."며 주자의 학설을 따릅니다. 이에 대해 **이이**는 "성현의 말씀도 횡설수설할 때가 있다."며 인심과 도심이 서로 작용을 하는 관계여서 인심도 잘 다스리면 도심이 되고, 도심도 풀어지면 인심이 될 수 있다고 하였습니다.

인간 본성에 대한 정약용의 견해

또한, 『전통윤리』 교과서(교육인적자원부, 82쪽)에는 인간 본성에 대한 정약용의 견해가 나옵니다. 여기에 소개합니다.

"같은 유학 사상이라도 인간 본성을 선천적인 자연적 본성으로 해석하는 입장에 대해 반대 입장을 취하는 견해가 있다. 예컨대 정약용은 인·의·예·지는 본래 선천적으로 주어지는 것이 아니라, 인간이 일상생활 속에서 도를 따라서 실천한 결과로 달성되는 후천적인 덕성이라고 주장하였다. 그러나 이러한 입장들이 공통적으로 강조하는 것은 일상생활을 해 나가면서 일어나게 되는 사단이라는 마음의 씨앗을 소홀히 하지 말고, 잘 키워 나가도록 노력해야 한다는 것이다."

◇ 불교 윤리 ◇

불교의 전래가 삼국시대라는 사실은 이미 잘 알고 있을 것입니다. 고구려 때 전해져 온 불교는 우리 사상사에 큰 전기를 마련해 줍니다. 토속 신앙이나 현세를 중시하는 유교에서 말하지 않던 '내세(來世)'에 대해 아주 소상하게 밝혀 주었기 때문이지요. 그러자 이승밖에 모르던 사람들이 저승에 대해 많은 관심을 갖기 시작하였고, 극락·지옥·윤회·인과응보 등에 대해서도 알게 되었습니다. 윤리적으로는 사고의 큰 전환이 일어납니다.

단적으로 말해, "개똥밭에 굴러도 이승이 좋다."에서 "개똥밭에 굴러도 착한 일을 많이 쌓아야 죽어서 극락[저승]으로 간다."로 생각이 확대됩니다. 이승에서 저승으로, 또 선업(善業, 선한 일)을 쌓는 일에 큰 관심을 보입니다. 게다가 인연·자비 사상의 영향으로 사람들은 '너'와 '나' 사이의 인연에 대해 무게를 두고 바라보게 되었습니다. 우리가 흔히 일상생활에서 "우리 인연이 깊은 것 같네요."라고 말하는 것은 다 불교의 영향이라고 할 수 있지요. 사람들이 보다 정겨운 사랑의 눈으로 서로를 바라보게 되었음은 당연한 것이었습니다.

여러분 혹시 우리나라 불교의 특징이 무엇이라 배웠는지 기억나나요? 예, '호국불교'이지요. 신라의 불교 역시 국가를 지키는 것이 곧 민중을 보호하는 것이며, 불국토 건설의 길이라고 규정합니다. 신라 사람들은 호국 불교에서 애국하는 도리를 배우게 되지요. **원광(圓光, 542~640)** 법사의 '세속 오계(世俗五戒)'에 대해서는 익히 들어 잘 알고 있겠죠. 무엇이었죠? "사군이충(事君以忠)·사친이효(事親以孝)·교우이신(交友以信)·임전무퇴(臨戰無退)·살생유택(殺生有擇)"이었습니다. 세속 오계는 화랑도의 지표가 되어 신라가 삼국을 통일하는 데 원동력이 되었다는 사실은 초등학교 학생들도 알 것 같네요.

그런데 교과서를 보니, "원광법사는 신라의 화랑에게 스님이 지켜야 하는 열 가지 '**사미계(沙彌戒)**'와 비교하여, 일반 속세 사람들이 지켜야 할 '세속 오계(世俗五戒)'를 가르쳐 주었다."고 되어 있네요.

사미(沙彌)는 불교교단에 처음 입문하여 사미십계(沙彌十戒)를 받고 수행하는 수습 승려(보통 행자(行者)라고 부르지요.)를 지칭하니까 스님이라고 하면 안 될 것 같군요. 더구나 『삼국유사』 원문에는 사미계가 아니라 "원광이 말하기를 불교에는 **보살계**가 있으니 그 조항이 열 가지가 있다(光曰 佛敎有菩薩戒 其別有十)."로 나와 있습니다. 따라서 세속오계와 사미계는 아무런 관련이 없는 내용이지요. 교과서의 오류이니 그냥 무시하는 것이 좋겠네요. 그래서 사미계에 대한 내용은 생략합니다.

여러분은 우리나라의 고승으로 어느 분을 알고 있나요? 아마도 원효나 의상 혹은 의천이나 지눌 정도를 말할 것 같네요. 여기서도 그분들의 사상을 살펴보죠. 신라에는 위에서 말한 원광을 비롯해서 자장(慈藏, 590~658), 원효(元曉, 617~686), 의상(義湘, 625~702) 등 많은 고승이 나와 불교를 발전시킵니다. 자장 스님은 처음 듣나요? 자장이 황룡사 9층탑의 창건을 건의하여, 645년에 완성하지요. 원효와 의상은 당나라를 향해 유학길에 오르지만 원효는 해골에 고인 물을 마시고 깨달음을 얻어 귀국했고, 의상은 홀로 유학을 가서 지엄(智儼)의 제자가 되었다는 이야기, 모르는 사람이 없을 겁니다.

원효

알려진 것처럼 원효는 많은 저술을 남겨 독자적인 이론 체계를 수립하였고, 당시 왕실 중심의 귀족화된 불교를 민중 불교로 전환시켜 불교의 보편화에 크게 공헌합니다. 당시 불교는 왕과 귀족을 비롯한 상류층의 전유물이다시피 했거든요. 원효는 불교를 대중화시킵니다. 원효는 민중 속으로 파고들어 어려운 불교이론을 민중들이 쉽게 받아들일 수 있도록 노래를 지어 전파하는 등 불교의 대중화를 위한 기틀을 마련합니다. 이것이 원효의 큰 업적인거죠.

앞서 어떤 사상을 이해하려면 시대적 배경을 살펴보는 것이 큰 도움이 된다고 했습니다. 원효 생존 당시는 치열한 전쟁의 시대였습니다.

원효

고구려가 멸망(668)했고, 신라는 당나라에 맞서 싸워야 했으며(677), 백제 유민들의 항거도 드세었던 때였지요. 가장 약세였던 신라는 3국 통일을 도모하고 있었으므로 사상의 통일이 절실히 요구되었습니다. 평화를 가져올 수 있는 사상원리 같은 것이 필요했던 겁니다. 그래서 이러한 배경하에 등장한 것이 원효의 **원융회통(圓融會通)사상**입니다. '원융(圓融)'은 원만하게 막힘이 없는 것이라고 할 수 있고 '회통(會通)'은 온갖 대립과 갈등이 해소되어 하나로 통합되는 것을 뜻합니다. 그는 "모든 종파, 모든 사상을 분리시켜 고집하지 말고, 보다 높은 차원에서 하나로 종합해야 한다."고 역설합니다. 불교의 여러 종파를 하나로 합치려는 노력에서 나온 주장이라고 할 수 있겠죠.

(다음 단락의 이야기는 교과서에 나오지 않는 생소한 내용인데, 자주 출제가 되니 소개를 하겠습니다.)

원효 당시에 가장 뚜렷하게 대립되는 두 학파가 있었는데, 중관학파[空]와 유식학파[有]였습니다. 중관학과 유식학은 대승 불교의 양대 철학적 지주라고 할 수 있지요. 중관(中觀)학파는 모든 집착을 깨뜨리고 깨뜨려 깨뜨리는[＝부정] 데에 기울어졌다면, 유식(唯識)학파는 주관적 인식대상은 비록 공하지만 인식 자체는 없다고 할 수 없다고 하여 세워 놓는[＝긍정] 데에 기울어집니다. 말이 좀 어렵지요?

중관학파는 (앞서 대승불교를 공부하면서 보았듯이) 세계의 참모습은 실체가 없다는 의미에서 공(空)이라 합니다. 그런데도 사람들은 모두 있다거나[有], 없다거나[無] 하는 상대적인 견해에 빠져 참된 세계를 인식하지 못하고 있다고 합니다. 한편, 유식학파는 우리가 보는 외부의 세계는 단순히 우리 마음이 주관적으로 산출해 낸 관념에 불과하다고 봅니다. 그런데 깨달음의 지혜를 얻은 사람은 새로운 의식의 차원에서 아무런 망념도 없이 사물의 참모습을 인식할 수 있다는 것이지요. 유식학의 목표는 지혜의 마음을 얻자는 데 있습니다. 즉 중관은 '모든 집착을 깨는 공(空)'에 치우쳤고, 유식은 '모든 법을 세우는 유(有)'에 떨어져 마침내 서로 대립하게 되었습니다.

<u>원효는 세우는 것[立]과 깨는 것[破], 있는 것[有]과 없는 것[無] 등을 서로 대립하는 차원에서 보지 않고, 그 뜻을 살려 공평하게 귀일시키는 철학을 전개</u>하려 했지요. 그런데 이 두 학파의 대립을 근본적으로 해결해 줄 수 있는 도리는 인도의 마명(馬鳴, 100?~160?)이 지은 것으로 알려진 『**대승기신론**』에서 찾을 수 있다고 생각합니다. 그래서 『대승기신론』에 주석을 붙이게 되지요. 이것이 유명한 원효의 저서 『**대승기신론소**』입니다. 원효의 저작 중에서 중시되었던 것은 바로 『대승기신론소』이지요. 그는 대승(大乘)의 뜻을 다음과 같이 설명합니다.

> "대승(大乘)의 뜻은 광범위하나, 심법(心法)은 하나이다. 이 마음에 의하여 대승의 뜻이 나타나기 때문이다. 한 마음이 일어나면 만 가지 법이 일어나고, 한 마음이 없어지면 만 가지 법이 없어진다."
> "크다고 하자니 틈이 없는 작은 곳에 들어가도 공간이 남고, 작다고 하자니 밖이 없는 큰 것을 감싸고도 남음이 있다. 있다고 하자니 한결같이 텅 비어 있고, 없다고 하자니 만물이 이것으로부터 나온다. 무어라 이름 붙이기 어려워 대승(大乘)이라 한 것이다."

말이 쉽지 않지요? 원효의 깨달음이 무엇이었나요? 일체유심조(一切唯心造), 즉 '모든 것이 마음에 달려 있다.'는 것 아니겠어요. 결국 본질은 하나[=**일심(一心)**]입니다. 그래서 "이들은 모두 일(一)이면서 다(多)이고, 다이면서 일의 관계를 취하고 있다."는 원융 회통 사상을 정립하게 됩니다. 이를 **화쟁(和諍)사상**이라고도 하는데, 원융 회통의 논리 체계를 이르는 말입니다. 화쟁(和諍), 글자 그대로 보면 "서로 다른 쟁론(논쟁)들을 화합시킨다."는 말인데, "모순과 대립을 하나의 체계 속에서 다룬다."는 뜻이죠. 특정한 교설이나 학설을 고집하지 않고 비판과 분석을 통해 보다 높은 가치를 이끌어 내는 사상입니다.

이러한 화쟁사상을 단적으로 보여 주는 원효의 핵심적인 저술이 『십문화쟁론(十門和諍論)』입니다. 불교의 여러 가지 서로 다른 설(說)들을 십문(十門)으로 모아 정리한 것이죠. 십문화쟁의 주장을 볼까요.

일(一)이란 십(十)에 포섭된 일(一)이다. 간략하게 일부분을 가지고 일(一)이라 하고 십(十)이라 하여 시작하는 문(門)을 삼지만, 하나에 포섭된 것은 십문(十門)이 마찬가지니 이른바 십(十)이라고 하는 것도 일(一)에 포섭되어 있는 것이다.

이와 같은 화쟁의 논리를 원효는 갈대 구멍의 비유로 설명합니다. 서로 대립하는 각 주장들은 마치 갈대 구멍으로 하늘을 보고 서로 자기가 옳다고 다투는 것과 같다는 것입니다. 이 화쟁사상은 원효로부터 시작되어 한국 불교의 전통으로 이어져 내려오게 되지요. 즉 고려시대에 교종과 선종의 통합에까지 영향을 미치게 됩니다.

더구나 원효의 화쟁사상은 화(和)의 윤리라고 하는데, 조화를 강조한다는 점에서 보면 유교의 중화(中和) 또는 중용(中庸)사상과 맥락을 같이합니다. 중용이 무엇이었지요? 중용이라고 해서 중간을 생각하면 안 됩니다. 중간이 아니라 언제나 최선의 지점을 추구하는 것입니다. 유교 경전인 『중용』에서 말하는 중용은 인간의 행위에 있어서 한쪽으로 기울지 않고, 지나침이나 미치지 못함이 없이 평상심을 유지하는 것을 뜻하는 것이었습니다.

통일신라시대에도 삼국시대와 마찬가지로 '백성을 편안하게 하고 나라를 돕는다.'는 **안민 보국(安民輔國)**이라는 국가 이념이 강화됩니다. 우리나라에 들어온 대승 불교가 호국불교로 정착되는 것이죠. 그리고 통일신라 말기에는 선종(禪宗)이 들어와 기존의 교종(敎宗)과 함께 불교 사상을 더욱 발전시키게 됩니다.

흔히 고려시대는 불교, 조선시대는 유교라고 단순히 알고 있는 학생들이 많지만, 엄밀히 말해 고려시대에는 유교와 불교가 공존하였습니다. 유교는 주로 정치 이념과 생활 윤리를 규제하였고, 불교는 종교의 영역에서 왕실에서부터 일반 민중의 생활에 이르기까지 광범위하게 영향력을 넓혀 가면서 크게 번성하게 되지요. 역사 시간에 배웠겠지만, 고려 초기 성종 때 유학자 최승로는 시무 28조를 올려 유교가 사회질서를 바로잡는 국가 통치 규범이 되어야 한다고 건의합니다.

『대승기신론소』

『전통윤리』 교과서(교육인적자원부, 87쪽)에는 『대승기신론소』에 관한 내용이 나옵니다. 위의 내용과 관련하여 여기에 소개합니다.

"불교 사상에서는 인간의 마음은 본래 청정한 것인데, 욕망과 의식이 그 마음을 오염시켜 온갖 번뇌와 고통 속에 빠지게 한다고 보았다. 특히, 자기중심적인 욕심이나 의식이 마음을 가려서 자기를 바로 보지 못한다는 것이다. 그러한 자기중심적 욕심이나 의식이 자취를 감추면 마음의 눈이 열려 사기를 바로 볼 수 있다. 그리하여 일찍이 <u>원효는 자기중심적인 욕망과 고정된 의식으로 남을 보는 어리석음에서 벗어날 것을 강조하였다.</u>
원효는 『대승기신론소』에서 "이른바 심성은 불생불멸(不生不滅)인데, 일체의 모든 법이 오로지 망령된 생각[妄念]에 의지하여 차별이 있게 된다. 만일, 망령된 생각을 없애면 곧 모든 경계의 모습들이 없어진다."라고 말하였다. 따라서 불교 사상에서 인간의 개인적 욕망과 의식에 관련하여 우리에게 주는 가르침은 '스스로 깨달아서 열린 삶을 이루려는 것'이라 할 수 있다."

이 외에도 그가 지은 『열반종요』를 보면, 화쟁사상이 잘 나타나 있습니다. "만일 말 그대로 취한다면 두 주장은 모두 옳지 못하다. 서로 다른 주장을 내세워 다투면서 부처의 뜻을 잃기 때문이다. 그러나 만일 결정적인 고집이 아니라면 두 주장은 모두 옳다. 법문(法門)은 걸림이 없어서 서로 방해하지 않기 때문이다."라고 합니다.
이와 같이 원효는 "쪽빛과 남색이 하나이고 물과 얼음이 근본적으로 같듯이, 서로 다른 것처럼 보이는 주장들도 모두 석가모니의 말씀을 해석한 것이기 때문에 틀리지 않다."고 생각했습니다. 그는 이런 입장에서 『열반경 종요』, 『화엄경 종요』처럼 '종요(宗要)'라는 말이 붙은 책을 17권이나 저술하였는데, 여기에서 '종'은 여러 가지로 나누어지는 것을 말하며 '요'는 하나로 합쳐 들이는 것을 말합니다. 그에게 있어서 나누어 보든 합쳐 보든 참모습은 달라질 것이 없는 것이었지요.

의천

하지만 역시 고려시대에는 불교가 단연 위세를 떨쳤음은 두말할 나위 없겠지요. 말했듯이 통일신라 말기에 선종이 들어왔지만, 고려 초기에는 교종이 우위에 있었습니다. 이에 의천(義天, 1055~1101)은 **교종을 바탕으로** 한 선종과의 조화를 주장합니다. 의천은 흥왕사(興王寺, 고려 때 개경 근처에 있던 사찰)를 화엄종의 본찰로 삼아 법상종을 비롯한 불교 사상을 융합하고자 하였으며, 교종의 입장에서 선종을 통합하기 위해 해동 천태종을 창시합니다(앞서 말한 것처

럼 화엄종과 천태종은 교종의 대표적인
종파). 그래서 내적 수행(선종)과 외적
이론공부(교종)를 골고루 갖추어(**내외겸
전, 內外兼全**) 조화를 이루어야 한다고
하였습니다. 조금 전에 신라 원효의 화
쟁사상이 교종과 선종의 통합에 영향을
주었다고 했었죠. 의천은 교종과 선종의

의천

조화가 매우 절실하다고 하여, '경전을 읽고 참선을 수행하는 방법을
함께 닦자'는 **교관 겸수(敎觀兼修)**를 주장합니다. 즉 교(敎)는 계속
배워 나가는 교종의 방법을 말하고, 관(觀)은 단번에 보고 깨닫는 선
종의 방법을 말합니다. 이 둘을 함께(兼) 수양(修)하자는 것이지요.

지눌

이에 비해 고려 후기에 유행했던 조계종(선종)의 유명한 선승이었던
지눌(知訥, 1158~1210)은 **선종을 중심으로** 교종과 선종을 통합시키
려 했습니다. 그래서 선종과 교종은 본래 하나라는 것을 주장하면서,
종파로 나뉘어 반목을 거듭하고 있는 불교계를 통합하는 논리를 세
우려 합니다. 그는 선정(禪定)과 지혜를 병행해 닦아야 한다는 **정혜
쌍수(定慧雙修)**를 주장합니다. 정(定)은 참선이고, 혜(慧)는 지혜라
할 수 있으니 양자를 겸해서 닦아야 한다는 것이죠. '정'을 '혜'보다
앞에 두어 선(禪)의 입장에서 교(敎)를 포용하려 합니다.

수행법에 있어서도 단번에 진리를 깨친 뒤 번뇌를 차차 소멸시켜
가는 **돈오 점수(頓悟漸修, 돈오: 단번에 깨달음, 점수: 오래 갈고닦는
수행)**를 정착시킵니다. '갑자기 돈, 깨달을 오, 점점 점, 닦을 수'라는
것은 알겠죠. 깨달았다고 하더라도 번뇌의 영향에서 완전히 벗어나는
것은 아니므로 깨달음을 바탕으로 계속적인 수행이 필요하다는 것입

니다.

결국, 교관 겸수와 정혜쌍수 모두 교·선종의 통합을 말하고 있지만 그 내용까지 같은 것은 아니라는 사실(교종 중심 vs 선종 중심)을 알아두어야 합니다.

지눌

지눌은 당시 불교계의 타락을 비판하면서 승려 본연의 자세로 돌아가 예불 독경과 함께 참선 및 노동에 힘쓰자는 신앙 결사 운동(結社運動, 결사는 뜻을 같이하는 무리들이 자신들의 신앙을 닦기 위해 맺은 단체라는 뜻)을 전개합니다. 이것은 개혁된 선종을 바탕으로 교종의 장점을 취하여 수행에 정진하자는 것으로 선교 통합을 지향한 것입니다.

○ A 는 자기 존재의 <u>실상에 대한 눈뜸</u>이요 앎이라면, B 는 그 앎을 <u>생활 속에서 실현하는 과정</u>이다.

○ A 는 "나는 못났다."라고 자괴감에 빠진 사람에게 "네가 바로 부처이다."라는 것을 일깨워 주는 데 의의가 있으며, B 는 "이만하면 됐다."라는 자만심으로 가득 찬 사람에게 '<u>마음의 수양은 이제부터</u>'라는 겸허한 자세를 가르쳐 주는 데 의의가 있다.

위의 지문은 모의고사<2006. 10>에 나왔던 것인데, A 와 B 에 들어갈 말이 짐작이 되나요? 위에서 '단번에 깨달음'이 '돈오', '오래 갈고닦는 수행'이 '점수'라고 했으니, A 는 돈오, B 는 점수가 되겠지요

앞서 도교를 공부했지만 다시 확인해 볼까요. 도교는 중국의 민간 신앙에 노자(老子)·장자(莊子) 등의 도가 철학이 가미되어 후한(後漢) 때 형성된 것이라 했습니다. 그리고 당(唐)나라에 이르러 크게 유행했다고 했지요. 즉 도가는 노자와 장자를 중심으로 발전한 사상적 흐름이며, 도교는 이런 도가사상을 근거로 하여 종교적 색채를 가미하여 종교로서 성장한 것이라 할 수 있습니다.

그럼 먼저, 도가(道家)의 가르침이 무엇이었지요? 무엇보다도 중요한 것은 인위 곧 사람의 힘이 더해지지 않은 자연 그대로의 상태인 무위자연(無爲自然)의 삶을 살아야 한다는 것이었습니다. 도가는 유교의 인의나 충효 사상을 형식적이고 가식적이라고 규정했지요.

그러나 <u>도교(道敎)는 유가의 인의나 충효 사상을 자신들의 신앙체계 내부로 흡수하여, 자신들의 윤리학설의 일부로 만듭니다.</u> 즉 초기의 도교는 유학사상을 받아들여 유학의 예교를 가장 중요한 계율로 채택하지요. 도교의 신앙 가운데에는 많은 규범들이 유가의 법도와 서로 일치합니다. 당시 유가의 학문을 끌어들여 신도들의 생활신조에 적용했던 것이죠. 나아가 도교는 형성과정에서 불교의 조직과 형식을 끌어들여 교단의 통치조직을 구축하기도 하였습니다.

또한 그들은 도가의 무위자연과는 다르게 묵자나 순자의 천관처럼 '자연법칙을 제어하여 이용하고자[制天命而用之(제천명이용지): 직역하면, 천명을 제어하여 그것을 이용하는 것]' 하는 의식을 지니고 있었습니다. 불로장생을 위한 수련 과정에서 양생학(養生: 오래 살기를 꾀함), 기공학, 의학, 약학, 화학 등의 분야에 일정한 기여를 하게 됩니다. 그 결과 그들은 중국 역사에 있어 의학이나 화학 분야 등의 과학 발전에 많은 영향을 끼치게 되지요.

이렇듯 도교는 중국 토속의 민간 신앙으로 우리 민족의 윤리관에 큰 영향을 미치게 됩니다.

또한 무위자연을 통한 (중국 전국시대 말기에 등장한)신선 사상이나, 양생을 통한 불로장생설은 장수와 건강을 염원하는 일반 대중의 관심을 끌기에 충분한 것이었습니다. 신선이 되어 영원히 살 수 있다면 그 누구라도 관심을 갖지 않을까요. 그럼 어떻게 해야 신선이 될 수 있는 것일까요?

도교에서는, 신선이 되거나 불로장생하기 위해서는 먼저 마음을 착하게 지니고서 선을 실천해야 한다고 하였습니다. 육체에 병이 드는 것도 정신이 악에 물든 결과이므로, 먼저 깨끗한 마음으로 선을 실천해야 기도나 부적의 효과를 볼 수 있다고 가르쳤습니다. 도교는 종교이지만, 상당히 윤리적인 애기를 하네요. 이러한 가르침은 우리 민족의 윤리관에도 큰 영향력을 끼칩니다. <u>착한 일을 권장하는 도가 서적(권선서, 勸善書)을 중심으로 민중 도가의 윤리 의식이 우리나라 도가의 중심을 이루어</u> 오지요.

여러분은 "우리 민족이 풍류 즐기기를 좋아한다."는 말 들어 보았나요? 도교의 산악·자연을 숭배하고 형식에 얽매이지 않는 사상과, 우리의 '노래하고 춤추기 좋아하는' 풍속이 풍류 사상의 발전을 촉진시키기도 하였습니다. 즉 도교는 유교·불교와 함께 풍류도의 생성·발전에 결정적인 기여를 하게 됩니다. 앞서 보았지요. 신라 말기의 최치원은 그의 글인 '난랑비' 서문에서 유교·불교·도교의 핵심 가르침이 풍류도에 용해되어 있다고 하였습니다.

도교는 삼국시대보다 고려시대에 널리 확산되어 일반 서민의 삶을 위로해 주는 종교적인 기능을 조화롭게 담당합니다. 위급한 일이 닥치면 천지신명님께 빌게 되었던 거죠. 비록 고려시대의 도교는 교단을 형성하지 못하였으나 풍수지리설 등 민간 신앙으로서 삼국시대에 비하여 널리 확산되었다는 겁니다.

도교의 확산을 보여 주는 대표적인 행사가 바로 **팔관회**였습니다. 하느님과 산천 신령을 대상으로 역대 왕들이 국가적으로 행한 의식이었으니까요. 고려 왕실에서는 도관(道觀: 도교의 사원으로 고려 예종 때 처음으로 건립)을 건립하고 도사(道士: 도교행사를 관장하는 사람)를 배정하여 팔관회와 같은 행사를 큰 규모로 거행하였습니다. 즉 고려시대의 도교는 서낭신, 토지신 등 많은 신을 모시면서, 재앙을 물리치고 복을 기원하는 의례를 행하였으며, 이러한 의식을 초제(醮祭: 즉 여러 신(神)에게 지내던 제사)라 하였는데, 도사가 이 초제를 주관하였습니다.

또한 조선시대에는 도교의 보존과 도교 의식(儀式)을 위하여 소격서(昭格署)를 설치합니다. 소격서란, 하늘과 땅, 별에 지내는 도교의 초제를 맡아보던 관아를 말합니다. 여기서 하늘과 별자리, 산천에 복을 빌고 병을 고치게 하며 비를 내리게 기원하는 등 국가의 제사 의식을 맡기도 하였습니다.

민중 도가

위와 관련된 내용이 『전통윤리』 교과서(교육인적자원부, 44쪽)에 나와 있습니다. 참고로 여기에 소개합니다.

"도가 사상은 우리 민족의 문화유산 속에서 유학 및 불교와 함께 우리의 정신세계에 영향을 주어 왔으며, 도가 의학과 같은 방법을 통해서 삶의 방향을 설정해 주기도 하였다. 또한, 착한 일을 권장하는 도가 서적[勸善書]을 중심으로 민중 도가의 윤리 의식이 우리나라 도가의 중심을 이루어 왔다."

◇ 근대 한국 윤리 ◇

19세기 말의 조선은 그야말로 격변기였습니다. 조선 사회는 열강의 침략과 서양 문물의 유입으로 전통사회의 기반이 흔들리고 전통적인 가치관이나 윤리사상을 상실하게 될 위기에 처하게 됩니다. 전통적인 가치관의 상실이라는 위기에 대처해 나가기 위하여 등장한 것이 위정척사(衛正斥邪)와 동학(東學) 그리고 개화(開化) 사상입니다.

위정척사

먼저 **위정척사(衛正斥邪)**는 말 그대로 "바른 가르침(유학)을 지키고 그릇된 가르침(천주교, 서양문물)을 물리쳐야 한다."는 것입니다. 다시 말해 과학 기술과 천주교를 앞세운 서구 문물에 대해 우리의 올바른 가치관과 민족정신으로 사악한 외세를 극복하자는 겁니다. 우리의 가치관이 옳은 것이라는 생각을 믿어 의심치 않았던 것이죠. 이렇게 보면 위정척사는 인간을 존중하는 우리 민족의 고유한 미덕이나 그 주체성을 침해하려는 외부의 어떠한 세력과 문물도 용납할 수 없다는 강인한 민족 주체성의 표현, 민족의식의 표출이라고 할 수 있습니다. 다음 글을 볼까요.

> 대한 제국 말엽 당시 조정에서 '단발령'을 내렸을 때 유생들을 비롯하여 전 국민이 반발이 심하였다. 그중 어느 유학자는 "머리를 자를지언정 머리 털은 자를 수 없다."고 하면서 머리털을 자르는 것은 불효가 된다는 유교 사상을 강력히 주장하였다.

위정척사의 입장이 잘 나타나 있지요. 위정척사사상의 대표적 인물인 이항로는 "사람 노릇을 하느냐 짐승이 되느냐 하는 고비가 잠깐 사이에 결정될 것"이라 하였고, 최익현은 "수호를 맺는 것은 짐승을 끌어들여 사람을 잡아먹게 하는 알"이라 하였죠. 이렇듯 위정척사론은 고대로부터 형성, 발전해 온 우리의 인간 존중 정신을 바탕으로 형성되었음을 알 수 있네요. 또한 외세로부터 나라를 지켜야 한다는 움직임이었다는 점에서 호국 정신을 기반으로 하고 있음을 알 수 있습니다. <u>위정척사가 훗날 독립 운동으로 이어졌다는</u> 사실도 눈여겨보아 두어야 하겠네요.

동학

두 번째, 동학사상은 최제우(1824~1864)에 의해서 제창된 민족 종교 사상입니다. 동학이라고 부르게 된 까닭은 혹시 알고 있나요? 서학(西學, 천주교)에 대항하여 동학(東學, '동양의 학문' 혹은 '조선의 학문'이라는 뜻)이라 한 것입니다. 그렇다면 **반외세적 성향**을 띠고 있을 것이고, 우리 고유의 사상을 바탕으로 하고 있겠군요. 실제로 동학은 민족 고유 사상인 경천사상을 기본으로 하면서, 유·불·도의 사상을 융합하여 형성되었습니다. 경천사상은 생각나나요? 하늘을 경외[경천]하는 삶이란, 하늘을 닮아 사람들과 서로 사랑[애인]하면서 도덕적으로 착하게 살아가는 것입니다. 앞의 단원에서 보았듯이, 동학에서는 "천주를 모시라(시천주, 侍天主)."는 교시를 강조합니다. 모두가 하느님을 믿고 하느님과 한 몸이 되어 하느님의 뜻을 잊지 말라는 뜻이었죠. 사람은 누구나 하느님과 하나가 될 수 있으며, 무궁한 존재가 될 수 있다는 것이 동학의 독특한 인간관이었습니다.

이렇듯 동학은 자신을 포함한 모든 사람들이 하늘만큼 존귀하기 때문에 모든 대인 관계에 있어서 하늘을 섬기는 것처럼 신중하고 경건하며 겸손해야 할 것을 강조하고 있습니다. 그래서 "<u>내 마음이 곧 네 마음이다(오심즉여심, 吾心卽汝心)</u>.", "<u>사람을 하늘과 같이 섬기라(사인여천, 事人如天)</u>.", "<u>사람이 곧 하늘이다(인내천, 人乃天)</u>."

라는 사상을 핵심으로 하지요.

이렇듯 동학사상은 인본주의를 기반으로 한 사해 평등주의(四海平等主義, 모든 사람이 평등하다)를 표방하고 그 실천에 주력함으로써 당시에 많은 사람들로부터 호응을 얻습니다. 만민 평등을 주장했다는 점에서 위계질서를 강조한 기존의 성리학에 저항하는 것이네요. 그래서 **반봉건의 성격**을 갖는다고 말합니다.

개화사상

마지막으로, 개화사상은 문호를 개방하자는 것이니까 위정척사와는 대조적인 입장이라고 하겠네요. 서양 문물이라고 무조건 등 돌릴 것이 아니라, 주체적으로 수용하여 우리도 근대화를 이루자는 것이지요. 개화(開化)는 복합적인 의미를 지닙니다. "개발하여 변화시키고, 새로운 것에 나아가 자립하며, 장점을 기르고 단점을 버린다." 이러한 개화의 의미는 개화 사상가들에게 깊이 인식되어 서양의 근대화된 문물을 주체적으로 수용하는 바탕이 됩니다.

이후 크게 두 가지 조류로 갈립니다. <u>종래의 유교 사상에 대하여 부정적이어서 전통적인 것을 버리자는 입장(변법적 개화론)</u>과 <u>동도서기론의 입장에서 우리의 정신은 간직하되, 적극적으로 서구 문물을 받아들이자는 입장(개량적 개화론)</u>으로 나누어집니다. 여기서 '**동도 서기(東道西器)론**'이라는 개념이 중요한데, (19세기 후반 개항 이후) <u>유교적 질서를 지키는 가운데(東道) 서양의 우수한 군사 과학 기술을 수용하자(西器)</u>는 것이었습니다. 변법적 개화론에 비하여 온건한 경향을 띠고 있네요.

최제우

개화사상은 20세기 초로 이어졌고. 이 무렵에는 서양 사상이 본격적으로 유입됨으로써 전통적인 윤리사상은 새로운 양상을 띠게 됩니다. 근대에 유입된 서양사상으로 우리에게 가장 큰 영향을 준 것이 무엇일까요? 바로 그리스도교이지요. 200여 년 전에는 가톨릭, 100여 년 전에 개신교가 전래되었습니다. 지금 곳곳에 교회 없는 곳이 없지요. 우리는 그리스도교와 접하면서 새로운 세계관을 형성하는 계기를 맞습니다. 그중에서도 소외된 이웃에 대한 사랑과 사회 정의의 정신이 대표적인 것이죠. 사랑의 실천을 강조하면서 전래된 크리스트교의 윤리사상은 삼국시대를 전후한 시기부터 조선시대 말까지 이어져 온 우리 윤리사상과 함께 우리 민족의 생활양식과 의식 구조에 새로운 영향을 끼치면서 발전하게 되었습니다.

다음 그림은 수능<2008>에 나온 것인데, 위정척사와 동도서기의 관점이 잘 나타나 있습니다.

어느 쪽이 동도서기의 입장인지 알 수 있겠죠? 왼쪽 글은 위정척사의 사상가인 이항로의 상소문이고, 오른쪽은 동도서기의 관점인 윤선학의 상소문입니다.

3) 한국 윤리의 현대적 의의

선통 사회에 없었던 현대 산업 사회의 문제점이 있다면 어떤 것들이 있을까요? 대략 가치 전도 현상과 생명 경시, 자연 파괴, 생태계 파괴, 인간성 상실, 황금만능주의, 공해 문제 등등을 들 수 있겠죠. '전도(顚倒)'라는 말이 "뒤바뀌어 원래와 달리 거꾸로 된다."는 뜻이니 가치전도는 경제적·물질적 가치의 중시로 인해 인간의 보편적·정신적·윤리적 가치가 상실되어 가는 것을 말합니다. 왜 이런 현상들이 나타났을까요? 여러 가지로 그 원인을 찾아볼 수 있을 겁니다. 대략 네 가지 정도로 정리해 볼 수 있을 것 같네요.

첫째, 서구 문물을 수용하는 데 있어서 내면에 있는 긍정적인 요소들을 간과하고 단편적이고 외형적인 것만을 모방했습니다. 예컨대 서구의 합리성이나 과학정신은 본받을 만한 것이죠. 둘째, 바람직한 행동을 창출하기 위한 교육적인 노력과 가치관의 회복 및 인간성의 회복을 위한 적극적인 참여의식이 부족했습니다. 그러고 보니 도덕적 삶에 대한 관심이나 노력이 부족했던 것이 사실이네요. 셋째, 지도자들의 삶의 자세가 일반인들에게 파급되는 효과가 지대함에도 불구하고, 각계각층의 지도자들이 솔선수범하는 자세가 부족하였습니다. 윗물이 맑아야 아랫물이 맑은 법이죠. 여러분은 '노블레스 오블리주(noblesse oblige, 귀족의 책무)'라는 말 들어 보았나요? 이는 지배층의 도덕적 의무를 뜻하는 프랑스 격언으로 정당하게 대접받기 위해서는 '명예(노블리스)'만큼 의무(오블리주)를 다해야 한다는 것이지요. 넷째, 고도산업화 속에서 생활의 편의와 물질적 풍요만을 누리려고 한 나머지 문화유산과 전통 윤리를 너무 경시하고 이를 계승·발전시키는 데 소홀히 하였습니다. 한때 서양의 것이라면 무조건 좋고, 우리의 것은 홀대하는 경향이 있었죠.

그렇다면 우리가 앞으로 계승·발전시켜야 할 한국의 전통 윤리에는 어떤 것이 있을까요? 현대 한국 윤리의 핵심에는 인간을 존중하고 인간을 중심으로 전개하는 인본주의 윤리사상, 어질고 살리기를 좋아하는 생명 존중 사상, 자연을 두려워하고 신성하게 여겨 환경오염·자연 파괴를 방지하려는 사상이 있었습니다. 하나씩 살펴보죠.

첫째, 한국의 윤리는 건국 이래로 인간 존중사상을 지니고 있었죠. 이 인본주의 윤리를 되살려 기계 문명에 의해 소외된 인간성을 회복하도록 해야 합니다.

둘째, 생명을 존중하고 외경(畏敬)하는 전통 윤리를 되살려 생명 경시 풍조를 일소해야 합니다. 자연계의 모든 생명체는 각각의 고유한 가치를 지니고 있기 때문에, 다른 생명체를 인간이 살아가기 위한 수단으로 생각하지 말아야 하는 거죠. 여러분은 불교의 방생(放生)법회를 본 적이 있나요? 사람들이 잡은 물고기·새·짐승 따위의 산 것들을 산이나 못에 놓아 살려 주는 일이지요. 불교의 '방생'을 보면 생명의 존엄성을 느낄 수 있지 않나요. 이러한 생명존중사상을 되살려야 되겠죠.

셋째, 전통 윤리는 자연을 파괴하거나 오염시키는 것은 하늘의 뜻을 거스르는 행동으로 인식했습니다. 그런데 서구의 인간중심적 자연관은 자연에 대하여 '적대자' 혹은 '지배자'로서 인식하였죠. 이제부터는 자연을 '동반자' 혹은 '형제' 관계로 인식하여 항상 자연과 조화를 추구해야 합니다. 즉 자연을 두려워하고 신성하게 여기는 지혜를 되살려 환경오염·자연파괴를 방지해야 합니다. 그래야 미래의 후손들에게 수려하고 깨끗한 자연환경을 물려줄 수 있겠죠.

3. 서양 윤리

1) 서양 윤리의 연원

◇ 고대 그리스시대의 윤리 ◇

이제는 서양윤리사상을 살펴볼 차례이네요. 서양 윤리의 연원(근원)은 크게 두 갈래로 나눕니다. 하나가 고대 그리스－로마의 윤리 사상이고 또 하나는 중세 그리스도교 윤리입니다. 그리스－로마 문화는 서양 문화의 모태가 되고, 그리스도교 윤리는 서양 사람들의 정신적 지침이 된다고 할 수 있습니다.

교과서에는 나와 있지 않지만, 이해를 돕기 위하여 시대적 배경을 간단히 언급하죠.

고대 그리스 사람들은 자연에 대해 놀라움과 경이로움을 느꼈습니다. 처음에는 신들의 활동으로 자연과 인간을 설명하는 신화를 만들어 냈지만, 후에는 자연이라는 것이 어떻게 이루어졌는지에 대해 분석을 하고 이해하려고 합니다.

그래서 소크라테스 이전 시대에는 자연철학(기원전 6세기～기원전 5세기)이라는 것이 유행했는데, 우주 자연은 어떻게 생겼을까, 우주 자연의 근원은 무엇인가 등에 관심을 가졌습니다.

소피스트

그런데 폴리스(도시국가)가 번영하자 다양한 사회문제가 발생하였고 이 문제에 대한 인식에서부터 소크라테스와 소피스트는 인간과 사회를 탐구의 대상으로 삼게 됩니다.

즉 서양 사상의 출발점이라고 할 수 있는 고대 그리스에서 본격적으로 인간의 존재와 생활 방식을 문제 삼으면서 등장한 사람들이 **소피스트(Sophist)**입니다. 소피스트는 아테네에서 청년들에게 변론술을 가르치던 직업적 교사들입니다. 간단히 '지혜가 있는 사람', '현자(賢者)'라고도 하죠. 'Sophia'가 지혜를 뜻하니까요. 하지만 이들은 진리를 추구하기보다는 다른 사람과의 논쟁에서 궤변(詭辯, 이치에 닿지 않는 변론)으로 이기는 기술에만 치중했기 때문에 후세에 궤변론자라고 불리기도 합니다. 당시 아테네 청년들은 정계에 진출하려고 **변론술(辯論術**, 사리를 밝혀 옳고 그름을 따지는 기술)을 배웠습니다. 지금으로 말하면 학생 여러분이 논술을 배우기 위해 강사료를 지불하는 것과 같겠네요. 논술과 변론[면접]에서 중요한 것은 정연한 논리로 상대의 주장을 무색하게 만드는 것 아닐까요. '내 주장이 옳다!'를 증명해 보인다면 좋은 점수를 얻겠죠.

한마디로 이들의 진리관은 상대론적 진리관입니다. 대표적 소피스트인 **프로타고라스(Protagoras**, 기원전 5세기경)는 다음과 같이 말합니다.

"인간은 만물의 척도이다."

이게 무슨 말일까요? '척도(尺度)'라는 말이 '자 척'에 '법도 도' 자이므로 '자로 잰 길이'가 되겠네요. 그런데 사람이 만물의 기준이 된다면, 이는 똑같은 사물이라도 사람에 따라서 각기 다르게 받아들일 수 있기 때문에 결국 모든 판단의 기준은 각 개인에게 있다는 의미가

프로타고라스

됩니다. 나에게는 저 여학생이 예뻐 보여도 옆 친구는 아니라고 할 수도 있잖아요. 같이죠. 이러한 관점에서 본다면, 선과 악의 가치 판단도 개인에 따라 달라지므로 보편적인 윤리는 존재하지 않게 될 뿐만 아니라 결국 모든 진리는 상대적인 것이 될 것입니다.

그런데 '인간은 만물의 척도'라는 말에서, 그 기준이 되는 것은 무엇일까요? 개개인의 감각이 아닐까요. 주관적인 느낌이나 감각 혹은 자신에게 얼마나 쓸모가 있는 것인지 등등. 실제 소피스트가 가치 판단의 기준으로 중시했던 것은 사실상 인간의 **감각적 경험**과 **유용성**이었습니다. 그래서 이들은 후에 경험주의와 실용주의 또는 상대주의와 쾌락주의의 선구로 여겨지게 됩니다.

교과서에는 나와 있지 않지만, 프로타고라스와 관련한 유명한 일화를 소개합니다. 시험에 나올 수 있는 얘기입니다(학교 중간·기말 시험을 위해서라면 꼭 안 읽어도 됩니다.).

변론술로 뛰어난 프로타고라스에게 어느 날 유에르투스라는 가난한 청년이 찾아옵니다. 그 청년은 수업료를 지불할 형편이 되지 못했지만, 프로타고라스에게 변론술을 가르쳐 줄 것을 간절히 청합니다. 이를 거절하지 못한 프로타고라스는 그 청년이 변론술을 배운 뒤 <u>첫 번째 재판의 변론에서 이길 경우에만 수업료를 지불한다</u>는 조건의 계약을 맺고, 그 청년에게 외상으로 변론술을 가르쳐 주게 되지요. 그러나 변론술을 다 배우고 난 유에르투스는 많은 시간이 흐른 후에도 재판의 변론을 맡을 생각을 안 했습니다. 당연히 수업료도 지불하지 않았죠. 이를 괘씸하게 생각한 프로타고라스는 수업료를 받아 내기 위해, 그를 상대로 소송을 제기합니다.
결국 유에르투스는 첫 번째 재판에서 자신을 변론해야 하는 상황에 처하게 됐는데, 재판이 열리기 전에 프로타고라스는 유에르투스를 만나 설득을 합니다.
"재판에서 내가 이기거나 네가 이길 것이다. 만일 내가 이긴다면, <u>재판의 결과에 따라</u> 너는 나에게 수업료를 지불해야 한다. 그러나 만일 네가 이긴다면, <u>계약에 따라</u> 너는 나에게 수업료를 지불해야 한다. 그러므로 너는 어떤 경우에도 나에게 수업료를 지불하지 않으면 안 된다."

자! 이제 만약 여러분이 유에르투스 입장이라면 어떻게 논변하겠습니까?
유에르투스 또한 프로타고라스와 동일한 논리로, 어떤 경우에도 프로타고라스에게 수업료를 지불하지 않아도 된다고 논변할 수 있겠지요. 어떻게요?

"만일 제가 이긴다면, <u>재판의 결과에 따라</u> 수업료를 지불하지 않아도 됩니다. 그러나 만일 스승님이 이긴다면, <u>계약에 따라</u> 수업료를 지불하지 않아도 됩니다. 재판에서 제가 이기거나 스승님이 이길 것입니다. 그러므로 저는 어떤 경우에도 수업료를 지불하지 않아도 됩니다."

참 재미있는 변론입니다. 계약서에도 문제가 없고 서로의 논변에도 잘못이 없어 보입니다. 그렇다면 만약 여러분이 재판관의 입장이라면 어떻게 판결하겠습니까?

여러분은 솔로몬의 지혜를 발휘해 "유에르투스가 변론을 맡은 첫 번째 재판이 있은 다음에 소송이 가능하다고 판단해 기각판결을 내려야" 하겠지요.

어찌됐든, 재판이 열리더라도 프로타고라스가 좀 유리해 보이기는 하네요. 프로타고라스가 재판에서 지더라도(유에르투스는 첫 번째 재판에서 이기는 상황이 되므로), 다시 소송을 내 두 번째 재판을 한다면 유에르투스에게 수업료를 지불하라는 판결이 날 것이기 때문입니다.

소크라테스

이러한 소피스트의 생각에 반대한 사람이 동양의 공자에 비견되는 소크라테스(Socrates, 기원전 470?~기원전 399)입니다. 그는 **보편적 진리**가 있다고 주장하면서 인간의 참다운 삶의 방식을 추구하였습니다. 소피스트가 부와 명예 등 세속적인 가치를 중시했던 데 반해, 소크라테스는 선하게 사는 것과 정신적인 가치를 더 중시하였습니다. 하지만 그 반대가 너무 심했던 탓일까요. 아테네 지도층 인사들은 소크라테스를 증오합니다. 그리고는 법정에 세우죠. 그들이 소크라테스를 고소한 죄목은 두 가지였다고 하는데, 하나는 신을 믿지 않는다는 불경죄였고, 다른 하나는 청소년의 정신을 타락시킨 죄랍니다.

좀 더 볼까요. 그리스의 신들은 난폭하고, 거칠고, 정치적으로 온당하지 못했기 때문에 소크라테스는 종교를 진지하게 다루지 않았죠. 소크라테스의 생각에 그리스의 신들이 도덕적 역할의 본보기가 되기에는 부족했을 겁니다.

또한 아테네 청소년의 정신을 타락시켰다고 했는데, 소크라테스가 젊은이들을 자극해 아테네라는 나라의 도덕성에 의문을 제기하도록 만들었다는 것입니다. "소크라테스는 '너 자신을 알라.'라는 유명한

소크라테스

말을 통해 우리가 스스로의 **무지(無知)를 자각**하고 진리를 추구해 나갈 것을 역설했다.”는 사실, 잘 알고 있죠. 그래서 소피스트들에게 지속적인 질문으로 그들이 무지하다는 사실을 깨우쳐 주려 했지요. 이런 소크라테스의 대화 방식을 ‘**산파술(産婆術)**’이라고 합니다. 산파가 산모의 아기 낳는 것을 도와주듯이 사람들이 자신의 무지를 스스로 알 수 있도록 도와주는 대화법입니다.

학생 여러분은 시험을 크게 망쳐 본 적이 있나요. 어느 정도 자신감을 갖고 응시했는데, 문제를 풀다 보니 “아는 게 별로 없네, 다음에는 정말 열심히 공부해야지!” 시험지를 들여다보며 굳은 각오(?)를 하지 않나요. 항상 자신이 누구인지 모르는 것이 문제입니다. 소크라테스는 “너 자신을 알라.”고 외쳤죠. 자신이 누구인지 알게 될 때, 우리는 언제나 어떻게 하는 것이 제대로 행동하는 것인지 알게 될 것이라는 겁니다. 소크라테스에게 “알면서도 악을 행한다는 것은 있을 수 없는 일”이었습니다. 그래서 덕을 알면 덕을 실천할 것이고, 덕을 실천하면 행복해질 수 있다고 생각합니다. 이런 그의 사상을 **지행합일설**(혹은 **지덕복합일설(知德福合一說)**)이라고 합니다.

사람들은 무엇이 옳고 그른지를 제대로 모르기 때문에 악을 행하며, 그렇기 때문에 소크라테스에게는 앎이 그 무엇보다도 중요한 것이었습니다. 그래서 **주지주의(主知主義)**는 소크라테스 사상의 하나 큰 특징이라고 할 수 있습니다. 따라서 도덕성은 그냥 법률에 순종하는 것이 아니라 훨씬 더 정신적인 어떤 것입니다. 아테네 정치인들은 이런 생각이 매우 위험한 것이라고 생각합니다.

진정한 지식은 사물의 '본질'에 관한 것으로, 이런 지식은 배울 수 있는 것이 아니라 스스로 발견해야 합니다. 따라서 이 앎이란 단순한 지식이 아니라, 영혼의 수련을 통해서 얻어진 깨달음이라고 하였습니다.

플라톤

소크라테스의 가장 유명한 제자는 플라톤(Platon, 기원전 428~기원전 347)입니다. 설마 그의 스승 소크라테스가 절대적이고 보편적 진리가 있다고 주장했던 사실, 잊지는 않았겠죠. 반면에 소피스트는 감각적 경험과 유용성을 중시했고요. 플라톤은 소크라테스의 사상을 이어받아 객관적이고 불변하는 지식을 추구했습니다. 플라톤은 이 절대적 존재에 대해 '**이데아**(idea)'라는 이름을 붙입니다. 곧 그의 이데아는 육안(肉眼)이 아니라 영혼의 눈으로 볼 수 있는 형상을 의미합니다. 다시 말해 이데아란 사물의 '본질'을 담고 있는 '절대적 실재'입니다. 이 이데아론이 플라톤 사상의 핵심입니다. 여러분이 잘 알고 있는 서태지의 '교실이데아'는 교실이 가지는 본질적 의미를 찾는 혹은 우리가 생각하는 이상적인 교실을 꿈꾸는 노래라고 할 수 있겠지요. 플라톤에 따르면, 감각적으로 경험되는 현상의 세계는 참다운 세계가 아니고, 오직 이성에 의해 파악될 수 있는 이데아의 세계만이 참된 세계입니다. 스승의 입장과 별로 다르지 않군요.

그렇다면 '이데아의 세계만이 참된 세계'라는 근거는 무얼까요? 현상의 세계가 끊임없이 변화하는 데 반해, 이데아의 세계는 영원히 변하지 않기 때문입니다. 플라톤은 이 세상의 모든 사물마다 이데아가 있으며, 그

플라톤

가운데 일체를 통괄하고 지배하는 최고의 이데아를 **선(善)의 이데아**라고 하였습니다. 선의 이데아는 세상의 모든 것이 그것으로 말미암아 존재하고 그것 때문에 의미를 가질 수 있는 영원불변의 제1원리와 같은 것입니다. 다음 도식은 모의고사<2009. 7>에 나왔던 것인데, 플라톤의 주장을 도식화한 것입니다. 그림에서 보듯이 세계는 감각적으로 경험되는 현실 세계와 이성에 의해 파악되는 이데아의 세계로 구성되어 있으며, B에 도달하여 참된 지식을 획득하게 되면 도덕적인 삶을 살 수 있다고 하였지요.

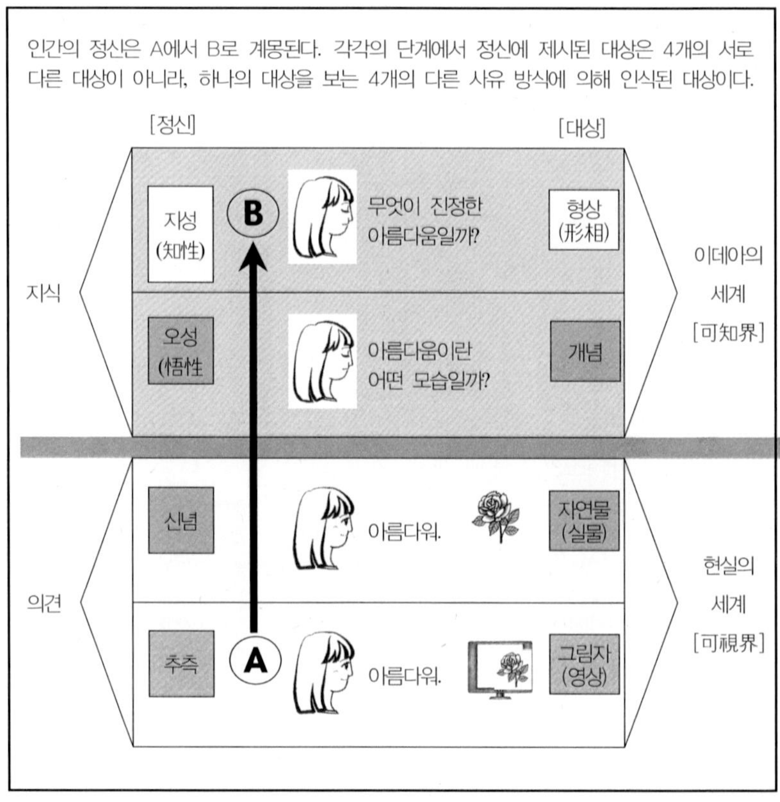

그런데 감각적 경험에 의한 지식은 모든 사람이 접근할 수 있지만, 이데아의 세계를 발견할 수 있는 사람은 이성에 의해 감각적 욕망을 잘 지배하고 조절할 수 있는 극소수의 사람들, 즉 철인(哲人)입니다. 그는 인격과 지혜를 갖춘 **철인(哲人)**이 통치자가 되어야 한다고 보았습니다. 또한 모든 계층의 사람들이 자기 본분에 해당하는 덕을 잘 발휘하여 전체적으로 조화를 이룰 때 정의로운 국가인 **이상국가(理想國家)**가 달성될 수 있다고 주장하였습니다. 스승을 죽인 아테네 민주 정치를 용서하지 못한 그가 이상사회를 꿈꾸는 것은 어찌 보면 당연합니다. 민주주의를 어리석은 다수에 의한 정치, 즉 중우정치(衆愚政治, 무리 중(衆), 어리석을 우(愚))라고 비판하면서 철인정치를 강조한 것이죠. 철인이 **지혜**를 갖추었듯이 생산자는 **절제**, 군인은 **용기**의 덕을 갖추어야 한다고 했습니다. 말했듯이 사람마다 제각기 자기 할 일이 있는 것이죠. 그래서 <u>절제, 용기, 지혜의 세 가지 덕이 서로 조화를 이루면</u> **정의**의 덕이 이루어지고 <u>행복한 삶을 누리게 된다</u>고 보았습니다. 마찬가지로 인간의 영혼은 정욕, 기개(氣概, 씩씩한 기상과 굳은 절개), 이성의 세 부분으로 구분된다고 하였는데, 정욕은 절제, 기개는 용기, 이성은 지혜와 연결이 되는 것을 짐작할 수 있겠네요. 도표로 정리하면 다음과 같습니다.

영혼	덕(德)	조화	이상국가
이성	지혜		지혜 있는 자: 정치 ┐
기개	용기	정의의 덕	용기 있는 자: 국방 ├→ 정의로운 국가
정욕	절제		절제하는 자: 생산 ┘

아리스토텔레스

이어서 등장하는 인물이 플라톤의 제자인 아리스토텔레스(Aristoteles,

기원전 384~기원전 322)입니다. 그가 플라톤과 다른 점이 있다면 <u>도덕성에 관해서 좀 더 **현실적**이고 **실용적**인 입장을 취했다는 점입니</u>다. '플라톤은 감각의 세계를 초월한 곳에 있는 이데아를 참된 존재로 여겼다'는 사실이 중요하다고 했습니다. 잊지 맙시다. 플라톤이 이상주의에 치우친 데 반해, 아리스토텔레스는 현실 속에서 참다운 존재를 찾고자 하였습니다. 플라톤이 이상주의 철학자라면, 아리스토텔레스는 현실주의적 철학자이지요. 아리스토텔레스는 플라톤과 반대로, 경험을 존중하면서 모든 문제를 현실적으로 생각하려고 했습니다.

이탈리아 화가 라파엘로가 그린 '아테네학당'을 볼까요.

그림 중앙의 건물 입구에서 플라톤과 아리스토텔레스가 대화를 하고 있네요. 플라톤은 하늘을 가리키며 만물의 근원인 '이데아'를 이야기하고 있는 듯 보이고, 아리스토텔레스는 아래를 가리키며 일상적·현실적 진리를 설파하는 듯 보입니다. 그림의 의미를 알 수 있

겠죠? 이상을 추구하는 플라톤과 현실을
지향했던 제자 아리스토텔레스. 그리고 보
니 소크라테스는 어디 있을까 궁금하네요.
플라톤 왼쪽에서 아리스토텔레스의 제자였
던 알렉산더 대왕에게 무언가를 열심히 설
명하고 있군요. 앞머리가 벗겨진 분이죠.

아리스토텔레스

　　아리스토텔레스는 존재하는 모든 것을
어떤 목적을 가지고 있고, 그 목적을 이루기 위해 움직인다고 생각
했습니다. 여러분의 목적은 무엇인가요? 아리스토텔레스에 의하면
인간의 궁극적 목적은 '**행복**'이랍니다. 그럼 어떨 때 행복한가요? 늦
게 일어나서 등교시간이 늦었는데 마침 담임선생님도 늦게 오셨을
때인가요, 아니면 용돈을 두둑하게 받았을 때인가요. 아리스토텔레스
는 그것은 참다운 행복이 아니라고 합니다. 이성에 알맞은 덕스러운
행동이 진짜 행복이라고 합니다. 칼이 물건을 잘 자름으로써 그 목
적을 충실히 이행하듯이, 사람은 자신의 기능[**이성**의 발휘, **덕**을 행
하는 삶]을 훌륭히 해내면 행복해합니다. 따라서 인간이 행복해지기
위해서는 덕을 쌓아야 하는데, '덕'은 우리에게 본래 있는 것이 아니
기 때문에 계속적인 실천과 노력이 요구됩니다. **실천**에 의해서 도덕
적인 사람이 될 수 있다는 것이죠. 그러면 처음에는 부모님이나 선
생님의 잔소리에 도덕적인 행동을 하지만, 노력하다 보면 점차 스스
로 도덕적인 사람이 되어 갑니다. 버스 안에서 어르신께 자리를 양
보하는 것, 지각을 자주하는 학생이 등교를 일찍 하는 것, 이 모두
습관 길들이기 나름 아닌가요? 따라서 이러한 덕을 형성하는 데 있
어서, 좋은 행동이 몸에 배이도록 끊임없이 **습관화**하는 것이 중요합

니다. 또한 분별 있는 사람이라면 이성을 근거로 하여 양극단 사이에 중용(中庸)을 선택함으로써 이 목표를 달성하려고 할 것입니다. 항상 지나침과 모자람은 좋지 않죠. 아리스토텔레스는 어느 한쪽으로 치우치지 않는 **중용(中庸)**의 생활자세를 강조하였습니다. 다음 도표를 볼까요.

과도함	중용	부족함
만용	용기	비겁
방종	절도	둔감
낭비(방탕)	절약(후덕)	인색
오만	긍지	비굴
아첨	친절	퉁명

　여기서 절약은 낭비와 인색 사이의 중용의 덕이지만, 절약을 실천하기 위해서는 정말로 굳센 '의지'가 필요합니다. 단지 낭비해서는 안 된다는 사실을 알기만 해서는 실천이 안 되죠. 몰라서 충동구매하는 게 아닙니다. 지식과 진리를 알기만 해서는 도덕적 행동을 할 수 없습니다. 도덕적 선의지(善意志)가 있어야 비로소 덕을 실천할 수 있습니다. 한마디로, 아리스토텔레스는 이성의 역할과 함께 실천 및 습관화의 의지를 강조하고 있네요. 앞서 소크라테스는 모든 악은 무지(無知)에서 나오고 모든 덕은 참된 앎에서 나온다고 보는 주지주의(主知主義) 입장이라고 했습니다. 이렇듯 아리스토텔레스의 윤리사상은, 소크라테스와 플라톤의 주지주의적 입장에서 한 걸음 더 나아간 것입니다. 정확히 말해 아리스토텔레스는 주지주의적 태도와 주의주의적(主意主義) 태도를 함께 강조하고 있습니다.

　또한 그는 개인 윤리와 사회 및 국가 윤리를 서로 결부시키려고 하였습니다. 인간을 사회적·정치적 동물로 보았기 때문입니다. 개인의 선과 자아실현도 사회나 국가에서의 도덕적 생활을 통해서만 가능하다고 역설합니다.

◇ 헬레니즘시대의 윤리 ◇

지금까지 고대 그리스의 소크라테스, 플라톤, 아리스토텔레스에 대하여 공부했습니다. 이후 그리스가 쇠퇴하고 그 유명한 알렉산더(Alexander) 대왕이 등장하여 유럽은 물론 동방 원정에 나서게 됩니다. 그러나 알렉산더 대왕 사후 통일제국이 분열되면서 사회가 혼란에 빠지고 이방인의 침입이 잦아집니다. 이 시대를 헬레니즘(Hellenism, 그리스의 뒤를 잇는다는 뜻)시대라고 하는데, 시기적으로 보면 대체로 아리스토텔레스 사후부터 기원후 4세기까지입니다.

사회가 혼란에 빠지자 사람들은 어떻게 하면 마음 편하게 살 수 있을까를 고민하기 시작합니다. 어지러운 세상에는 나서지 않고 그저 마음 편히 조용하게 지내는 게 최선이 아닐까요. 따라서 헬레니즘시대에는 <u>개인적인 마음의 평정을 추구하는 윤리</u>가 나타납니다(구교과서에서는 "개인적 안심입명(安心立命: 천명을 좇아 마음의 안정을 얻음)을 추구"했다고 쓰여 있었지요. 같은 뜻의 말입니다.). 또한 알렉산더 대왕의 페르시아 정복 등으로 유럽, 인도, 페르시아 사람 등이 각지에서 함께 생활하게 되면서 인종을 구분하는 것도 의미가 없어집니다. 그래서 한편으로는 <u>세계 시민주의를 표방하는 윤리</u>가 등장합니다.

왜 이런 성격의 윤리가 등장하는지 이해할 수 있겠죠. 이는 폴리스적 공동체가 무너지고 동방 문화가 유입된 데 따른 불안정한 사회상을 반영하는 것이며, 또한 사람들의 넓어진 시야를 반영하는 것입니다. 다시 말하지만, 헬레니즘은 알렉산더 대왕의 그리스 정복에 의해 그리스풍과 동방 문화가 섞여 성립된 문명을 가리키는 것입니다.

　이러한 시대를 배경으로 해서 등장하는 대표적인 윤리가 스토아(Stoa) 학파의 금욕주의 윤리와 에피쿠로스(Epicuros)학파의 쾌락주의 윤리입니다. 시대적 배경을 보면 어떤 주장을 했을지 짐작이 될 듯도 한데요.

스토아학파

　먼저 스토아학파는 그리스의 제논(Zenon, 기원전 335?~기원전 263?)이 창시한 학파입니다. '스토아'라는 명칭은 철학자들이 모여 사상을 논하던 아테네 시장 북쪽의 건물인 '스토아 포이킬레'(stoa poikile, 그리스 말로 '울긋불긋한 강당'이라는 뜻)에서 유래한 말입니다. 제논과 그의 제자들이 아테네에 있는 돌기둥에 채색이 된 그 건물에서 강의한 것이 계기가 되어 그의 추종자들에게 스토아학파라는 이름이 붙게 되었답니다.

　아무튼 이들은 어떠한 상황 앞에서도 동요하지 않는 정신 상태, 이것이 바로 **아파테이아**(apatheia, 그리스어)의 경지인데, '감정이 억제되어 모든 욕구나 고통을 이겨내는 상태'에 이를 것을 주장합니다. 어떻게 하면 이런 상태에 도달할 수 있겠습니까?

스토아철학의 신봉자 마르쿠스
아우렐리우스 황제

　스토아학파는 감각이나 욕망 대신 이성이 인간 정신을 지배해야 한다고 생각하였습니다. 이것은 플라톤과 아리스토텔레스의 전통을 이어받은 것이죠. 하지만 스토아학파에서는 이성이라고 해서 단순히 동물에게는 없는 인간만의 특성으로 본 것은 아닙니다. 여러분은 '로고스'라는 말 들어봤나요. 그들은 자연 속에도 신적인 이성

(일명 '로고스(logos)')이 내재되어 있다고 보았습니다. 왜 해는 항상 동쪽에서 떠서 서쪽으로 질까요? 로고스가 존재하기 때문입니다. 즉 이 우주에는 만물을 지배하는 보편적인 이성이 있고, 인간 개개인의 본성에도 이러한 이성이 있다는 것입니다. 바꿔 말하면 이성이란 인간의 본성일 뿐만 아니라, 신과 세계의 본성이기도 한 것이죠. 따라서 로고스, 즉 우주(자연)의 법칙에 따르면 인간은 행복해지고 이것을 거역하면 인간은 불행해진다고 생각했습니다.

그런데 문제는 감정이 옳고 그른 것에 대한 우리의 판단을 흐르게 함으로써 우리 마음의 평정을 빼앗는다는 데 있습니다. 스토아학파의 한 사람인 클리안테스(Cleanthes)가 제우스 신에게 바친 송시(頌詩)를 한번 볼까요.

……아 우둔한 자들이여!
그대들은 언제나 재화를 소유하는 데만 급급하여
온 자연을 다스리시는 신의 뜻을 어기고 있나니,
실로 자기가 복종만 한다면 행복한 삶과 지혜를 누가 하사해 줄 것인가를
귀담아 들으려고도 하지 않는도다.
마침내 그들은 그 어디서나 모든 선한 것을 그대로 스쳐 지나가 버릴 뿐이니,
……비천한 물욕(物慾)을 채워 줄 소득에만 눈이 어두워 버린 채,
마침내 명성과 감미로운 욕정의 씨앗만을 탐내는가 하면
또한 하찮은 욕망만을 충족시키려고 애태울 뿐이라네.

그럼 어찌하나요? 우리가 우주적 인과관계와 자연법칙을 제대로 깨달아야 한다는 것입니다. 그러면 우리 개개인의 이성은 보편적인 이성과 하나가 되며, 이럴 경우 앞서 말한 아파테이아(apatheia)의 경지에 이르게 됩니다.

스토아학파의 주장을 정리해 볼까요. 한마디로 "인간은 사사로운 욕망과 감정을 극복하고 오로지 이성적으로 판단하고 행동할 때 진정으로 자유롭게 된다."는 것입니다.

'이성'을 무척 강조하고 있다는 사실을 알 수 있죠. 원래 이성을 중시하는 전통은 서양윤리사상의 커다란 하나의 흐름이라고 할 수 있습니다. 따라서 스토아학파의 사상은 후세에 많은 영향을 미칩니다. 특히, "인간은 이성을 가지고 있는 한 모두 평등하다."는 만민평등사상은 <u>로마의 만민법(萬民法)과 근대의 자연법(自然法)사상에 이론적 기초를 제공해 줍니다.</u> 로마의 만민법은 로마 시민과 외국인 또는 외국인 상호 간에 적용된 법이고, 자연법은 실정법에 대비되는 개념으로 자연적 질서를 사회질서의 근본원리로 생각하는 법입니다. '모든 인간은 이성을 가지고 있다.'는 생각은 이런 법 제정과정에 영향을 주게 됩니다. 뒤에서 배우겠지만, 근대에 이성을 중시하는 합리론의 스피노자(Spinoza, B.)와 관념론의 칸트(Kant, I.)에게도 영향을 줍니다.

에피쿠로스학파

스토아학파와 동시대에 나타난 에피쿠로스(Epicuros, B.C.341∼270)학파는 쾌락주의 윤리입니다. 스토아(Stoa)학파가 금욕주의 윤리였다는 사실과 비교해 보면 상당히 대조적이라는 생각이 듭니다. 에피쿠로스학파가 스토아학파와는 달리 인간의 이성보다는 감각적 경험을 더욱 중시하였고, 인간은 누구나 즐거운 삶을 원하기 때문에 인간이 추구해야 할 최고의 목표는 쾌락이라고 생각한 것은 사실입니

에피쿠로스

다. 하지만 에피쿠로스학파가 말하는 쾌락은 일반적인 의미의 쾌락과는 달랐습니다. 에피쿠로스는 보통 쾌락이란 인간의 욕구가 충족되는 상태를 말하는데, 밑 빠진 독에 물 붓기처럼 모든 욕구를 완전히 충족시킨다는 것은 불가능하다고 보았습니다(이것을 '쾌락의 역리'라고 부릅니다. 쾌락을 추구할수록 오히려 쾌락에서 멀어지는 것, 여러분도 시험을 코앞에 두고 놀기만 하면 종내 허탈감이 느껴지지 않던가요? 이렇게 순간적·육체적 쾌락은 고통을 낳습니다.). 때문에 인간들은 늘 고통 속에서 살아갈 수밖에 없다고 하였죠.

그러니 오히려 진정한 쾌락이란 허황된 욕심을 갖지 않음으로써 누릴 수 있는 것 아닐까요. 그러면 마음에 불안이 없고 몸에 고통이 없는 평온한 상태가 됩니다. 다시 말해 순간적인 쾌락이 아니라 지속적인 쾌락이요, 육체적인 쾌락이 아니라 정신적인 쾌락이라는 것이죠. 이것이 참다운 쾌락이라는 겁니다.

어찌 보면 스토아의 아파테이아와 별반 다르지 않네요. 무엇보다도 욕구를 절제하는 생활을 해야 한다는 생각이 비슷하네요. 에피쿠로스학파에서는 진정한 행복을 실현할 수 있는 상태를 **아타락시아**(ataraxia, 그리스어)라고 하였습니다. 구체적으로, 외부의 간섭이나 고통이 뒤따르지 않는 순수한 쾌락의 상태를 말합니다. 이렇게 보니, 시대적 배경을 근거로 윤리사상을 이해하는 것이 도움이 된다는 사실은 에피쿠로스학파의 경우에도 예외 없이 들어맞네요. 전쟁과 사회적 혼란 속에서 마음의 평온을 구하는 것은 당연합니다.

정리해 볼까요. 에피쿠로스학파는 겉으로 쾌락주의라고 했지만, 실제로는 검소하면서도 절제하는 삶의 모습을 주장했습니다. 따라서 에피쿠로스학파의 정신은 현실적이고 경험적이라고 할 수 있습니다. 이 정신은 근대의 경험론과 '최대 다수의 최대 행복'을 주장하는 공리주의로 이어지게 됩니다.

◇ 중세 그리스도교의 윤리 ◇

이제 중세 그리스도교 윤리를 살펴볼 차례입니다. 처음에 서양 윤리를 시작하면서 연원은 크게 두 갈래로 나눠신다고 말했는데, 생각 나나요. 하나가 고대 그리스-로마의 윤리사상이었고 또 하나가 중세 그리스도교 윤리였습니다. 그리스도교 윤리는 서양 사람들의 정신적 지침이 된다고 했습니다.

그리스도교의 모태는 기원전 4세기경부터 발달한 유대교였습니다. 유대교는 유일신을 섬기는 유대인들의 민족 종교로, 유대민족은 선택된 민족이라는 선민의식(選民意識)을 강하게 갖고 있기도 했지요. 그런데 예수(Jesus Christ, 기원전 4?~29)는 그 자신이 유대인이었으나 민족의 차원을 넘어 모든 사람들을 향해 하느님의 말씀을 선포하기 시작합니다.

여러분이 잘 알다시피 예수의 출현은 이스라엘이 로마의 지배를 받고 있던 때입니다. 하지만, 그의 가르침은 신에 대한 사랑과 이웃에 대한 사랑이 핵심이었습니다. 이런 사랑의 정신이 그리스도교를 세계 종교로 만들었다고 할 수 있죠. 예수의 가르침에 감명을 받은 사람들은 구약성서에 예언되었던 구세주가 나타났다고 생각하여 그를 구세주이자 신의 아들로 믿게 됩니다. 이러한 믿음은 그를 따르는 제자들, 예컨대 베드로나 바울과 같은 사도들에 의해 그리스도교의 이름은 널리 퍼져 나갑니다.

교부철학

아무튼 그리스도교가 다른 종교들에 맞서 세계종교가 되기 위해서는 그 교리를 체계화할 필요가 있었습니다. 여기서 그리스 철학의 힘을 빌려 그리스도교 교리를 체계적으로 설명하려고 합니다. 원래 종교는 비이성적인 것인데, 논리적으로 체계화

예수

시키려니 철학(이성)이 필요해진 거죠. 초대 교회에서 그리스도교의 교리를 확립하기 위해 힘쓴 사람을 '교부(敎父) 철학자'라고 부릅니다. 교가 '가르칠 교(敎)' 자이고 부가 '아비 부(父)' 자이므로 '교회의 아버지'라는 뜻이 되네요. 곧 성직자를 말합니다. 교부 철학자 중에 대표적인 인물은 **아우구스티누스**(Augustinus, A., 354~430)입니다.

아우구스티누스는 플라톤주의자들의 논리와 윤리가 기독교에 가장 가깝다고 보아, 플라톤의 이데아론을 그리스도교의 틀을 이용하여 해석해 나갑니다. 플라톤의 '이데아'론 기억나나요? 플라톤은 감각기관으로 알게 된 사물들은 헛된 그림자라 여겼으며, 오직 이데아계만이 살아 있는 원본들의 진짜 세계라고 하였습니다. 성경 창세기에 의하면 인간은 "신의 형상에 따라 그 모양대로" 만들어졌습니다. 오직 신만이 완벽할 뿐입니다. 어째 너무도 비슷하지 않나요. 따라서 아우구스티누스는 처음에 플라톤주의적 관점에서 성서를 이해하고자 합니다.

하지만 그는 점차 플라톤의 가르침을 넘어서는 진리가 있음을 깨닫게 됩니다. 종교에는 철학에 없는 그 무엇이 있습니다. 그것이 뭘까요? 독실한 신앙인들이 주로 하시는 말씀 있잖아요. 그것은 바로 인간을 향한 신의 끝없는 사랑과 은총이었습니다. 따라서 그에게 "신은 이성적 인식의 대상이 아니라, 실존을 통해 만나야 할 인격적 존재"였습

니다. 이 말이 정말 이해하기 어렵다는 학생들이 많네요. 우리가 논리적으로 이것저것 따져서 하나님을 알 수는 없습니다. 교인들이 흔히 말하듯이, (말씀을 통해서) 하나님을 체험적으로 만나야 한다는 것이죠. 플라톤은 인간의 이성으로 이데아의 세계를 알 수 있다고 했지만, 아우구스티누스는 이성으로 신을 알고자 하는 노력을 헛된 것으로 보았습니다. 인간은 유한[죽음]하지만, 신은 영원하고 완전한 존재입니다. 즉 인간은 불완전하기 때문에 자기 혼자서는 참된 선을 실현할 수도, 완전한 행복에 이를 수도 없지요. 이런 유한한 인간이 참된 행복을 찾으려면 어떻게 해야 할까요? 오직 신앙을 통해 절대자에게 귀의함으로써 영원하고 완전한 존재인 신과 하나가 될 때 가능해진다는 것입니다.

요컨대 아우구스티누스는 플라톤의 지혜 · 용기 · 절제 · 정의라는 4주덕(四主德: 가장 근원이 되고 으뜸으로 여겨지는 네 가지 덕)에 믿음 · 소망 · 사랑이라는 3원덕(三元德: 가장 근원적이라고 간주되는 덕, 주덕≒원덕)을 추가하여 인간이 갖추어야 할 덕목을 7가지로 보았습니다. 즉 플라톤(4주덕)을 인용하는 동시에, 그것만으로는 부족하여 신앙(3원덕)을 강조한 것이지요. 곧이어 배울 아퀴나스도 믿음 · 소망 · 사랑을 강조합니다.

아우구스티누스

스콜라 철학

교부철학에 뒤이어 중세 후반기에는 스콜라(Scholar) 철학이 등장합니다. 그 대표적 인물이 중세의 걸출한 신학자 **아퀴나스**(Aquinas, T., 1225?~1274)입니다.

'스콜라(Scholar)'라는 말이 '스쿨(School)'과 비슷하네요. 스콜라는 스쿨의 어원이 되는 말로, 교회나 수도원에 부속된 학교, 즉 중세 대학에서 신학을 가르치던 학자들을 지칭합니다. 스콜라 철학은 신학과 철학, 신앙과 이성, 자연과 인간을 조화시킴으로써 그리스도교의 교리를 철학적으로 논증하고 합리적으로 설명하고자 하였습니다. 그러고 보니 교부철학과 다르지 않은 것 같네요. 하지만 엄밀하게 보면 차이가 있습니다. 교부철학이 신 중심, 신앙 쪽으로 치우쳤다면, 스콜라 철학은 신뿐만 아니라 인간, 이성에도 비중을 두고 있다는 점이 다릅니다. 하지만 여전히 신학자들에게는 신앙이 중요한 것 아니겠습니까.

아퀴나스 역시 처음에는 아리스토텔레스의 철학을 받아들여 그의 신학 사상을 전개하였으나, 거기에 머물지 않고 종교적 차원으로 한 단계 더 나갔다는 사실을 보면 알 수 있습니다. 그는 평생 아리스토텔레스 연구에 몰두하였다고 하는데, 아리스토텔레스의 철학 체계가 플라톤의 철학 체계보다 그리스도교의 기초를 세우는 데 더욱 가치가 있다고 생각합니다. 말했듯이 그는 신앙과 이성의 관계에 관심을 갖고 양자를 최대한 결합시켜 보려는 노력을 기울이던 가운데, 신의 존재도 이론적으로 증명할 수 있다고 보았죠. 여기에 아리스토텔레스의 방법을 빌려다가 사용한 것입니다. 아리스토텔레스가 질료(質料, 재료)와 형상(원인과 결과)의 관계로 세계를 이해한 것처럼, 아퀴나스는 신이 물질세계의 최고의 지속적 원인이라고 보았던 것입니다. 다시 말해 결과에는 원인이 반드시 있듯이, 물질세계가 최초의 원인인 신으로부터 나왔다는 것이죠. 다소 생소한 얘기인가요. 하지만 이해를 돕기 위한 보충설명입니다.

이처럼 아퀴나스는 아리스토텔레스의 철

아퀴나스

학을 받아들였지만, 그가 보기에 아리스토텔레스의 사상에서 모든 존재가 추구하는 덕은 도덕적 덕이며, 행복은 일시적 행복에 불과한 것이었습니다. 앞에서 말했죠. 독실한 신앙인은 철학보다 종교에서 모든 것을 구합니다. 인간은 도덕적 덕이나 일시적 행복에 만족할 수 없고 이를 넘어서 종교적 덕과 영원한 행복을 추구하도록 운명 지어져 있다는 겁니다. 또한 이것은 이성만으로 구해질 수 있는 것이 아니라 오직 신의 은총에 의해서만 가능한 것입니다. 학생 여러분은 인간의 선행이 아니라, 오직 믿음과 신의 사랑인 구원에 의해서만 하늘나라에 갈 수 있다는 말 들어 본 적 있나요? 영원한 행복은 믿음·소망·사랑이라는 종교적 덕을 실천함으로써 얻게 되는 것입니다. "그중에 제일은 사랑이라."

2) 서양 윤리의 전개

> 좋은 책을 읽는 것은 과거의 가장 뛰어난 사람들과 대화를 나누는 것과 같다.
> – 데카르트(Descartes, R.)

◇ 근대의 경험론과 합리론 ◇

기나긴 신앙 중심의 중세 그리스도교의 시대가 끝나고 인간 중심의 그리스 – 로마 문화를 부흥시키자는 르네상스 운동이 일어납니다. '오래된 권력은 부패하기 마련'이라는 말처럼, 중세의 교회가 타락하자 종교개혁 운동도 일어나죠. 더불어 근대에는 자연 과학이 발달하기 시작합니다. 과학의 발달은 사람들의 사고방식과 생활양식마저 바꾸어 놓습니다. 이것이 중요한 의미를 갖습니다. 종래의 형이상학적이고 신학적인 세계관과 사고방식이 과학적이고 합리적으로 바뀌게 되었다는 의미이기 때문입니다.

사고방식이 바뀌었다고 했는데, 구체적으로 무슨 말일까요?

근대 자연과학의 발달로 인해 나타난 인식과 사유방식의 변화는 크게 두 가지 방법으로 정리됩니다. **귀납법(歸納法)**과 **연역법(演繹法)**, 중요한 개념이지요.

먼저 귀납법을 볼까요. 귀납이라는 말은 '이끌려 가다'는 뜻을 지니죠. 즉 사유와 지식의 근원을 경험으로 보고, 경험적 관찰과 실험을 통해 여러 가지 사례들의 공통점을 추출함으로써 어떤 일반적인 원리를 발견하는 방법입니다. 선뜻 의미가 파악되나요? 일단 경험을 중시한다는 건 알겠는데, 거기서 일반적인 원리를 발견한다(?)는 게 가능할까요. 예컨대 시장에 가면 둥근 수박을 볼 수 있는데, 예외 없이 수박은 모두 둥근 모양입니다. 그러면 '수박은 둥근 모양이다.'라는 일반화가 가능하겠죠. A라는 사람이 사망하고 B도 사망하고 C, D, E……. 그러면 '모든 사람은 죽는다.'라는 일반적인 원리가 나온다는 겁니다.

그런데 어느 날 백화점에 가 보니 네모난 수박도 보입니다(실제로 자라나는 수박에 틀을 씌워 만들기도 하죠. 요새는 호박, 오이 등에도 그런 작업(?)을 합니다.). 그러면 앞의 일반화는 잘못된 결론으로 다시 번복됩니다. 이것이 귀납법의 약점입니다.

다음, 연역적 방법이란 사유와 지식의 근원을 이성으로 보고, 이미 확인된 어떤 자명한 원리로부터 개개 사물의 이치를 논리적 추론을 통해 알아내는 방법입니다. 그렇다면 귀납법과는 순서가 뒤바뀐 것이네요. 귀납법은 개별 사례를 통해 일반적 원리를 발견했는데, 반대로 연역법은 원리로부터 개개 사물의 이치를 알아내니 말이죠. 흔히 들어 본 소위 '삼단논법(三段論法)'이 여기에 속합니다. "모든 사람

은 죽는다. 소크라테스는 사람이다. 고로 소크라테스는 죽는다."는
논법, 그런데 여기서 모든 사람은 죽는다는 대전제는 어떻게 증명할
수 있을까요. 이것도 문제네요. 다음 그림은 모의고사<2007. 6>에
나왔던 것인데, 어떤 방법을 사용하고 있을까요?

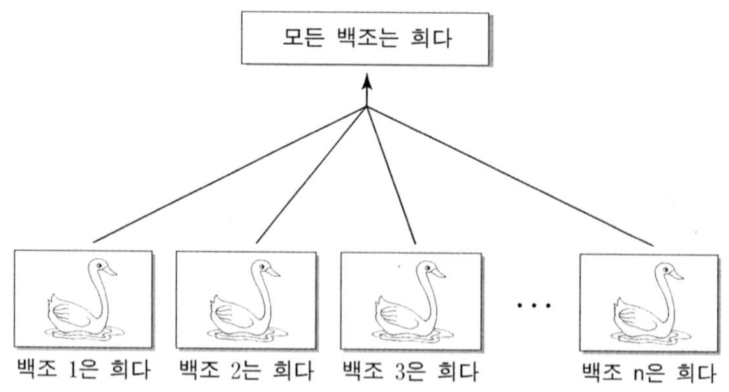

예, 당연히 귀납적 탐구 방법으로, 경험적 관찰과 실험을 통해 여
러 가지 사례들의(백조1～n) 공통점을 추출하여 어떤 일반적인 원리
를(모든 백조는～) 발견하고 있지요.

정리하면, 귀납법이 경험을 중시한다고 했고, 연역법은 관찰과 실
험 없이 이성으로 진리를 도출하려고 한다는 건 알겠죠. 이것에 기
초하여 근대 철학의 두 줄기인 **경험론**과 **합리론**이 나옵니다. 말 그
대로 경험을 중시하는 경험론, 이성을 중시하는 합리론, 이렇게 두
이론 말이죠.

경험론 – 베이컨, 홉스, 흄

먼저 경험론을 봅시다. 대표적인 학자들로 영국의 철학자 베이컨
(Bacon, F., 1561～1626), 홉스(Hobbes, T., 1588～1679), 흄(Hume,

D., 1711~1776)을 살펴봅니다. 로크 (Locke, J., 1632~1704)도 있지만, 교과서에는 이름만 나와 있고 설명이 없네요.

베이컨

베이컨은 경험론의 시조라고 할 수 있는 사람입니다. 경험론은 무엇보다도 이성보다는 경험을 중시한다고 했잖아요. 그렇다

베이컨

면 우선 우리가 가지고 있는 선입견과 편견부터 없애야 되겠군요. 자연을 알기 위해서는 있는 그대로의 자연을 바라보아야 하는데, 선입견이나 편견은 자연에 대한 우리의 참된 인식을 방해하기 때문입니다.

그래서 베이컨은 <u>인간이 지니고 있는 전형적인 선입견과 편견을 '우상(偶像)'이라고 부르면서 이를 타파할 것을 역설합니다.</u> 이것이 그 유명한 베이컨의 우상론입니다. 자세히 보죠.

베이컨은 사람들이 흔히 빠지는 편견을 네 가지로 봅니다. 종족의 우상, 동굴의 우상, 시장의 우상, 극장의 우상, 이렇게 네 가지 우상(일명 4대 우상)으로 설명합니다.

첫째는 **종족의 우상**인데, 이것은 세계의 모든 현상을 <u>인간의 관점에서만 보려는 것</u>을 말합니다. "저 새는 나의 마음을 알기라도 하듯이 구슬프게 운다."와 같은 것이 그 예입니다. 새가 우는 것이 아니라 그냥 지저귄다고 해야겠죠. 하나 더 예를 들어 볼까요. '베짱이는 게으르다.' 실제 베짱이가 게으른 것이 아니라, 인간이 그리 보는 것 아닐까요.

둘째는 **동굴의 우상**인데, 이것은 동굴에 갇혀 있는 사람처럼, <u>개인적 경험이나 성격적인 편견으로 인해 세상을 제대로 보지 못하는 것</u>

을 말합니다. 우리가 흔히 사용하는 '우물 안 개구리'가 여기에 해당됩니다. 그러고 보니 플라톤의 동굴의 비유를 여기서 설명해야겠군요. 동굴의 비유는 원래 이데아론을 설명하기 위한 비유입니다. 동굴속에 어떤 사람들이 묶여 있고, 또 빛만 비춰져 들어온다고 합시다. 그 동굴 안의 사람들은 바깥세상의 그림자만 볼 수 있을 뿐입니다. 그런데도 그 사람들은 그림자를 실체로 생각합니다. 사물의 본질을 못 보는 것이죠. 이것이 우리 보통 사람들의 모습입니다. 그림자는 감각적 현실세계이지만, 실제로는 허상이고 이데아의 세계는 동굴 밖에 있습니다. 자신의 좁은 시야로 보는 세상이 진짜라고 믿는 것, 이것이 동굴의 우상입니다.

셋째는 **시장의 우상**인데, 이것은 <u>말 때문에 생기는 편견</u>을 말하는 것입니다. 언어의 잘못된 사용에서 빚어지는 선입견입니다. 베이컨은 사람들이 많이 모이는 시장에서 잘못된 말과 소문이 많다고 생각하였습니다. 장사치들이 '밑지고 판다'고 하잖아요. 실제 밑지고 파는 것일까요. '용'이니 '봉황'이니 '인어공주'니 '모순(矛盾)'이니 하는 말들이 실제 그런 사물이 존재해서 생긴 것은 아닐 겁니다.

마지막 넷째는 **극장의 우상**인데, <u>전통이나 권위에 의존하는 선입견</u>입니다. 텔레비전 같은 여러 매체의 광고가 이걸 많이 써먹죠. 유명 연예인이나 권위 있는 학자 등을 이용하여 제품에 믿음을 가게끔 만들잖아요. 학생 여러분도 유명 연예인이 광고하면 그 상품을 선호합니다. 하지만 유명 연예인이 사용한다고 제품이 꼭 좋은 것도 아니고, 공자님 말씀이라고 해서 무조건 옳다고 할 수는 없는 것이겠죠. 따라서 그는 과거에 나온 이론들을 권위가 있다고 해서 무조건 추종해서는 안 된다고 하였습니다. 그런데 왜 극장의 우상이라 이름 붙였을까요? 베이컨은 무대를 보고 환호하는 관객들처럼, 전통이나 권위에 의지하여 나타나는 지식이나 학문을 아무런 비판 없이 받아들이는 것을 가리켜 극장의 우상이라고 한 겁니다.

이렇듯 베이컨은 편견과 선입견을 없애고 자연에 대한 참된 지식을 얻고자 했습니다. 그러면서 자연 과학적 지식의 유용성을 특히 강조합니다. 근대에는 자연과학이 발달하기 시작했다고 했는데, 인간이 자연에 대하여 알아낸 지식, 즉 자연 과학적 지식을 통해 자연을 지배하고 그 생활 방식도 개선할 수 있다고 믿었기 때문입니다. "자연을 지배한다."는 말이 좀 거슬리죠? 아무튼 그는 자연 과학적 지식이 인간 생활에 많은 제약을 줄 수 있는 자연을 극복할 수 있는 지혜를 준다고 생각했습니다. 따라서 그 유명한 베이컨의 말 "아는 것이 힘이다."에서 아는 것은 바로 자연 과학적 지식을 의미합니다.

홉스

이제 두 번째로 또 다른 경험론자인 홉스(Hobbes, T., 1588∼1679)에 대하여 공부합시다. 홉스도 경험론자이니, 당연히 경험을 중시했겠구나 하는 생각이 들겠죠. 그런데 위의 베이컨이 실제 생활에 유용한 경험을 중시한 반면, 홉스는 **감각적(感覺的) 경험**을 중시합니다. 외부 사물이 얼마나 인간의 감각적인 기준을 충족시켜 주느냐에 관심을 갖습니다. 따라서 홉스는 인간들은 자기 보존을 위하여 이기적일 수밖에 없다고 보았습니다.

만약에 인간을 자연 상태 그대로 내버려 두면 인간들은 저마다 자신의 생존과 이익만을 추구할 것이라는 겁니다. 그때는 어떠한 법도 규범도 없는 무정부 상태가 될 것입니다. 이것이 그의 저서 『**리바이어던**』

홉스

('Leviathan'은 『구약성서』「욥기」에 기록된 물속에 사는 거대한 환상의 동물)에 나오는 이른바 **'만인의 만인에 대한 투쟁'** 상태입니다.

이런 상태는 서로에게 힘들고 손해를 보는 상황입니다. 따라서 사람들은 스스로의 생존과 이익을 지키기 위해 계약을 맺어서 법과 규범을 만들고, 이것은 집행하기 위한 정부를 세우게 된다고 하였습니다. 이것을 **'사회계약설'**이라고 부르지요. 그래야 질서가 유지되고 사회가 안정되고 결국 자신의 이익도 챙길 수 있으니까요. 그런데도 만약에 계약을 파기하고 법과 규범을 어기는 사람이 생긴다면 어떻게 해야 할까요. 좀 힘 있는 사람이 나서서 벌을 주어야 하지 않을까요. 힘이 없으면 "당신이 뭔데 간섭이야." 할 것 같네요. 홉스는 법규의 위반자를 제재하기 위해서는 주권자에게 절대권을 부여해야 한다고 주장하였습니다. 따라서 이러한 <u>홉스의 사상은 당시에 절대 군주제를 옹호하는 역할을</u> 하기도 합니다. 하지만 후에 계몽사상가들의 국민 주권 사상으로 이어져 근대적 시민 국가를 형성하는 데 이론적 토대를 제공합니다.

흄

이제 영국의 경험론은 로크(Locke, J., 1632~1704)를 거쳐 흄(Hume, D., 1711~1776)에 이르러 그 정점에 이르게 됩니다. 흄은 경험론의 완성자로 알려져 있으니, 마지막이네요. 경험론자인 만큼 이성보다는 경험을 중시했을 텐데, 그는 **감정(感情)**을 중시합니다.

즉 흄은 인간의 도덕적 판단과 행위에 있어 중요한 요인은 이성이 아니라 감정이라고 주장합니다. 힘들게 커다란 짐을 메고

흄

언덕길을 올라가시는 할머니를 본다면 도와 드리고 싶은 마음이 들지요. 그때 판단은 이성적인 것인가요? 아니면 돕고 싶은 감정인가요? 뭘 따져서 돕고 싶은 것이 아니라, 무언가(?)를 느껴서 행동으로 옮기는 것이겠죠. 흄은 도덕에서 무엇보다도 실천이 중요한데, <u>감정은 행위의 동기가 될 수 있는 반면, 이성은 그렇지 못하다고 생각하였습니다.</u>

그런데 문제는 한 개인이 이롭다고 느끼는 것과 사회 전체적으로 이롭다고 느끼는 것 사이에 현격한 차이가 있을 수 있다는 점이었죠. 그래서 개인적 감정을 넘어서 사회적으로 인정을 받아야 하는데, 흄은 모든 사람에게 <u>타인의 행복과 불행을 함께 느끼는 **공감(共感)**의 능력이 있다고</u> 보았습니다. 공감을 통해 우리는 우리 모두에게 유익한 것에 대해서는 쾌감을 느낍니다. 남을 도와주었는데 그가 기뻐하니, 나도 덩달아 기뻐지는 감정, 아시죠. 흄은 공감을 통해 쾌감을 느낄 때 바로 그것이 선(善)이라고 하였습니다. 흄의 이러한 윤리설은 사회적 차원의 이익을 부각시키는 계기가 되었으며, 후에 '최대 다수의 최대 행복'을 주장하는 공리주의 윤리의 모태가 됩니다.

합리론 – 데카르트, 스피노자

이제 경험론에 이어 합리론을 살펴볼 차례입니다. 경험론이 경험을 중시한 반면, 합리론자들은 말 그대로 인간의 사유 능력, 즉 이성에 대해 신뢰합니다. 경험론이 섬나라 영국에서 나왔다면 합리론은 대륙(특히 프랑스)에서 발달합니다.

데카르트

합리론의 대표자는 프랑스의 데카르트(Descartes, R., 1596~1650)입니다. 경험론이 경험적 지식을 강조한 반면에, 데카르트는 감각적 경험을 통해 얻은 지식은 주관적일 뿐만 아니라 단편적이고 우연한

데카르트

것이어서, 명백한 진리로 믿을 수 있는 것이 못 된다고 보았습니다. 완전히 대조적이네요. 여러분은 자신의 감각이나 경험을 전적으로 신뢰하나요? 물이 반쯤 담긴 유리컵에 젓가락을 넣으면 꺾어져 보입니다. 눈에는 분명히 꺾어져 있어 보이지만, 실제는 곧은 것이죠. 내게는 분명히 아무런 냄새가 맡아지지 않더라도, 우리 집 강아지는 어떤 냄새인지 정확히 알기도 합니다.

이와 같이 경험론에 대하여 비판적 입장을 취하였던 데카르트는 수학을 학문의 모범으로 보고 수학의 공리와 같은 철학의 제1원리를 찾으려 하였습니다. 데카르트에 따르면, 철학의 제1원리는 수학의 공리와 마찬가지로 의심의 여지가 전혀 없는 확실한 명제이어야 하므로 조금이라도 의심이 가능한 것은 제1원리로서의 자격이 없다고 보았습니다.

따라서 데카르트는 <u>의심할 여지없이 확실한 지식을 찾기 위하여 일단 모든 것을 의심</u>해 봅니다. 계속해서 의심을 해 본 결과, 아무리 모든 것이 의심하다고 해도 더 이상 의심할 수 없는 한 가지 사실에 이르게 되었는데, 그것은 "의심(생각)하고 있는 내가 있다."(=정신적인 실체로서의 내가 존재한다)는 것이었습니다. 자신에게 보고 들리는 모든 감각을 의심하니 다른 모든 존재는 부정할 수 있었지만, 생각하고 있는 자신만큼은 부정할 수 없었던 것이죠. 그리하여 그는 **"나는 생각한다. 그러므로 나는 존재한다."**(=cogito, ergo sum(코기토 에르고 숨), 라틴어)라는 확고부동한 명제를 얻을 수 있었습니다. 그리고는 이 명제를 철학의 제1원리로 확정합니다. 또한 이 기본 명제를 도출하기 위한 진리 탐구 방법을 '**방법적 회의(懷疑)**'라고 합니다. 아주 중요한 개념이지요.

스피노자

데카르트의 합리주의 정신을 이어받아 이성에 대한 절대적 믿음을 가지고 윤리사상을 전개한 사람이 네덜란드의 철학자 스피노자(Spinoza, B., 1632~1677)입니다. 스피노자는 철저히 이성적인 삶을 지향합니다(미리 말해두고 싶은 것은, 많은 학생들이 스피노자를 공부하다가 포기하는 모습을 보인다는 것입니다. 하지만 데카르트의 연장선상에서 서로 비교해 보면 그리 이해가 어려운 것만은 아닙니다.).

스피노자는 데카르트의 학설을 계승하면서도 한편으로는 데카르트의 문제점을 해결하려고 했습니다. 여러분들은 "서양사상의 핵심은 인간과 자연, 정신과 물질의 이원론이다."라는 말을 들어 본 적이 있나요? 그리고 데카르트가 그 주된 사상가이고요.

데카르트는 인간은 마음을 사용하여 복잡한 생각을 한다는 점(자유의지)에서 물질로만 구성된 다른 동물들과 구별된다고 보았습니다. 물질과 마음을 철저히 독립적인 것으로 구분한 것이지요. 정신적인 실체는 그것이 존재하기 위하여 물체와 같은 존재를 필요로 하지 않습니다. 반대로, 물체 또한 그것이 존재하기 위해 정신을 필요로 하지 않는다고 보았습니다.

이렇듯 데카르트는 이성을 중시하면서 물질과 이성이라는 것을 명확히 구분하고 있지만, 스피노자는 <u>물질과 사유(이성)는 자연의 두 가지 속성으로서 자연에 포함되는 것</u>으로 보았습니다. 그리고 자연은 모

스피노자

든 것들을 포함하고 있고 모든 것들이 자연적 원리에 따라서 필연적으로 이루어진다고 봅니다(스피노자에게 있어 신은 곧 자연이며, 자연이 곧 신입니다. 자연 만물이 신이라는 입장을 흔히 '**범신론(汎神論**, 넓을 범(汎), 귀신 신(神))'이라고 부르는데, 존재하는 모든 것을 일컬어 신이라고 하기 때문입니다.). 다시 말해 그는 우주를 필연적 질서에 따라 움직이는 하나의 기계로 생각하였고, 이 세상에서 일어나는 모든 일은 원인과 결과로 필연적으로 서로 맺어져 있다고 생각하였습니다(=기계론적, 결정론적 세계관). 이것이 대체 무슨 말일까요?

우리 인간들이 하는 행동들도 우리가 자의적으로 하는 것이라기보다는 자연적으로 그렇게 할 수밖에 없는 자연적인 필연성에 의한 것이라는 겁니다. 데카르트는 자유의지가 인간의 본성에 깃들어 있다고 했으니, 상당히 다른 주장이지요.

흔한 비유를 들어 볼까요. 예컨대 우리가 물을 마시는 것은 자율적으로 마시고 싶어서라고 생각하지만, 실제로 그것은 우리의 육체가 수분이 부족하게 되면 필연적으로 마시게 하는 것이라는 겁니다. 그것을 우리는 '우리가 자유롭게 선택하고 행위한다.'고 착각하고 있다는 거죠. 이처럼 개인의 의지와 선택은 존재하지 않으며, 그렇게 될 수밖에 없는 필연을 우연이라 착각하는 것은 무지(無知)라는 것입니다. 이러한 것들은 이성적으로 생각해 보면 알 수 있으므로 이성으로 이 필연성을 깨닫는 것이 중요하다고 하였습니다. 이러한 필연성을 알았을 때 우리의 마음에는 평화가 옵니다. 스피노자는 이렇게 <u>모든 것을 이성적으로 관조하는 데서 오는 평온한</u> 행복이야말로 인간에게 가능한 유일한 최고의 선이라고 보았습니다. 하지만 인간은 유한한 존재로서 불충분한 지식밖에 갖고 있지 못하기 때문에 늘 불안하다고 하였습니다. 그러나 누군가가 진정으로 이성적이 되어 모든 사물의 궁극적인 원인과 질서를 인식할 수 있다면, 그는 마음의 안정과 평화를 얻어 이웃을 사랑하고 우주와 참된 조화를 이룰 수 있을 것이라고 보았습니다.

정리해 볼까요. 데카르트는 자유의지를 통해 인간을 자연과 분리시켰고 인간을 특별한 존재로 보았지만, 스피노자는 자연의 일부인 인간이 자연에 대한 이해를 통해 외적 강제에서 벗어나는 자유를 추구했다고 할 수 있겠네요.

◇ 이상주의와 공리주의 ◇

이상주의 - 칸트, 헤겔

칸트

지금까지 영국의 경험론과 대륙의 합리론을 공부했습니다. 이상주의(관념론, idealism)의 칸트(Kant, I. 1724~1804)는 합리론과 경험론을 종합한 도덕철학자입니다. 그의 유명한 "<u>내용 없는 사상(=합리론)은 공허하고, 개념 없는 직관(=경험론)은 맹목적이다.</u>"라는 말도 이래서 나왔습니다. 합리론과 경험론을 비판하면서, 인식의 내용면에서는 경험론을 수용하고, 인식의 형식적 측면에서는 합리론을 수용하자(=종합적 인식론)는 것이지요. 말이 어렵나요? 대륙의 합리론은 일체의 경험을 무시하고 연역적 추리에만 의존했었고, 반면에 영국의 경험론은 모든 인식의 기원을 경험에서만 찾았지요. 그럼 어떻게 되겠습니까? 합리론은 내용이 없어 공허해지고, 경험론은

칸트

(경험한) 내용은 많지만 형식(개념)이 갖추어지지 않아 산만해지겠지요. 칸트는 이렇게 양자를 비판하면서, 종합적 인식론을 주장합니다.

하지만 칸트의 보다 근본적인 입장은 이성과 사유를 중시하는 합리론을 계승했다고 할 수 있습니다. 그런데 이성을 중시하는 전통을 가지고 있는 사상에서는 언제나 옳기 마련인 보편적 법칙이 존재한다고 믿습니다. 어른들이 말씀하시는 '인간의 도리(道理)' 같은 것이라고 할까요? 사람이라면 누구나 지켜야 할 그 도리는, 경험적으로 만든 것이라기보다는 이미 존재하는 것으로 이성적으로 파악되는 것이죠. 칸트는 누구나 마땅히 지켜야 할 보편적 법칙이 있어서 무조건적으로 따라야 한다고 하였습니다.

왜 무조건 따라야 하나요? 특정한 다른 목적을 갖고 도덕법칙을 따른다면 불순한 것이죠. 때로는 악용될 수도 있고요. 예컨대 "부모님이 용돈을 두둑이 주신다면(조건), 효도를 하겠다."라고 할 경우, 조건이 붙으면 효도의 의미가 퇴색되지요. 이렇게 보면 도덕적 행동에는 결과와 상관없이 동기가 중요한 것입니다. 그래서 칸트에 의하면, 도덕적 행동은 아무런 조건이나 제약 없이 그 자체만으로 선한 선의지(善意志)의 지배를 받아야 하며, 의무 의식에서 나와야 한다고 하였습니다. 여기서 말하는 의무란 도덕 법칙을 존중하는 것으로, 이것은 도덕적으로 행동하라고 우리가 자신에게 스스로 부과하는 명령, 즉 '실천 이성'을 통해 이루어집니다(칸트는 서로 분리된 다른 이성이 아니지만, 이성을 **이론이성(순수 이성)**과 **실천이성**으로 구분합니다. 순수 이성의 '순수'라는 말은 경험이 섞여 있지 않음을 뜻하지요. 경험 이전에 존재하는 인식능력을 말합니다. 순수 이성이 '나는 무엇을 알 수 있는가?'를 찾고자 하는 데서 나왔다면, 실천이성은 '나는 무엇을 행해야 하는가?'에 대한 답으로 나온 것입니다. 따라서 순수 이성은 자연과학적 영역을 관장하고, 실천이성은 도덕적 영역을 관장합니다.). <u>도덕적 행동은 실천이성의 명령에 따르는 것이죠.</u> 이렇듯 칸트는 어떤 다른 목적을 달성하기 위한 수단으로서의 명령이 아니라, 그 자체가 목적인 무조건적 명령으로서의 도덕 법칙을 제시합니다. 칸트가 제시한 도덕법칙은 세 가지인데, 교과서에는 두 가지가 나와 있군요. 볼까요.

(도덕 법칙으로서) 첫째로 제시한 정언명령(定言命令)은 "네 의지의 격률(格律)이 언제나 동시에 보편적 입법의 원리가 될 수 있도록 행위하라."는 것이고, 두 번째는 "너 자신과 다른 모든 사람의 인격을 결코 단순히 수단으로 취급하지 말고, 언제나 동시에 목적으로 대우하도록 행위하라."는 것입니다.
(이처럼 모든 사람이 자기의 인격이나 타인의 인격을 모두 목적으로 다루어야 한다고 명령하는 데에서 '**목적**(目的)**의 왕국**(王國)'이라는 개념이 나옵니다. 이와 관련하여 세 번째 정언 명법이 나오는데, 참고로 소개하면 다음과 같습니다. "따라서 어떠한 이성적 존재자도 마치 자기가 자신의 격률에 의하여 언제나 보편적인 목적의 왕국에 있어서의 입법적 성원(成員)인 것처럼 행위하지 않으면 안 된다." 이 말도 좀 어려운데, 모든 사람의 인격이 지상목적으로 대접받는 정의(正義)의 사회가 실현되어야 한다는 것이죠. 또 이것은 누구나 자기의 자유의지에 의하여 보편적 도덕률에 따를 때 실현 가능한 것입니다. '왕국'이라는 말도 낯선데, 다양한 이성적 존재자들이 공동의 법칙을 통해 체계적으로 결합하고 있는 것을 왕국이라고 부릅니다.)

여기서 **정언명령**이란, 말했듯이 <u>어떤 특정한 조건에 좌우되지 않는 무조건적인 도덕명령</u>을 뜻합니다. 의무의 성격을 띤 것이죠. 반면에 <u>어떤 조건이나 상황에 따라 적용되고 요구되는 도덕 명령은 **가언명령**(假言命令)이라 합니다.

그러고 보니, 첫 번째 도덕 법칙의 내용이 이해가 쉽지 않네요.

'네 의지의 격률'이 뭘까요? 즉 자율의지에 의해서 개개인이 세운 도덕률이 보편적 법칙과 일치되도록 해야 한다는 뜻입니다. 내 멋대로 남이 받아 줄 수 없는 도덕 규칙을 만들어 놓고, 그것을 따라 행동하면 안 되겠지요. 결국 우리로 하여금 행위할 때 항상 보편적 입장에 설 것을 요구하고 있네요. 또한 도덕적 원리는 모두에게 똑같이 적용될 수 있는 보편적 타당성을 지녀야 한다는 의미이기도 하고요. 칸트의 이러한 보편주의의 밑바탕에는 절대적 가치를 지닌 인격체로서의 인간 존엄성에 대한 이념이 깔려 있습니다. 위의 두 번째 정언명령을 보면 더욱 확실히 알 수 있네요. "인격을 수단으로 취급하지 말고, 목적으로 대하라."고 했습니다.

이와 같이 칸트는 근본적으로 인간의 도덕적 자율성, 즉 자유의 주체가 되는 인격을 존중합니다(그래서 **인격주의 윤리설**이라 합니다.). 인간은 동물과 달리 도덕 법칙에 따라서 행위할 수 있는 자율의지가 있기 때문입니다. 말했듯이 도덕적 행위는 타율에 의한 것이 아니라, 도덕 법칙에 대한 자발적인 존중으로부터 나온 자율적인 것입니다.

칸트는 인간의 마음 속에 있는 도덕 법칙을 다음과 같은 유명한 구절로 표현합니다.

> 그것을 생각하는 것이 거듭되면 거듭될수록 또 그 기간이 길면 길수록 더욱 더 새로워지며, 인간의 더욱 강한 감탄과 존경의 생각으로 마음을 채워 주는 두 가지가 있으니, 하나는 내 위에서 항상 반짝이는 별을 보여 주는 하늘이며, 다른 하나는 나를 항상 지켜 주는 마음속의 도덕 법칙이다.

다음 그림은 모의고사<2008. 6>에 나왔던 것인데, 누가 칸트의

(갑)　　　　　　　(을)

입장일까요? 예, (갑)의 입장입니다. (을)은 뒤에서 다시 공부하겠지만, 목적론적 윤리설로, 도덕적 행위란 목적 실현, 즉 행복과 쾌락 추구에 도움이 되는 행위라고 파악합니다.

칸트의 윤리사상이 다소 복잡하게 보였는데, 한마디로 정리해 보면 "칸트는 행위에 있어서의 결과보다는 동기를 강조하면서 보편적 도덕 법칙인 정언명령을 제시하였는데, 그 밑바탕에는 인간 존엄성의 이념이 깔려 있다."라고 할 수 있겠네요. 칸트의 윤리는 도덕의 정언적 성격과 인간 존엄성의 정신을 잘 표현하고 있다는 점에서 높은 평가를 받고 있습니다.

칸트의 윤리론에 의하면, 인간 생활의 목적은 단순한 쾌락의 추구가 아니라, 개인의 도덕적 발전에 있다고 합니다. 모든 사회제도는 인간의 도덕적 발전을 도울 수 있는 경우에만 선한 것입니다. 따라서 모든 철학이 추구하는 목적은 결국 '행복'이 아니냐고 얘기하는 사람들도 있지만, 칸트의 경우 그렇지 않습니다. 칸트 역시 모든 인간은 그들 자신의 행복을 추구한다고 믿지만, 도덕적 선이 인간이 본성적으로 추구하는 쾌락이나 행복과 동일한 것은 아니라고 생각합니다. 도덕적으로 행위해야 하는 이유가 행복을 얻기 위한 데에 있는 것은 아니지요. 이렇게 칸트의 이상주의는 인생의 의의를 도덕적인 이상의 실현에 두고 그것을 목표로 삼았습니다. 그러나 <u>현실 사회 속에서 살아가야 하는 인간들에게 구체적인 삶의 지침을 제공해 주지 못했다</u>는 비판을 받기도 합니다. 다음 그림은 모의고사<2008. 6>에 나왔던 것인데, 어느 입장이 칸트의 입장일까요?

예, B입니다. A는 헬레니즘시대의 스토아학파, C는 동학사상입니다.

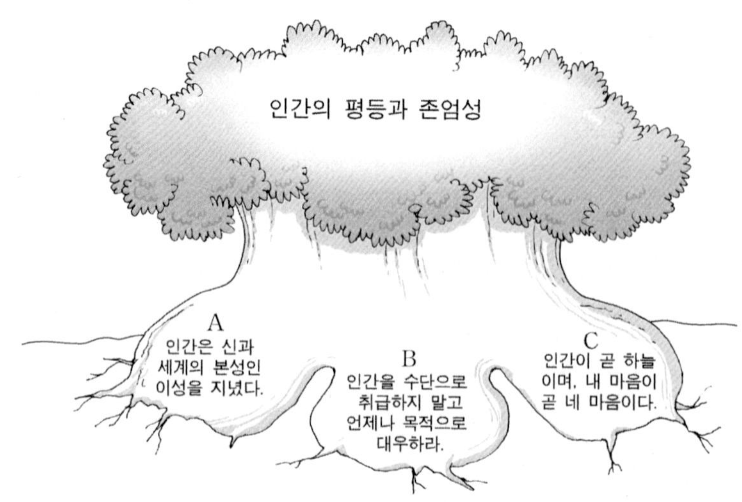

칸트의 윤리학은 논술의 단골 소재입니다. 여러 사회적 쟁점에 대해 공리주의와 그의 주장을 비교하는 관점의 문제는 모의고사나 수능에서도 자주 출제되고 있습니다. 칸트의 윤리학은 꼭 알아두어야 할 중요한 사상체계입니다. 칸트의 『윤리학 강의』(1785)에서 시험에 자주 출제되는 내용을 소개합니다.

"내 의지의 준칙이 보편적 법칙이 되기를 의욕할 수 없다면 그 준칙은 버려야 한다. 의무는 그 자체로서 선한 의지의 조건이기 때문에 다른 어떤 동기도 의무에게는 양보해야 한다. ……설사 한 암살자가 우리들의 친구를 추격해 와서 친구가 집 안으로 달아나지 않았느냐고 물었을 경우라도 '정직하라'는 의무에 따르지 않고 우리의 감성적 성향에 따라서 이 암살자에게 거짓말을 한다면 이것은 죄가 된다. 그 이유는 '정직'이라고 하는 것이 의무라고 할 때, 만약 그것에 조금이라도 예외를 인정한다면 의무의 법칙은 무용지물이 될 터이기 때문이다. 의무는 바로 의무이기 때문에 그것을 행하는 개인에 따라 달라질 수 있는 성질의 것이 아니며, 또한 진실의 표명과 그것으로 인한 결과 사이에는 아무런 인과관계가 없기 때문이다."

다음은 2009학년도 수능 문제인데, (가) 사상가는 당연히 칸트입니다. 칸트의 입장에서 (나) 상인에게 할 수 있는 조언은 무얼까요?

칸트의 『윤리학 강의』

칸트에 따르자면, 어떤 다른 목적을 고려하거나 자신의 자연적 경향성을 따르는 행동은 결코 도덕적인 행동이 될 수 없고 오로지 정언명령에 따른 것만이 도덕적 행동이 될 수 있다고 하였지요. 따라서 칸트는 (나)의 상인에게 어떠한 조건이나 결과를 고려하지 말고 도덕법칙을 지키라고 조언하지 않을까요.

헤겔

칸트가 주로 개인 윤리를 중심으로 자신의 논지를 펼쳤다면, 헤겔(Hegel, G. W. F., 1770~1831)은 윤리의 개인적 측면보다 사회적·역사적 측면에 주목하였습니다. 그러고 보니 칸트의 윤리사상을 말할 때 사회나 국가 차원의 윤리는 말조차 나오지 않았네요. 칸트의 도덕법칙은 개인윤리 차원에서 논의한 것입니다. 하지만 개인의 삶이란 사회나 국가 속에 있을 때 비로소 의미를 갖는 것 아닌가요? 그래서 헤겔은 칸트 윤리설을 주관주의적 윤리설이라고 비판하면서, 자신의 윤리는 객관주의 윤리라고 합니다. 이렇게 헤겔은 개인과 사회 혹은 국가를 서로 연관시키려고 하다 보니, 개인과 사회의 자유를 함께 실현할 수 있는 공동체가 필요하다고 생각합니다. 그는 그런 공동체를 '**인륜(人倫**, 무리 윤, 인륜 윤)'이라고 부르면서, <u>인륜은 가족, 시민 사회, 국가라는 세 가지 단계를 거쳐 **변증법**적으로 발전해 간다</u>고 주장하였습니다.

여기서 **변증법(辨證法)**은 원래 '대화의 기술'을 의미했는데, 인식이나 사물은 정·반·합의 3단계를 거쳐서 전개된다는 것입니다. 어렵나요? 예컨대 합리론이 정(正)이라면 경험론은 반(反)으로 등장한 것이고 칸트의 이상주의는 합(合)이라는 것이죠(또 그 합에 반이 나오는 식으로요.). 대화, 인식, 사물 등 모든 것이 변증법적으로 전개된다고 합니다. 그래서 정신은 주관적·객관적·절대적 정신으로 발전하며, 또 객관적 정신은 법·도덕·인륜으로 전개된다고 했습니다. 말이 어렵지만 설명해 본다면, 헤겔은 <u>오직 인간의 이성(정신)만이</u>

진정한 역사의 동력이라고 주장했거든요. 헤겔의 유명한 이야기 "이성적인 것은 현실적이며 현실적인 것은 이성적이다."라는 말도 그런 뜻입니다. 여기서 '현실적인 것'이 '눈앞에 펼쳐져 있는 문명세계'를 의미한다면, '이성적인 것'은 '인간의 정신'을 상징하는 것이라고 할 수 있습니다.

또한 헤겔은 앞 시대의 문명을 반성하여 새로운 문명을 현실화하는 것이 개인의 힘만으로는 불가능하다고 보았습니다. 그래서 인간의 이성 능력은 한 개인의 차원을 훌쩍 넘어서서 전체 역사로까지 확장됩니다. 바꿔 말하면, 헤겔의 '정신'이 단독적인 개인의 정신을 넘어선 '세계정신'으로 사유되고 있다는 것이지요.

그리고 보니, 여러분이 좋아하는 동방신기 타이틀 곡 중에도 "오-정반합('O'-正·反·合.)"이라는 노래가 있지 않던가요? 이 곡 역시 끊임없이 진화하고 발전하는 사회의 모습을 정반합으로 보았다는 생각이 드네요.

헤겔은 철학적 사유에서 이 방법을 많이 사용합니다. 그래서 변증법적 발전에 의해 가족이라는 인륜이 시민 사회라는 인륜으로 전개되고, 다시 **국가(國家)**라는 최고의 인륜을 등장시킵니다. 즉 국가는 가족의 원리와 시민 사회의 원리를 결합시킨 최고의 인륜 형태로서 구성원들 간의 모순과 대립을 극복해 내는 인륜이라고 할 수 있죠 (이에 비해 가족은 사랑이 지배하는 직접적·자연적 인륜이고, 시민 사회는 개인의 욕망과 타인의 복지를 동시에 만족시키는 전체적 의존·욕망의 체계입니다.). 따라서 개인과 보편적 공동체인 국가는 서로 대립하지 않고 조화를 이룹니다. 국가는 개인의 자유와 권리를 보장하고, 또 개인은 국가의 일원으로서만 참된 존재 의미를 가지며 행복한 삶을 살 수 있는 것입니다. 이것만큼은 기억합시다. "헤겔은

공동체의 윤리를 인륜이라고 부르면서, 국가를 최고의 인륜 형태로
보았다.”

공리주의 – 벤담, 밀

한편, 영국에서는 산업혁명과 더불어 자본주의 경제가 점차 발전해
갑니다. 산업혁명이 영국에서 가장 먼저 시작되었다는 사실은 물론
다 아는 바이죠. 문제는 무한 경쟁과 이윤추구는 자기 이익만을 챙기려
하게 되었고 결국 **부익부 · 빈익빈 현상**을 낳게 되었다는 겁니다.

그래서 어떻게 하면 개인의 이익과 사회 전체의 이익을 조화시킬
것인가를 고민하게 됩니다. 이를 해결하기 위한 시도가 공리주의입
니다(公利主義, 교과서에는 功利主義라고 썼는데, 의미를 보면 '公
利(=공동의 이익)'라는 용어가 적합하다는 생각이 들지요.).

벤담

공리주의의 대표자라 할 수 있는 사람이 벤담(Bentham, J., 1748
~1832)입니다. 말했듯이 공리주의는 자유방임주의로 인한 빈부 격
차 문제가 심화됨으로써 나타나는 문제를 해결하기 위해 등장한 것
이라고 했습니다.

벤담은 더 많은 사람이 행복을 누리게
되는 것은 그만큼 더 좋은 일이라고 생각
합니다. 그리하여 이른바 **'최대 다수의 최
대 행복'**을 도덕과 입법의 원리로 제시합
니다. 타인에게 피해를 주지 않으면서 최
대한 많은 사람들의 이익을 보호하자는 것
이죠. 그런데 여기서 '행복'이란 무얼까요?

벤담

벤담에 의하면 행복이란 다름 아닌 쾌락이고, 고통이 없는 상태를 의미한다고 합니다. 그렇다면 쾌락을 최대한 많이 누릴 수 있도록 하는 것이 중요하겠군요. 그런데 어떤 쾌락을 어떻게 늘려 나갈 것인가가 궁금해지네요.

벤담은 모든 쾌락이 질적(質的)으로 동일하다고 생각합니다. **양적(量的) 차이**만 있다는 것이죠. 벤담은 쾌락과 고통의 양을 측정할 수 있는 7가지 **계산법**까지 제시합니다(쾌락이 계산될 수 있으려면 각 개인은 하나로 계산되어야 하며, 쾌락에 있어 질적 차이는 인정할 수 없을 것입니다.). 다 외울 필요는 없지만 한번 볼까요. 쾌락이 얼마나 강한가?(강도) 쾌락이 얼마나 오래가는가?(지속성) 쾌락이 얼마나 확실한가? 불확실한가?(확실성) 쾌락이 얼마나 가까운 곳에 있는가? 먼 곳에 있는가?(근접성) 쾌락은 또 다른 쾌락을 낳는가?(다산성) 고통이 전혀 없는 쾌락이 있는가?(순수성) 쾌락이 많은 사람에게 영향을 주는가?(범위)

예컨대 학생 여러분은 음식을 먹는 것과 잠자는 것 중 선택하라면 어느 쪽을 택하나요. 둘 다라고 하겠지만, 잠자는 것이 쾌락의 강도가 높고 오래간다면 잠자는 것을 택해야 하는 거죠.

밀

벤담이 양적 쾌락주의라고 했는데, 밀(Mill, J. S., 1806~1873)은 벤담처럼 삶의 궁극적 목표를 행복으로 보면서도, 쾌락의 양만을 중시할 것이 아니라 그 **질적인 차이**도 고려해야 한다고 주장합니다. 쾌락이라고 해서 다 같지 않다는 겁니다. 하다못해 음식점에 가서 음식을 주문했는

밀

데 양만 많이 준다고 만족할 수 있나요? 음식의 질이라는 게 있잖아요. 밀은 감각적 쾌락보다는 **정신적 쾌락**이 더 수준 높은 쾌락이라고 하였습니다. 맛있는 음식에서 느껴지는 쾌락도 있지만, 좋은 음악에서 느껴지는 쾌락도 있습니다. 밀은 정상적인 인간이라면 누구나 질적으로 높고 고상한 쾌락을 더 원할 것이라고 보았습니다. 밀의 주장을 단적으로 보여 주는 말이 있습니다.

여기서 '배부른 돼지', '만족스러운 바보'[육체적, 양]보다는 '배고픈 인간', '불만스러운 소크라테스'[정신적, 질]가 낫다고 했으니 양보다 질을 추구한다는 사실을 알 수 있습니다. 벤담이 양적 공리주의자로서 '최대 다수의 최대 행복'을 주장한 데 비해, 밀은 질적 공리주의자로서 정신적이고 수준 높은 쾌락을 추구할 것을 주장한 것이죠.

정리하자면, 밀은 쾌락은 선이고 고통은 악이며, '최대 다수의 최대 행복'이 도덕과 입법의 기본 원리라는 벤담의 기본 입장을 충실히 계승하였지만, 몇 가지 점에서는 벤담과 큰 차이를 보입니다. 첫째, 쾌락에는 질적인 차이가 있다는 것이고요. 둘째, 벤담이 인간의 주된 특성을 이기심으로 본 데 비해 밀은 인간에게 동정과 인애(仁愛)에의 충동(자비심)도 있다는 점을 부각시킵니다. 그래서 최대 다수의 최대 행복의 실현을 위해 벤담은 (네 가지) 외적 제재 — 물리적, 도덕적, 정치적, 종교적 제재 — 를 들지만, 밀은 이것들 외에도 내적 제재(＝양심의 가책)를 강조합니다.

이상과 같이 벤담과 밀로 대표되는 공리주의는 공익(公益)을 내세움으로써 이기적 윤리가 내포한 자기중심적 관점을 넘어 사회적 인간이 살아가야 할 길을 잘 제시해 주었다고 평가받습니다. 하지만 공리주의는 '얼마나 쾌락을 낳느냐'는 <u>결과에 치중하여 인간의 내면적 동기의 문제를 소홀히</u> 합니다. 또한 결코 양적으로 계산할 수 없는 여러 가치를 제대로 다루지 못했다는 비판을 받기도 합니다.

여기서 근대 사상가들에 대한 문제 하나를 볼까요. 모의고사<2010학년도 3월>에 나왔던 것인데, 갑, 을, 병이 누구의 입장인지 알 수 있겠죠? 예, 갑은 공리주의자(벤담, 밀)이고, 을은 도덕법칙을 강조하는 칸트, 병은 서로의 이익을 위해 합의한 규범(=사회계약설)을 강조하는 홉스입니다.

쇼펜하우어

◇ 현대의 윤리 ◇

자! 이제 서양 현대 윤리사상을 볼 차례입니다. 현대 윤리사상은 근대의 이성 위주의 사상에 반기를 들었다는 특징이 있습니다. 즉 19세기 말부터 20세기에 전개된 사상은 이성적이고 관념적인 철학에 반대하고 인간의 현실적 삶 자체를 중시합니다. 시대적 배경을 살펴보는 것은 항상 중요하다고 했었죠.

현대에는 미증유의 1 · 2차 세계대전이 있었고 과학기술의 발달에 따른 환경오염, 인간소외현상, 물신숭배, 황금만능주의 등이 나타났습니다. 이런 상황에서 인간의 이성에 대한 신뢰가 가능할까요? 현대 윤리사상에는 생(生)철학, 실존주의, 실용주의, 생명 존중 사상 등이 있는데, 대체적으로 반이성적이고 현실을 중시하는 경향을 띱니다.

생철학

먼저 생철학은 근대의 이성주의를 정면으로 비판합니다. 이성보다는 감정과 의지를, 지식보다는 직관과 체험을 중시합니다. 생철학(生哲學)은 말 그대로 생(生)의 의의나 가치를 알고자 하는 것인데, 이것이 이성이나 과학으로 알 수 있는 것은 아니죠. 생철학은 이성과 과학으로는 삶의 전체적이고 깊은 의미를 파악할 수 없다고 주장하였습니다. 인생의 의미는 직관적인 통찰(直觀, 사유작용을 거치지 않고 대상을 직접 파악하는 것)로 파악되는 것입니다.

인간이라면 누구나 욕망이 있는데, 욕망은 밑 빠진 독과 같이 끝이 없어서 결코 충족시킬 수 없는 것이죠. 따라서 욕망을 충족시키기 위한 인간의 의지 또한 쉴 수가 없습니다. 그래서 '생은 역동적'입니다. 생철학은 생명이 근원적으로 지니고 있는 역동적 힘을 믿었으며, 충실한 삶 속에서 인간의 궁극적인 가치를 찾으려 하였습니다.

키르케고르

예컨대 생철학의 대표적 학자 **쇼펜하우어**(Schopenhauer, A., 1788~1860)는 결코 충족시킬 수 없는 욕망 때문에 생기는 고통의 싹을 아예 잘라 버리려 했죠. 지나친 욕망을 갖지 않는 것, 이러한 자세는 **금욕적 생활**을 강조한 그의 사상에 잘 나타나고 있습니다.

실존주의

실존주의(實存主義)는 인간의 실존과 개인의 주체성 회복을 중시하는 사상입니다. 먼저 '**실존(實存)**'이라는 말부터 궁금하네요. 실존이라는 것은 인간의 현실적, 개인적, 독자적, 주체적인 존재 방식을 말하는 겁니다. 왜 이런 존재 방식이 중요하다는 것일까요? 앞서 보았듯이, 실존주의는 현대 과학 기술 문명과 전쟁 속에서 비인간화되어 가는 인간의 현실을 고발하면서 등장한 것이죠. 따라서 이러한 모순을 극복하기 위해 <u>각 개인의 주체적인 삶의 자세를 강조합니다.</u>

다시 말해 과학 기술 문명 속에서 개인은 기계보다 하찮은 존재로 취급받기도 하였고, 대중사회가 되면서 익명성으로 인하여 개개인은 잊혀 갑니다. 험난한 세상을 살아가려면 개인의 주체적 결단이 필요한 것 아니겠어요?

실존주의의 선구자인 키르케고르(KierKegaard, S. A., 1813~1855)는, 불안과 죽음의 문제를 극복하고 참된 실존을 회복하기 위해서 '**신 앞에 선 단독자(單獨者)**'로서 인간의 주체적 결단을 강조하였습니다. 즉 "개개인의 인간은 군중 속에 묻혀 있는 하찮은 존재가 아니라, 절대적인 신과 일대일로 대면해 있는 하나의 존재"입니다.

신 앞에 나아가는 존재는 오직 홀로 신과 대면할 뿐 그 어떤 다른 이의 도움도 받지 못할 것입니다. 그때를 위하여 인간은 스스로의 삶에 진정한 주인공으로 그 몫을 다해야 한다는 것을 강조한 것이죠. 나의 삶은 누구의 책임인가요? 결국 나 개인의 책임입니다.

사르트르

사르트르(Sartre, J. P., 1905~1980)는 "**실존은 본질에 앞선다.**"고 말했는데, 역시 인간의 주체성을 강조한 것입니다. 이전의 철학들은 자신이 누구이고, 또 어디서 왔는가와 같은 본질(本質)의 문제를 해결하려 했지만, 사르트르는 인간이 본질은 어떤 모양을 하고 태어나든, 현재 실제로 존재하는 모습이 본인의 실제 모습으로서 더 중요하다고 보았습니다. 그래서 **실존** 혹은 존재가 먼저이고 **본질**은 그 다음인 것이죠. 우리는 본질에 대한 규정 없이도 이미 실존하고 있지 않나요. 본질이 결정되어 있지 않기 때문에 개개인의 선택과 실천이 중요하게 되며, 이런 의미에서 자유는 인간에게 주어진 선물이라기보다는 오히려 무거운 짐이라고 할 수 있겠지요. 이와 같이 실존주의는 개인적이고 현실적이며 결코 상대화할 수 없는 인간의 실존 문제를 중시하였습니다.

다음 그림은 실제로 모의고사<2007. 9>에 나왔던 것인데, 누구의 주장인지 금방 알겠죠? 갑은 키르케고르, 을은 사르트르입니다. 사르트르는 무신론(無神論)적 실존주의 사상가로서 사회참여를 주장하면서 인간의 자유와 책임을 강조합니다(사르트르는 실존주의를 초월자 또는 신(神)의 존재를 인정하는 유신론적 실존주의와 무신론적 실존주의로 분류하면서, 자신은 무신론적 실존주의자라고 주장합니다.). 또한 키르케고르와 사르트르는 모두 실존주의 사상가로서 <u>개개인의 주체적인 선택과 결단을 강조</u>하지요.

실용주의

실용주의(實用主義)는 영국의 경험론과 공리주의 전통을 계승하여 미국에서 크게 영향력을 가졌던 사상입니다. 미국 사람들이 상당히 실용적인 것을 좋아한다는 사실, 들어 봤나요?

실용주의는 <u>모든 가치를 유용성의 입장에서 판단</u>하기 때문에 유용성을 진리 판단의 기준으로 삼았습니다. 쉽게 말해, '얼마나 쓸모가

듀이

있느냐.'는 말이죠. 당연히 일상생활에 도움이 되는 가치를 바람직한 가치로 여깁니다. 도덕이란 인간과 인간을 둘러싼 환경과의 상호 작용의 결과 생기는 것인데, 환경이 바뀌면 도덕도 바뀌는 겁니다. 이러한 입장에서 실용주의의 확립자인 **듀이**(Dewey, J., 1859~1952)는 도덕이나 윤리도 변화하고 성장하며, 고정적이며 절대적인 가치는 존재하지 않는다고 주장하였습니다. 나아가 성장하고 진보하는 도덕적 가치만이 최고선이라고 단언합니다.

생명존중사상

이제 현대 윤리사상의 마지막 내용이네요. 과학이 고도로 발달하고 자연이 급속하게 파괴되어 인간의 생명과 지구 생태계가 위협받게 되자, 생명의 신비와 존엄성을 강조하는 생명 존중 사상이 나타나게 되었습니다. 대표적인 사상가로는 **간디**(Gandhi, M., 1869~1948)와 '생명에 대한 외경(畏敬)'을 중시했던 **슈바이처**(Schweitzer, A., 1875~1965)를 들 수 있습니다. '외경'이란 자발적인 숭배의 뜻을 가진 '존경'이라는 말과, 신성한 것을 범했을 때 느끼는 두려움과 부끄러움의 뜻을 가진 '두려움'이라는 말이 결합되어 있는 용어입니다.

슈바이처는 "인간은 자기가 도울 수 있는 모든 생명체를 도와주고 어떤 생명체에도 해가 되는 행동을 하지 않을 때, 비로소 진정한 의미에서 윤리적이라 할 수 있다."고 하였습니다. 또한 "윤리적 인간은 이 생명 혹은 저 생명이 얼마나 값진가를 묻지 않으며, 그것이 나에게 얼마나 이익이 되는가를 묻지 않는다. 그에게는 생명 그 자체가 거룩하다.”고 하였습니다.

생명에 대한 외경, 즉 살아 있는 모든 것에 대해 경외심을 갖고 소중히 대하자는 겁니다. 이들은 인간 중심적인 생명관과 과학을 만능으로 생각하는 현대 사상이 인간을 타락시키고 있다고 지적합니다. 아울러 살아 있는 모든 존재에 대한 사랑과 자비를 역설하면서, 이를 스스로 실천하는 모습을 보여 주었습니다.

서양의 현대 윤리사상을 한마디로 정리해 볼까요. “이성적이고 관념적인 철학에 반대하고 인간의 현실적 삶을 중시하였는데, 그중에는 생철학(쇼펜하우어), 실존주의(키르케고르, 사르트르), 실용주의(듀이), 생명 존중 윤리(간디, 슈바이처) 등이 있다.”고 할 수 있습니다.

3) 서양 윤리의 현대적 의의

> 인간의 최대 의무는 성실하고 진지하게 진리를 탐구하는 데 있다.
> – 헤밍웨이(Hemingway, A.)

◇ 서양 윤리의 특징 ◇

우선 서양 윤리의 흐름은 인간의 본성과 관련하여 이성과 사유를 중시하는 윤리, 감각과 경험을 중시하는 윤리로 구분되며, 행위와 관련하여 의무론적 윤리와 목적론적 윤리로 구분된다는 사실을 알아야 합니다. 이러한 구분과 각각의 내용은 중요하니 꼭 기억해야 합니다. 지금까지 살펴본 서양 윤리의 특징은 다음 세 가지 정도로 정리해 볼 수 있습니다. 하나씩 살펴볼까요.

첫째, 서양 윤리는 크게 두 가지 흐름으로 나누어 볼 수 있습니다. 인간의 본성으로서 ① 이성과 사유의 측면을 중시하는 흐름과, ②

<u>감각과 경험의 측면을 중시하는 흐름</u>, 이렇게요. 다음 도표를 볼까요.

시대 분류	고대그리스	헬레니즘	근·현대	
이성, 사유 중시	소크라테스 플라톤 아리스토텔레스	스토아학파	합리론	이상주의(칸트)
감각, 경험 중시	소피스트	에피쿠로스학파	경험론	공리주의	실용주의

　인간의 본성과 관련된 서양 윤리의 흐름을 나누어 보니 위의 도표와 같네요. 먼저 ① 이성과 사유를 중시하는 윤리는 그리스의 고전철학으로부터 시작되었지요. "그리스 철학자들은 세계를 이성적으로 추리할 수 있는 이상의 세계와 감각적으로 경험되는 현상의 세계로 나누었다." 그리고 "선과 정의의 실현은 이성에 따라 감각적 충동을 억제하고 덕을 실천할 때 가능하다고 보았다."는 사실, 기억나죠. 혹시 잊었다면, 특히 플라톤의 윤리사상 쪽을 다시 확인해 봅시다. 이성과 사유를 중시하는 윤리는 헬레니즘시대에 스토아학파의 금욕주의로 이어지고, 근대에 대륙의 합리론을 거쳐 칸트의 윤리로 발전하였습니다.

　두 번째로, 도표에서 보듯이 ② 감각과 경험을 중시하는 윤리는 고대 그리스의 소피스트와 헬레니즘시대의 에피쿠로스학파로부터 시작되었습니다. 뒤에 근대 영국의 경험론과 공리주의를 거쳐 현대의 실용주의로 발전하네요.

　이들은 현실과 경험을 중시하였으며, 대체로 삶의 목적 또한 쾌락과 행복의 실현에 두었습니다. 그런데 쾌락이란 사람 및 때와 장소에 따라 달라질 수 있기 때문에, 윤리에 있어서도 자연히 **상대주의적 관점**을 취하게 되지요.

두 번째 특징을 볼까요. <u>서양 윤리의 흐름은 ① 의무론적 윤리와 ② 목적론적 윤리로</u> 나누어 볼 수 있습니다. 이 두 윤리설은 매우 중요합니다. 모의고사는 물론이고 수능에서도 자주 출제되니 반드시 알아 두어야 합니다.

먼저 ① 의무론적 윤리는 도덕 법칙의 명령에 따르는 것을 인간의 의무라고 하면서, 행위의 <u>결과보다는 그러한 행위를 하게 된 의지나 동기에 주목합니다.</u> 누가 떠오르나요? 바로 칸트죠. 칸트에 의하면, 행위의 결과란 우리 의지의 능력 바깥에 놓여 있는 것으로서 너무나 많은 변수가 있기 때문에 도덕성의 척도가 될 수 없다고 하였습니다. 좋은 결과를 예상하고 행동을 했는데, 의외로 나쁜 결과가 나오는 경우도 적지 않게 있잖아요. 따라서 그는 도덕적 가치 판단은 행위자가 책임질 수 있는 영역, 다시 말해서 행위자의 의지와 관련해서만 내려질 수 있는 것이라고 하였습니다. 이 말이 이해가 어렵다면 칸트의 윤리사상을 반드시 복습해 두어야 합니다.

반면에 ② 목적론적 윤리란, 우리가 추구해야 할 어떤 목적이 있음을 전제하고서 전개되는 윤리입니다. 우리가 추구해야 할 어떤 목적이 과연 있을까요? 그 목적에 해당되는 것은 대개 넓은 의미로는 '행복'이고 좁은 의미로는 '쾌락'이었죠. 여기서 '동기'를 중시한 의무론적 윤리설과는 대조적으로 <u>최선의 '결과'를 가져오는 행위가 선하고 옳은 행위</u>라는 겁니다. 어떤 결과를 말하는 것이었죠? 행위의 옳고 그름을 평가하는 유일한 기준은 행위에 의해서 생겨날 쾌락과 고통의 양이었습니다. 어떤 행동을 했을 때 그 행위의 결과가 사람들에게 쾌락, 행복, 즐거움 등 좋은 결과를 낳는다면 선한 것이고, 고통, 불행, 슬픔 등 나쁜 결과를 낳는다면 악한 것입니다. 흔한 사례로 의사가 환자에게 진실을 속이고 거짓말을 했는데, 환자가 희망

을 갖고 재활의지를 보여 좋은 결과가 나왔다면 의사의 거짓말은 선
(善)이 되는 것이죠.

목적론적 윤리에는 모든 일에 있어 효용성을 중시하는 경험주의적
관점이 잘 반영되어 있다고 할 수 있겠네요. 다음 그림을 볼까요.

위 그림은 모의고사<2008. 9>에 나왔던 것인데, 갑은 목적론적
윤리설, 을은 의무론적 윤리설의 입장을 취하고 있다는 것을 금방
알 수 있겠죠.

이러한 의무론적 윤리와 목적론적 윤리는 각각 그 적용에 있어서
난점을 지닙니다. 의무론적 윤리는 도덕법칙을 따라야 한다고 했는
데, ① 어느 시대, 어느 지역에서나 타당한 절대적인 도덕 법칙 또는
의무가 있는가? ② 만약 있다 하더라도 그 법칙 또는 의무를 어떻게
발견할 수 있는가? ③ 만약 발견할 수 있다 하더라도 왜 우리가 그

법칙에 의무적으로 따라야만 하는가라는 난점을 지닙니다.

마찬가지로 목적론적 윤리도 ① 과연 모든 사람들이 합의할 수 있는 인생에 있어서의 객관적인 목적이 있는가? ② 비록 객관적인 목적이 있다 할지라도 그것이 무엇인지 어떻게 알 수 있는가? ③ 목적을 달성함에 있어서 어떤 수단이 가장 정당한 것인가 하는 적용상의 난점을 지니게 됩니다.

마지막으로 세 번째 특징을 볼까요. 서양의 윤리사상은 <u>지식의 이해에 못지않게 실제 생활에서의 실천을 강조한</u> 것이 특징입니다. 동양 윤리사상의 특징과도 일치하는 부분이네요.

서양의 윤리사상에서는 아는 것이 일상생활 속에서 구체적으로 실행되었을 때에 인생의 궁극 목표인 행복이나 자아실현이 가능하다고 생각했습니다. 특히 소크라테스나 아리스토텔레스에게서 그런 면이 두드러지지요. 그들은 인간 자신이나 외부의 대상에 관한 참된 지식이나 진리와 법칙 등을 아는 것에 그치지 않고, 그것을 일상생활에 적용하여 실천할 것을 강조하였습니다. 개인의 진정한 행복은 전체 사회가 정의롭게 되는 이상사회나 이상국가를 통해 달성될 수 있다고 보았기 때문에 윤리·도덕적 실천을 개인적 차원으로 한정하지 않고 사회·국가적 차원으로 확대합니다.

◇ 서양 윤리의 교훈 ◇

서양 윤리가 오늘날 우리 삶에 던져 주는 의미는 무엇일까요? 두 가지 정도로 정리해 보죠. 먼저, 서양의 윤리는 우리에게 <u>인간의 평등과 존엄성을</u> 일깨워 줍니다.

헬레니즘시대의 스토아 사상은 "모든 인간은 이성을 가지고 있는 한 평등하다."고 했고, 중세 그리스도교 사상은 "모든 인간은 신 앞에서 평등하다.”고 했으며, 근대의 칸트는 “모든 인간은 절대적 가치를 지닌 인격체로서 존엄한 존재”라고 했습니다.

그러나 인류의 역사를 통해서 볼 때, 모든 인간이 평등하고 존엄한 대우를 받았다고 말할 수 있는 시대는 그리 흔치 않았습니다. 또한 아직도 이러한 이념이 충분히 실현되었다고 볼 수는 없을 것 같습니다. 하지만 적어도 현대 민주주의 사회에 살고 있는 사람이라면 모두가 이러한 이념에 동의하고 있지 않을까요.

두 번째로, 서양의 윤리사상은 개인 윤리뿐만 아니라, <u>사회적 차원의 윤리도 중요하다는 것</u>을 일깨워 줍니다. 사회의 규모가 커지고, 익명성이 날로 증가되며, 모든 환경이 급변하는 현대사회에서는, 개인의 도덕성 못지않게 사회제도와 규범이 지니는 도덕성이 매우 중요해질 수밖에 없는 것이죠. 이런 점에서 경험론자 흄이나 공리주의자 밀의 사상 등은 주목할 만합니다. 흄이 개인의 감정을 넘어서 사회적으로 인정을 받는 것 곧 공감을 중시했던 것, 기억나죠. 밀은 공익을 내세움으로써 이기적 윤리가 내포한 자기중심적 관점을 넘어 사회적 인간이 살아가야 할 길을 잘 제시해 주었다고 했습니다. 특히, 사람들이나 집단들 사이에 이해관계가 발생할 때, 모두가 만족할 수 있는 최선의 해결책을 어떻게 찾아내느냐 하는 것은 우리가 당면한 현실적인 과제로 떠오르고 있습니다. 여러분이 잘 알다시피 지역이기주의나 님비, 핌피 현상은 사회 곳곳에 만연하고 있습니다. 여기에 대하여 ‘최대 다수의 최대 행복’을 판단의 기준으로 제시했던 공리주의 윤리 등은 바람직한 사회제도와 공공 정책을 수립하는 데 이론적 근거를 제시해 줄 수 있다는 겁니다.

4. 세계 윤리

1) 세계 윤리의 필요성과 의미

◇ 세계 윤리의 필요성 ◇

과학 기술의 발전은 양면성이 있습니다. 우리에게 삶의 편리와 물질적 풍요를 제공해 준 반면에, 산업화, 도시화, 세속화를 초래하였고 결국 전통적인 윤리를 무력화시켰지요. 합리성을 앞세운 근대의 자연과학적 사고는 애초부터 보편적인 가치, 인간의 권리, 윤리적 태도의 근거를 제시하는 데에 무력했습니다. 어떤 결과가 초래될지는 짐작이 되지요?

정체성(正體性)의 위기가 폭넓게 확산됩니다. 학생 여러분들은 청소년기에 정체성을 확립하는 것이 중요하다는 말 들어 봤을 겁니다. 그 정체성 확립에, 즉 변하지 않는 존재의 본질을 깨닫는 데 어려움을 겪게 되었다는 뜻입니다. 결국 전통의 파괴, 삶의 의미와 목표의 상실, 절대적인 윤리 척도의 파괴 등등의 현상이 나타났고 이로 인해 마음의 상처(심리적인 상처)를 입게 되었습니다. 요즘 젊은이들이 좌절, 불안, 향락, 약물 중독, 알코올 중독, 범죄들에 빠지는 것도 정체성의 위기와 밀접하게 관련되어 있지요. 크게 보면, 정치·경제·사회단체 등에서의 불의 혹은 부정들도 이와 관련되어 나타나는 겁니다.

앞서 이러한 위기가 왜 나타났다고 했지요? 이런 위기는 근대화를 선도했던 서구 문명 자체의 윤리적 위기라고도 말할 수 있겠네요.

이제 이러한 현상들은 스스로 선진국임을 자처하는 나라들에서도 수 없이 발생하고 있으며, 우리나라도 예외는 아닙니다.

여러분도 알다시피, 우리나라도 그동안 경제적으로 풍요로운 나라를 만들기 위해 숨 가쁘게 달려왔습니다. '더 좋은' 것을 '더 많이' 그리고 '더 빨리' 갖고자 하였지요. 어느 정도의 경제 성장을 이루어 내기도 하였고요.

이것을 나쁘다고는 할 수 없지 않나요? 하지만 그 과정에서 우리도 모르는 사이에서 잃어버린 것들이 많았다는 데 문제가 있습니다. 사회의 안정을 지탱해 주던 전통적 가치와 규범, 사람들 사이의 따뜻한 인정, 깨끗하고 아름다운 자연환경 등 지켜 나갔더라면 좋았을 것들을 잃어버렸습니다. 더구나 교통 문제, 인구 문제, 공해 문제, 기상 이변 등 새로이 생겨난 문제들까지 떠안게 되었습니다.

하지만 사실 이러한 문제들은 근본적으로 근대화를 추구하는 세계 모든 나라들이 겪고 있는 문제이기도 합니다. 세계가 어떤 위기에 처해 있는지 볼까요?

> 세계의 국가들은 군사 설비를 갖추기 위해 '매분' 1,800만 달러씩을 지출하고 있다. 기아 또는 기아로 인한 질병으로 어린아이들이 '매시' 1,500여 명씩 죽어 가고 있다. 동물이나 식물이 '매일' 한 종씩 멸종하고 있다. 세계 경제 구조로 말미암아 1,500억 달러에 이르는 외채에 '매월' 75억 달러가 누적되고 있으며, 이러한 외채 누증은 제3세계 사람들에게 감당할 수 없는 부담을 지우고 있다. '매년' 한국 넓이의 3/4만큼의 원시림이 파괴되고 있다.

보기에도 끔찍한 내용이지요. 어떻게 하면 좋을까요? 분명한 것은 몇몇 사람이나 국가의 노력만으로는 해결이 불가능해 보인다는 것이네요. 곧 우리만의 과제라기보다 세계인의 과제요, 모두가 힘을 합쳐 함께 노력해야 할 과제라고 할 수 있습니다. 그래서 이제는 보편성과 구속력을 갖는 세계 윤리가 필요합니다.

위에서 우리는 "오늘날 전통적 윤리의 붕괴, 삶의 의미와 목표의 상실 등에서 비롯되는 인류의 정체성 위기를 해결하기 위해서 보편성과 구속력을 갖는 세계 윤리가 필요하다."고 하였습니다. 그렇다면 세계 윤리는 무엇을 말하는 것일까요?

오스트레일리아 윤리학자인 **싱어(Singer, P.)**는 윤리적 세계에 적용한 탑의 모양을 제시합니다. '**하노이의 탑**'이라는 것이죠. 하노이의 탑은 베트남의 수도 하노이에 있는 탑을 닮았다고 해서 하노이의 탑이라 이름이 붙여진 퍼즐입니다. '하노이의 탑'이라는 게임은 각기 크기가 다른 원반 모양의 판을 하나씩 차례로 쌓아올리는 게임인데, 가장 중요한 게임 규칙은 작은 원반 위에 큰 원반을 올려놓을 수 없다는 겁니다. 그렇다면, 탑의 높이는 어떤 원반을 기초로 시작하느냐에 따라 달라지겠군요.

싱어는 '하노이의 탑' 모형을 통해 다양한 윤리관들을 정립하려 하였습니다.

자기 - 이기적
가족 - 자기중심적
가문 - 혈족 중심적
향우 - 출신 지방 중심적
대한민국 - 국가 중심적
동아시아 - 문화권 중심적
① 인류 - 인간 중심적(세계 시민주의적): 오늘날 대부분의 윤리
② 고통을 느낄 수 있는 모든 존재 - 동물 중심적: 쇼펜하우어, 불교
③ 생물 - 생명 중심적: 슈바이처
④ 세계의 모든 존재 - 전체론적: 세계 윤리

하노이의 탑

어떻게 비유할 수 있을까요? 그림을 보니, 위층으로 올라갈수록 이웃의 범위가 좁아지는 폐쇄적인 윤리이고, 아래층으로 내려갈수록 이웃의 범위가 넓어지는 개방적인 윤리라는 것을 알 수 있네요. 그러면 세계 윤리는 당연히 맨 아래층에 있겠군요.

하지만 <u>오늘날 대부분의 윤리</u>들은 인간을 중심에 놓고 있는 ① **인간 중심적 윤리**입니다.

바로 아래층을 보면, ② **동물 중심적 윤리관**이 있네요. 고통을 느낄 수 있는 모든 존재를 윤리적 고려의 대상으로 삼아야 한다는 <u>쇼펜하우어의 윤리와 불교 윤리</u>가 이에 해당된다고 할 수 있고(쇼펜하우어 철학에서는 동물과 인간이 의지의 구현체라는 점에서 똑같은데, 그 능력만 다르기 때문에, 동물과 인간이 하나의 사슬에 들어 있는 것으로 이해합니다), 살아 있는 모든 생명에 대한 외경을 주장했던 그 유명한 <u>슈바이처의 윤리</u>는 ③ **생명 중심적 윤리관**입니다. 하지만 가장 포괄적인 관점을 지닌 것은 역시 맨 아래층의 ④ <u>무생물까지를 포함하여 세계 내의 모든 존재를 고려하는 윤리</u>, 즉 세계 윤리입니다.

이처럼 세계 윤리는 배려의 범위가 가장 넓혀진 윤리이지요. 다시 말해 세계 윤리는 인간 중심적 윤리관에서 동물·생명 중심적 윤리관으로, 더 나아가 무생물도 포함한 전체론적 윤리관으로 윤리적 관점을 확대한 윤리입니다.

왜 싱어는 우리에게 '하노이의 탑'처럼 폐쇄적인 윤리에서 개방적인 윤리로 나아가는 자세를 요구하고 있을까요? 여러분 생각에 사람은 이기적인가요? 이타적인가요? 둘 다 아닐까요. 그런데 사람은 이기적인 본성과 함께 이타적인 본성도 지니지만, 대체로 사람의 이타적 본성은 대개 좁은 범위까지만 미치기 마련입니다. 하지만 세계 윤리의 윤리적 관점은 우리로 하여금 이 범위를 넓힐 것을 요구하고

있으니, 어떻게 하면 좋을까요? 강한 의무
감으로 생물학적 본성을 극복해야 되겠지
요. 칸트를 공부할 때 배웠던 것처럼, 윤리
적 원칙들은 무조건적이고 언제 어디서나
의무적으로 수행할 것을 요구하는 것으로,
정언적이고 보편적인 것입니다. 세계 윤리
는 이 지구상의 모든 생명체와 생태계 전
체를 보전해야 할 책임을 우리에게 일깨우

슈바이처

고 있습니다. 현재뿐만 아니라 과거와 미래 세대까지를 포함한 모든
사람들을 배려해야 함은 물론이고요.

◇ 세계 윤리의 특징 ◇

오늘날 세계 윤리를 앞장서서 제창하고 있는 큉(Küng, H., 1928
~)은 세계 윤리의 기본 방향으로서 ① 비폭력적 문화와 생명 존중
의 실천, ② 연대성 문화와 공정한 경제 질서의 실천, ③ 관용의 문
화와 진실한 언행의 실천, ④ 평등의 문화와 남녀 간의 동반자 정신
을 추구, 이렇게 네 가지를 제시합니다. 그는 스위스 출신의 가톨릭
신학자로서 종교 간의 대화를 역설하고 세계 윤리라는 개념을 본격
적으로 사용한 사람입니다. 20세기 최고의 신학자로서 평가받기도
하지요. 그의 <세계 윤리 선언문>을 볼까요.

우리는 모두 서로 의존하고 있다. 우리 각자는 전체의 복리에 의존하고 있
고, 따라서 생명의 공동체, 인간, 동물, 식물, 그리고 지구의 보전을 위해
공기와 물, 흙에 대해 경외심을 가져야 한다.
우리는 인류를 하나의 가족이라고 생각한다. 따라서 우리는 서로를 친절하
고 관용적으로 대하도록 노력해야 한다. 우리는 자신만을 위해 살아서는

안 되며, 남을 위해 봉사하는 삶을 살아야 한다. 그리고 우리는 어린이, 노인, 가난한 사람, 고통받는 사람, 장애인, 난민, 그리고 외로운 사람들을 결코 잊어서는 안 된다. 어떤 사람도 이류시민으로 취급되어서는 안 되며, 또 어떤 방식으로도 착취당해서는 안 된다. 그리고 남성과 여성 사이에 차별이 있어서도 안 된다. 또, 우리는 어떠한 형태의 지배와 남용도 배격해야 한다.

구체적으로 그의 주장은 무엇일까요?

첫째, 세계 윤리는 <u>비폭력적 문화와 생명 존중의 실천</u>을 추구한다는 겁니다. 앞서 생명존중의 정신은 이제 인간 중심주의 윤리에서 벗어나 생명 중심주의로 전환되면서 동·식물에 이르기까지 광범위하게 확대되어야 한다고 하였지요. 물론 과거에도 생명을 살상하는 행위는 악으로 규정되어 있었지요. 하지만 이제는 적극적 의미에서 생명 존중을 실천하는 정신을 윤리적 합의로 도출해 내는 것이 필요하게 되었다는 겁니다. 세계 윤리에서는 생태학적 지혜를 살려 모든 생명체들이 서로 조화를 이루면서 살아가도록 실천 지침을 모색합니다.

둘째, 세계 윤리는 <u>연대성 문화와 공정한 경제 질서의 실천</u>을 추구합니다. 즉 자본주의적 장점과 사회주의적 장점을 함께 살리는 실천 지침을 모색하고 있다는 것이 하나의 특징입니다. 공정한 기준에 의해 경쟁하는 자본주의와 공평한 분배의 질서를 추구하는 사회주의의 장점을 살리자는 뜻이죠. 물론 전통적으로 훔치는 행위는 악으로 규정되어 있지만, 이제는 적극적 의미에서 경제 정의를 실현하고자 하는 정신을 문화적 합의로 도출해 내는 것이 필요하다는 겁니다. 이제 정치력과 경제력은 권위의 상징이 아니라 인간을 위한

한스 큉

봉사의 가치로 여겨지고, 공정한 기준과 공평한 분배를 통한 사회 정의 실현은 범세계적 가치로 확대되어 가고 있습니다.

셋째, 세계 윤리는 관용의 문화와 진실한 언행의 실천을 추구합니다. 그간 지구촌 구성원 간의 언론 매체에 의한 진실 왜곡, 이념적 편견, 정치적 술수가 난무했었죠. 물론 전통적으로도 거짓말하는 행위는 악으로 규정되어 있지만, 이제는 적극적 의미에서 진실하게 말하고 행위함으로써 세계 정의를 실현해 가는 것이 필요하게 되었다는 겁니다. 세계 윤리에서는 항상 진실만을 추구하는 실천 지침을 모색하고 있습니다.

마지막으로 넷째, 세계 윤리는 평등의 문화와 남녀 간의 동반자 정신을 추구합니다. 전통적으로도 부정한 행위는 악으로 규정되어 있지만, 이제는 적극적 의미에서 상호 간의 존경과 사랑을 돈독히 하자는 것입니다. 일방적인 지배가 아니라 동반자 관계를 환산시켜 가는 것이 필요하게 되었지요. 세계 윤리에서는 소유를 위한 탐욕과 성적 탐닉을 배격하고, 상호 관심과 화해를 구현하기 위한 실천지침을 모색하고 있습니다.

다시 정리해 볼까요. 세계 윤리의 특징으로 우리는 "비폭력적 문화, 연대성 문화, 관용의 문화, 평등의 문화를 만들고, 적극적 의미에서 그 각각의 실천 필요성으로 생명 존중의 실천, 공정한 경제 질서의 실천, 진실한 언행의 실천, 그리고 남녀 간의 동반자 정신의 추구"를 제시했습니다. 또한 각각의 실천지침을 모색한다고 했지요.

이처럼 세계 윤리의 기본 방향은 전통 문화의 가치를 현대적 생활 양식에 부합되게 해석함으로써 (이념적 논쟁에서 탈피하여) 세계 공동체의 윤리적 합의를 도출하려는 것입니다. 필요한 것은 무엇일까요? 개개인의 심정적 변화를 통한 집단의 변화, 그리고 지구촌 구성원의 의식 변화에 의한 삶의 질 개선이지요.

2) 세계 윤리의 등장 배경

위와 같이 세계 윤리의 의미와 특징을 살펴보았습니다. 그렇다면 세계 윤리는 구체적으로 왜 등장한 것일까요? 지금까지 공부한 것만으로도 충분히 짐작을 할 것 같네요. 먼저 서양의 인간 중심적이고 기계론적인 자연관으로 인한 환경오염과 생태계 파괴를 생각해 볼 수 있습니다. 최근에는 전 지구를 멸망시킬 수 있는 핵전쟁의 위험 및 군사력 경쟁과 같은 문제도 있고요. 이 외에도 인구 폭발과 식량 부족, 지구 온난화, 오존층 파괴, 산성비, 열대림 감소, 사막화 등과 같은 총체적인 지구의 위기를 불러오는 문제들이 쌓여 있습니다. 갑자기 암울해지네요. 이런 위기 앞에서 우리 인류는 어떻게 해야 할까요? 생태계의 위기를 극복하기 위해서는 단지 '쓰레기를 버리지 않는다.'는 정도가 아니라, 윤리적 차원의 접근의 필요할 것 같습니다. 핵전쟁이나 군사력 경쟁 문제는 국제적 협력이 있어야만 해결될 수 있을 것 같고요. 아무튼 오늘날 인류에게는 전 지구적이고 보편적인 기준을 지닌 하나의 세계 윤리가 필요하다는 사실은 확실하군요. 하나씩 봅시다.

◇ 생태계 파괴와 환경오염 ◇

주지하다시피 과학 기술의 발달과 지속적인 경제 개발은 산업화와 도시화에 의한 자연환경의 파괴를 초래합니다. 인간이 자연을 착취하고 파괴를 일삼자, 생태계의 자연스러운 순환과 재생 능력은 무너지고 말았고, 인간을 위한 자연착취가 결국 인간의 존속 자체를 위협하는 상황에 이르게 되었습니다.

그런데 생태계의 위기에 대한 대안을 찾는 많은 사람들은 이를 극복하기 위한 노력을 과학적 차원보다는 윤리적 차원에서 접근해야 한다고 주장합니다. '관점의 변화'가 보다 근본적인 해결책이라는 것이죠. 과학으로는 생태계 파괴문제를 모두 해결할 수 없다는 겁니다. 한때는 과학기술이 발전하면 모든 것이 해결될 수 있다고 믿었던 적도 있었습니다. 하지만 그 부작용이 만만치 않자 사람들은 더 이상 과학기술이 모든 것을 해결해 주지 않는다는 것을 알게 되었습니다. 그렇다면 사람들의 어떤 생각(관점)이 문제가 되었을까요?

앞에서 보았듯이 근대 경험론자인 베이컨(Bacon, F.)은 "지식은 힘이다. 자연이 인간에게 이롭도록 지식을 활용하라. 자연은 인간에게 순종하고 정복되어야 할 존재이다."라고 했습니다. 무슨 뜻입니까? 인간 삶의 풍요로움을 위해 자연을 정복할 수 있는 도구로서의 지식을 강조한 것이죠. 자연을 정복의 대상으로 보고 있군요. 그래서 서구의 자연관을 '**정복 지향적 자연관**'이라 합니다. 근대 합리론자인 데카르트(Descartes, R.) 또한 "생각하는 나만이 확실하다."고 하였습니다. 이와 같은 생각이 인간이 자연을 일방적으로 이용할 수 있다는 생각을 만연케 하고 인간과 자연의 관계를 왜곡시키기 시작합니다. 그래서 또한 서구의 자연관을 '**인간중심적 자연관**'이라 하지요. 인간과 자연을 분리시켰다는 점에서 '**이분법적 자연관**'이라고도 합니다. 하지만 분명히 인간과 자연은 원래 따로 있는 것이 아니라 서로 교통하면서 응답하는 동반자요, 하나의 운명 공동체입니다. 생태계가

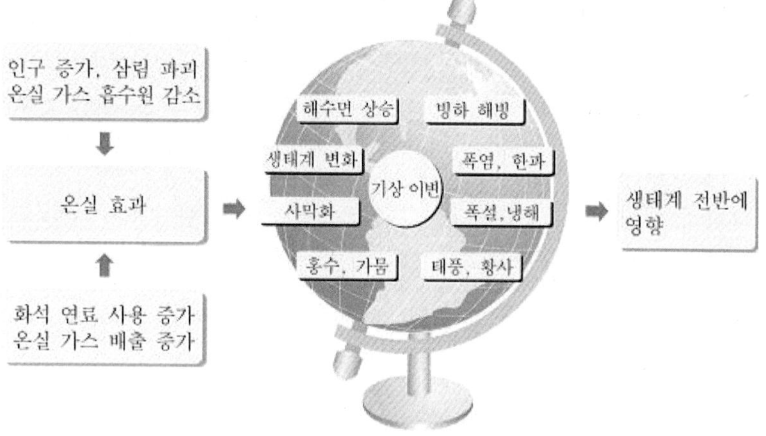

무너지면 인간 또한 존속할 수 없습니다.

만약 자연이 인간에 의해 일방적으로 경제적 목적을 위해 이용된다면, 어떻게 될까요? 당연히 인간과 자연의 관계는 파괴되고, 인간은 그 대가를 혹독하게 치르게 될 겁니다. 따라서 자연을 단순히 인간이 직접 소비할 수 있는 상품으로 취급하는 순간, 인간은 자연과 잘못된 관계를 맺게 된다고 할 수 있지요. 자연을 순전히 물질적 효용 가치의 측면에서만 바라보는 것은 자연의 가치를 제대로 보지 못하는 것입니다. 그렇다면 결국 문제가 되는 것은 무엇인가요? 인간이 **'자연을 바라보는 관점'**이 문제인 것이죠

아래쪽 그림은 모의고사<2008. 3>에 나온 것인데, 이런 현실을 놓고 "자연 자원은 인간에게 무한정의 기회를 제공한다."고 생각하면 안 되겠지요.

자! 볼까요. "나는 인간이 모든 것을 만들 수 있고, 인간의 마음대로 할 수 없는 것이란 아무것도 없다고 생각한다." 말은 멋있지만, 이 생각이 옳은 생각일까요? 아니죠. 잘못된 생각입니다. 다시 정리

하자면, 이제 우리는 더 이상 물질적 풍요와 진보만을 숭상하거나,
인간 중심주의적 관점에서 자연을 바라보지 말아야 합니다. 이제
우리는 산업혁명 이후 오늘날에 이르기까지 현대 문명을 주도하고
있는 관점 자체를 반성해 볼 시점에 이르렀습니다. 이제 우리는 오
늘날의 상황에 대한 위기의식을 공유하고 모든 사람들과의 열린 대
화를 통하여 인간 중심주의와 기계적 자연관으로부터 해방되어야 할
것입니다. 그런데 **기계론적 자연관**이 무얼까요? 모든 현상을 자연적
인과 법칙으로 설명할 수 있다는 사고방식이 기계론이니, 그런 관점
으로 자연을 바라보는 것이겠군요.

아래의 동양 산수화를 볼까요. 조선 18세기 중엽 강세황(姜世晃,
단원 김홍도의 스승)의 <벽오청서도(碧梧淸署圖)>입니다. 벽오동나
무 그늘 아래 무더위를 식히고 있는 선비의 모습이 그려져 있네요.
마당에는 청소를 하는 소년도 있고요. 그런데 거대하고 아름다운 자
연의 한 귀퉁이에 인간의 모습이 지나치리만큼 작게 그려져 있지 않
나요? 거대한 자연과 작은 모습의 인간, 무슨 뜻일까요?

강세황의 벽오청서도(조선)

우리 조상들이 자연을 인간 중심적 관점에서 하나의 대상으로서 바라
본 것이 아니라, 겸손하게 우리가 거기에 의지하여 함께 살아가야 할
대상으로 여겼음을 말해 주는 겁니다. 서양의 그것과는 사뭇 다르지요.

동양적 자연관의 기본정신

『전통윤리』 교과서(교육인적자원부, 251쪽)에는 동양의 자연관이 잘 정리되어 있습니다.
지금까지 공부한 동양의 윤리사상을 바탕으로 동양적 자연관을 이해하기 바랍니다.

"동양적 자연관의 기본 정신은 '상의(相依)'와 '화해(和諧)'라는 두 단어로 요약할 수 있
다. 상의는 개개의 사물이 서로 의존해서 존재한다는 뜻이고, 화해는 개개의 존재가 서로
간의 균형과 협동을 통해서 커다란 조화를 이룬다는 의미이다.
유학의 '천인합일설', 도가의 '무위자연설', 그리고 불교의 '연기설'은 인간과 자연의 관
계를 '상의'와 '화해'의 관점에서 바라본다는 점에서 공통적이다. 특히, 불교에서는 이러
한 상호 의존적인 세계의 모습을 '인타라망'이라는 그물에 비유한다. 인타라망이란 제석
천이 사용하는 무한히 큰 그물로서, 하나하나의 그물코마다 아름다운 보석이 달려 있다
고 한다. 각각의 그물코에 달린 보석들은 서로의 빛을 받아 다시 서로에게 반사한다. 개
개의 보석은 각기 혼자의 빛으로 세상을 밝히는 것이 아니라, 서로의 빛을 주고받아 반
사함으로써 무궁무진한 상호 의존의 세계를 이루는 것이다. 이처럼 동양적 자연관은 만
물 간의 관계를 상호 의존적인 것으로 파악하기 때문에, 경쟁과 다툼 대신 협력과 화해
를 중시한다. '화해'의 세계관은 개별적인 사물이 다른 사물들과 경쟁을 통해서만 발전할
수 있다는 투쟁의 역사관을 거부한다. 세계는 경쟁과 투쟁이 아닌 상호 의존과 협동을
통해서 더욱 아름다운 모습으로 바뀔 수 있다고 보는 것이다."

유학의 자연관

또한, 앞서 우리는 불교와 도가의 자연관을 살펴본 바 있습니다. 여기서 유학의 자연관을
소개합니다. 『전통윤리』 교과서(교육인적자원부, 249~250쪽)에는 유학의 자연관이 잘
정리되어 있습니다.

"전통 사상에서는 유학, 불교, 도가를 막론하고 인간과 자연의 합일을 인생의 이상적인
경지로 파악해 왔다. 유학에서는, '인간을 포함한 만물이 모두 본래적 가치를 지니고 있
다고 보고, 인간과 자연이 조화를 이루어 하나가 되는 경지[天人合一]'를 인생의 궁극적
인 목표로 추구하였다.
또, 끊임없이 만물을 낳고 길러 주는 자연의 생명력에 경외감을 표하고, 이러한 생명력을
단순히 과학적 법칙으로 파악한 것이 아니라 자연에 내재된 도(道)의 도덕적인 표현으로
보았다. 따라서 유학에서는 인간이 자연의 도를 본받아, 다른 인간과 존재들에게 인을 베
푸는 것이 바람직한 삶의 길이라고 보았다. 송대의 한 학자는 "자연은 만물을 낳는 것을
마음으로 삼고, 인간은 자연의 마음을 물려받아 자신의 마음으로 삼는다."라고 말하였다.
이러한 천인합일의 사상은 생명력을 부여해 준 자연에 대한 감사와 보답을 의미하는 것
일 뿐만 아니라, 다른 인간과 타 존재에 대한 도덕적 대우와 사랑을 의미한다."

인류 전체의 생존을 위협하는 가장 큰 일이 있다면, 어떤 일을 꼽을 수 있을까요? 아마도 지구온난화나 핵전쟁의 위협을 들 수 있을 겁니다. 이미 우리는 그 가능성을 경험했지요. 비록 사진이나 영상을 통해 본 것이기는 하지만, 1945년 8월 일본 히로시마와 나가사키의 원자 폭탄 투하를 목격했습니다. 여러분은 무엇이 느껴지나요?

히로시마 원자폭탄 투하

히로시마에 투하된 원자폭탄

한 서구의 미래학자는, 이것은 인간의 종말과 동시에 지구의 종말이 언제든지 가능하다는 것을 명백하게 보여 주는 증거라고 말한 바 있습니다. 과거에는 아무리 큰 전쟁이 일어났다고 해도 인류의 생존을 걱정할 정도는 결코 아니었습니다. 즉 지나간 인류에 있었던 인류의 참극과 위기들은 개별적인 문화권이나 지리적으로 한정된 공간에 국한되어 있었죠. 그런데 핵전쟁은 두말할 나위 없이 양상이 전혀 다릅니다. 오늘날 우리가 핵무기의 위협 아래에서 살고 있다는 것은 지나간 인류의 어떤 역사적 상황과도 비교할 수 없는 치명적인 상황인 거죠. 다시 말해 현재 우리가 당면하고 있는 위기는 전 지구와 전 인류에게 치명적인 것임은 물론 인류의 미래까지 완전히 부정하는 것입니다. 정말 두렵고 걱정스런 상황 아닙니까.

예컨대 지난 제1차 세계대전 이전의 전쟁은 때때로 그 파괴의 규모가 매우 컸어도, 전 인류의 생존이나 지구의 붕괴를 문제 삼을 정도는 아니었습니다.

하지만 만약 제3차 세계대전이 일어난다면 어떻게 될 것인지 예상이 되나요? 상상을 초월할 겁니다. 과연 지금 지구상에는 얼마나 많은 핵무기가 있을까요? 현재 무려 약 5만 개 이상의 핵탄두가 있다고 합니다. 물론 그 정도의 양이라면 지구를 수차례에 걸쳐 완전히 초토화시키고도 남을 정도이지요.

그럼에도 불구하고 지금 강대국들 사이의 (군사력의 수준을 일정하게 제한하는) '군비(軍備) 제한'을 위한 회담은 그리 낙관적이지 않다고 합니다. 군수품을 제조하거나 수리하는 산업, 즉 군수 산업은 강대국들에게 <u>경제적 이익을 가져다주기 때문에</u> 결코 포기할 수 없는 산업이며, 더구나 <u>국가 간의 경쟁 구도가 항상 존재</u>하고 있는 상황에서 군비 경쟁을 종식시킨다는 것은 사실상 어려운 일이지요. 이미 보유 중인 무기나 병력을 수량적으로 감축하는 '군비 축소'는 더더욱 어려운 일 아니겠습니까. 그런데 군수 산업이 가져다주는 경제적 이익이라는 게 과연 뭘까요?

> 지배자들은 위신을 보전하려고 하고, 군인들은 점점 더 현대적인 무기들을 요구하며, 기업가들은 점점 더 돈을 벌고자 하고, 노동조합은 모든 작업장을 잃지 않으려 하기 때문에, 전쟁 무기들은 계속 생산되고 판매된다.

참 비극적인 얘기입니다. 그렇다면 해결책은 뭘까요? 그것은 바로 국제적 협력에 의해서만 비로소 가능할 것입니다. 바꿔 말해 '세계 윤리'에 의해서만 달성될 수 있을 것입니다. 세계 윤리는 곧 초국가적 · 초문화적 윤리, 모든 사람의 복지를 지향함으로써 공감을 얻을 수 있는 윤리, 그리하여 전체 인류를 위해 구속력을 발휘하는 윤리이기 때문입니다. 이에 반하여 더 이상 차별의 윤리, 모순의 윤리, 투쟁의 윤리를 통해서는 생존하기 힘들다는 사실이 더욱 분명해지고 있지요.

◇ 인구 폭발과 식량부족 ◇

또 하나의 오늘날 인류가 직면하고 있는 가장 큰 문제 중 하나가 인구 증가문제입니다. 왜 갑자기 인구가 폭발적으로 증가했을까요? 알다시피, 과학과 의술의 발달이 인류의 수명을 연장시켜 놓았기 때문이지요(엄밀히 말해 영양과 위생 개선의 결과이지만요.). 1941년 페니실린이 발명되기 전에는 전염병에 속수무책이었다고 할 수 있습니다. 그전에 의사들은 대체로 환자들에게 도움을 주기보다는 해를 끼치는 사람들이었습니다. 특히 (기원전 425년부터) 1865년 이전에는 주요 치료법이 피를 뽑고(사혈, 瀉血), 설사를 유도하며(사하, 瀉下), 구토제를 사용하는 것이었다고 하네요. 심지어는 감기에도 피를 뽑고 설사를 유도했다죠. 아무튼 현재 지구촌 인구는 기하급수적으로 늘어나고 있습니다.

필자가 어렸을 적만 해도 세계 인구는 40억 명을 넘지 않았는데, 통계를 한번 볼까요. 1650년의 세계 인구는 5억 명이었는데, 1830년에는 10억 명이 되었고, 1930년에는 20억 명, 1975년에는 40억 명을 넘었습니다. 그 기간을 보니, 5억 명이 10억 명이 되는 데는 약 200년, 10억 명에서 20억 명으로 증가하는 데는 100년, 20억 명에서 40억 명으로 되는 데에는 불과 35년이 소요되었네요.

인구수가 두 배로 증가하는 기간이 "200년→100년→35년→?"으로 자꾸 현격하게 줄어듭니다. 2007년에 이미 세계 인구는 66억 명을 넘어섰고, 2050년이 되면 100억 명 이상이 될 것으로 추산된다고 합니다. 그러면 지구가 수용할 수 있는 최대 인구는 얼마나 되는 지도 궁금해지네요. 인구학자들의 예견에 의하면, 지구가 수용할 수 있는 최대 인구는 100억 명도 채 되지 않는다고 합니다.

어떤 생각이 드나요? 현재의 추세를 막지 않는 한 재앙은 피할 길이 없어 보이지 않나요? 어떤 재앙이 올까요? 불 보듯 뻔하지요. 식량, 에너지, 물, 주거 공간 등 숱한 문제를 지구촌에 야기할 것입니다. 그런데 문제는 앞으로 발생할 재앙이 아니라, 현재 인구가 폭발적으로 증가하고 있는 개발도상국의 90% 이상이 이미 식량, 물, 에너지 부족 등의 상태에 놓여 있다는 것입니다. 제3세계 국가들(제2차 세계대전 이후 등장한 신생 독립 국가들로서 자유 진영(제1세계)과 공산 진영(제2세계) 어디에도 속하지 않고, 비동맹 정책 내지 중립 노선을 취한 국가들. 근래에는 주로 아시아, 아프리카, 라틴아메리카 등에 있는 개발도상국을 가리키는 의미로 사용)에서는 지금도 약 8억 명의 사람들이 기아선상에서 허덕이고 있다고 합니다. 한 불길한 예측은 앞으로 식량 사정이 점점 나빠져서 10년 후면 지구촌 농산물 가격이 두 배로 폭등할 것이라는 겁니다. 정말 암울한 얘기지요. 학생 여러분의 미래가 어찌 될지 큰 걱정입니다.

우리는 어떻게 이 위기를 극복해 나가야 할까요? 당연히 식량 대란을 막기 위해서는 우선 인구의 폭발을 막아야 할 것입니다. 그런데 현재 8억 명이나 되는 사람들이 기아선상에서 허덕이고 있다고 했는데, 분명히 주목해야 할 것은 "식량 문제의 발생이 식량의 부족보다는 국가 간의 불균형적인 식량 배분에 있다."는 지적이 적지 않다는 것입니다. 몇몇 나라에서는 굶어 죽는 사람들이 있는데, 어떤 나라에서는 식량을 낭비한다는 얘기네요. '정말 이건 아니다!'라는 생각이 들지 않나요. 세계 윤리를 공부하다 보니, 암울하고 걱정스런 얘기가 많지요. 슬퍼지기도 하고요.

그래서 특히 많은 식량을 소비하는 부유한 국가의 국민들은 식량을 낭비하는 생활 방식과 식생활 습관을 바꾸어야 합니다. 하지만 더 큰 문제는 이러한 인구 폭발이나 식량 위기를 대부분의 사람들이 위기라고 느끼지 않는다는 데 있습니다. 당장 내 배가 부르고 등이 따습다고 남의 고통에는 관심도 없고 심지어 외면하기도 합니다. 이제 인구 문제나 식량 문제는 단순히 가난한 자의 몫이거나 가난한 나라의 문제가 아닙니다. 그런 생각을 가진 사람들이 많다면 이러한 위기는 더욱 심화될 것입니다.

생태계 파괴와 환경오염, 핵전쟁(핵확산)의 위험과 마찬가지로 인구 폭발과 식량부족의 문제도 몇몇 사람이나 몇몇 나라의 노력으로 해결되지 않습니다. 또한 단순한 **사회 정책적 접근**만으로는 근본적인 해결이 안 됩니다. **인식의 전환**이 중요합니다. 즉 전 인류의 문제로 인식해야 할 필요가 있습니다. 그러려면 자신이 속한 사회, 나라, 종교 등의 입장을 떠나서 생각해야 하겠지요. 모든 사람이 자기 자신의 삶의 방식을 되돌아보고, 또 '전 지구적 기준'을 지닌 하나의 세계 윤리를 실천할 때, 해결의 실마리가 보입니다.

3) 세계 윤리의 전망

> 윤리적으로 사는 것은 세계를 보다 총괄적인 관점에서 바라보고 그에 따라 행동하는 것이다.
>
> — 싱어(Singer, P.)

◇ 세계 윤리와 종교적 평화 ◇

여러분이 지금까지 세계 윤리에 대해서 공부한 내용이 무엇이었는지 정리해 볼까요. 한마디로, 우리는 "자신을 포함한 전 인류의 생존과 미래 세대의 온전한 삶을 위해서 더 이상 근대 과학 기술의 힘에만 의지해서는 안 되며, 하나의 세계 윤리를 세우고 실천해야 한다.”는 것이었습니다. 또한 그 정신을 한마디로 표현하면, '**인간과 자연과의 화해**'라고 할 수 있습니다. 하지만 말뿐인 세계 윤리는 아무런 의미가 없는 것이지요. 그 실천을 어떻게, 어떤 방식으로 행동으로 옮길 수 있을까요? 세계 윤리가 단지 추상적인 호소에 그치지 않고 구체적으로 실천되기 위해서는 구체적으로 무엇을 해야 할까요?

여기에 제기된 하나의 주장은, “전 지구적인 위기상황을 타결하기 위해서 세계 윤리가 필요하고, 생존을 위해서는 평화가 필요하고, 세계 평화를 위해서는 종교의 평화가 필요하다.”는 것입니다. 다시 말해, '**종교와 종교 사이의 화해**'가 무엇보다도 중요하다는 지적이 있지요.

우리가 친한 친구와도 서로 생각이 달라 서로 다투는 경우가 있는데, 그 주된 주제 중의 하나가 종교인 경우도 있지 않나요? 친한 사이일수록 정치나 스포츠, 종교 같은 주제로 얘기하지 말라는 충언도 있습니다. 종교는 그만큼 생각이 다르면 갈등이 생길 수 있는 민감한 주제입니다.

과거에는 종교가 지역주의적 관습 체계, 즉 매우 편협한 지역주의와 문화적 틀 속에 갇혀 있었기 때문에, 어떤 한 종교가 보편성을 얻어 세계화되는 것을 가로막았습니다. 대부분의 종교는 그 지역의 관습이나 제사 의식과 깊은 관련이 있었고, 종교 의식 또한 일차적으로 종교 조직을 구성하는 구성원들의 삶의 방식과 밀착되어 있었죠.

하지만 21세기는 그야말로 세계화 시대이지요. 지역주의의 한계가 드러난 21세기의 삶에서는 과거와 같은 방식의 조직이나 관습의 특수성을 강요하기가 힘들어지게 되었습니다. 따라서 이제 종교는 과거의 편협한 지역주의와 문화적 틀 속에 있는 종교의 모습에서 탈피하여 세계 안에서의 갈등과 불안을 해소하려고 하는 평화적 종교 문화를 형성해야 합니다.

그럼에도 불구하고 종교와 종교 사이에 갈등이 생겼던 이유는 무엇이었을까요? 서로 다른 종교 조직 간에 이해관계가 상충했기 때문입니다. 그것도 대부분 근거 없는 편견이나 선입견, 몰이해로 인한 것이었죠. 이제 내 믿음의 방식만이 오로지 인류를 구원할 수 있다는 사고방식(원리주의 혹은 근본주의라고 부르지요.)에서 벗어나야 합니다. 종교를 가진 학생들 중에도 그런 그릇된 믿음을 가진 학생들이 적지 않습니다.

세계 윤리가 구체적으로 실천되기 위해서는 무엇보다 '종교 간의 화해'가 일차적이라고 했습니다. 그래서 21세기 인류의 최대 과제 중 하나는 바로 종교들 사이의 갈등을 불식하고 서로를 이해하는 공존의 장으로 나아가는 것입니다.

그런데 종교 간의 화해 가능성을 어디서 찾을 수 있을까요? 종교들은 보편성 속성을 지니고 있지요. 현재 세계의 주요 종교들은 수많은 왕조나 제국보다 더 오래되고 더 지속된 것입니다. 수천 년에 걸쳐 지구의 문화를 형성하는 데 큰 영향을 끼쳐 왔지요. 이러한 종교들은 그동안의 역사 속에서 새로운 도전에 대하여 적응하고 변화함으로써 자신을 지켜 왔고, 문화의 형태를 새로운 방법으로 바꾸어 놓았습니다.

하지만 이러한 종교들은 겉보기의 다양함에도 불구하고 공히 인간의 근본적 물음에 대하여 보편적인 해답을 제공합니다. 이것이 다른 철학이나 과학 같은 학문이 갖지 못한 종교의 특성이자 장점이지요. 즉 '이 세계와 세계의 질서들은 어디에서 유래하며, 인간은 왜 태어나고 왜 죽어야만 하는가?', '무엇이 개인과 인류의 운명을 결정하는 가?'와 같은 질문에 대한 해답을 주지요. 나아가 종교들은 세계에 대한 해석뿐만 아니라, 구원의 가능성 또한 제공합니다. 신앙인들의 궁극적인 목적이 무엇이죠? 구원에 이르는 것 아닐까요. 즉 현실의 궁핍, 아픔, 그리고 죄로부터 해방되는 것, 나아가 책임 있는 행위를 통해 영원한 구원에 이르는 것이지요. 이 방법을 종교는 제시합니다.

물론, 처음에 말했듯이, 종교들은 이러한 보편성에도 불구하고 각각의 고유한 특성을 갖고 있습니다. 따라서 끊임없는 자기 개혁과 쇄신(새롭게 함)을 거쳐서 조화에 도달하고, 또한 자기비판을 거쳐서 관용에 도달해야 합니다. 우리가 지향하는 종교는 세계 안에서의 갈등과 불안에 관심을 기울이며, 자기 자신의 이익보다는 인류의 평화와 미래에 관심을 기울이는 종교이기 때문이지요. 큉은 "종교평화 없이 세계평화 없으며, 종교 대화 없이는 종교평화가 없다."고 하였습니다.

◇ 세계 윤리와 한국인 ◇

이제 우리 자신이 속한 한국 사회를 되돌아볼 차례이네요. "우리는 과연 한국인의 테두리를 넘어 세계 윤리를 논할 정도로 성숙한 의식을 가지고 있다고 할 수 있는가?"에 대한 것입니다. 여기에는 크게 두 가지 견해가 있습니다. 비판적인 견해와 긍정적으로 보려는 견해가 있지요.

먼저 한국인에게는 <u>자기중심적인 이기주의가 만연되어 있다</u>고 비판하는 견해가 있습니다.

한국인은 공동체 의식, 즉 연대 의식과 공동선 내지 공익을 추구하는 정신이 빈약하다는 것이죠. 이에 반하여, 한국인은 <u>전통적으로 혈연이나 지연 중심의 공동체 의식이 매우 강하다</u>고 주장하는 견해도 있습니다. 왜 이런 상반된 견해가 있을까요? 어떤 것이 진짜 우리 모습일까요? 둘 다 맞지요. 앞의 견해가 급속한 산업화에 따른 전통 윤리의 붕괴 현상과 관련된다면, 뒤의 견해는 전통적인 농경문화의 산물이라 할 수 있을 것입니다.

그런데 문제는 자기중심적인 이기주의나 혈연·지연 중심의 공동체 의식 모두 개방성을 특징으로 하는 세계 윤리와 조화되기 힘들다는 것이죠.

하지만 여전히 우리가 세계 윤리에 동참할 수 있는 여지는 있어 보입니다. 세계 윤리를 실현하기 위한 첫걸음이 국가 간의 조화와 세계 공동체 의식의 확립에 있으니까요. 그러고 보니 한국인의 조화 정신과 공동체 의식이 바로 그것이네요. 이 정신을 발전시켜 세계 윤리의 토대를 만들 수 있을 것으로 보입니다.

여러분에게 우리 한국인들의 장점을 들어 보라고 한다면 무엇을 꼽겠습니까? 아주 많을 것 같네요. 조화 정신과 공동체 의식 외에도, 한국인은 불쌍한 사람을 도와주는 것을 좋아하고, 염치·의리·사양·예절을 중히 여깁니다. 또한, 한국인은 고독과 고립을 싫어하고 모임을 좋아하며, 낙천적인 기질을 가지고 있어서 사교적입니다. 종교열과 교육열도 매우 높지요.

이런 점들이 세계 윤리에 접목될 수 있는 것들입니다. 다음 글을 볼까요. 현각 스님이 쓴 만행이라는 책에 나온 내용입니다.

1996년, 내가 묵고 있는 화계사에 세 번이나 불이 났다. 경찰은 기독교인을 범인으로 추정했다. 화계사는 불탄 절을 다시 세우고 개·보수하느라 많은 돈을 들여야 했다. 나를 비롯한 국제 선원 스님들은 그 공사 때문에 며칠 밤낮을 매달려야 했다. 일을 하는 우리 마음 속에는 놀라움과 안타까움을 넘어 분노까지 일었다.

'이곳은 우리가 사는 집이다. 그런데 어떻게 자기들이 믿는 신념과 우리가 믿는 신념이 다르다고 해서 우리가 사는 집에 그것도 세 번이나 불을 지를 수 있단 말인가. 이것은 결코 예수님을 믿고 따르는 행동이 아니다.'
그렇게 우리가 분노와 탄식을 쏟아 내며 불에 탄 법당을 수리하고 있을 때, 우리의 절망을 한꺼번에 씻어 준 위대한 분이 나타났다. 불탄 법당을 쓸고 닦느라 정신이 없을 때, 이웃 신학 대학에서 한 교수님이 학생들과 함께 갑자스럽게 화계사를 찾아오신 것이다. 그리고는 흉물이 된 법당을 둘러보시더니 주지 스님께 깊은 사죄의 뜻을 전달했다. 신성한 법당에 이런 야만적인 행위를 한 것에 대해 같은 기독교인으로서 깊은 사죄를 하신 다는 것이었다. 우리는 너무도 놀랐다. '한국에는 온통 닫힌 생각과 행동을 하는 기독교인들만 있는 줄 알았는데 이런 분도 계셨구나. 우리가 한국을 모르고 있구나.'
그날 교수님과 학생들의 방문은 당장 수행을 그만두고 한국을 떠나야겠다고 울분에 찬 비애를 터뜨리기도 했던 우리 국제 선원 스님들에게 무엇과도 바꿀 수 없는 희망을 보여 주었다.

— 현각, 『만행—하버드에서 화계사까지』

이렇듯 한국인의 자긍심을 되살리고, 시야를 더 넓히고, 종교열과 교육열을 한 차원만 더 높일 수 있다면, 다른 나라 사람들도 사랑할 수 있게 될 것이며, 세계 공동체의 일원으로서 우리에게 맡겨진 몫을 다할 수 있을 것이며, 세계 시민의 윤리 의식을 가질 수 있을 것입니다.

◇ 세계 윤리의 교훈 ◇

'지구촌'이라는 말이 있듯이, 오늘날을 흔히 국제화 시대 또는 세계화 시대라고 합니다. 다국적 기업이나 세계무역기구를 보면 세계화는 이미 거스를 수 없는 대세라고 할 수 있습니다. 세계화는 국가의 위상을 약화시킨다는 점에서 민족주의와 갈등을 일으킬 소지가 있지요. 하지만 세계화(국제화)는 단순히 문호 개방과 교류를 의미하

는 것이 아니라, 국제 사회의 일원으로
서 세계인의 평화와 복리 향상을 위해
우리 자신의 장점을 살려 협력하고 공
헌한다는 의미입니다. 우리 한국인도
그런 의미로써 세계화를 추진해야 할
것입니다. 그러기 위해서는 외국의 문
호, 즉 외국의 역사와 관습, 더 나아가

그 나라 사람들의 사고방식과 가치관을 배우고 이해하려는 노력이
전제되어야 하겠지요.

그런데 중요한 것은 "다른 나라의 생활 습관이나 관행을 고유한
문화로서 이해할 필요가 있다."는 점입니다. 어릴 때부터의 생활 습
관이란 바꾸기도 어렵고, 남의 것을 이해하기도 어려운 법이죠. 따라서
우리에게는 외국의 다양한 문화에 대해서 우열을 논하지 말고 각각의
가치를 인정하려는 자세가 필요하지요. 이것을 **'문화상대주의'**라고 합
니다. 또 같은 맥락으로 우리부터 먼저 한국 고유의 문화를 중요시하
고, 그것을 가치 있게 여기는 자세를 지녀야, 국제 사회에서도 존경받
게 될 것입니다.

이렇게 보니 세계화의 과제는 크게 두 가지로 정리할 수 있겠네요.
다양한 문화의 가치를 인정하는 자세와 우리 고유의 문화를 중요시
하고 가치 있게 여기는 자세, 이렇게요.

하지만 인류는 비록 각기 서로 다른 문화를 가지고 있지만, 그 문
화의 차이를 뛰어넘는 인류 전체의 보편적 가치 또한 존재한다는 사
실을 명심해야 합니다.

예컨대, 유엔(UN)총회에서 채택한 '세계 인권 선언'을 들 수 있습
니다. 그 제1조에는 "모든 사람은 태어나면서부터 자유롭고, 평등한

존엄성과 권리를 가진다. 인간은 이성과 양심을 가지고 행동해야 한다."고 되어 있지요. 1948년 12월 10일 유엔총회에서 선포되었던 세계인권선언문은 다음과 같습니다.

인류 가족 모든 구성원의 고유한 존엄성과 평등하고 양도할 수 없는 권리를 인정하는 것이 세계의 자유, 정의, 평화의 기초가 됨을 인정하며, 인권에 대한 무시와 경멸은 인류의 양심을 짓밟는 야만적 행위를 결과하였으며, 인류가 언론의 자유, 신념의 자유, 공포와 궁핍으로부터의 자유를 향유하는 세계의 도래가 일반인의 지고한 열망으로 천명되었고, 사람들이 폭정과 억압에 대항하는 마지막 수단으로서 반란에 호소하도록 강요받지 않으려면, 인권이 법에 의한 통치에 의하여 보호되어야 함이 필수적이며, 국가 간의 친선관계의 발전을 촉진시키는 것이 반드시 필요하며, 국제연합의 여러 국민들은 그 헌장에서 기본적 인권과, 인간의 존엄과 가치, 남녀의 동등한 권리에 대한 신념을 재확인하였으며, 더욱 폭넓은 자유 속에서 사회적 진보와 생활수준의 개선을 촉진할 것을 다짐하였으며, 회원국들은 국제연합과 협력하여 인권과 기본적 자유에 대한 보편적 존중과 준수의 증진을 달성할 것을 서약하였으며, 이들 권리와 자유에 대한 공통의 이해가 이러한 서약의 이행을 위하여 가장 중요하므로, ……모든 국민들과 국가에 대한 공통의 기준으로서 본 세계인권선언을 선포한다.

　　교과서에는 이 선언문에 대하여 그 의의를 밝혀 놓고 있습니다. '유엔 세계 인권 선언문의 의의'를 볼까요.

이 선언문은 법률적 강제성을 띠지는 않지만, 그동안 세계 모든 정부에 국제 관습법과 같은 효력을 발휘하였으므로, 결과적으로는 강력한 국제 인권법이 제정된 셈이다. 그리고 특정 국가의 '인권 지수'를 측정하는 잣대로도 이 인권 선언문은 중요한 역할을 하고 있다.
일명 '세계 최고의 기밀 서류'라고 불렸던 세계 인권 선언문은 1948년 12월 10일에 유엔 총회에서 선포되었다. 당시 세계는 제2차 세계대전의 잔혹상에 커다란 충격을 받고 있었다. 따라서 이런 일이 결코 되풀이되어서는 안 된다는 각성을 하게 되었다. 그리고 이러한 생각을 실천에 옮기기 위해 유엔은 인권 위원회를 설립하고, 유엔의 모든 회원국들이 만족할 수 있는 '국제 인권 장전'을 마련하기로 하였다. 이에 따라, 1947년부터 48년까지 세 차례에 걸쳐 문안이 토론되고 수정되는 가운데, 결국 1948년 12월 10일에 세계 인권 선언문이 선포되었다.

세계 인권 선언문은 두 가지 점에서 중요하다. 하나는 인류 역사상 처음으로 모든 인간이 단지 인간이기 때문에 부여받는 기본권을 주장한 점이고, 다른 하나는 세계의 정부들이 인권에 대해 처음으로 채택한 포괄적 선언문이라는 점이다.

이렇듯 유엔이 채택한 '세계 인권 선언'처럼 각기 다른 문화의 차이를 뛰어넘는 인류 전체의 보편적 가치가 존재합니다. 모든 사람은 생명, 자유 신체의 안전에 대한 타고난 권리를 가지고 있기 때문에 기본적으로 동등한 권리를 누려야 하는 겁니다. 인종이나 피부색, 성별 혹은 종교와 정치상의 의견 차이, 출신, 재산 등에 의해서 차별받아서는 안 되겠지요.

모든 사람이 이러한 보편적 가치를 지니고 있는 한, 세계인 모두 각자가 지닌 문화적 특수성을 넘어서 하나의 지구촌 구성원이라는 의식을 가질 수 있을 것이고, 이제 그런 의식을 가지고 인류의 생존과 번영이라는 공동의 목표를 향해 노력하자는 겁니다.

그렇다고 해서 단지 인간의 조건에만 관심을 가져서는 안 되지요. 이 지구촌을 구성하고 있는 모든 존재들, 즉 모든 생명체와 무생물에게까지 관심을 기울이지 않으면 안 됩니다. 이제 여러분도 그 이유를 잘 알고 있을 겁니다. 모든 존재들이 서로 의지하면서 하나의 유기적 관계를 유지하고 있기 때문입니다.

Ⅲ 사회사상의 흐름과 변화

1. 사회사상의 형성과 전개

1) 사회사상의 형성

앞에서도 나왔지만, 사상이란 넓은 의미로 본다면 '정신 속에 일어나는 모든 현상' 내지는 '어떠한 사물에 대하여 가지고 있는 구체적인 사고나 생각'이라고 할 수 있습니다. 따라서 사회사상은 '사회 문제에 관한 이론 체계'를 말합니다. 인간이 사회생활을 하는 한 사회에 대한 인간의 사상은 언제라도 있었겠죠. 당연히 인류의 사회사상 형성을 위한 노력은 매우 역사가 깊고 다양하다고 말할 수 있습니다.

하지만 우리가 여기서 공부하려는 근대적 의미의 사회사상은 지난 200년 동안 서구 사회를 중심으로 발달되어 온 이데올로기입니다. 이데올로기(이념, 사상)는 실로 다양하지만, <u>대표적인 이데올로기로는 자유주의, 사회주의, 민족주의, 민주주의 이렇게 네 가지를 꼽습니다.</u> 앞으로 이 네 가지 이데올로기를 살펴보겠습니다. 먼저 각각의 개념(혹은 특징)을 정리하고 이어서 간단한 역사순으로 보도록 하죠.

◇ 자유주의 ◇

(1) 개념

자유주의라는 밀은 누구나 알 듯한 말이지만, 구체적인 의미를 보면 간단치 않습니다. 어원을 따지자면 자유주의(liberalism)는 자유를 뜻하는 라틴어 'liber'에서 비롯되었습니다. 일단, 개인의 자유를 억압하면 안 된다고 주장할 겁니다. 따라서 일반적으로 자유주의는 개인의 자유를 위협하고 개인이 지닌 잠재 가능성의 실현을 방해하는 어떠한 체제에도 반대하는 정치적·철학적 관점을 의미합니다. 여기서 중요한 것은 '개인'의 자유를 증대시키려고 한다는 점입니다. 다시 말해, 집단적 통제보다 개인의 자발성을 우선시하다는 말입니다. 그렇다면 국가나 사회는 뒷전일까요? 예, 국가와 사회제도는 자유를 보장하고 개방을 꽃피우기 위해 존재하는 것입니다.

자유주의가 취하고 있는 기본적 입장을 정리해 볼까요. 대체로 다음 세 가지를 말합니다.

첫째, 개인이 지닌 인격의 자유로운 표현을 중시합니다.

둘째, 인간은 자신과 사회를 위해 그와 같은 인격을 표현할 수 있는 능력이 있다고 믿습니다.

셋째, 자유로운 표현과 자유에 대한 신념을 보호하는 제도와 정책들을 지지합니다.

만약에 인간에게 자신의 인격을 표현할 수 있는 능력이 없다고 한다면 자유를 부여할 수 없겠죠. 또 그런 능력이 있어도 제도나 정책이 뒷받침이 안 되면 능력을 발휘할 수 없는 것은 당연한 것이고요.

(2) 역사

자, 앞서 말한 것처럼 개념을 정리했으니 이제 자유주의의 역사를 볼까요.

자유주의 사상은 개인의 자유를 보편적 가치로 인식한다고 하였습니다. 이런 생각이 본격적으로 전개되어 국가와 사회의 지도 원리로 자리 잡게 된 것은 근대 유럽에 들어서서였습니다. 즉 르네상스와 종교개혁이 그 시작입니다. 다시 말해 자유주의의 핵심 가치 중 하나가 개인주의라고 하였는데, 14~16세기의 르네상스와 16세기의 종교개혁은 이 개인주의에 크게 기여합니다.

구체적으로 말하면, 알다시피 **르네상스**(Renaissance, 재생 · 부활의 뜻)는 서유럽에서 일어난 문화운동이지요. 신 중심의 중세를 벗어나면서 고대 그리스 · 로마 문화를 이상으로 삼아 이를 부흥시켜 문화를 창출하려고 했습니다. 즉 르네상스를 통해 인간 중심의 가치관이 부활함으로써 개인주의가 발전할 수 있었습니다. 더구나 로마 가톨릭 교회에 대항하여 일어난 **종교개혁**은 개인의 신앙과 성서해석의 중요성을 강조하였죠. 그래서 교회나 제도의 절대적 역할을 부인하고 성서를 통한 신과 인간과의, 직접적인 교감을 강조하게 되었고 결국 개인주의의 확립에 긍정적인 영향을 미치게 됩니다.

그러다가 아예 자유주의가 실천적인 목표가 되어 발전하기 시작합니다. 17세기 영국의 **명예혁명**(1688, 피를 흘리지 않고 평화롭게 전제 왕정을 입헌 군주제로 바꾸는 데 성공하였다고 하여 '영예혁명'이라고도 합니다)은 근대적인 입헌주의를 도입했다는 의미가 큽니다. 법에 의한 지배의 전통 위에 의회 정치를 정착시킴으로써 왕이 제멋대로 통치하지 못하도록 했습니다. 또한 폭력적 수단을 수반하는 급진적인 사회제도의 변혁에 반대하고, 의회 제도의 틀 속에서 온건한 개혁을 지향하였기 때문에 자유주의의 의미를 확인시켜 주었다는 의미도 갖습니다.

명예혁명 외에도 **미국의 독립 선언**(1776, 북아메리카의 13개 영국령 식민지대표들로 구성된 대륙회의가 독립을 선언)과 **프랑스의 인권 선언**은 자유주의에 있어 새로운 전기를 마련합니다.

미국 독립 선언서 전문 중 일부를 볼까요. "모든 사람은 태어나면서부터 평등하고, 신은 그들에게 몇 가지 양도할 수 없는 권리를 부여하였으며, 그 원리 중에 생명과 자유와 행복의 추구가 있다는 것은 자명한 진리인 것이다."라고 하였습니다. 또한 프랑스 인권 선언 제1조를 보면, "인간은 권리에 있어서 자유롭고 평등하게 태어나 생존한다. 사회적 차별은 공동 이익을 근거로 해서만 있을 수 있다."고 합니다.

이와 같이 자유주의는 근대 정치 원리의 기본 이념으로서 인간의 자유를 보편적인 용어로 표현하여 자유의 기초를 확립하게 됩니다.

◇ 사회주의 ◇

사회주의도 자유주의와 마찬가지로 특징(개념)과 역사순으로 살펴봅시다.

(1) 특징

먼저 사회주의의 특징을 알아보려면 그 대칭 개념인 자본주의와 비교해 보면 쉽겠죠. 자본주의의 병폐를 지적하며 등장한 것이 사회주의이니까요. 쉽게 우리 남한의 자본주의와 북한의 사회주의(공산주의)를 비교해서 생각해 보는 것도 좋습니다.

자유주의 이념을 기반으로 성립된 자본주의는 사유 재산제, 자유

계약 및 자유 시장 제도를 근간으로 합니다. 북한을 생각해 보면, 사유 재산과 자유 계약이 허용되지 않고, '장마당'이라고 하여 시장이 있기는 하지만 원칙적으로 허용되는 것이 아니었습니다. 이러한 사회주의가 왜 등장했을까요? 자본주의는 유럽의 정신적, 경제적 성장에 크게 기여하였지만, 산업화의 초기 과정에서는 경제적 불평등의 문제로 많은 비판을 받았기 때문입니다. 다시 말해 자유를 바탕으로 하는 자본주의가 경제적 불평등, 즉 빈부의 격차 등의 문제를 드러내자 사회주의가 대두합니다. 이는 곧 새로운 인간과 이상사회에 대한 열망의 표현이라고 할 수 있겠죠.

그렇다면 사회주의의 특징은 자본주의와 대조적인 내용이 되겠군요. 그 특징으로 다음의 세 가지를 들 수 있습니다.

첫째, 자유주의적인 인간관에 반하는 **사회 중심의 인간관**을 강조합니다. 자본주의는 (개인의)자유를 바탕으로 한다고 하였는데, 사회주의는 말 그대로 사회 중심입니다. 인간을 사회적 존재로 볼 수 있는 까닭은 뭘까요? 인간은 독립적인 존재가 아니라 상호 의존적인 존재이기 때문이며, 인간성은 물론 개인의 능력도 사회 속에서 형성되기 때문에 개인의 소유물이 아니라고 보았습니다.

둘째, **생산수단의 공동 소유와 통제**를 핵심 원리로 삼았습니다. 생산수단, 즉 생산에 필요한 도구(이를테면 자원, 공장, 기계 등등)를 공동 소유로 하고 이를 통제한다는 것이죠. 왜 그래야 할까요? 자본주의의 문제는 사유 재산제에서 나온 것이니까, 생산수단을 공동 소유(혹은 국유화)하면 불평등의 문제가 해소되겠죠.

결국 셋째 특징은, **경제력 불평등의 해소**를 중요한 이념으로 삼는다는 것입니다. 바꿔 말하면 이러한 이념은 물질적 결핍으로부터 인간 해방을 의미하며, 물질적 재화의 생산보다는 분배의 문제에 초점을 맞추는 것이라고 할 수 있습니다.

(2) 역사

이제 사회주의의 역사를 보도록 합시다. 우선 '사회주의(공산주의)'라는 말을 떠올리면 **마르크스**(Marx. K. 1818~1883)가 생각납니다. 실제로 현대 사회주의 운동은 1848년 '**공산당 선언**'에 의해 대표되는 마르크스주의에 기원을 둡니다('공산당 선언'은 아래에서 설명). 하지만 사회주의의 사상적 기원은 고대에서부터 나타나죠.

앞서 배웠던 **플라톤**(Plato)의 이상국가는 그의 '국가편'에 의하면, "모든 것을 공동으로 소유하고, 토지와 주택을 제비뽑기로 분배하며, 자녀들도 공동으로 키우는 철저하게 평등과 정의의 원칙이 지켜지는 국가"였습니다. 통치 계급의 재산 공유와 국가에 의한 자녀의 공동 양육을 내용으로 하고 있는 것이죠.

또한 **초기 그리스도교도**들은 많은 핍박을 받았기 때문에 이 지상을 영원한 하늘나라로 가기 전에 일시적으로 머무는 곳이라고 상정하고, 일정한 지역의 교도가 뭉쳐 공동생활을 하면서 공동 작업을 토대로 소박한 생활을 강조합니다.

마르크스

그리고 **모어**(More. T)는 그의 소설 『**유토피아**』에서 공동 사회의 생산과 분배 제도의 기초로 공유제를 강조합니다. 그가 그리고 있는 이상사회는 "모든 인간이 소유와 생산에 있어서 평등하고, 경제적으로 풍요하며, 도덕적으로 타락하지 않은 사회"였습니다. 교과서 첫 장에 나왔던 그의 유토피아(모어는 이상사회의 삶을 구현하고 있는 신기한 섬나라의 이름을 유토피아라고 부름)를 다시 볼까요.

모어의 유토피아가 플라톤의 그것과 상당히 유사하지요. 어느 개인의 소유가 없다거나 제비를 뽑아 집을 교환한다는 등등.

이와 같이 소수의 사상가들에 의해 주도되어 왔던 사회주의는 학파를 형성하고 점차 활동을 확대하게 됩니다. 19세기 초부터 영국과 프랑스를 중심으로 이루어졌는데요. 이들 초기 사회주의자들은 산업사회의 현실을 인정하고 이것을 유토피아의 출발점으로 삼아 새로운 사회의 원리를 구상하게 됩니다. 사랑과 협동으로 자본주의 사회의 모순을 극복하려 하였던 것이죠. **푸리에**(F. M. Ch. Fourier, 프랑스), **오언**(R. Owen, 영국), **생시몽**(C. H. Saint‒Simon, 프랑스) 같은 학자들이 여기에 속합니다. 그러나 이들의 구상은 마르크스가 보기에 과학성이 결여되어 구체적인 사회 개혁을 목표로 하는 운동과는 거리가 먼 공상적 수준에 머물렀습니다. 공상적 휴머니즘에 불과하다는 것이죠. 그래서 마르크스는 이들 초기 사회주의자들을 '**공상적 사회주의자**'라고 지칭합니다.

반면에 마르크스는 자신의 사상은 역사와 사회에 대한 과학적 인식 위에서 성립된 것으로 '**과학적 사회주의**'라고 하였습니다. 그래서 역사적 필연성의 차원에서 자본주의의 붕괴와 **프롤레타리아 독재** 및

계급 없는 사회의 도래를 주장합니다.

　여기서 프롤레타리아는 (노동력 이외에는 생산수단을 갖지 못한) 노동자를 의미합니다. 프롤레타리아 독재는 사회주의 혁명의 과정에서 프롤레타리아가 권력을 독점하는 것을 말합니다. 혁명을 통해 자본주의를 붕괴시키고→프롤레타리아가 정치권력을 장악하여 (혁명을 반대하는) 반혁명을 저지하고→계급 대립을 없애고 계급 없는 사회를 만들겠다는 것입니다.

공산당 선언

<u>1848년에 발표된 마르크스주의에 관한 최초의 공식적인 선언문</u>이다. 국제적인 노동자 조직이었던 '공산주의자 동맹' 제2차 대회(1847)의 의뢰로, 마르크스와 엥겔스가 저술한 이론적·실천적 강령이다. 대표적 내용을 소개하면 다음과 같다.

· 인간의 의식은 그의 물질적 존재 조건, 사회관계, 사회생활이 변화됨에 따라 변화된다.
· 지금까지 존재한 모든 사회의 역사는 계급투쟁의 역사이다.
· 프롤레타리아는 사슬 외에 잃을 것이 없다. 그들은 전 세계를 얻을 것이다. 만국의 노동자들이여 단결하라!

『윤리와 사상』 p.140.

◇ 민족주의 ◇

(1) 개념

'민족주의'를 알려면 우선 '민족'에 대해 알아야 하겠죠. 비슷한 말로 '국민'이 있지만, 이 말은 국가(국적)를 전제로 쉽게 정의할 수 있는 데 비해, 민족은 시각의 차이에 따라 그 내용이 달라지기 때문에 정의를 내리기가 쉽지 않습니다.

일반적으로는 객관적 측면과 주관적 측면, 이렇게 둘로 나누어 정의 내립니다. 먼저 민족의 **객관적 구성 요소**로는 혈연, 지연, 언어, 역사, 문화, 경제생활 등을 들 수 있어요. 하나씩 보면 모두 쉽게 확인할 수 있는 가시적인 것들이죠. 이때 민족의 의미는 지리적 근접성에 기초를 두고 동일한 혈통에 문화적·역사적·종교적 전통이 같으며, 동일한 언어를 사용하는 인간 집단을 일컫습니다. 그런데 이보다 더 중요한 것은 민족의 **주관적 요소**입니다. 민족의식이나 일체감과 같은 정신 및 의식적 측면으로서 보이지 않는 것(비가시적인 것)들이지요. 이때에 민족이란, 운명 공동체에 속한다는 공통된 믿음을 함께 나누는 사람들의 집단을 말합니다.

그렇다면 '민족주의'는 무엇일까요. '민족'이라는 개념이 한마디로 정리되지 않아서 민족주의도 정의 내리기가 어렵지만, 한마디로 "사회적 삶의 기본 단위로서 다른 어떤 단위보다 앞서 민족을 으뜸으로 생각하는 정치 이념"이라 할 수 있습니다. 다른 것보다도 가장 중시되는 것이 바로 민족이라는 것이죠. 그렇지만 <u>정교한 사상 체계를 갖추고 있다기보다는 일종의 정치적 견해에 가깝다</u>고 할 수 있습니다.

(2) 역사

민족주의가 사상 체계를 갖추고 있다기보다는 정치적 견해에 가깝다고 하였는데, 역사적인 상황에 따라 그 내용과 성격이 달라졌기 때문입니다.

유럽의 민족주의는 중상주의적 절대 국가가 수립됨으로써 싹이 틉니다. 즉 16세기 이후 그리스도교 세계의 통일이 무너지고 로마 교황이나 신성 로마 제국(독일 국가 원수가 황제 칭호를 가졌던 시대에 독일 제국의 정식 명칭)의 지배를 받지 않는 독립 국가가 나타났다는 것입니다. 당시 새롭게 등장한 시민 계급과 봉건 군주는 봉건 영주와 교회의 세력을 타도하고 절대 국가를 수립합니다.

하지만 이때 등장한 민족 국가는 (국민의 복지 증진을 바탕으로 하는) '국민' 국가적인 요소가 크게 미흡했다고 할 수 있습니다. 왕은 절대 군주로서 절대권을 가지고 있었지만, 국민들은 권리를 갖지

못한 상태에 놓여 있었지요. '국민의 국가'
가 되어야만 비로소 국민은 국가에 애착을
느끼고 긍지를 갖게 될 텐데 말이죠.

그러다가 '국민'이 뭉쳐야 한다는 생각을
갖게 되는 계기가 되는 사건이 일어납니다.
프랑스 혁명을 통해 국민 주권과 자유 그
리고 시민적 평등의 원리가 확산된 것이죠.
프랑스 혁명을 계기로 비로소 근대적 의미

나폴레옹

의 민족주의 개념이 정착됩니다. 또한 각국의 민주주의 발전에도 크
게 기여합니다.

그렇지만, 당시 절대왕정하에 있었던 다른 나라 국왕들은 혁명의
이념이 퍼지면 자신들에게 불리하므로 프랑스를 경계하게 되었고,
프랑스는 혁명의 이념과 성과를 유지시키기 위해 여러 유럽 열강의
동맹에 대항해 전쟁을 벌이게 됩니다. 이것이 **혁명전쟁과 나폴레옹
전쟁**(1792~1815)이지요. 나폴레옹은 혁명의 전파라는 이념을 내세
우며 '정복전쟁'을 벌이기 시작했습니다. 이 수많은 전쟁들 속에서
프랑스 혁명의 여러 사상과 이념들은 전 유럽에 퍼지게 됩니다. 즉
혁명전쟁과 나폴레옹 전쟁을 통하여 프랑스의 민족주의가 유럽 전역
에 전파되면서 근대적 민족주의가 확산되었다고 할 수 있습니다. 피

정복지에서는 프랑스혁명의 이념이 담
긴 삼색기(블루-자유, 레드-박애, 화
이트-평등)에 열렬히 환호했고, 나폴
레옹의 정복지에서는 전제군주 대신 국
민이 주인이 되는 국민국가, 공화국을
만들자는 움직임이 일어나게 되었죠.

프랑스 국기

나폴레옹의 지배는 다른 민족의 지배에 대항하는 민족의식을 고취시키고, 아울러 전통적인 지배 체제를 붕괴시킴으로써 근대 민족 국가를 세울 수 있는 토대를 마련해 준 것입니다.

또한 근대적 의미의 국민이나 민족의 형성은, 달리 보면 **자본주의의 발달**이나 **산업화 과정**과도 밀접하게 연관되어 있음을 알 수 있습니다. 자본주의 상품 경제의 발달은 봉건적 지역 경제를 해체시키게 되고 결국 국민들이 자율적으로 운영하는 기업들이 세(勢)를 불리게 되는 자본주의적 국민 경제를 성립시키게 되기 때문이죠.

다음은 수능<2007>에 나온 것인데, "어떤 주제에 대한 한 학생의 필기 내용으로 ㉠~㉤에서 옳지 <u>않은</u> 것을 고르는 문제"였습니다. 어느 것일까요?

예, '㉢ 민족주의'에 관한 내용이 틀렸습니다. 민족주의는 "정교한 사상 체계를 갖추고 있다기보다는 일종의 정치적 견해에 가까우며, 다른 이데올로기와 결합되기도 하고 특정 이데올로기를 합리화하기 위한 수단이 되기도" 합니다.

- 의미 : 신념 체계로서 세계관, 가치관과 유사하나 행동 지향적이라는 점에서 차이가 있음.
- 유형
  ㉠ 자유주의 : 개인의 자유 보장을 국가의 주된 존재 이유로 봄.
  ㉡ 사회주의 : 개인의 이익보다 집단의 이익을 우선시 함.
  ㉢ 민족주의 : 분명한 이론적 체계와 제도를 가지고 있어서 다른 사상과의 결합이 어려움.
- 특징
  ㉣ 사회 변화에 따라 보수적일 수도, 진보적일 수도 있음.
  ㉤ 허위 의식이나 독단적 세계관으로 간주되기도 함.

◇ 민주주의 ◇

(1) 개념

링컨

수많은 이데올로기가 있지만 가장 인기 있는 이데올로기는 역시 민주주의입니다. 오늘날 지구상의 거의 모든 국가들은 스스로의 정치 이념을 '민주주의'라고 말하는 데 주저하지 않습니다. 간혹 모르는 학생 들도 있던데, 북한의 공식적인 명칭도 '조선민주주의 인민공화국'입니다. 민주주의는 제2차 세계대전 이후 지배적인 시대정신으로 자리 잡았지요.

'민주주의(democracy)'라는 말은 무슨 뜻일까요? 어원상으로는 그리스어로 '국민' 혹은 '인민'을 뜻하는 'demos'와 '지배' 혹은 '권력'을 뜻하는 'Kratos'가 합쳐진 말입니다. 곧 '국민에 의한 지배'를 의미합니다. 이렇게 문자 그대로의 의미로 볼 때, 민주주의란 인민(국민)이 권력을 가지는 동시에 권력을 스스로 행사하는 것을 말합니다.

바꿔 말하면 민주주의는 <u>국민 주권의 정치 원리이며, 또 그 원리가 표현되는 정치 형태를 포괄하는 개념</u>이라고 할 수 있습니다, 이런 뜻은 '국민의, 국민에 의한, 국민을 위한 정부'라는 말에도 잘 나타나 있죠. 그 유명한 미국 **링컨**(Lincoln. A,. 1809~1865) 대통령의 게티즈버그 연설에 나오는 말입니다. 게티즈버그 연설의 내용을 잠깐 볼까요.

게티즈버그 연설

1863년 11월 19일, 미국의 제16대 대통령 링컨이 미국 남북 전쟁의 격전지인 펜실베이니아 주(州) 게티즈버그에서 전사한 장병들의 영혼을 위로하는 식전에서 행한 연설이다 그 핵심 내용은 다음과 같다.

(2) 역사

민주주의는 실로 오랜 역사를 지니고 있습니다. 그 기원은 멀리 **고대 그리스**의 도시국가에까지 거슬러 올라갑니다. 민주주의가 국민 주권의 정치 원리라고 했는데, 당시 도시 국가에서는 전체 시민이 직접 입법부를 구성하였음은 물론이고, 모든 시민들은 각종 행정·사법 기구에서 활동할 자격을 부여받았습니다. 더구나 '**민회**(民會, 그리스·로마시대 도시 국가의 시민 총회)'라는 민중 회의가 있어서, 여기서 공직에 대한 최종 결정권을 가졌지요.

하지만 알려진 것처럼 <u>고대 그리스는 성인 남자시민에 의한 직접 민주제였으며, 여성과 노예에게는 참정권을 주지 않았습니다.</u> 국방의 의무를 이행할 수 없었던 여자와 노예, 외국인을 제외한 시민권을 지닌 성인 남자만이 민회에 참가한 것이죠. 또한 '지배하는 자와 지배받는 자가 교대로'라는 원리에 따라 추첨으로 뽑힌 사람들은 보통 1년 임기로 대부분의 관직에 취임할 수 있었는데, 이렇게 관직을 추첨에 의해 배분하였다는 점에서 오늘날의 민주 정치와는 거리가 있습니다.

이어서 <u>**로마시대**에는 **공화정**[共和制, republic]과 같은 민주 정치가 시도되었습니다.</u> 군주제와는 달리 공화제는 복수의 주권자가 통치하는 정치체제이지요. 로마는 왕이 집권하던 시기를 끝내고 공화정을 세웁니다. 초기 공화정은 권력을 귀족들이 독점하였지만, 점

차 (정복 전쟁의 참가 덕분에 경제적·군
사적으로 힘이 커진) 평민들이 정치적 권
리를 신장시켜 나갑니다.

또한 로마의 정치가이자 법률가인 **키케로**
(Cicero. M. T., 기원전 106~기원전 43)는
자연법(自然法, 자연히 존재하기에 어디서
나 유효하다는 법)이 다른 모든 법에 우선
한다고 하여, 민주주의의 이념적 바탕을

키케로

형성하는 데 많은 영향을 끼칩니다. 구체적으로, 그는 자연법이 인간
의 법인 만민법과 시민법에 우선한다고 하였으며 모든 인간이 자연
법 앞에서 동등한 권리를 갖는다고 주장했습니다. 민주주의의 발달
에 크게 공헌할 수 있는 생각이지요.

이윽고 '민주주의 혁명의 시기'라고도 불리는 근대에는 **종교개혁,
계몽주의, 개인주의** 등으로 민주주의 발전의 계기를 마련합니다.

앞서 말했듯이, 성서를 통한 신과 인간의 직접적 교감을 강조한
종교 개혁을 통해 개인은 운명의 주인으로서 신의 의지를 해석하고
판단하며, 자신의 모든 행위에 대해 스스로 책임을 지는 주체로 거
듭나게 됩니다.

또한 자유주의와 결합한 **계몽주의**(Enlightenment, 18세기)는 합리적
'이성'을 강조합니다. '계몽(啓蒙, 일깨울 계, 어리석을 몽)'이라는
말이 '어리석은 것을 일깨우려는 사상' 아니겠어요. 인간의 분별력과
판단력 같은 이성으로 더 행복한 사회를 만들 수 있다는 생각으로,
이성의 계몽을 통하여 인간 생활의 진보와 개선을 도모하려고 하였
죠. 이에 종교에 억압되어 살아왔던 개인들에게 이성의 가치와 자유
및 평등을 강조합니다. 이런 생각은 당시의 철학과 예술에 큰 영향

을 주어, 단순하고 인간적인 자연스러움이 있는 예술을 중시하게 되었고, 자유로운 즐거움을 표현하는 음악·미술 등을 보급하게 됩니다. 예술은 모름지기 모든 사람을 위해 존재해야 하는 것 아니냐는 생각을 갖게 된 것이죠. 아울러 계몽주의가 문맹 퇴치 운동을 수행하면서 근대 민주주의 발전에 기여하였음은 당연한 것이었습니다.

그리고 **개인주의**를 언급했었는데, 개인주의는 국가나 사회에 대하여 개인의 가치가 더 존중되어야 한다는 것입니다. 따라서 자유주의와 결합한 개인주의는, 개인의 자유를 침해하는 전제 군주 혹은 강력한 국가의 권력과 관료제가 최소화되어야 한다는 입장으로 이어지게 됩니다.

이러한 근대 민주주의는 17~18세기에 걸친 영국의 명예혁명(1688), 미국의 독립혁명(1776), 프랑스 혁명(1789)이라는 3대 시민혁명을 거쳐 정착되기 시작합니다. 그리고는 **홉스**(Hobbes, T), **로크**(Locke, J), **루소**(Rousseau, J, J., 1712~1778)의 **사회계약설**을 기반으로 이론적 근거를 확고히 하게 되지요. 그런데 사회계약설이 무엇이었지요? 앞서 홉스를 공부할 때 배웠지만, 다시 정리하면 사회계약설은 '정치사회 성립의 역사적·논리적 근거를 평등하고 이성적인 개인

루소

간의 계약에서 구하려는 정치 이론'입니다. 교과서의 설명인데, 다소 어렵나요? 자연 상태의 인간이 불완전함을 충족시키기 위해 국가의 지배를 인정하는 계약을 맺었다고 본 것이죠. 따라서 국가 권력은 시민들의 계약에서 나온 것이기에, 국가는 제멋대로 권력을 남용해서는 안 된다는 이론입니다. 결국 민주주의의 이론적 근거가 되었습니다.

2) 사회사상의 전개

앞서 우리는 대표적인 사회사상으로 자유주의, 사회주의, 민족주의, 민주주의, 이렇게 네 가지를 살펴보았습니다. 여기서는 이들 사상들이 서로 어떻게 연관을 맺고 발전해 왔는가를 알아보려 합니다. 먼저 자유주의와 민주주의, 즉 자유민주주의를 알아보고, 이어서 사회주의(공산주의), 그리고 마지막으로 민족주의를 보도록 하지요.

◇ 자유 민주주의와 자본주의의 전개 ◇

사회주의를 공부하면서 잠깐 우리 남한과 북한의 이념을 편의상 대비시켜 생각해 보자고 하였는데, 우리 사회가 추구하는 이념에는 어떤 것이 있을까요? 언뜻 떠오르는 것이 **자유 민주주의**, **자본주의**, **민족주의** 정도일 것입니다. 실제 우리 사회에는 이 세 가지 이념이 주된 이념으로서 현재 공존하고 있습니다. 그렇다면 어떻게 정치적 자유 민주주의와 경제체제로서의 자본주의가 상호 작용하면서 전개되었는지 그 역사적 전개 과정을 살펴볼까요.

자유주의 역사에서 가장 중요한 사건은 역시 **프랑스 혁명**입니다. 프랑스 혁명으로 인하여 17~18세기에 유럽을 지배하던 권위주의와 절대주의 체제가 크게 흔들리게 됩니다. 자유주의의 모체가 무엇이었나요? 개인주의였지요. 유럽의 자유주의는 개인주의를 그 뿌리로 하고 있습니다. 그래서 자유주의 헌법은 법 앞의 평등을 비롯해서 개인의 다양한 **시민적 자유권**을 고르게 수록하고 있습니다.

하지만 시민적 자유권만 있어서는 곤란하고, 경제에 있어서도 자유가 있어야 하겠지요. 그것이 **경제적 자유권**입니다. 시민적 자유권 이외에도 헌법 체계의 주요한 골격을 이루는 것은 자유주의 사상 및 경제적 자유권이었습니다.

그런데 경제적 자유권이 무언가요? 앞에서 자본주의를 공부할 때, "자유주의 이념을 기반으로 성립된 자본주의는 사유 재산제, 자유 계약 및 자유 시장 제도를 근간으로 한다."고 하였는데, 이와 똑같습니다. 경제적 자유권의 주된 내용은 사유 재산의 불가침(사유재산은 침범해서는 안 된다)과 자유로운 처분권, 영업과 계약의 자유, 상속권 등입니다. 어때요? 같은 내용이죠. 바꿔 말하면, 자유주의적 경제 활동의 틀이 바로 자본주의 시장경제라는 것이네요.

그런데 17세기부터 19세기를 거치는 동안에 자유주의 내부에 내적 갈등이 시작됩니다. 위에서처럼 자유주의는 정치적(시민적) 자유주의와 경제적 자유주의라는 두 가지 측면이 있는데, 이 둘 간에 갈등이 생깁니다.

정치적 자유주의는 모든 사람에게 시민적 지위의 평등성을 부여했다고 했지요. 하기는 이런 평등은 그리 오래전에 이루어진 것이 아닙니다. 서구의 여러 나라는 19세기 후반에 들어서면서 대중적 정치 참여를 바탕으로 하는 민주주의 시대로 돌입하였으며, 20세기에 진입한 다음에야 비로소 선거권의 점진적 확대로 보통 선거(누구에게나 선거권이 주어지는 선거) 제도를 확립합니다.

이에 비해 **경제적 자유주의**는 자신의 능력에 따라 차등적인 대접을 받는 것을 자연스럽게 받아들였죠. 정치적으로는 누구나 평등하다고 했는데, 실제로는 가진 자에게만 유리하게 작용하여 실질적인 불평등으로 탈바꿈하기 일쑤였다는 겁니다. 돈 많은 사람들은 정치적으로도 힘이 생기기 마련인가 봅니다. 그러면 평등이 깨집니다. 실제로 초기 민주주의에서는 재산 정도에 따라 표를 차등적으로 나누어 주기도 하였습니다.

이러한 개인주의적 자유주의의 문제점을 해결하기 위하여, 19세기에 접어들면서 서구 여러 나라는 '**국가 복지주의**'를 서서히 내세우기 시작합니다. 국가가 경제적 불평등을 완화하고, 어려운 사회 계급의 삶을 보장하기 위하여 적극적으로 개입하겠다는 것입니다. 드디어 국가가 나서게 되었군요. 그렇지 않으면, 부익부·빈익빈 현상 같은 자본주의의 폐해가 심해질 것이고, 공산주의가 등장하는 등 체제 자체가 위협을 받는 상황에 직면하게 되니까요. 따라서 이러한 변화의 바탕에는 노동 계급의 놀라운 성장과 자본주의 체제를 발전·유지하기 위한 노력이 숨어 있다고 해야 하겠죠.

하지만 여기서 그치지 않았습니다. 20세기 중반에 들어서는 시민들의 인간적인 삶을 보장하기 위한 사회 복지 프로그램의 수준을 한층 진일보시킨 현대 복지국가가 출현합니다.

현대 복지국가가 기존의 복지주의와 다른 점은 '**국가로부터의 자유**'에 바탕을 둔 소극적 자유의 개념을 '**국가에 의한 자유**'를 뜻하는 적극적 자유의 개념으로 전환시켰다는 것입니다. 매우 중요한 개념인데, '국가로부터의 자유(=**소극적 자유**)'는 "외부로부터 부당한 압력이나 구속, 타율적 강제를 받지 않는 상태"입니다. '국가에 의한 자유(=**적극적 자유**)'는 "인간의 자율적 의지·결정을 바탕으로 한 선택권의 행사 및 자기 의사의 발표 기회가 허용되는 상태"입니다. 교과서 설명인데, 적극적 자유에 대한 설명이 다소 어렵지요? 왜 이렇게 어렵게 설명해야 하는지, 다른 이유가 있을 듯도 한데(?) 문득 궁금하네요. 간단히, '국가에 의한 자유'는 국민이 국가에게 인간다운 삶을 요구하고 어느 정도 개입을 요구하는 것입니다. 국가는 적극적으로 나서서 국민들의 생활과 자유를 보장해 주어야 하겠지요. 그래서 '국가에 의한', '적극적 자유'입니다. 이에 비해 '국가로부터의 자유'는 '국가가(즉 외부로부터) 내 일에 간섭하지 말라'는 것이니 소극적이지요. (굳이 만족스럽지 못한 교과서의 어려운 설명을 함께 소개하는 이유는 혹여 그런 지문으로 출제가 되면 당황스러울 테니, 눈에 익혀 두라는 의미입니다.)

인제 서구 선진 국가들은 '**복지 자본주의**'의 모습을 띠고 있습니다. 경제적 불평등을 완화하기 위하여 <u>19세기에 국가 복지주의가 등장했다면, 20세기에는 복지 자본주의의 형태로 나타났다</u>는 말입니다. 같은 복지 자본주의라고 하더라도, 자유와 평등 중 어느 쪽에 강조점을 두느냐에 따라 '복지' 자본주의와 복지 '자본'주의로 나눌 수 있습니다(작은따옴표를 잘 보세요.). 평등을 좀 더 강조한다면 '복지'에 치중하게 되고(예컨대 스웨덴), 자유를 좀 더 강조하면 '자본'에 역점을 두게 되지요(예컨대 미국).

이상과 같이 자본주의는 그 내재적 모순과 갈등에도 불구하고 오늘날까지 의연히 그 생명력을 유지하고 있습니다. 사회주의(공산주의)가 몰락의 길을 걸은 것과는 대조적이지요. 이는 꾸준히 체제를 변신시켰던 결과라고 할 수 있습니다.

◇ 공산주의의 전개 ◇

이제 두 번째로 공산주의에 대하여 공부합니다. 공산주의(communism)라는 말의 어원은 라틴어 'commune(코뮌)'인데, 이는 '다른 사람들과의 나눔 혹은 사귐'을 뜻합니다.

공산주의는 공동체의 재산이 구성원 모두에게 속하는 사회제도를 일컫는 것이죠. 원래 '공산(共産)'이라는 한자어도 "재산을 공동으로 관리하고 소유한다."는 뜻입니다. 정리하자면, 공산주의란 사유 재산제를 부정하여 재산의 공유를 실현시킴으로써 계급 없는 평등 사회를 이룩하려는 사상 및 운동을 말합니다.

앞에서도 보았지만, 1848년 런던에서 **마르크스**(Marx, K, 1818~1883)와 **엥겔스**(Engels, F 1820~1895)는 프롤레타리아 혁명의 승리를 선언하고 모든 노동자의 단결을 호소하는 '**공산당 선언**'을 발표합니다. 이 공산당 선언에서 그들은 인류 역사를 (1) 원시 공산주의 사회, (2) 고대 노예제 사회, (3) 중세 봉건주의 사회, (4) 근대 자본주의 사회, 그리고 프롤레타리아 혁명과 (5) 공산주의 사회가 도래할 것이라고 하여 다섯 단계로 설명합니다. 이를 '**마르크스의 역사 · 사회발전 5단계설**'이라고 하지요.

그런데 자세히 보니, (4) 근대 자본주의 사회와 (5) 공산주의 사회 사이에 '프롤레타리아 혁명'이라는 과정을 거친다고 하였군요. 마르크스는 자본주의 사회로부터 공산 사회가 잉태되려면, 기나긴 진통이 수반되며, 그 과도기에는 '**프롤레타리아 독재**'가 필요하다고 주장하였습니다. 이 내용은 앞서 배웠던 것인데, 복습을 해 볼까요. 프롤레타리아 독재는 말 그대로 사회주의 혁명의 과정에서 프롤레타리아가 권력을 독점하는 것을 말합니다. 혁명을 통해 자본주의를 붕괴시키고 나서, (혁명을 반대하

마르크스와 엥겔스

레닌

는) 반혁명 세력이 나타나면 혁명이 실패로 돌아갈 수도 있으니까 프롤레타리아가 정치권력을 장악하여 반혁명을 저지하고, 계급대립을 없애 계급 없는 공산사회를 만들겠다고 하였죠.

이렇게 <u>자본주의에서 공산사회로 넘어가는 과도기를 '**사회주의**'라고 부릅니다.</u> 다시 말해 사회주의는 프롤레타리아 독재가 필요한 시기입니다. 그렇다면 공산주의는 사회주의와 어떤 점이 다른 걸까요? <u>사유재산과 계급 및 국가가 완전히 소멸된 보다 높은 단계에 도달한 경우에 '공산주의'라고 합니다.</u> 사회주의 단계에서는 아직 계급이 완전히 소멸되지도 않았고 국가도 여전히 존재합니다. 그래서 공산주의는 사회주의가 한 단계 더 나아간 '**사회주의의 제2단계**'를 의미한다고 말하지요. 그런데 학생 여러분은 자주 "사유재산이 없어진다는 것은 이해가 가지만, '국가가 소멸한다는 말이 무슨 말인지?', 또 '국가라고 하는 조직은 항상 필요하고 존재해야만 하는 것은 아닌지?'"라는 의문을 갖습니다. 하지만 마르크스는 자본주의 사회에서 국가는 자본가 계급(부르주아)에 의해 좌지우지되는 계급지배의 수단에 불과하다고 보았습니다. 국가는 자본가 계급이 노동자 계급을 억압, 착취하기 위해 인위적으로 만들어 낸 통치 기구이므로, 나중에 공산사회가 되면 국가도 자연스럽게 없어질 것이라고 하여 '**국가 소멸론**'을 주장합니다.

이러한 공산주의 이론을 바탕으로 러시아에서는 **레닌**(Lenin, V, N, 1870~1924)의 주도 아래 최초의 사회주의 정권(소련, 1917년)이 탄생합니다. 문제는 소련 공산당이 마르크스의 이론과는 달리, 고도로 발달한 자본주의의 단계를 거치지 않은, 즉 자본주의가 미성숙했던 조건하에서 사회주의를 건설해야 했기 때문에 딜레마에 빠지게 됩니다. 평등을 내세우는 사회주의가 경제적으로 빈곤하니, 하향평준화되어 사회 전체가 빈곤에 빠지게 되었습니다. 더구나 경제적 효율성과 생산성이 저하되어 경제는 점차 침체의 늪으로 빠져들었습니다.

이런 문제에도 불구하고 대체로 <u>1950년대 중반까지 세계의 공산당들은 소련을 정점으로 하는 일원적 계층 구조를 유지합니다.</u> 소련을 중심으로 나머지 공산국가들이 뭉쳤다는 말입니다. 그래서 제2차 대전 후 소련을 중심으로 한 동구권 여러 공산주의 국가들을 '위성국가(衛星國家)'라고 부르기도 하였습니다. 그러고 보니 과거 공산국가에 어떤 나라들이 있었는지 궁금해지네요. 동독, 폴란드, 체코슬로바키아, 루마니아, 불가리아, 헝가리, 알바니아, 유고슬라비아, 중국, 몽골, 베트남, 쿠바 등등.

하지만 사회주의가 점점 더 딜레마에 부딪히자 이후에는 세계 공산주의 운동이 다원화되면서 **'사회주의로의 다양한 길'**이 모색되기 시작하였습니다. 즉 소련의 지배로부터 벗어나려는 나라들이 생겨나기 시작합니다. **유고슬라비아**는 소련의 모델과는 다른 사회주의 정치경제제도를 건설하려고 시도하였고 마침내 사회주의 자치제도를 등장시킵니다. 이를 **'자치 관리(自治管理) 사회주의'**라고 합니다. 1940년대 말 유고슬라비아의 티토(1892~1980)는 국영 기업을 노동자에게 이양하고 기업의 소유를 국가에서 사회의 소유로 전환하여 원칙적으로 기업이 자율성을 갖는 자치적인 시장경제를 만듭니다.

중국 공산당 또한 사회주의 건설과정에서 소련이 범하였던 잘못된 경험을 따르지 않겠다고 하면서, 중국 실정에 맞는 사회주의 건설방식을 모색합니다. 독자 노선을 천명한 것이죠.

고르바초프

　1970년대 이르러서는 서구의 공산주의자들이 생산수단의 공적 소유와 관리에 의한 사회의 개조를 민주주의적인 방법을 통해서 실현하려고 하였습니다. 폭력 혁명을 통한 생산수단의 공유를 주장했던 마르크스와는 사뭇 다르죠. 그래서 이를 "'사회주의로의 민주적 도정(道程: 경로, 과정)'이라는 기치(깃발)를 높이 들었다."고 표현합니다.

　사실 이러한 점진적 사회 개혁론은 이미 제1차 세계대전이 끝날 무렵, 민주 사회주의자(民主社會主義者)들이 주창했던 것입니다. **민주사회주의**는 폭력혁명을 부정하고, 의회제 민주주의 내에서 사회주의의 이상을 실현하려고 하였습니다. 무엇보다도 자본주의의 점진적 개량을 추구하고 계급투쟁을 부정한다는 것이 특징이지요. 그들은 사회 혁명론을 내세우는 공산주의자들에게 등을 돌리고, 끝내 마르크스주의와 완전 결별을 선언하고 맙니다.

　대표적 민주 사회주의 정당인 서독의 사회 민주당을 비롯하여, 영국의 노동당, 프랑스의 사회당 등은 1951년에 국제적인 조직을 창설합니다. 이 조직을 **'사회주의 인터내셔널'**이라고 부릅니다(민주 사회주의와 사회 민주주의는 엄밀하게는 구별되지만, 사회주의 인터내셔널이 민주사회주의를 정식으로 채택함으로써 국제적으로는 기본적으로 동의어로 쓰기도 함.). 폭력혁명과 계급투쟁을 부정하는 이들 정당들은 서구의 자본주의 질서에 자연스럽게 통합되었으며, 그 이후 서구 여러 나라에서 집권 정당으로 부상하게 되지요. 그러다가 결국에는 사회주의 종주국 소련마저 사회주의에 대한 개혁을 시도합니다. 즉

1985년 구소련 공산당 서기장에 오른 **고르바초프**(Gorbachyov, M. S., 1931~)가 '**개혁**(페레스트로이카)'과 '**개방**(글라스노스트)'이라는 슬로건을 내걸고, 이를 추진했던 것이죠. 그런데 이 정책들은 민주화에 대한 열망을 분출시켰고 결국 1991년 소련을 역사의 뒤안길로 사라지게 만듭니다. 변화의 흐름을 받아들여야만 했던 고르바초프는 공산당을 해산하고, 소련의 해체를 용인하고 말지요. 소련이 자본주의 체제로의 전환을 선언하면서, 이는 동구권에도 영향을 끼쳐 동구의 사회주의 또한 소련을 뒤따르게 됩니다.

다음은 수능<2008>에 나왔던 것인데, 공산주의에 대한 판서 내용으로 ㉠~㉢ 중 옳지 <u>않은</u> 것을 고르는 문제였습니다. 옳지 않은 내용은 어떤 것일까요?

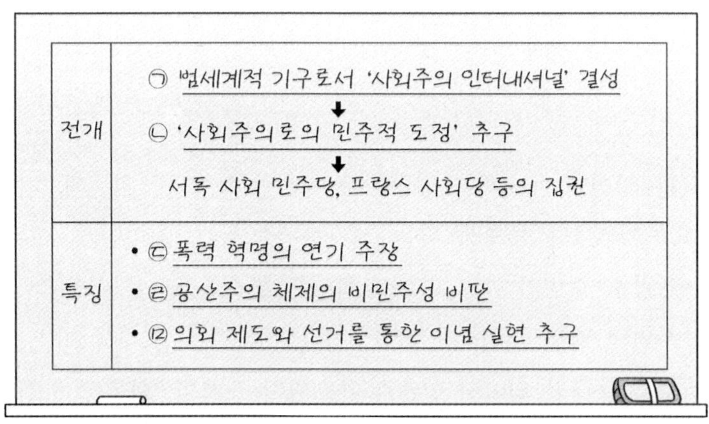

예, ㉢이지요. 폭력혁명의 연기를 주장한 것이 아니라, 폭력 혁명을 부정하고 민주주의적인 방법을 모색했다고 하였지요.

◇ 민족주의의 전개 ◇

앞에서 민족주의는 역사적인 상황에 따라 그 내용과 성격이 달라졌다고 했습니다. 카멜레온 같은 변신, 그것이 민족주의의 가장 큰 특징 중의 하나이지요. 역사적으로 볼 때, 민족주의를 뜻하는 내셔널리즘(nationalism)은 그 중심 개념인 'nation'을 어떻게 정의하느냐에 따라서 내용이 일정하지 않았습니다. 앞에서도 간단히 역사를 보았지만, 여기서는 민족주의의 내용이 어떻게 바뀌어 전개되었는가를 중점적으로 보도록 하죠.

근대사를 중심으로 살펴보면, 내셔널리즘은 <u>자유주의 시대에는 '국민주의'의 성격이 강했고, 제국주의 시대에는 '국가주의'적 성격이 짙었습니다.</u>

    (1) 자유주의 시대 – '국민주의' 성격
    (2) 제국주의 시대 – '국가주의' 성격

먼저, (1)번에 대해서는 여러분이 이미 공부한 바 있는데, 기억이 나나요? '국민'이 뭉치게 되는 계기가 된 사건, 무엇이었지요? 예, 바로 **프랑스 혁명**입니다. 프랑스 혁명을 통해 국민 주권과 자유 그리고 시민적 평등의 원리가 확산되었다고 하였죠. 그래서 이를 계기로 비로소 근대적 의미의 민족주의 개념이 정착되었다고도 하였습니다. 국민 국가의 형성과 자본주의 발전을 배경으로 성장한 서구의 민족주의는 프랑스 혁명을 통하여 국민주의 성격을 띠게 되었습니다.

그럼, 이제 (2)번에 대해서 볼까요. 앞에서 근대적 의미의 국민이나 민족의 형성은 자본주의의 발달(산업화 과정)과도 밀접하게 연관되어 있다고 하였습니다. 그런데 문제가 생깁니다. 산업화가 진행되고 자본주의가 급속도로 발달하면서 상품을 내다 팔 시장이 점점 부족해집니다. 국내 소비만으로는 충족이 안 되니까, 아직 산업이 발달하지 않은 후진국으로 눈길을 돌립니다. 후진국들을 식민지로 만들어 강제로 상품을 판매할 생각을 하게 되지요. 그래서 민족주의가 1870년대 이후에는 영토 확장과 경제적인 팽창 욕구에서 비롯된 **제국주의**의 양상으로 나타납니다. 그러니까 제국주의는 한마디로 다른 나라나 지역을 침략하여 식민지화시키는 것을 말합니다(간접적으로 정치적·경제적 통제력을 얻어 세력이나 지배권을 확장시키려는 국가정책도 이에 해당됨.).

그런데 왜 이것을 국가주의적 성격이 짙었다고 할까요? 강대국들이 보다 많은 식민지를 차지하기 위하여 (나라끼리) 서로 경쟁을 벌이다 보니, 개인은 뒷전이고 국가의 이익이 우선이었기 때문입니다. 그래서 제1차 세계대전까지 서구 열강들은, 국가의 이익이 개인의 이익보다 우선한다는 국가주의에 탐닉하여, 치열한 각축을 벌이면서 식민지 침탈을 자행합니다.

그렇다면 식민지 국가들의 입장은 어떠했을까요? 그 반응이 어떠했을지는 우리나라가 일제(=일본 제국주의)의 침략에 어떻게 항거했는지를 보면 잘 알 수 있지요. 제국주의 팽창 정책은 식민지 국가의 주민들에게 민족적 저항의식을 크게 일깨워 줍니다. 무엇보다도 국가의 독립과 민족의 자결이라는 근대 민족주의적 과제를 새롭게 인식시켜 줍니다. 결국, 유럽의 제국주의적 국가주의는 아시아·아프리카의 여러 나라에서 **저항적 민족주의**가 형성될 수 있는 직접적인 계기를 제공했다고 말할 수 있습니다.

정리하자면, 민족주의가 자유주의 시대에는 국민주의, 제국주의 시대에는 국가주의, 반식민지시대에는 저항적 민족주의의 성격을 띠고 나타났다는 것입니다.

이렇듯 민족주의의 모습이 대조적으로 나타나는 것을 보면 참으로 아이러니컬하다는 생각이 듭니다. 그런데 여기서 그치지 않고, 이후에는 더욱 더 극단적인 형태의 민족주의가 등장합니다. 볼까요.

히틀러

1차 대전이 끝나면서 제국주의는 자취를 감추게 되었는데, 순조롭게 진행되던 미국의 경제가 생산 과잉 상태에 빠져들면서 **경제 대공황**(1929)이라는 사상 유례없던 불황을 맞게 됩니다. 공장이 너무 많이 생긴 나머지 물건이 남아돌았고 물건이 팔리지 않고 재고가 쌓이자 수많은 공장과 회사가 쓰러지고 말았죠. 이와 같은 경제 공황은 미국 경제와 밀접한 관계에 있던 다른 자본주의 국가들과 그 식민지에까지 파급되어 세계 공황으로 확대됩니다.

그리하여 각국의 공업 생산은 크게 위축되고 실업자가 쏟아지는 사태가 빚어졌는데, 그중에서 1차 세계대전에서도 패배했던 독일은 그 충격의 여파가 워낙 커서 이를 다른 루트(route)를 통해 해결하려고 했습니다. 즉 당시 등장한 **히틀러**는 당시 독일 민족이 가진 열등감, 무력감을 다른 인종에 대한 극단적인 배타주의(**나치즘**, '민족사회주의'를 줄인 말)나 전쟁으로 해소하려고 합니다. '게르만인이 우월하다!'는 것이죠.

이탈리아에서도 제1차 세계대전이 끝난 뒤 이탈리아를 괴롭힌 혼란한 경제상황에 대한 많은 국민의 환멸 속에서 **파시즘**(fascism)이라는 정치운동이 생겨납니다. 파쇼(fascio)라는 말은 묶음·결속을 의미하는 이탈리아어입니다. 권위주의적이고 국수주의적(國粹主義: 자

신의 나라에 대한 우월감으로 타민족·타
국가를 배척), 반공적 정치운동을 말하지
요. **무솔리니**(1883~1945)의 파시즘에서는
국가가 절대 우위이고, 국가를 상징하는
지도자에게 완전히 복종해야 했습니다. 이
와 같이 1930년대에 독일과 이탈리아에서
는, 인종주의적 색채가 강한 나치즘이나
파시즘과 같은 전체주의적 이데올로기가
민족주의라는 이름으로 나타났습니다.

무솔리니

　그러고 보니 국민적 단결에 호소하는 민족주의는 여러모로 이용
가치가 높지요. 심지어 각국의 노동자 계급은 민족주의의 견지에서
벗어나 국제적으로 연대하지 않으면 안 된다고 하여, 원칙적으로 민
족주의를 부정했던 **공산주의자들**도 후에는 민족주의를 전략적으로
이용합니다. 즉 레닌 이후에 많은 공산주의자들도 공산화를 위해 민
족주의를 우려먹게 됩니다.

　더 나아가 제2차 세계대전 이후에는, **제3세계 국가들**이 민족주의
를 내세웁니다. 제3세계가 무엇이었죠? "제2차 세계대전 이후 등장
한 신생 독립 국가들로서 자유 진영(제1세계)과 공산 진영(제2세계)
어디에도 속하지 않고, 비동맹 정책 내지 중립 노선을 취한 국가들"
이었지요. 이들 국가들은 비록 정치적 독립을 쟁취하게 되었지만, 사
회·경제적으로 크게 낙후된 처지에서, 대내적인 근대화와 대외적인
자주 독립을 성취해야 하는 역사적 과제를 안고 있었습니다. 그래서
'우리 민족도 뭉쳐야 한다.', '뭉쳐서 열심히 일하면 잘 살 수 있다.'
와 같은 구호가 필요했어요. 우리나라의 박정희 대통령도 그러지 않
았던가요? 즉 사회적 잠재력을 효과적으로 동원하기 위하여 또다시

민족주의에 호소하지 않을 수 없었다는 말입니다.

이렇게 보면, 전쟁이 끝난 후(戰後) 제3세계의 집요한 근대화 노력이나, 이들 나라에서 한때 표방하였던 비동맹 정책 내지 중립 노선은 모두 민족주의의 표현이었다고 볼 수 있습니다.

이상과 같이 민족주의는 시대에 따라 여러 모습으로 세계사 무대에 등장하였다는 것을 알 수 있습니다. 역사 과정에서 다양한 이데올로기와 결합함으로써 거대한 역사적 동력으로 작용해 왔지요. 자유 민주주의와 결합하기도 했었고, 전체주의와 야합하기도 했으며, 사회주의를 수용하기도 했습니다. "민족주의는 역설로 가득찬 복잡한 역사적 현상"이라고 했던, (미국태생으로 독일을 연구했던 학자) **스나이더**(Snyder, L. L, 1907~1993)의 지적처럼, 민족주의는 양면성을 지니고 있습니다. 위에서 본 것처럼 18세기를 풍미했던 민족주의는 자유주의적인 속성이 강했지요. 그런데 19세기에는 오히려 전체주의적 속성으로 변모하여 특정한 이데올로기를 합리화하는 도구로 이용되고 말았습니다. 정말 역설적이라고밖에 할 수 없네요.

3) 사회사상의 현대적 의의

지금까지 자유주의, 사회주의, 민족주의, 민주주의를 공부했습니다. 이와 같은 일련의 사상을 사회 과학적 용어로 **'이데올로기**(ideology)**'** 라고 불렀지요. 이데올로기를 간단히 '이념' 혹은 '사상'이라고 했었는데, 구체적으로 "사람들이 공유하고 있는 매우 강력한 힘을 지닌 어떤 특별한 이미지"를 의미합니다. 예컨대 어떤 사회에 사회(공산)주의 사상을 가지고 있는 사람들이 다수라면, 그 사회가 어떤 방향으로 흘러갈지 짐작이 되지요? 평등의 이념이 중시되고 그런 방향으로 정책과 제도를 만들어 나가겠죠. 사람들은 자신만의 이념을 통해서 세계에 대한 이미지를 얻고, 개개인의 사고와 감정을 형성하며, 이러한 이미지를 공유함으로써 공통된 통찰력을 가지고 행동할 수 있게 됩니다. 즉 자신만의 색안경을 쓰고 세계를 바라보게 되는데, 같은 생각을 가진 사람들이 모이게 되면 그것을 실현시키기 위한 행동으로까지 이어집니다.

실제적으로 또 현실적으로 모든 사람들은 특정한 이데올로기를 지니기 마련입니다. 여러분들도 대부분 다른 이데올로기보다도 자유주의나 민주주의 이데올로기를 선호합니다.

만약에 별 생각 없는, 아무런 이데올로기를 갖고 있지 않은 사람이 있다면 어떨까요? 삶의 방향을 상실할 것이고, 혼돈스런 정치·사회적 현상을 설명할 수도 없으며, 도덕적·정치적 평가를 내릴 수 있는 기반을 잃어버릴 것입니다. 세상을 바라볼 자신의 안경을 잃어버렸으니 그리되지요. 결국 무엇을 해야 할지도 알 수 없게 될 겁니다. 우리 인간의 삶 속에서 이데올로기가 필요한 이유가 바로 이것입니다.

그럼에도, 사람들은 <u>이데올로기를 허위의식, 선입관, 독단적인 세계관으로 간주하여 비판합니다. **허위의식**이란 "사회·정치적 현실을 왜곡하고 위장하는 관념과 신념을 일컫는 말"</u>입니다. "이론과 실제는 항상 다르다."는 말이 있듯이, 이데올로기는 현실과 동떨어진 이념이라는 것이죠. 실제 민주주의나 공산주의가 현실에 완벽하게 구현될 수 있을까요? 어렵겠죠. 그렇다면 이런 비판도 일리가 있네요.

또한 후기 산업 사회로 이행함에 따라 이데올로기가 퇴색하고 있는데, 이는 산업화에 따른 물질적 풍요가 현실적 불만을 줄이는 역할을 했기 때문이지요. 개혁의 목소리가 커져야 이데올로기도 힘을 얻게 될 텐데 말이죠.

그리고 냉전 종식으로 인하여 **'탈이데올로기의 시대'**를 맞았다고 보기도 합니다. 제2차 세계대전 이후 냉전(冷戰, 영어로는 'Cold War') 체제는 이데올로기의 첨예한 대립을 불러왔지만, 이것이 끝나면서(= 종식) 이데올로기 시대가 끝났다는 것입니다.

그런데 냉전은 무엇이었는지 기억나나요? 앞에서 설명은 없었지만, 도덕 교과에서는 배웠는데요. 제2차 대전 이후 양극체제하에서, 즉 사회주의 진영과 자본주의 진영 간의 갈등상태를 의미합니다. 잠재적인 군사적 위협의 상태로서 '무기를 사용하지 않는 전쟁'이라고 해야겠죠. 열전(熱戰, 실제 무력을 사용하는 전쟁)과 대조되는 개념입니다. "나 요즘 언니하고 냉전이야."라고 한다면, 심각한 갈등상태 아니겠어요.

아무튼 미국의 사회학자 **벨**(Bell, D., 1919~)은 현대의 자본주의 체제가 자본가 계급에 의해서 마음대로 움직일 수 없게 되어 있을 뿐만 아니라, 사회주의 국가에서 산업화가 진행됨에 따라 **이데올로기의 종언**(終焉, 하던 일이 끝장남, 죽음)이 일어나고 있다고 주장하였습니다.

또한, **후쿠야마**(Fukuyama. F., 1952~)라는 일본의 학자는, 현대사는 공산주의와 자유주의의 대결이었으나 공산주의가 패배하고 자유주의가 승리함으로써 인류는 자유주의라는 마지막 역사적 단계에 이르렀다고 주장합니다. 이제 이데올로기의 대립은 끝났다는 것이죠.

둘 다 이데올로기는 종언을 맞이했다는 주장을 하고 있네요. 중요한 내용이니까 교과서에 소개되어 있는 지문을 꼭 눈여겨보아 둘 필요가 있습니다.

이데올로기의 종언과 역사의 종언

이데올로기의 종언에 대한 논의는 크게 두 가지로 나눌 수 있다. 첫째는 1960년에 미국의 사회학자인 벨이 출간한 『이데올로기의 종언』이라는 책을 통해서이다. 벨은 미국을 비롯한 서구의 선진 자본주의 국가에서 산업 사회가 제기한 근본적인 문제들이 대체로 해결되었고, 정통 마르크스주의, 과학적 사회주의, 볼셰비즘 등 급진적인 사상들이 위력을 상실했다는 판단하에서 이데올로기의 종언을 진단하였다.

둘째는 1989년 이후 소련 및 동구권 국가들에 존재해 오던 현존 사회주의 체제의 붕괴를 목격하면서, 후쿠야마가 『역사의 종언』이라는 저서에서 '역사의 종언', 곧 이데올로기의 종언을 선언하면서 제기되었다. **후쿠야마는 자유 민주주의를 진보의 종점으로, 자본주의 시장경제를 유일하게 생명력 있는 경제 체제로 선언**하였다.

『윤리와 사상』 p.150.

※ 볼셰비즘(Bolshevism): 볼셰비키의 정치사상을 말한다. 볼셰비키는 '다수파'라는 뜻으로 레닌을 지지한 급진파를 이르던 말이다.

하지만 이데올로기가 종언을 맞이했다는 주장에도 불구하고 사회 사상은 인간의 사회적 삶 속에서 필수 불가결한 것입니다. 그 이유는 위에서도 간단히 말했었죠. 사회사상은 정치·사회 분야에서 인간의 가치 판단과 사회적 행동을 규제하고 사회를 일정한 방향으로 이끌어 갈 수 있는 기능을 하고 있기 때문입니다. 심지어 객관적이어야 할 과학적인 사유조차도 하나의 전제로부터 출발하는 것을 볼 때 올바른 사회사상을 갖는 것이 중요합니다.

이데올로기와 비슷한 개념으로 '철학'이나 '이론'이 있지만 이데올로기는 행동 지향적이라는 점에서 그것들과 구별됩니다. 언급했듯이, 사람들이 공유하는 이데올로기로서의 사회사상은 인간들을 적극적인 행동으로 이끌며, 사회 구성원들의 능력과 잠재적인 힘까지도 하나의 목적을 위해 동원할 수 있는 통합적 기능을 수행합니다.

하지만 위험성을 내포하고 있기도 합니다. 사회사상은 대대적인 사회적 동원과 구성원들의 광신적 추종을 초래할 수 있습니다. 과거 공산주의를 잘 알지 못하면서 토지 분배를 한다니까 맹목적으로 이를 추종했던 사람들도 적지 않았지요.

어찌 됐든, 사회사상의 도움 없이는 세계를 변화시킬 수 있는 위대한 행동도 불가능하며, 사회를 통합하는 방향을 제시하는 것도 어려운 것이 사실입니다. 마치 드라큘라와 같다고나 할까요. 수많은 삭품에 등장하는 드라큘라의 모습은 거의 모두 수려하고 멋진 외모를 지니고 있어서, 이 매력적인 드라큘라에게 한번 빠지면 헤어나기 어렵지요. 인간과 사회는 사회사상의 매력에 이끌려 가면서도, 또 이러한 사회사상으로부터 결코 자유로울 수 없는 존재가 되어 버린 것입니다.

2. 현대 사회사상의 유형과 변화

1) 현대 사회사상의 유형

> 무한한 가능성을 잉태한 미래에 대한 관념이 미래 그 자체보다도 중요하다.
> – 베르그송(Bergson. H)

◇ 자유 민주주의 ◇

공산(사회)주의가 붕괴된 오늘날 자유 민주주의는 가장 유력한 이데올로기가 되었습니다. 가장 힘 있는 이데올로기, 현대 자유 민주주의의 실체를 파악해 보고 발전 방향을 찾아보는 것은 새로운 이념적 지표를 설정하기 위해 의미 있는 일이지요.

말 그대로 자유 민주주의는 자유주의와 민주주의가 결합한 것입니다. 서로 비슷한 개념인 것 같은데, 이렇듯 양자가 결합하게 된 것은 민주주의와 자유주의, 각각이 갖는 한계 때문이었습니다. 어떤 문제일까요? 먼저 **민주주의**는 '피치자가 통치자요, 통치자가 피치자'라고 하여, 다스리는 사람과 통치를 받는 사람이 따로 없다는 장점이 있지요. 하지만 여러분이 다 아는 것처럼, 무언가를 결정할 때 다수결의 원리에 따르기 때문에 소수의 의견이 묵살될 수 있다는 단점을 갖습니다. 그럼 그 소수의 자유 또한 찾을 길이 없지요. 자칫하면 다수의 이름으로 인간의 자유를 제약할 수 있다는 말입니다.

반면에 **자유주의**는 자유방임으로 흐르기 일쑤였고, 자유롭게 경쟁에 경쟁을 거듭한 결과 사회적 불평등, 부익부·빈익빈 현상과 같은 문제점을 초래하고 말았습니다.

그래서 개인의 자유방임과 같은 자유주의 탈선은 다수결의 원리에 의거하는 민주주의가 견제하고, 다수의 소수에 대한 횡포와 같은 민주주의의 독선은 (개인에게 자유를 부여하는) 자유주의가 견제하도록 하여 해결합니다.

이렇듯 자유주의와 민주주의가 결합한 자유 민주주의가 추구하는 가치는 무엇일까요? <u>인간의 존엄성 존중, 자유와 평등의 추구, 권력 분립과 경쟁의 보장</u>입니다.

첫째, 자유주의는 개인주의를 그 뿌리로 하고 있다고 했는데, 개인의 평등한 참여를 주장하는 민주주의의 철학적 기반 역시 개인주의입니다. 즉 자유주의와 민주주의의 연결 고리는 개인주의입니다. 그래서 양자 모두 **개인(인간)의 가치와 존엄성을 존중**하지요.

둘째, 자유 민주주의는 **자유와 평등을 추구**합니다. 민주주의는 개인의 평등한 참여를 주장한다고 하였지요. 자유와 평등은 자유 민주주의의 핵심적 요소입니다. 자유와 평등은 인류의 보편적 가치라고 할 수 있으며, 따라서 바르고 건강한 민주 질서의 확립뿐만 아니라, 정의로운 복지 사회의 건설을 위해서도 매우 중요한 요소라고 할 수 있습니다. 자유 민주주의가 왜 이렇게 유력한 이데올로기가 되고, 이 시대의 정치적 대안으로 자리를 굳히게 되었을까요? 바로 자유와 평등을 확보할 수 있는 구조를 갖추고 있기 때문입니다.

그리고 셋째, **권력 분립과 경쟁의 보장**인데, 자유주의는 국민이 보다 많은 자유를 누릴 수 있어야 한다는 생각에 국가 권력이 가급적 제한되어야 한다는 점을 강조하였죠. 민주주의 또한 '피치자가 곧 통치자'가 되어야 한다는 생각에서 국가 권력이 가능한 한 많은 구성원에게 분산되어야 한다는 점을 강조합니다. 복수 정당제, 선거의 자유, 집회와 결사의 자유 보장 등은 그 구체적 사례라고 할 수 있을 겁니다.

그러나 이러한 좋은 이념에도 불구하고 현대 자유 민주주의는 <u>새로운 위기를 맞고 있습니다</u>. 대의(代議, 의원들이 국민의 의사를 대표하여 정치를 담당) 민주정치는 자칫하면 정치적 무관심의 증대, 투표율의 하락, 정치에 대한 냉소주의의 만연, 정치적인 무력감의 확대 등으로 이어질 수 있습니다. 우리 주위에는 "어차피 내가 투표한다고 달라질 것도 없을 텐데 무엇하러 투표하나, 하루 어디 가족끼리 야유회나 가는 게 낫겠다."는 사람들이 적지 않지요.

그렇지만 <u>새로운 가능성도 있습니다.</u> 정보 통신 기술의 발달에 따른 전자 민주주의의 등장과 정치 참여 기회의 확대 등이 새로운 가능성을 보여 줍니다. 여러 후보를 지지하는 각종 인터넷 모임이나 후보들의 UCC 홍보 동영상 등등이 그것이지요.

◇ 자본주의 ◇

다시 자본주의를 공부하게 되었군요. 앞에서는 자유민주주의를 살펴볼 때 함께 자본주의를 연관시켜 공부했었습니다. 자본주의는 자유주의에 토대를 두고 있기 때문입니다. 자유가 보장되지 않는다면 경제활동을 마음 놓고 할 수가 없겠죠. 자본주의를 이해하려면 공산주의와 비교해 보는 것도 좋다고 하였습니다.

공산주의와 어떤 차이가 있었나요? 가장 큰 차이점 중의 하나는 <u>생산수단의 대부분이 사적으로 소유된다</u>는 것이었습니다. 개인의 소유가 중시되는 자본주의는 주로 시장의 작동에 의해 생산이 이루어지고 소득이 분배되는 경제 체제입니다. 공산주의는 그런 시장을 원칙적으로 허용하지 않는다고 했지요. 그래서 자본주의는 '**자유 시장 경제**' 또는 '**자유 기업 경제**'라고도 불립니다. 이런 시장을 통해서 사람들이 얻고자 하는 것이 무엇인가요? 여러분의 부모님이 시장에 가게를 차리거나 회사를 운영한다면 그 목적이 무엇인가요? 말할 것도 없이 (자본주의의) 가장 큰 목적은 이윤의 획득이지요. 자본주의 사회에서는 화폐를 매개로 이윤 추구 활동이 이루어집니다.

이런 자본주의는 언제, 어떻게 나타난 것일까요? 서구 사회에서 16세기에 태동하여 18세기 후반부터 19세기 전반에 걸친 산업혁명을 통해 확립된 것입니다. 시대의 변천에 따라 (1) 상업자본주의 (2) 산업자본주의 (3) 수정자본주의의 형태로 나타납니다. 하나씩 볼까요.

상업자본주의는 글자 그대로 보면, 상업자본이 경제 활동의 주축이 되는 자본주의이지요. 15～16세기 서구 열강들은 중상주의(重商主義)정책을 채택하여 가능한 한 많은 부를 축적하려고 하였습니다. 중상주의는 대내적으로 상공업을 중시하는 정책을 폈으며 대외적으로는 유리한 무역을 하려고 합니다. 나라의 부를 늘리는 것이 목적이었으니까요. 이를 위해 식민지 개척과 해외 무역의 확대에 주력하였고, 이는 상업자본주의의 발전에 중요한 역할을 하게 됩니다.

그러다가 상업자본주의는 산업혁명을 계기로 **산업자본주의**로 발전합니다. 알다시피 산업혁명을 통해 동력을 사용하는 기계가 등장하게 되었고, 이러한 기계의 사용은 대량 생산을 가능하게 합니다. 즉 상업자본주의처럼 무역(교환과정)에서 부를 획득하는 것이 아니라, 생산과정에서 부를 획득하게 되었지요. 이는 곧 대규모의 자본 축적과 산업자본의 증가를 초래하여 초기의 미성숙한 자본주의가 성숙된 단계로 전환되는 계기가 되었습니다.

그러나 이러한 산업자본주의는 곧 위기를 맞게 됩니다. 제1차 세계대전을 계기로 자본주의의 지배적 역할은 전쟁 무기를 팔아 돈방석에 앉게 된 미국으로 넘어가게 되었는데, (앞에서 설명한 것처럼) 그만 경제 대공황이라는 벽에 부딪히고 맙니다.

그래서 1930년대 경제 대공황 이후 자본주의는 구조와 기능에 있어서 중대한 변화를 맞이하게 됩니다. 전 세계가 대량 실업과 농산물 가격의 폭락 등과 같은 경제적 어려움에 처하자, '도대체 정부는 무얼 하고 있느냐?'는 비판이 일게 되지요. 즉 경제에 대한 정부 역할의 대폭적인 확대를 요구하게 되었습니다. 이전에는 정부가 시장에 개입해서는 안 된다는 생각을 가졌는데, 이제 정부가 나서서 경제 문제를 해결해야 되는 상황으로 변했습니다. 다시 말해 고전적 자본주의(산업자본주의)는 시장의 조화로운 원리가 이상적인 결과를 가져다줄 것이라는 믿음을 갖고 있었는데, 이제 이런 믿음에 의문을 제기하게 된 겁니다.

이러한 시대 상황에서 등장한 것이 **케인스**(Keynes, J. M., 1883~1946)의 수정자본주의였습니다. 수정자본주의는 한마디로 "정부의 적절한 시장 개입으로 '시장 실패'를 시정할 수 있다."는 것이죠. '시장실패'는 중요한 개념입니다. 정부가 시장에 개입하지 않는 상황, 즉 자유방임의 상태에서 여러 문제가 발생하자(이를테면 부익부·빈익빈 현상), 이것을 '**시장실패**'라고 부릅니다. 시장이 원활하게 돌아가면 아무런 경제 문제가 없을 것이라고 믿었는데, 이 믿음이 깨진 것이죠.

케인스

그러나 정부가 시장에 개입했더니 이번에는 또 다른 문제들이 발생하기 시작합니다. 정부의 거대화, 무능과 부패와 같은 문제가 나타납니다. 기업가들이 정치인에게 뇌물을 주고 공사를 수주하고, 결국 부실공사를 하는 등등.

아무튼 수정자본주의는 1973년 제1차 석유 파동 때까지 서구 경제학에서 중심적인 위치를 차지합니다. 1차 석유파동이란 제4차 중동 전쟁(아랍－이스라엘 분쟁) 당시 석유 수출국 기구(OPEC)가 담합해서 석유가격을 올려 버린 사건입니다. 갑자기 석유가격이 폭등하니 다시 경제는 심각한 불황에 빠지고 말지요. 석유가격이 오르면 공장은 안 돌아가고, 물가도 오를 것이고, 결국 경제 불황 속에서 물가상승이 동시에 발생하는 최악의 상태에 빠집니다.

일반적으로 불황기에는 (물건을 안 사니까) 물가가 하락하고, <u>호황기에는 물가가 상승하는 것이 보통인데, 불황기에도 물가가 계속 상승하는 현상</u>이 나타납니다. 이를 **스태그플레이션**(stagflation, 스태그네이션(stagnation: 경기침체)과 인플레이션(inflation)을 합성한 신조어)이라고 합니다.

이처럼 수정자본주의 역시 자본주의의 문제를 근본적으로 해결할 수 없게 되자, 이것을 '**정부실패**'라고 부릅니다.

상황이 이러하자, 정부 실패에 대한 비판과 반성의 결과로, 다시 시장경제의 효율성을 강조하는 **신자유주의**가 나타나게 됩니다. <u>1980년을 전후로 주로 영국과 미국에서 등장</u>하지요. 다시 과거의 자유주의가 재등장하여 신자유주의가 되었군요. 신자유주의는 세계화와 함께 수요한 시대적 흐름의 하나로 등장하여 오늘에 이르고 있습니다.

이만큼 신자유주의는 매우 중요한 개념입니다. 신자유주의는 학자에 따라 이론상 적지 않은 차이가 있으나, 그 중요한 특징을 추려 본다면 다음과 같습니다.

첫째, <u>정부의 시장 개입을 비판</u>합니다. 정부실패를 비판하면서 등장한 신자유주의가 정부의 경제 개입을 찬성할 리 만무하지요. 경제에 개입하는 것은 경제의 효율성과 형평성을 오히려 약화시킨다는 것입니다.

정부의 확대가 경제 효율성을 떨어뜨린다면, <u>정부의 권한과 기능을 축소시켜야</u> 되겠지요. 그리고 <u>개인의 자유와 시장경제는 확대해야</u> 되고요. 이것이 둘째 특징입니다. 그래서 세금을 감면해 주고, 정부 기구를 축소하고, 공기업을 민영화하고, 노동시장을 유연화하자는 등의 주장을 합니다. 여기서 노동시장의 유연화란, 기업이 근로자를 고용, 해고하는 일 등이 손쉬워진다는 의미입니다. 정부의 역할이 축소되면 기업에 대해 이래라저래라 깊이 관여할 수 없게 되지요. 노동시장의 유연성이 높아야 기업들의 국제경쟁력이 높아진다고 합니다.

셋째, 신자유주의자들은 공공복지 제도의 확대가 정부 재정을 팽창시킬 뿐만 아니라, 근로 의욕을 감퇴시키는 복지병을 일으킨다고 봅니다. 당연히 먹고사는 일이 보장되면 근로의욕은 떨어지겠죠. 복지 정책에 들어가는 비용도 만만치 않고요. 그래서 <u>복지 제도의 감</u>

<u>축을</u> 요구합니다.

　이런 특징들을 보면, 신자유주의 나름의 장점도 많이 있습니다. 긍정적 요소를 찾아본다면, 국가 권력의 확대에 따른 자유의 위축과 비능률의 해소, 경쟁 시장의 효율성 강화 등등이 있습니다.

　그러나 역시 심각한 부작용의 초래 또한 예상되지요. 정부의 시장 개입이 줄어드는 만큼 <u>경제의 불안정, 불황과 실업, 빈부 격차의 확대, 환경 파괴, 선진국과 후진국 간의 갈등 등과 같은 일들이 벌어질 수 있습니다.</u> 이런 부작용들이 불거진다면 어찌 될까요? 현대의 신자유주의는 과거 고전적 자본주의에서 나타났던 시장 실패를 또다시 반복하여 국가의 개입을 불러올 가능성을 내포하고 있는 겁니다.

　다음은 모의고사<2010. 3>에 나왔던 예문인데, 갑과 을의 입장이 어떤 것인지 알겠죠? 예, 갑은 수정자본주의의 입장이고, 을은 신자유주의의 입장입니다.

신자유주의

신자유주의에 대한 내용이 『전통윤리』 교과서(교육인적자원부, 229쪽)에 나와 있습니다. 참고로 여기에 소개합니다.

"신자유주의란, 정부에 의한 감독과 규제를 없애고 무역과 자본 이동을 자유화하면서 공기업의 민영화 등을 광범위하게 추진하며, 또한 개인 행위의 결과를 개인에게 책임 지우면서 개인들의 자유롭고 창조적인 행위로 경제 사회가 발전해 간다는 사상을 말한다.
1980년대 이후, 영국의 대처 수상과 미국의 레이건 대통령이 취한 경제 정책이 신자유주의 사상을 잘 반영하고 있다. 우리나라의 경우에는 '국민의 정부' 출범 이후 역점 시책으로 추진한 규제 개혁, 작은 정부의 실현, 노동시장의 유연성 확보, 외국 자본 및 문화 개방 등 일련의 시책들이 신자유주의에 기본 바탕을 두고 있다고 할 수 있다."

다음 도표는 모의고사(2008. 3)에 나온 것인데, 표의 A, B에 해당하는 사회사상이 무엇인지 알겠지요? 예, A는 수정자본주의이고, B는 신자유주의입니다. 앞서 본 것처럼 수정자본주의는 자본주의의 시장경제 원리를 인정하면서 자본주의가 지닌 문제점을 극복하려는 사상이지요.

사상	A	B
주요 주장	○ '보이지 않는 손'의 원리는 사회 구성원들 간의 빈부 격차를 심화시키고, 경제 공황을 초래한다. ○ 시장의 자동 조절 기능을 보완하기 위해서 정부는 재정 지출을 늘려 새로운 수요를 창출해야 한다.	○ 공공복지 제도의 확대는 정부 재정을 팽창시킬 뿐만 아니라, '복지병'을 가져와 근로 의욕을 감퇴시킨다. ○ 경제의 효율성과 형평성을 강화하기 위해서 정부는 시장경제에 대한 개입을 대폭 줄여야 한다.

신자유주의

◇ 민족주의 ◇

누차 반복되는 얘기지만, 민족주의는 고정된 이념이 아니라, 시대와 상황에 따라서 역동적으로 변화하는 속성을 가지고 있습니다. 교과서에 완전히 똑같은 내용이(?) 반복해서 나오는데, 그만큼 중요하다는 뜻일 겁니다. 아무튼 다시 정리해 보죠. 앞서 "역사적으로 볼 때, 민족주의를 뜻하는 내셔널리즘(nationalism)은 그 중심 개념인

네이션(nation)을 어떻게 정의하느냐에 따라서 내용이 일정하지 않았다."고 하였습니다. 실제로 프랑스의 경우 18세기에 (프랑스 대혁명이) 자유주의적인 속성을 지니고 있었다면, 19세기(나폴레옹 전쟁 때)는 전체주의적 속성을 강하게 가지고 있었습니다. 근대사를 중심으로 내셔널리즘을 살펴보면,

    (1) 자유주의 시대 – '국민주의' 성격
    (2) 제국주의 시대 – '국가주의' 성격
    (3) 반식민지시대 – '저항적 민족주의' 성격

이렇게 정리됩니다. 반드시 알아두어야 할 내용이지요. 민족주의는 분명한 이론적 체제와 제도를 가지고 있지 않은 까닭에, 카멜레온 같다고 하였지요. 그래서 "정치적으로는 독재나 전체주의와 결부될 수도 있고, 경제적으로는 자본주의나 사회주의와 결부될 수 있다."는 사실, 이미 앞에서 보았습니다. 그렇다면 민족주의 이데올로기는 자체적으로 아무런 내용도 갖고 있지 않은 것일까요? 그저 '민족을 다른 것보다 우선시한다.'는 정도의 이념일까요? 그렇지 않습니다. 민족주의는 다른 이데올로기와 결합되기도 하고 특정 이데올로기를 합리화하기 위한 수단이 되기도 하지만, 나름대로의 이데올로기적 속성을 가지고 있습니다.

그것이 무엇일까요? 그 속성으로 세 가지 정도를 꼽습니다. (1) **평등의 실현** (2) **자유의 추구** (3) **자율과 자치**입니다. 순서대로 봅시다.

먼저, <u>민족주의는 평등을 실현시키려고 합니다.</u> 같은 민족이라는 동질성을 강조하기도 하고, 대외적으로는 차별을 반대합니다. 즉 국내적으로는 계층 간의 평등을 추구하며, 국제적으로는 불평등한 현상을 유지하려는 기존 체계에 도전합니다. 우리나라의 3 · 1운동은

일제의 압제에 도전한 것이죠.

둘째, <u>민족주의는 자유를 추구합니다.</u> 민족이라는 이름 아래 모든 사람은 똑같은 대우를 받아야 합니다. 사회의 자유가 중요한 만큼 (같은 민족인) 개인의 자유 또한 중요합니다. 그래서 개인의 자유와 사회의 자유 또는 전체의 자유를 질적인 면에서 같은 것으로 인식합니다. 만약에 전체의 자유가 실현되지 않는다면, 개인의 자유 또한 없는 것이죠. 개인의 자유가 없다면, 전체의 자유 또한 의미가 없고요. 그래서 개인적 자유의 확대를 통한 전체적 자유의 실현, 사회적 자유를 통한 개인의 자기 해방을 추구합니다.

셋째, <u>자율과 자치를 내세웁니다.</u> 자율과 자치는 민족 스스로의 힘으로 자유를 얻고, 평등을 실현하는 것을 말합니다. 남이 주는 자유가 진정한 자유일까요? 자율과 자치가 가능할 때 자유와 평등을 현실적으로 실현시킬 수 있습니다. 실제, 자유와 평등의 이념을 추구하는 민족주의가 역사 속에서 활성화되어 올 수 있었던 것은 자율과 자치의 규범 때문이었습니다. 우리나라의 독립운동처럼, 자율과 자치가 민족주의로 하여금 강력한 저항과 변화를 추구하도록 만들었지요.

이에 더하여, <u>민족주의는 통합과 분할의 역할을 합니다.</u> 혈연적·지역적 유대에 크게 의존하고 있는 민족주의가 같은 민족끼리는 통합 작용을 하지만, 다른 민족끼리는 분할 작용을 하게 되지요. 그래서 높은 수준의 통합 능력과 분할의 가능성을 동시에 가지고 있다고 말합니다.

실제 사례를 들어 볼까요. 그 유명한 '유고 내전(코소보 전쟁, 1999)'은 여러 민족으로 이루어져 있는 유고 연방의 알바니아계가 독립하려고 하자, 일어난 전쟁입니다. 집권층이었던 세르비아계가 이를 반대했던 것이죠. 마찬가지로 소련도 연방 국가였는데, 소련이 해체되면서 연방 아래에 있던 몇 개의 국가가 (각각의 민족끼리 모여) 독립을 해 버렸죠. 동구 사회주의권의 변화와 소련 해체 이후에 나타난 새로운 체제의 형성은 분할과 통합이라는 민족주의의 역할을 잘 보여 주고 있습니다.

이러한 민족주의의 역할은 현대사회 문제를 해결하는 데에도 일조할 수 있습니다. 현대사회는 지역적·경제적 통합과 그에 따른 개별 국가의 주권 위축, 지구촌 공동체의 형성과 그에 따른 민족적 정체성의 약화라는 문제를 안고 있지요. 세계화 추세가 민족적 정체성을 약화시키고 있다는 지적은 많았습니다. 바꿔 말하면, 이런 상황은 우리에게 획일성을 탈피하고 이질성을 통합해야 하는 새로운 과제를 던지고 있다고 할 수 있습니다. 바로 이런 문제에 민족주의는 일정한 역할을 수행할 수 있습니다. 민족주의가 분할과 통합의 속성을 갖는다고 했는데, 분할의 속성을 갖는 민족주의는 새로운 체제 변화를 위한 기존 체제와의 분리와 단절을 정당화할 수 있으며, 통합의 속성을 갖는 민족주의는 새로운 질서를 추구하는 과정에서 나타날 수 있는 분열과 갈등을 극복할 수 있기 때문입니다.

2) 현대 사회사상들 간의 관계

> 계속해서 다른 사람의 사상만을 받아들일 때, 자신의 사상은 발전하지 못하고 상상력도 죽어 버리는 법이다.
>
> — 쇼펜하우어(Schopenhauer. A.)

여기서는 지금까지 공부한 이데올로기들 상호 간의 관계를 살펴볼까요. 크게 두 가지인데, 하나는 자유민주주의와 자본주의이고, 또 하나는 세계화와 민족주의 간의 관계입니다. 열심히 공부해 왔다면 그리 어려운 내용이 아닐 겁니다.

◇ 자유 민주주의와 자본주의 ◇

앞에서 본 것처럼, 역사적으로 성공한 이데올로기는 자유민주주의와 자본주의였지요. 또한 이 두 이데올로기는 비교적 성공적으로 공존하고 있는 듯 보입니다. 우리 사회만 보더라도 자유민주주의(정치원리)와 자본주의(경제원리)가 별 무리 없이 함께 사회운영의 원리로 적용되고 있지요. 하지만 자세히 보면 그렇게 간단치 않은 문제입니다.

과거 자유주의 시대에 정치적 자유주의와 경제적 자유주의 간에 갈등이 있었다고 했지요. 그런데 아직도 끝난 문제가 아닙니다. 여전히 오늘날에도 자유 민주주의의 민주적 요소와 시장 자본주의 간에는 간격이 있습니다. 어찌 보면 당장 해결할 수 없는 근본적인 긴장 관계라고 할 수 있어요. 앞에서도 보았지만, 자유 민주주의는 보통 선거권(평등)을 전제로 하는데, 자본주의는 사적 소유(불평등)를 전제로 하기 때문입니다. 다시 말해 민주주의는 1인 1표의 수량적인 평등에 입각하고 있는데, 자본주의적 시장 원리는 경제적 불평등을 자연스럽게 받아들이고 있지요.

이런 문제를 해결하기 위해 '복지 자본주의'가 등장했다고 했습니다. 자본주의의 경제적 불평등이 문제니까 이를 복지로 해결한다는 것이었죠.

하지만 민주주의와 자본주의 논리 중 어느 쪽을 더 강조하느냐에 따라 같은 복지 자본주의라도 차이가 나타납니다. 앞에서도 말했던 내용이지만, 다시 볼까요. 평등을 강조하며 복지에 역점을 두는 나라(ex. 스웨덴)가 있는 반면, 자유경쟁과 개인의 소유를 강조하고 있는 나라(ex. 미국)도 있습니다. 이런 차이를 무시하고 서구 자본주의의 실체를 지나치게 일반화하여 말하면 안 되겠군요.

　이처럼 복지 자본주의를 구분해서 볼 수 있는 것처럼, 자본주의도 구분해 볼 수 있어요. 먼저, 시장경제의 역동성과 효율성을 잘 이용하여 노동 계급의 복지 수준을 중산층 수준으로 끌어올릴 수 있었던 **'북구형의 복지 국가'**가 있는가 하면, 경제력의 과도한 집중과 불공정한 경제 행위, 반복지의 과소비 문화 등으로 엮이는 **'천민자본주의형 국가'**도 존재합니다. 북구형의 복지 국가는 사회복지제도를 실시한 북구 유럽 국가들을 말하는 것이고, 천민 자본주의형 국가는 타락한 자본주의 국가를 말합니다. 그러고 보니 서로 상반되는 유형이네요. **'천민자본주의'**라는 용어는 처음 나오니까 자세히 볼까요. 원래 "독일의 사회학자인 막스 베버(1864~1920)가 사용했던 사회학적 용어로, 전근대적·비합리적 자본주의"를 말합니다. "물질이나 이기심에 집착한 나머지 공정성을 상실하여 타락한 자본주의로, 독점, 투기, 반복지, 과소비 등을 추구"합니다.

　지금까지 주로 자유민주주의와 자본주의의 갈등적 요소에 대해 말했는데, 사실 이 둘은 역사적 환경 변화에 적응하면서 상호 접목되어 왔으며, 오늘날에도 밀접하게 연계되어 있습니다. 어떻게 서로 관련을 맺게 되는 걸까요?

　먼저, 경제(자본주의)가 정치(자유민주주의)에 주는 영향부터 볼까요. 자본주의 체제의 발전은 시장경제를 정착시켰고, 시장경제는 경쟁원리를 널리 퍼뜨리고 이것이 정치 과정에서의 경쟁 원리로 확대되고, 결국 경쟁에 의한 선거를 제도화시키죠. 그리고 선거의 제도화는 곧 의회 민주주의

베버

를 낳게 됩니다. 한마디로, 자본주의의 발전은 정치 과정에서의 경쟁 원리, 경쟁에 의한 선거를 제도화시켰다는 것입니다. 기본적으로, 시장경제에서는 개인의 사유 재산권을 바탕으로 경제 활동의 자유가 보장되기 때문에, 개인의 선택에 대한 보상이 시장 경쟁을 통해 결정되면, 경쟁의 결과에 대해서는 개인이 책임을 져야 합니다.

그럼, 정치(자유민주주의)는 경제(자본주의)에 어떻게 영향을 주게 될까요? 오늘날 자유 민주주의는 정부에 대한 감시와 견제를 통해 정치권력의 남용을 차단하고 있습니다. 권력의 남용을 차단하고 정부 권력이 분산되도록 한다는 것은 자율과 창의가 발현될 수 있는 토양을 제공한다는 뜻이 되겠죠. 자유스러운 경제 발전(=시장경제의 발전)은 당연한 것입니다. 이렇게 자본주의는 정치적 민주주의와 연계되어 발전하는 것입니다.

◇ 세계화와 민족주의 ◇

이제, 두 번째로 세계화와 민족주의 간의 관계를 봅시다. 이 둘 간의 관계가 어떨지는 쉽게 짐작이 되지요. "세계화가 진행될수록 민족주의는 퇴조할 것"이라고요.

그런데 '세계화'가 무엇이지요? '지구촌'이라는 말이 있듯이, 그간 달랐던 사회가 전 세계적으로 서로 밀접한 관계를 갖게 되는 과정을 말하지요. 교과서에서는 다소 어렵게 설명했습니다. "근대 역사를 통해 인간들의 가장 기본적인 조직 구조가 되어 온 국민 국가의 기능이 약화되고, 그 대신 인간들의 삶의 공간이 전 지구로 확대되는 과정을 의미한다."고요.

아무튼 최근에 이러한 세계화의 추이가 더욱 가속화되고 있습니다. 그 원인은 크게 두 가지로 볼 수 있어요.

첫째, 과학과 기술의 발달입니다. 기술의 발달로 교통, 수송, 정보 통신 기술 등이 혁명적으로 발전함으로써 지구의 공간이 점점 더 좁아져 왔기 때문입니다.

둘째, 이데올로기의 퇴조입니다. 대표적으로, 세계를 양분해 왔던 자본주의와 공산주의 이데올로기가 퇴색하면서 세계를 하나의 체제로 통합할 수 있게 되었기 때문입니다.

무엇보다도 세계화 현상은 경제 분야에서 가장 두드러졌지요. 세계무역기구(WTO)는 그 대표적인 상징이고요. 경제 분야에서의 세계화는 상품과 자본 및 노동의 자유로운 이동을 통해 이루어집니다. 국민 국가의 전통적 장벽을 무너뜨린 것이죠. 세계화라는 말은 원래 경제 분야에서 등장했지만, 이제 경제에서뿐만 아니라 정치, 사회, 문화 분야에서도 진행되고 있습니다. 세계화는 이미 대세입니다. 역전시키거나 정지시킬 수 없는 역사적 흐름이 되어 버렸습니다. 하지만 세계화를 반대하는 투쟁도 있음을 알아야 합니다. 세계화는 강대국들이 자신들의 시장을 확대하려는 의도에서 주장된 것이라는 겁니다. 그래서 우리는 세계화 과정 자체가 사회의 모든 문제를 해결해 주고 합리화·선진화로 나아가는 길이 아니라는 점을 인식해야 할 필요가 있습니다.

이상과 같이, 세계화로 인해 국민 국가의 위상은 약화될 것이고, 민족주의도 퇴조할 것으로 예상됩니다. 하지만 이렇게 결론 내리면 너무 성급한 겁니다. 국민 국가의 장래를 일률적으로 말할 수 있을까요? 나라마다 그 발전 단계에 따라서 현실적 과제가 서로 다르고, 또 지역에 따라서도 발전 편차가 큰데요. 예를 들어, 제3세계 국가들 중에는 아직도 국가 형성과 산업화라는 근대적 과제에 매달려 있는 나라들이 있습니다. 더구나 냉엄한 국제 경쟁 사회에서 이기려면 사회 간접 자본을 축적하고 인적 자본을 개발하는 등 여러 할 일이 많습니다. 사회 간접 자본(SOC, Social Overhead Captial)이 무엇이었지요? "정부 및 기타의 공공단체가 공급자가 되는 설비 및 서비스 관련 시설류의 총칭"이었지요. 이만큼 국가 차원에서 해결해야 할 많은 문제가 산더미처럼 쌓여 있습니다. 앞으로 무한한 경쟁이 전개된다면, 세계화에 편승하지 못한 사회 · 경제적 약자들, 즉 환경 변화에 실패한 중소기업이나 농어민, 저숙련 노동자 등의 삶은 더욱 피폐해질 것입니다. 이들을 누가 돌보겠습니까. 이런 상황에서 국민 국가의 위상이 약화될까요. 국가가 나서서 해야 할 일이 이렇게 많은데요.

　이런 이유로, <u>세계화가 곧 국민 국가와 민족주의의 몰락을 가져올 것이라는 생각은 너무 성급한 것</u>이라고 할 수 있습니다. 물론 어느 정도 국민 국가와 민족주의의 역할을 약화시키겠지만요.

　실제로 유럽 통합 — 유럽연합(EU): 유럽의 정치적 · 경제적 통합을 강화하기 위해 유럽 단일 화폐, 공동 외교 · 안보 정책, 공동시민권 제도 도입 — 의 큰 흐름 속에서도 이에 저항하는 민족주의는 의외로 완강했습니다. 왜 그랬을까요? 모든 나라는 저마다 고유한 문화와 전통 그리고 역사적 과제를 지니고 있으며, 국가 주권에 대한 자존과 집착이 있기 때문입니다.

　결론적으로, 세계화의 흐름에 알맞은 국가적 · 민족적 과제의 수행이 필요합니다. 그것이 국민 국가와 민족주의의 생명력을 강화하는 지름길인 셈이지요.

3) 현대 사회사상의 변화

모든 참다운 사상은 성장하고 변화하는 데에 그 생명이 있다. 그러나 그것은 구름처럼 급격히 변화하는 것이 아니라, 나무처럼 서서히 변화해 나가는 법이다.
— 러스킨(Ruskin. J.)

◇ 공산주의 사상의 쇠퇴 ◇

자유민주주의와 자본주의는 성공적이었지만, 전체주의, 군국주의, 공산주의처럼 몰락한 사상도 있습니다. 개인의 모든 활동은 국가를 위해 바쳐져야 한다고 하여, 국민의 자유를 억압했던 **전체주의**는 이미 오래 전에 위력과 힘을 상실했습니다. 이탈리아의 파시즘, 히틀러(Hitler. A., 1889~1945)의 나치즘, 스탈린(Stalin. I. V., 1879~1953) 통치하의 소련 등이 그것이죠. 개인의 가치를 희생하더라도 전체에 주목하면 조국 근대화 등이 좀 더 수월해질 것이라고 생각했지만, 결과는 실패였습니다.

군사력에 의한 국위 신장을 국가의 주요 목표로 생각했던 **군국주의**(軍國主義)도 마찬가지였지요. 전쟁과 그것을 준비하기 위한 정책이나 제도가 최우선이었고, 사회구조나 국민의 생활양식과 사고방식은 군사적 가치에 종속되었습니다. 독일 제국이 그랬지요. 만주 사변(1931년, 일본이 만주를 중국침략을 위한 병참기지로 만들고자 벌인 침략전쟁)에서 제2차 세계대전 시기까지의 일본의 군국주의도 마찬가지였고, 둘 다 몰락의 길을 걸어갔습니다. 독일과 일본의 사례에서 보듯이, 군사화를 획책한다고 될 일이 아닙니다. 전쟁은 몇몇 군인들에게만 맡기기에는 너무나 중대한 문제이며 국민들로부터 압도적인 지지를 받는 민주적 지도자만이 국민의 능력을 총동원할 수 있지요. 현대의 총력전(전체의 모든 힘을 기울여서 하는 전쟁)을 위해서 군국주의는 매우 부적합한 체제입니다.

또한, 제2차 세계대전 후 식민지 상태에서 벗어난 신생 국가 중에는 군사 정권이 들어선 곳이 많은데, 그들의 임무는 국가형성과 근대화라는 과제였습니다. 그래서 그들 군사정권은 이른바 '근대화를 위한 과두제(몇몇 소수가 지배하는 정치체제)'의 한 형태에 불과하다고 할 수 있습니다.

그렇다면 **공산주의**는 왜 몰락했을까요? 이상('평등주의' 노선)과 현실('실용주의' 노선) 간의 갈등으로 딜레마에 빠졌기 때문입니다. 공산주의는 '계급 없는 사회'라는 유토피아적 목표를 내세웠지만, 현실적으로는 근대화를 추진해야 했지요. 그런데 근대화를 달성하기 위해서 경제적 효율성을 앞세우면(즉 물질적 유인책을 쓰게 되면), 특별한 대접을 받는 계층이 생긴다는 고민에 빠집니다. 즉 기술 관료 계층의 특권화가 조장되고 불평등이 심화된다는 것입니다. 원래 유토피아적 목표는 '계급 없는 사회(=평등)'의 실현인데요.

반대로, 유토피아적 목표에 충실하기 위해서 평등을 앞세우게 되면, 개인의 자유는 더욱 억압되고 일에 대한 동기는 약화되어 결국 근대화는 물 건너가게 되지요.

레닌 동상 철거

과거 공산주의 체제가 지닌 가장 큰 문제는 역시 '자유가 없다(자유의 결핍).'는 사실에 기인합니다. 개인의 자유나 창의성, 그리고 책임감이 고갈된 사회에서 무슨 발전을 기대할 수 있을까요. 개인의 창의성과 시장의 자동조절 기능을 외면하고, 국가가 독점적으로 생산하고 관리하는 계획경제 체제 아래 경직된 관료 독재 체제가 구축됩니다. 그러나 위와 같은 이유로 국가 독점적 생산 양식에만 의존하던 공산 국가들은 하나같이 경제 발전에 실패하고 말지요. 결국, 자유뿐만 아니라 물질적 토대(경제)마저도 약화되었습니다. 원래 공산주의에서 가장 앞세울 수 있는 덕목이 '평등'이라는 가치였는데, 이 평등이라는 가치마저도 허구가 되는 상태에 빠지고 만 것이죠. 다 같이 가난한 상태로 되어 버린 평등. 낙후된 경제로 인하여 전반적인 복지 수준이 매우 낮아졌으며, 생활수준도 하향적으로 평준화되었는데, 이것을 원래 추구하려던 평등이라고 말하기는 어렵겠죠.

그런데 이런 몰락의 과정에서 나타난 하나의 역설적 현상은, 노동자를 위한다는 공산주의 국가가 노동자에 의해서 거부당했다는 사실입니다. 줄곧 폭력으로만 지탱되어 오더니, 여러 문제점들이 나타나자 민중의 평화스러운 저항에 힘없이 무너지고 맙니다. 노동자들의 요구를 묵살하고 폭력으로 대하더니, 노동자 스스로 공산당을 거부하게 되는 사태가 벌어진 것입니다. 학생 여러분은 어떤 생각이 드나요?

'국민의 인간다운 삶을 보장하는 것이 중요하다.' 그렇게 하지 못하는 체제는 당이나 군대, 그리고 비밀경찰이라는 실로 막강한 억압 구조를 가지고도 스스로를 지킬 수 없다는 사실을 알 수 있겠죠. 아직도 공산주의 정권은 남아 있지만(ex. 북한, 쿠바), 거의 대부분의 국가가 자본주의 경제 원리를 도입하고 있는 것이 현실입니다.

그렇다고 해서 공산주의 이념까지도 의미가 없는 것은 아니지요. 자본주의가 가지고 있는 문제에 경종(警鐘)을 울리는 역할을 할 수 있어요. 즉 공산주의는 빈부 격차, 불평등과 같은 자본주의의 결함을 보완할 수 있는 사회사상이 될 수 있습니다.

루스벨트

그래서 자본주의의 쇄신과 발전을 위하여 과거 공산주의에서 표방했던 이상 중에서 긍정적 측면은 과감하게 수용할 필요가 있습니다. 또, 민주적 방법으로 그 정책적 실천에 앞장서서, 시대의 흐름에 걸맞은 제도적 보완을 위해 노력해야 합니다.

◇ 작은 정부의 출현과 국민의 참여 ◇

자본주의는 "서구 사회에서 16세기에 태동하여 18세기 후반부터 19세기 전반에 걸친 산업혁명을 통해 확립된 것"이라고 하였습니다. 또한 시대의 변천에 따라 상업자본주의→산업자본주의→수정자본주의의 형태로, 순서대로 나타났다고도 했습니다. 물론 본격적인 자본주의의 시작은 산업자본주의입니다.

따라서 18세기 이전은 초기 자본주의였지요. 이때만 해도 정부의 역할은 국방과 치안, 교육 및 공공 토목 사업에 국한되었습니다. 즉 정부가 시장에 개입하지 말 것을 요구하던 시대였습니다. 이때의 국가관을 '**야경국가(夜警國家)**'라고 합니다. 글자 그대로만 보면, '밤에 경계(警)를 하는 국가'라는 뜻이네요. 국가의 주 임무가 야경(夜警: 도적을 방지)이라는 것이죠. 중요한 개념이니, 자세히 볼까요. 야경국가론은 국가의 권력 행사는 개인의 생명·재산·자유의 보호에 한정되어야 한다고 주장합니다. 따라서 국가 권력을 '필요악'으로 보는 소극적 의미의 자유주의 국가관이라고 할 수 있습니다. 이런 생각은 대체로 근대 초기(19세기)까지 이어집니다.

그러나 19세기에 들어서면서 상황이 달라집니다. 독점 기업이 출현하는가 하면, 1930년에는 경제 대공황이 초래되었죠. 경제 대공황의 여파는 상당히 컸습니다. 이에, 자본주의 시장경제는 큰 위기를 맞게 됩니다. 이런 상황이니 정부가 나서지 않을 수 없게 됐지요. 이때 경제 대공황을 극복하기 위해서 취해졌던 대표적인 정책이 미국 **루스벨트**(Roosevelt. F. D., 1882~1945) 대통령의 그 유명한 **뉴딜 정책**(New Deal, 1933년~1936년)입니다. <u>뉴딜정책은 정부가 적극적으로 지출을 늘려 나가 새로운 수요를 만드는 정책이었습니다.</u> 따라서 이 정책은 정부가 적극적으로 개입하여 자유주의 경제에 대해 수정을 가했다는 점에서 획기적인 의의를 갖지요. 이때의 정부는 재정 적자를 무릅쓰고 경기를 끌어올리려고 하였기 때문에 '적극적 정부', '**큰 정부**'라 합니다. 이에 비해 앞의 야경국가는 소극적 국가였기 때문에 '**작은 정부**'라고 부르지요.

큰 정부로서 정부의 역할은 실로 다양합니다. 원래 시장경제가 할 수 없는 사회 간접자본 및 공공재의 공급 증대는 물론이고, 국민 삶의 질을 향상시키기 위한 육아·교육·의료·복지·주택·수도 등과 같은 사회적 서비스의 증대, 나아가서 국토와 환경 보전, 빈부 격차의 교정, 독과점 구제, 완전 고용의 달성, 물가 안정 등등에 이릅니다. 할 일이 엄청 많아졌군요.

그러나 여기서 문제가 해결된 것이 아니었습니다. 앞에서 보았듯이, 1970년대에 들어와 세계는 불경기 속에서도 석유 가격의 폭등으로 인해 물가가 오르는 현상을 겪게 되었지요. 이제 정부마저 실패하게 되었습니다. 그러자 또다시 야경국가에서 그랬던 것처럼, 경제에 대한 정부의 개입을 반성하는 목소리가 커지게 됩니다. 결국, 시장경제에 대한 개입을 대폭적으로 축소하고, 정부의 규모를 축소하여 재정 지출을 줄이고, 민간의 자율성을 높이는 '작은 정부'로 되돌아가려는 움직임이 나타나게 되었지요. 이런 움직임을 앞서 신자유주의라고 불렀습니다.

신자유주의는 '작은 정부'로 되돌아가자는 것이니, 정부가 시장경제에 간섭하지 않는 것을 원칙으로 하겠군요. 하지만 <u>현대 정부에서는 시장 불간섭을 원칙으로 하되(비개입주의), 사회 간접 자본의 확충이나 삶의 질 향상, 환경오염 방지, 공정한 경쟁질서의 확립 등을 위해서도 노력합니다(개입주의)</u>. 왜 그럴까요? 쉽지는 않겠지만, 과거의 시장 실패와 정부 실패를 동시에 해결하려고 하기 때문이죠.

그렇다면, 개입주의를 통해서 경제 부문에서 나름대로 적극적인 역할을 담당하면서도 이를 최소화하고, 비개입주의를 통해 개인과 기업의 창의성을 최대한 발휘하도록 하려고 할 것입니다. 너무 간섭을 해서는 안 되고, 그렇다고 전혀 간섭을 안 할 수도 없는 상태. 즉 개입주의와 비개입주의의 조화를 이루기 위한 노력이라고 할까요.

대의 민주주의는 간접 민주정치라고 하듯이, 국민이 직접 국가의 의사를 형성하지 않고 국민의 대표들이 주체가 되어 문제들을 해결해 나가는 정치 형태입니다. 그러나 의회가 제 기능을 발휘하지 못하면, 국민들이 뽑은 대표들은 별 의미가 없게 되지요. 오늘날의 대의 민주주의가 그런 상황입니다. 그래서 필요한 것이 국민들의 '참여'입니다. 즉 대의 민주주의 시대에 국민에게 요구되는 핵심적 가치는 참여라는 말입니다. 하지만, 어떻게 오늘날과 같이 복잡하고 거대한 사회 속에서 모든 시민들이 참여하고 토론할 수 있을까요? 그러나 참여는 현대인들의 삶에 대한 태도와 공동체에 대한 태도를 바꿈으로써, 즉 인생관과 행복관을 변화시킴으로써, 우리 자신을 더욱 더 도덕적인 존재로, 그리고 사회를 더욱더 풍요로운 삶의 터전으로 만들어 줄 것입니다.

3. 현대 사회사상의 쟁점

쟁점(爭點)이란 서로 다투게 되는 중요한 문제, 이슈(issue)라고 할 수 있지요. 현대 사회사상의 쟁점을 자유민주주의, 자본주의, 민족주의의 쟁점 순으로 하나씩 살펴봅시다.

1) 자유 민주주의 쟁점

> 위대한 사상은 반드시 고통이라는 밭을 갈아서 이루어진다. 갈아 두지 않은 밭에서는 잡초만 무성할 뿐이다. 사람도 고통을 겪지 않고서는 언제까지나 평범하고 천박함을 면하지 못한다. 모든 곤란은 차라리 인생의 벗이다.
>
> — 힐티(Hity. C.)

자유민주주의의 쟁점은 크게 두 가지 정도입니다. 항상 문제가 되어 왔던 자유와 평등의 관계, 그리고 자유 민주주의에서 나타난 비인간화 현상을 극복하는 문제, 즉 자유민주주의의 인간화입니다.

◇ 자유와 평등의 기본 전제 ◇

'국민주권(國民主權)'이 민주주의의 기본 원칙이었지요. '민주주의'는 주권이 국민에게 있고, 모든 권력은 국민으로부터 나온다는 신념에 바탕을 두고 있습니다. 이에 비해, '자유민주주의'는 자유가 제대로 보장될 때, 가장 많은 수의 국민이 자신의 이상을 실현할 수 있는 최선의 상태를 누릴 수 있다는 신념에 바탕을 두고 있지요.

따라서 자유 민주주의에 있어서 논쟁의 초점은 자유의 개념과 그 한계를 설정하는 문제, 곧 자유와 평등의 관계에 관한 문제와 연관되어 있습니다. 나의 자유가 중요한 만큼 타인의 자유도 중요한 것 아닐까요. 내가 자유인인 것과 똑같이(=평등) 다른 사람도 자유인입니다.

처음 자유주의에 대해서 공부할 때, 그 기본적 입장으로 "인간은 자신과 사회를 위해 그와 같은 인격을 표현할 수 있는 능력이 있다고 믿는다."고 했습니다. 자유의 기본 전제는 자율적 이성을 갖춘 자유로운 개인입니다. 자율적 이성이 무엇인가요?

만약 어떤 사람이 행동의 옳고 그름을 올바르게 판단하고 자기 통제 능력까지 갖추고 있어, 남의 자유를 함부로 침해하지 않는다면 그는 자유로울 수 있습니다. 즉 <u>자유의 한계는 "사람의 자유를 침해하지 않는 범위 내에서 자유로울 수 있다."</u>는 것입니다.

<u>또한, 자유에는 책임이 뒤따릅니다.</u> 남의 간섭 없이 스스로의 의지에 따라 행동했다면, 그 행동의 과정과 결과에 대해서는 스스로가 책임을 져야 합니다. 책임질 능력이 없는 사람은 자유를 누릴 자격도 없다고 해야 되겠죠.

자유의 한계(전제)가 이렇다면, 평등의 기본 전제는 무엇일까요? 자유 민주주의 사회에서 우리가 보장받는 평등은 '결과에 있어서의 평등'이 아니라, **'기회의 평등'**입니다. 많이 들어 본 얘기죠.

기회의 평등은 "시민들 누구나 스스로 최선의 자아를 실현하고 행복을 누리기 위하여 자유롭게 활동할 수 있는 기회를 법으로 보장받는다."는 뜻입니다. 하지만, 결과까지 평등해야 한다고 주장하면 곤란하지요. 열심히 일한 사람이 급여를 많이 받고, 열심히 공부한 학생이 높은 점수를 얻어야 하지 않을까요. 물론 열심히 공부했다고 반드시 높은 점수가 나오지는 않지만요. 그 결과는 근면성이나 성실성, 숙련도 등등의 차이에 따라 달라집니다. 아무튼 그 결과가 합리적인 것이라면, 수용해야 합니다. 그래서 기회의 평등은 **'상대적 평**

등’ 내지는 ‘**비례적 평등**’이라고 할 수 있습니다. 개인의 노력과 능력에 비례하여(=비례적) 나타난 결과의 차이를 인정하자(=상대적)는 것이죠. 이에 반해, 결과의 평등은 ‘절대적 평등’이지요.

◇ 자유와 평등의 관계 ◇

이제 본격적으로 자유와 평등의 관계를 따져 봅시다. 사실, 교과서에서는 ‘자유와 평등의 관계’라고 제목을 달았지만, ‘관계’라고 볼 내용은 별로 없고, 자유와 평등의 ‘제한’에 대한 내용이 나와 있군요(?). 아무튼 자유와 평등은 자유 민주주의 기본 이념(인간의 존엄성 보장)과 기본 목표(최대 다수 시민의 최대 행복 실현)를 달성하는 데 있어서 핵심 요건이 됩니다. 그만큼 중요한 가치들이지요.

조금 전에, 기회의 평등은 “시민들 누구나 스스로 최선의 자아를 실현하고 행복을 누리기 위하여 …… 기회를 법으로 보장받는다.”는 뜻이라고 했습니다.

이런 최선의 자아를 실현하려면, 다른 사람으로부터 부당한 간섭을 받지 않는 소극적 자유를 바탕으로 자기 마음대로 행동할 수 있는 적극적 자유가 널리 보장되어야 가능합니다. 자유 없이 무슨 능력 발휘가 되겠습니까. 그런데 문제는 어쩔 수 없이 자유와 평등에 일시적인 제한을 가할 수 있다는 데 있지요. 이를테면, 천재지변이나 전쟁과 같은 비상사태에 처하는 경우가 있겠죠. 이런 경우 말고도 자유를 신장시키기 위하여 평등을 일부 제한하거나 또는 평등을 강화하기 위하여 자유를 일부 제한하는 경우도 있을 수 있습니다. 물론, 비상사태 발생시의 제한은 국가의 안전을 보장하고 시민의 안녕과 질서를 지키기 위한 것이고, 자유와 평등의 일부 제한은 최대 다수 시민이 최선의 자아를 실현하기 위한 것이라는 전제 조건이 따라

붙습니다.

따라서 제한은 불가피하게 하는 것이니만큼, 제한의 형태는 어디까지나 '법에 의한 방법적 제한'을 원칙으로 합니다. 정부가 아무 때나 제멋대로 제한을 가할 수 없도록 법으로 정해 놓는 것이죠. 설사 필요 불가결한 상황이 벌어지더라도. 그래서 국가 권력이 시민의 자유와 평등에 부분적인 제한을 가해야 하는 경우가 온다고 하더라도, 그 범위를 반드시 법으로 정해 놓고, 그 내용도 최소한에 그치도록 해 놓아야 자유와 평등을 제한할 때 나타나는 위험을 줄일 수 있을 것입니다.

◇ 자유 민주주의의 인간화 ◇

위에서 자유민주주의의 쟁점으로 자유 민주주의에서 나타난 비인간화 현상을 극복하는 문제, 즉 '자유민주주의의 인간화'를 언급했습니다. 인간의 존엄성이 기본 이념이고, 최대 다수 시민의 최대 행복 실현을 기본 목표로 삼았던 자유 민주주의에서 어떻게 비인간화 현상이 나타난 것일까요? 이념과 제도를 지나치게 강조한 나머지 인간을 소홀히 여겼기 때문입니다. 인간을 위해서 존재해야 할 이념이나 제도가 오히려 인간보다 더 강조되어 '비인간화의 오류'에 빠지고 말았습니다.

그렇다면, '자유 민주주의의 인간화'는 어떻게 가능할까요? **관용의 미덕**이 필요합니다. 개개인의 자유를 강조하다 보면, 서로 다른 사고 방식과 행동 양식으로 인해 갈등이 발생하는 경우가 있지요. 이때 여러분은 어떻게 해결하나요? "너의 생각은 너의 생각이고, 나의 생각에 간섭하지 말라."고 하나요? 관용의 미덕이 필요하다고 했는데, 관용의 미덕이 무언가요? 교과서의 설명을 빌리자면, "자기와 생각이나 행동이 다른 사람을 만나게 되더라도 그 사람을 배척하거나 공격하지 않고, 그 사람을 인간으로서 있는 그대로 이해하고 받아들일 뿐만 아니라, 그 사람과 좋은 관계를 이루어 나가기 위하여 노력하는 폭넓은 아량과 너그러운 태도"를 말합니다. 갈등이 발생하는 경우, 이런 아량과 태도가 필요합니다.

세상에 완전한 사람은 없습니다. 결점이 전혀 없는 사람이란 존재하지 않지요. 이런 사실을 머릿속에 담고 있다면 나의 생각만이 절대적이라고 생각하지 않을 것이고, 나아가 타인과 더불어 진지한 대화가 가능하겠죠. 다른 사람을 타도의 대상으로 삼지도 않을 것입니다. 이럴 때 관용이 생겨납니다. 관용의 기본 전제는 인간의 불완전성에 대한 이해와 상대방에 대한 열린 마음가짐을 통한 토의 문화입니다.

원래 자유 민주주의에서 만장일치란 쉽지 않은 것입니다. 다양한 의견과 이익의 표출을 전제로 하는 정치제도이기 때문이지요. 이에, '다수결의 원리'를 채택합니다. 그 과정에 충분한 토의 과정을 거쳐야 함은 물론이고요. 그러나 다수결이 무조건 좋은 것은 아닙니다. 당장 별 이유 없이 "오늘부터 학교 수업을 오전까지만 하는 것이 어떨까?"라고 하면, 말할 것도 없이 대다수의 학생들은 적극 찬성합니다. 수업시수니 교육과정이니 이런 것은 따질 것도 없지요. 아마도 극소수의 학생들은 반대를 할 겁니다. 제반사항을 고려한다면, 극소수의 의견을 따라 수업을 해야 하겠죠. 그래서 자유민주주의는 소수 의견도 함부로 묵살해 버리지 않습니다. 나아가, 부결된 소수 의견을 낸 사람이 억울한 일을 당하지 않도록 여러 가지 제도적 장치 또한 마련해 놓고 있지요.

또한, 자유 민주주의의 기본 이념과 정신을 바탕으로 한 제도적 장치로는 입헌주의제와 대의 제도, 권력 분립주의 등이 있습니다. 자유민주주의를 인간화할 수 있는 데 필요한 제도적 장치는 완비해 나가야 하겠지요.

그런데 자유민주주의의 인간화를 위해서 우리 전통에서 배울 수 있는 것이 많습니다. 우리나라에는 민본 정치와 위민(爲民: 백성을 위한)정치, 만민 평등사상과 인간 존엄 사상 등이 옛날부터 전해져 오고 있지요.

또 다른 사례를 들어 볼까요. 조선시대에 여론을 반영하고 백관과 민중의 의견을 수렴하던 상소제도가 있었습니다. 유생들이나 사대부들이 임금에게 글을 올려 이미 결정된 정책에 대한 재검토를 요구하거나 소수의 의견을 새로이 개진할 수 있도록 한 것이었죠. 이를 통해 정책을 재검토할 수도 있었고, 무엇보다 소수의 의견을 새롭게 제시할 수 있었다는 사실, 주목할 만합니다. 그리고 조선 태종 2년(1402)에는 백성의 억울한 사정을 왕에게 직접 호소할 수 있게 한 제도도 있었습니다. 신문고(申聞鼓)를 말하지요. 민의상달(民意上達: 백성의 뜻을 임금에게 올림)의 통로였습니다.

2) 자본주의의 쟁점

훌륭한 사상은 역시 훌륭한 인격에서 담긴다. 작은 그릇에는 작은 음식밖에 담기지 않듯이 인격이 작고서는 큰 사상이 담길 도리가 없다. 작으나 크나 사상은 그 사람의 인격을 토대로 세워진 하나의 건축물이다.

– 알랭(Alain)

◇ 자본주의의 기본 특징 ◇

현대 사회사상들 간의 관계를 살펴보면서 자유 민주주의와 자본주의는 서로 많은 갈등 요소를 갖고 있음에도 불구하고, 밀접한 관련을 맺고 있다고 했습니다. 자본주의는 자유 민주주의의 경제적 표현이라 할 수 있습니다. 자유 민주주의는 자연스럽게 개개인의 자유가 보장되는 경제 기반(시장경제)을 제공해 주고 자본주의는 이를 바탕으로 발전합니다.

애덤 스미스

이에 따라 자본주의는 (1) 경제적 개인주의 (2) 시장 제도에 기초를 둡니다.

먼저, (1) 경제적 개인주의란, 말 그대로 경제활동의 기본 단위를 개인으로 하는 것이 바람직하다는 신념입니다. 사람이 이 세상을 살아가는 데 필요한 각종 물질적 가치를 생산 · 교환 · 분배 · 소비 · 소유하는 데 있어서, 그 주체가 누구인가요? 국가나 사회가 아니라, 바로 개인인 것이죠. 이러한 신념의 바탕에는, 사람들은 누구나 자율적 이성을 갖고 있는 자유인이며, 스스로의 부를 확대하기 위하여 필요한 활동을 자율적으로 선택하여 펼칠 수 있다는 믿음이 있습니다.

이렇게 생산 · 교환 · 분배 · 소비 · 소유의 주체가 개인이라고 하였는데, 그 과정을 간단히 볼까요. 사람들은 물건을 **생산**하여 시장에 내다 팔아서 이윤을 남기려 합니다. 시장에서는 수요와 공급의 법칙에 따라 가격이 형성되지요. 자유롭게 물건을 사고파는 **교환** 과정에서 **분배**는 저절로 이루어집니다. 자연스럽게 교환과 분배가 이루어지기 때문에 **소비** 역시 자유롭게 되고, 벌이가 씀씀이보다 많으면 남는 부분이 생기게 되어 **사유재산**이 형성됩니다. 이 과정에서 부를 축적하거나 손해를 보는 것은 개개인이 자율적 판단에 따라 펼친 경제 활동의 결과이므로 전적으로 본인이 책임집니다. 이 모든 상거래는 시장을 통해서 이루어지는 것이고요.

정리하자면, 자본주의 경제 질서는 이윤 추구, 자유 생산, 자유 교환, 자연 분배, 자유 소비, 사유 재산제, 자유 시장경제라고 할 수 있습니다.

실제로, (2) 자유 시장경제하에서 생산량은 획기적으로 증대하였으며 개개인의 생활은 이전보다 훨씬 더 풍요로워집니다. 또한 각종 편의 기구들이 쏟아져 나와 시민들은 아주 편리한 삶을 누릴 수 있게 되었지요. 사람들이 원하는 것을 상품으로 만들면 큰돈이 될 테니까요.

이러한 자유 시장경제의 원리를 처음 주장한 사람은, 그 유명한 **애덤 스미스**(Smith. A., 1723~1790)입니다. 위에서처럼 국가 권력이 개입하여 일일이 간섭하지 않아도 시장은 저절로 돌아갑니다. 그래서 애덤 스미스는 자유방임주의가 바람직하다고 강조하게 되지요. 이것이 이른바 **'보이지 않는 손'**입니다. 매우 중요한 개념인 거 다 알고 있겠죠. 그는 『**국부론**』에서 시민 개개인들이 자신의 부를 늘리기 위한 경쟁을 자유로이 벌인다면, 결국 나라 전체의 부도 증가하게 된다는 이론을 제시합니다.

하지만 자유방임주의에 바탕을 둔 자본주의는 부익부·빈익빈, 빈부 격차 심화 등의 문제를 가져왔음을 이미 보았지요. 결국, 자본주의 국가는 자유로운 시장경제 보호라는 소극적인 역할에서 벗어나 국민들의 인간적인 삶을 보장한다는 적극적 입장으로 바뀝니다. 그래서 나타난 것이 '복지 자본주의'였지요.

┌───┐

『국부론』

경제학의 창설자인 영국의 스미스가 저술한 경제학서이다. 원제는 『여러 나라 국민의 부의 성질과 원인에 관한 고찰』이다. 이 책에서 스미스는 부의 원천은 노동이며, 부의 증진은 노동 생산력의 개선을 통해 이루어지므로, 생산의 기초를 기술적 분업에 두어야 한다고 주장하였다. 또한, 개별경제의 주체인 개인이 자신의 이익을 추구하여 합리적으로 경제 행위를 수행할 때, 경제 사회는 '보이지 않는 손'에 인도되어 질서를 낳고 나라의 부를 증대한다는 이론을 전개하였다.

이 책에 의해 자본주의 사회가 최초로 이론적 토대(자유방임 원칙)를 갖게 되었으며, 고전파 경제학이 성립되었다. '보이지 않는 손'은 가격 조절 기능을 의미한다.

『윤리와 사상』 p.174.

└───┘

◇ 자유 민주주의와 자본주의의 관계 ◇

자본주의는 자유 민주주의와 함께 발전해 왔습니다. 자유 민주주의는 개인의 자유를 최대한 보장하려 하였고, 이것은 자본주의의 경제 원리에 그대로 적용되었지요. 위에서 말한 것처럼, 경제학자인 스미스는 '보이지 않는 손'의 역할이 사회 전체적으로 조화와 균형을 이룩해 줄 것으로 기대하였습니다. 그런데 이런 자유방임은 예상치 못한 결과를 초래했지요. '가진 자'와 '못 가진 자', '많이 가진 자'와 '적게 가진 자'의 격차가 발생하게 되었고, 시간이 흐름에 따라 그러한 분배의 불균형은 더욱 커져서 사회 구조화되었습니다.

왜 이렇게 된 것일까요? 자유 민주주의에서 강조했던 개인주의가 자본주의에서 지나치게 강조되었기 때문입니다. 위에서 자본주의는 경제적 개인주의에 기초를 둔다고 하였는데, 고전적인 의미의 자본주의는 '개개인이 벌고, 자유롭게 쓸 수 있는 경제 질서'라는 뜻이지요. 이것이 결국 **'생산의 무정부 상태'**를 초래하고 말았습니다. 다시 말해, 사람들이 자기 이익 챙기기와 자기 쾌락 누리기에만 급급한 나머지 남이야 어찌 되든지 나와 아무런 관계가 없다고 생각하게 된 것이지요. 그래서 경제적 개인주의가 경제적 이기주의로 전락하게 됨에 따라, 자본주의는 '천민자본주의'가 되고 말았습니다.

이제, 어찌해야 할까요? 현대의 정치 경제학자들은 **'자유주의적 공동체주의'** 내지 **'복지 자본주의'**를 대안으로 제시합니다. 이것은 개인주의와 공동체 의식을 조화롭게 절충하자는 것, 즉 경제의 자유화 못지않게 경제의 민주화(=평등)가 시급하다는 의미입니다. 다시 말해, 개개인의 자유로운 경제 활동과 시장 제도라는 자본주의 본래의 원칙은 지키지만, 국가가 시민들의 경제 활동 영역에 선별적으로 개입하는 것이 좋겠다는 것이지요. 이렇게 할 때, 소득을 합리적으로 재분배하여 천민자본주의의 폐단을 최소화할 수 있을 것입니다. 나아가 사회 구성원 모두가 하나의 공동체 일원으로서 더불어 잘 살 수 있을 것입니다.

◇ 자본주의의 인간화 ◇

자본주의는 생산의 양적 증가와 더불어 질적 상승효과를 가져왔지만, 여러 문제점을 드러내기도 했습니다. "돈만 있으면 무엇이든지 다 할 수 있다."는 생각, 즉 **'황금만능주의'** 풍조를 낳았죠. 여기서 한 걸음 더 나아간 것이 **'물신숭배(物神崇拜)'**입니다. 직역하면, '물질이 신처럼 숭배된다.'는 뜻이네요. 상품이나 화폐, 자본 등의 물질이 마치 고유의 힘을 지니고 있어서 독자적으로 행동하는 것처럼 믿고, 그것을 신앙 내지 숭배의 대상으로까지 여기는 것을 말합니다. 이때 돈은 더 이상 행복한 삶을 위한 수단이 아니라, 돈 자체가 목적이 되지요. 여러분은 세상에서 가장 중요한 것이 무엇이라 생각하나요? 물론 행복한 삶을 이루기 위해서는 돈을 비롯한 각종 물질적 가치가 필요하지요. 그러나 참다운 행복은, 물질적 가치의 풍요로움

못지않게 정신적 가치의 소중함을 인식할 때 찾아옵니다. 재산 좀 잃었다고 아예 목숨을 끊는 사람들도 있지 않던가요. 아주 심각한 문제입니다.

이러한 현상들은 윤리·도덕과 같은 정신적 가치를 소홀히 여기면서 물질에만 최고의 가치를 부여하는 '**가치 전도**' 현상으로 이어지게 되었습니다. 전도(顚倒)라는 말이 '뒤바뀌어 원래와 달리 거꾸로 된다.'는 뜻인 거 알고 있겠죠.

마침내 기계 문명은 생산의 기계 의존도를 높이고, 사람들을 기계의 부속품으로 전락시켜 '**인간 소외**' 현상까지 초래합니다. 사람들의 편리를 위하여 기계를 만들었는데, 이제 사람들이 기계에 맞추어 작업을 합니다. 누가 진짜 주인인지 모르겠군요.

이런 비인간적인 모습을 보았을 때, 이제 우리가 할 일이 무엇인가요? 자본주의의 인간화를 위해 필요한 것은 무엇일까요? 우선, 경제적 자유주의를 강조했던 <u>자본주의는 정치적 민주주의(＝평등)와 깊은 관련을 맺고 발전해야</u> 합니다. 기본적인 자유와 평등이 이루어져야 비로소 높은 생산성도 보장될 수 있습니다. 또한 <u>분배의 정의 문제에도 많은 관심을 기울여야</u> 하겠지요. 높은 생산성과 공정한 분배가 동시에 추구될 수 있도록 말이지요.

결국, 자본주의의 인간화는 개인주의와 함께 더불어 살아가야 하는 공동체 의식, 애타주의와 인도주의, 협력과 나눔의 문화를 필요로 합니다. 말뿐이어서는 안 되고, 사회 구성원 모두에게 사회적 정서로 정착될 수 있도록 교육 활동이나 시민운동으로 전개되어야 할 것입니다.

3) 민족주의의 쟁점

사상은 자유로우며, 그 어떤 것에도 영향을 받지 않는 듯이 보인다. 그러나 우리 인간의 내부에는 사상보다 강하고 사상을 지배하는 그 무엇이 있다.

– 톨스토이(Tolstoi, A. K.)

◇ 닫힌 민족주의와 열린 민족주의 ◇

지난 미국발 금융 위기는 전 세계 경제를 위기로 몰아넣었지요. 오늘날 전 세계 거의 모든 주요 국가들이 세계무역기구(WTO)를 중심으로 하나의 거대한 시장 구조 속에 편입되어 있기 때문입니다. 이것은 경제적 실리를 추구하기 위한 경쟁과 공동의 번영을 모색하기 위한 협력을 동시에 추구해야 한다는 것을 말해 주고 있지요. 이런 협력은 비단 경제뿐만 아니라, 사회영역에서도 필요한 것이고요. 또한 문화 영역에 있어서도 우리는 다른 나라와 밀접한 관계를 맺게 되었습니다.

그것이 어떻게 가능한 것일까요? 교통수단의 획기적인 발달, 특히 정보 통신 기술의 발달(가상공간)로 인해, 이제 나라와 나라 사이의 국경은 큰 의미를 갖지 못합니다. 현대 세계는 국경을 넘나드는 이른바 **'열린 민족 문화'**의 시대에 접어들고 있습니다. 한 사례를 들어 볼까요.

최근 중국 및 아시아 젊은이들 사이에 일고 있는 한류(韓流) 열풍에서 한국 문화에 대한 주변 국가들의 관심이 얼마나 지대한지를 엿볼 수 있다. 베트남 여성들에게 선망의 대상이 되는 최고의 화장품은 한국의 인기 탤런트 ○○○ 씨가 모델인 화장품이며, 외국 여행을 마치고 돌아오는 베트남 사람들은 공항 면세점에서 우리나라 회사의 전자 제품을 구입하려고 한다.

이와 같은 시대에 민족주의는 어떤 방향으로 나아가야 할까요? 당연히 인류 공영에 이바지하는 '열린 민족주의'가 되어야 하겠지요. 전 지구적 관점에서 장기적으로 볼 때, 인구와 자원, 환경과 에너지 등 여러 부문에서 국가 간의 이해와 협조는 꼭 필요합니다. 이렇게 민족주의는 '닫힌 배타적 민족주의'의 성격에서 벗어나 '열린 포용적 민족주의'로 거듭나야 합니다.

따라서 자기 민족의 이익만을 위하여 다른 민족의 이익을 무시하거나 마구 짓밟아 버리려는 **배타적 민족주의**, 자기 민족이 다른 모든 민족보다 우월하다고 믿고, 주변에 있는 다른 민족을 업신여기거나 정복하고 다스리려고 하는 **자민족 우월주의**나 **패권주의**(국제 정치에서 무력이나 힘으로 남의 나라를 지배하는 경우에 그 우월적 지위 혹은 권력을 가리키는 말)는 극복되어야 합니다. 이제 어느 한 나라가 모든 이익을 독차지하고, 그와 겨루던 다른 나라는 모든 것을 빼앗기는 '**제로 섬 게임**(zero-sum-game: 어떤 시스템이나 사회 전체가 이익을 보면 반드시 다른 한쪽이 손해를 봄으로써 이득과 손실의 합이 제로가 된다는 이론)'식의 일 처리 방식은 낡은 사고방식으로 극복의 대상이 되고 있습니다. 이제는 나와 상대방 모두가 승자가 되는 윈윈전략(win-win strategy)이 필요한 것입니다.

재외 동포는 "국적이 어느 나라로 되어 있건 한민족의 혈통을 지닌 채 외국에 거주하면서 생활하는 사람"을 가리킵니다. 따라서 우리나라 국민으로서 외국에 장기 체류하거나 그 나라의 영주권을 취득한 사람은 물론이고, 본인의 희망에 의해 이민을 목적으로 외국 국적을 취득한 사람이나 영주를 목적으로 거주하고 있는 사람 또는 개인적인 사업이나 취업, 유학 등을 목적으로 해외에 체류하고 있는 사람들 모두를 포함합니다. 그리고 일제강점기에 강제로 끌려가 돌아오지 못하고 그대로 정착한 사람들도 재외 동포입니다.

이들 재외 동포들은 민간 외교 사절이라고 할 수 있겠죠. 우리 문화를 외국에 전파하는 것은 물론이고, 외국 문물을 받아들이는 창구 역할을 담당하고 있으니까요. 따라서 재외 동포들은 한민족으로서의 자긍심을 가져야 할 것이고, 우리는 그들이 거주국(居住國) 안에서 모범적인 구성원으로 살아갈 수 있도록 지원과 성원을 아끼지 말아야 할 것입니다.

또한, 우리나라에 와서 살고 있는 외국인들도 있지요. 우리나라는 전 세계적으로 약 180여 국가와 정식 외교관계를 맺고 있어서, 해당 국의 외교관들과 공관직원 및 그 가족들이 와서 살고 있습니다. 또 경제 활동을 펼치고 있는 외국인 상사의 수가 급속도로 늘어나고 있는 상황이고요. 이들을 대하는 자세가 어떠해야 할지는 잘 알고 있을 것입니다.

최근에는 이른바 '코리아 드림(korea dream)'을 안고 찾아오는 외국인 근로자도 눈에 띄게 많아졌습니다. 과거에 우리 민족이 해외 근로자로 고생하면서 꿈을 키워 나갔던 것을 생각한다면, 이들을 무시하거나 멸시해서는 안 될 것입니다. 그들이 적법한 절차에 의해

쾌적한 근무 환경 속에서 정당한 대우를 받고 일할 수 있도록 사회
제도적 장치를 마련하는 것이 필요합니다.

4. 미래 사회사상의 전망

1) 미래 사회의 특징

◇ 정보화 ◇

바야흐로 고도 정보 사회입니다. 미래 사회는 정보 사회가 될 것
이며, 정보 사회에서는 지적 생산물인 지식이나 정보들이 더욱 광범
위하게 상품화될 것입니다. 종래의 공업 사회에서는 지식이나 정보
와 같이 형체도 없고 계량도 불가능한 것은 상품으로 다루어지지 않
았었지요. 하지만, 오늘날에는 여러 가지 정보, 특허권, 컴퓨터 프로
그램, 광고 같은 지식이나 정보들이 엄연히 상품화되고 있습니다. 자
료를 다운로드 받으려고 했더니, 정보 이용료
를 내라는 말이 나옵니다. 상품의 가치도 최
근에는 원료나 자재 같은 물질적인 요소보다
는 아이디어나 디자인, 특허권 같은 정보적인
요소에 의하여 결정되는 경우가 점점 더 많아
지고 있습니다. "아이디어 하나로 돈 벌었다!"
는 말, 심심치 않게 듣지요.

이에 발맞추어 기업들은 생산과 판매 과정

정보화

에 컴퓨터 시스템을 도입합니다. 기업이 할 일이란, 여러 정보들을 실시간(實時間)으로 중앙에 집중시킨 다음, 그 정보를 기업의 목표에 알맞게 가공·처리함으로써 그 과정을 통제하는 것이지요. 여기서 사람이 할 일이란, 정보를 판단하는 일입니다. 즉 <u>기업은 곧 정보 유통 자체가 되는 것</u>이며, <u>기업 활동은 의사 결정 행위의 연속</u>이 되는 것이죠. 그렇다면 중요한 것은 정확한 결정을 내리기 위한 정보의 수집·가공·판단이 되겠군요. 이에, 연구나 조사 부분이 중시되는 것은 당연합니다.

이제, 기업에서 중요한 부분은 연구나 조사 또는 기획, 홍보(광고) 부분입니다. 기획은 아이디어 개발을 위한 것이고, 광고나 홍보는 상품에 의미를 부여하는 것이죠. 물질적 풍요가 심화되면 물질적 기능(범위) 내에서는 상품과 서비스의 차별화가 더 이상 어렵게 되기 때문입니다. 그래서 상품의 물질적 기능보다는 그것이 생활에 부여하는 의미가 더 중요시됨에 따라, 상품에 의미를 부여하는 홍보의 비중이 커진다는 말이죠.

위에서 고도 정보 사회라고 했는데, 고도 정보 사회란 "정보화가 광범위하게 이루어져 사람들의 생산과 소비 활동은 물론 일상생활까지도 정보의 활용과 유통에 의하여 직·간접적으로 영향을 받게 되는 사회"를 가리킵니다. 이런 사회에서는 화상 통신 회의가 가능해짐으로써 재택 근무나 재택 학습이 보편화됩니다.

중요한 것은, 가상공간에서는 개개인이 누구나 스스로가 개발한 지식이나 정보를 자유롭게 제공함으로써 다른 사람들에게 영향을 끼칠 수 있기 때문에 <u>개인의 역할 비중이 상대적으로 커질 것</u>이라는 점입니다. 따라서 정보 사회에 알맞은 정보 윤리 문제가 어느 때보다도 중요시될 것입니다.

◇ 민주화 ◇

미래 사회는 개인주의를 지향하면서도 사회 공동체적인 삶의 양식을 필요로 하게 될 것으로 예상됩니다. 여기에 적합한 체제는 자유민주주의이지요.

아고라

미래의 정보 사회에서는 인터넷 망을 이용하여 불가능할 것으로 여겨졌던 직접 민주주의를 가능하게 하는 기술적 수단을 제공합니다. 그래서 <u>고대 그리스의 '**아고라**(agora: 공론이 교환되었던 열린 광장)'가 부활할 것이라는 기대에 찬 전망이 나오고 있지요.</u>

<u>그러나 동시에 옛날의 '**판옵티콘**(panopticon)'을 재현해 낼 것이라는 비관적 예측도 제기</u>되고 있습니다. 판옵티콘이란, 1791년 영국의 철학자 제레미 벤담이 죄수를 효과적으로 감시할 목적으로 고안한 원형 감옥이지요. pan은 '모두'라는 뜻이고, optic은 '볼 수 있는'이라는 뜻입니다. 즉 "감시자는 피감시자를 볼 수 있지만, 피감시자는 감시자를 볼 수 없는 구조 때문에 항구적인 자기 감시 효과를 발생시키는 원형 감옥"을 일컫는 말입니다. 다시 말해, 원형감옥의 중앙에 불이 꺼진 감시소가 있고 주위에는 불을 환하게 밝혀 놓은 감옥이 둘려 있어 수감자는 감시자를 볼 수가 없고, 따라서 계속 감시당하고 있다고 생각하게 만드는 것입니다. 이와 같이 정보 통신 기술이 인간 사회를 보다 효율적으로 통제할 수 있으며, 사회 구성원들에 대한 감시와 조정 능력을 향상시킬 수 있다는 우려입니다.

이렇게 정보 혁명은 긍정적인 면과 부정적인 면을 동시에 갖고 있습니다. 어느 쪽으로 나아갈 것인가는 그 기술이 개발되고 도입되는

사회의 특성에 따라 달라질 것입니다. 자유 민주주의가 정착된 나라에서는 민주적으로 활용되겠지만, 그렇지 않은 나라에서는 시민들에 대한 강력한 통제 수단으로 작용할 수도 있겠지요. 정보 통신 기술 자체가 자동적으로 민주주의를 가져다주는 것은 아니기 때문에, 앞으로 새로운 형태의 민주화는 정보 통신 기술의 부정적 측면들에 대한 철저한 예방과 견제, 정보 사회에 적합한 윤리 규범의 성립과 같은 과제의 이행 여부에 따라 성공이 좌우될 것입니다.

확실한 것은, 정보 사회에서는 '유권자의 힘'이 인터넷 망을 통해 엄청난 힘을 발휘할 수 있게 된다는 것입니다. 전자 민주주의(인터넷을 통해 시민이 직접 정치 과정에 참여함)를 통해 의견을 모으고 특정 후보를 지지하는 모임을 만들 수도 있겠지요. 따라서 미래 사회에는 현재와 다른 형태의 다양한 민주주의가 전개될 것으로 기대하고 있습니다.

◇ 다원화 ◇

전 세계의 모든 나라들이 역사적 경험과 문화적 배경을 달리하는 까닭에, 지구촌 사회는 다가치 사회의 면모를 띠고 있습니다. 또한 인류 사회가 기본적으로 민주화를 지향하고 있으며, 이에 따라 다양한 가치 추구를 장려하는 방향으로 나아가고 있음을 볼 때 각국은 다른 나라들의 이질적인 문화를 세계주의나 다원주의의 입장에서 폭넓게 인정하고 유연하게 대응해야 합니다.

그러나 지난 세기는 서구적인 가치관이 지배해 온 역사였지요. 아시아에도 '동도 서기(東道西器)'라고 하여 동양적 내용을 서양의 그릇에 담아내려는 노력이 있었지만, 언제부터인가 아시아 고유의 정신문화가 서양 이데올로기에 의하여 무기력해지기 시작했습니다. 결

국 아시아 지역의 대부분이 서방 강대
국들의 식민지로 전락하고 말았지요.

    제2차 세계대전 이후에는 아시아
국가들 대부분이 독립을 하였으나, 자
본주의와 사회주의라는 서양 이데올
로기에 휩싸이고 맙니다. 그러나 21
세기로 넘어오면서 서양의 이데올로
기와 사회 운영 방식은 그 한계를 드

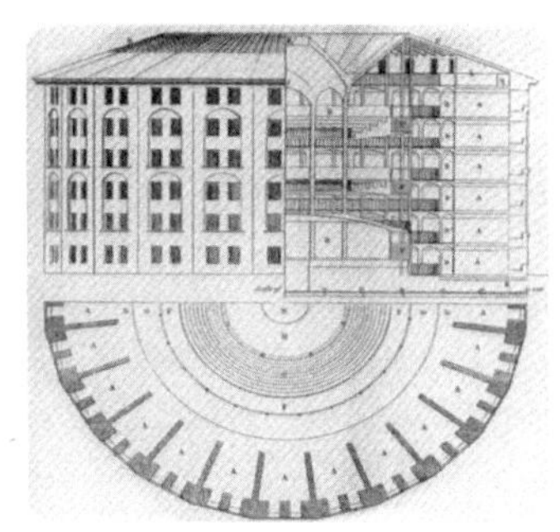

판옵티콘

러내고 있고, 그 대안으로 **아시아적 가치**와 사고방식이 주목받고 있
습니다. 심지어, 아시아 지역의 지식인 사회에서도 관심이 증가되고
있는 추세이지요. 얼마 전 금융 위기로 인하여 동·서양 지식인 사회
의 그러한 관심이 잠시 주춤하기도 하였지만, 현재는 오히려 한 걸
음 더 나아가 '아시아적 가치에 기초를 둔 세계화'의 가능성까지도
모색되고 있는 상황입니다.

    이런 사실들은 무엇을 의미하는 것일까요? 세계가 하나의 지구촌
이 되어 가고 있지만, 동시에 다가치 사회를 추구해 나가고 있다는
것을 말합니다. 또한 다원화의 대표적인 사례로, 전 세계적으로 확산
되고 있는 '**포스트모더니즘**(post modernism)'이나 '**뉴 에이지 운
동**(new age movement)'을 꼽아 볼 수 있습니다. 매우 중요한 개
념들이니 꼭 알아두어야 합니다.

> ### 포스트모더니즘과 뉴 에이지 운동
>
> · **포스트모더니즘**: 제2차 세계대전 이후 이성과 합리성을 전제로 한 과학만능주의의 한계를 극복하기 위한 것으로 오늘날의 정치와 삶의 영역에까지 영향을 미치고 있다. 절대 이념의 와해, 개성의 중시, 논리의 다원화, 다국적 기업, 소수 민족 운동, 여성 운동, 소유로부터의 탈출 등은 우리 삶 속에 깊숙이 침투한 포스트모더니즘을 상징적으로 표현하는 용어들이다.
>
> · **뉴 에이지 운동**: 뉴 에이지 운동의 출현 배경은 이성과 합리성에 근거한 세계관, 과학만능주의로 대변되는 모더니즘의 몰락에 있다.
> 즉 인류는 합리주의에 근거한 과학 발전을 통해서 영원한 행복과 번영을 이루고 모든 문제를 해결할 것으로 여겼지만, 과학의 발전만으로는 세계 도처에서 일어나는 사태에 적절히 대응할 수 없었다. 오히려 과학만능주의로 인한 생태계 파괴 및 핵전쟁 위험, 인간성의 상실 등의 폐해에 직면하게 되었다.
> 뉴 에이지 운동에서는 이와 같이 인류가 직면한 위기의 원인을 신과 인간과의 복종 관계에서 찾으려 한다. 즉 인류의 사상을 지배해 왔던 전통적인 종교적 가치관들이 인간을 스스로 나약하고 유한한 존재로 만들어 버렸다는 것이다.
>
> 『윤리와 사상』 p.189.

> ### 포스트모더니즘과 뉴 에이지 운동
>
> ※ 포스트모더니즘은 영어로 'post(벗어남) – modernism(근대)', 즉 근대성에서 벗어나는 것을 의미합니다. 근대 이후 서양의 이성주의, 합리주의, 과학주의가 세계를 지배해 왔지만, 이러한 서양의 가치관이 한계를 드러내면서 많은 문제를 노출하게 되었고, 이것에 대한 반발로 포스트모더니즘이 등장하게 된 것입니다. 가끔 "포스트모더니즘(Post – Modernism)과 뉴 에이지 운동과의 차이점은 무엇인가?"를 묻는 학생들이 있습니다. <u>가장 큰 차이점은 포스트모더니즘 경향이 종교의 영역으로 확장되어 나타나는 경향</u>, 즉 기존 종교의 해체('절대자'의 해체)운동이 뉴 에이지 운동이라는 것입니다. 종교 자체를 부정하는 것은 아닙니다.

2) 미래 사회사상에 대한 도전

> 행동으로 발전하지 않는 사상은 기형아이고 속임수이다.
>
> – 네루(Nehru, P. J.)

◇ 집단주의와 차별주의 ◇

간단히, 개인의 이익보다는 집단의 이익을 존중하는 것이 집단주의입니다. 교과서의 설명에 따르면, "집단주의는 보통 그 집단이 정해 놓은 규범과 상명 하복을 원칙으로 하는 관료제적 질서 구조에 개개인이 순응할 것을 강요하는 순종주의의 입장을 취하게 마련"이지요. 설명이 좀 어렵지요? '상명하복'(上命下服, 윗사람의 명령에 아랫사람이 따름)이라는 말은 다 알 것 같고, '관료제적 질서 구조'란 '피라미드식 계층으로 짜여 있는 집단이 운영되는 원리'라고나

스탈린

할까요. '순종주의'는 사전에도 잘 안 나오는 말인데, '순종(順從)'이 순순히 따르는 것을 말하니까, 순종주의는 '집단의 요구에 아무런 거리낌 없이 따를 것을 주장하는 것'을 말하겠네요.

정리하면, 집단주의는 "집단이 정해 놓은 규범과 윗사람의 명령에 아랫사람이 따를 것을 원칙으로 하는 피라미드식 질서 구조에 개개인이 순응하고, 집단의 요구에 아무런 거리낌 없이 따를 것을 강요하는 입장"이네요.

이런 입장에 섰던 사례가 실제 있었을까요? 예, 실제로 히틀러(Hitler. A.)의 나치 국가 독일이나, 철저한 1당(1인) 독재를 했던 스탈린(Stalin. L. V.) 지배하의 공산주의 국가 소련이 그 전형적인 예라고 할 수 있습니다. 현대사회는 이런 집단 위주의 전체주의적 성향을 거부합니다. 어디까지나 개인주의적 성향을 띤다고 해야 되겠지요. 그렇다고 해서 극단적인 개체주의나 이기주의로 변질되어서는 결코 안 되겠지요. 현대 사회사상의 주된 흐름은 개인주의와 공동체 의식의 조화와 균형을 모색하는 것입니다. 다시 말해, 산업 사회에서는 개인이건 집단이건 간에 물질적 가치의 생산 증대와 개개인의 이익 추구에 정책의 최우선 순위를 두었지만, 탈산업 사회는 국민 개

개인에게 최저한의 건강하고 문화적인 생활을 보장해 주는 복지 사회를 지향합니다. 이러한 사회는 물질적 풍요와 정신적 성숙의 조화, 그리고 공동의 이익과 사사로운 이해관계를 균형 있게 결합시킴으로써 실현될 수 있다는 것이지요.

그렇다면 차별주의는 무엇인가요? 차별에는 수많은 차별이 있지요. 언뜻 떠오르는 것이 인종차별, 학력차별, 남녀차별(?) 같은 것이네요. 그 중에서도 남성 위주의 양성 불평등 제도와 관행은 **페미니즘**(feminism)을 지향하는 현대 사회사상의 흐름에 의하여 강력히 도전받고 있습니다(요즘은 '남녀차별', '남녀평등'이라는 말을 쓰면 한마디 듣지요. '양성불평등', '양성평등'이 올바른 표현입니다.).

그런데 페미니즘(feminism)이 무언가요? 여성을 뜻하는 라틴어 'femina'에서 유래한 말로, <u>여성의 사회적·정치적·법률적 권리의 확장을 주장하는 사상이나 운동입니다.</u> 우리나라에서도 여성의 권익 신장을 위한 노력이 정치적·법률적 권리의 확장으로 나타났지요. 남녀 고용 평등법(1987)이나 남녀 차별 금지 및 구제에 관한 법률(1999) 등이 시행되었고, 여성부를 신설(2001)하기도 했습니다.

기존의 남성 위주의 사회에서는 공격·투쟁·파괴·정복·지배와 같은 남성적인 가치들이 중시됐지만, <u>현대의 페미니스트들은 그런 남성적인 힘보다는 사랑·비옥함·포용·보살핌·양육과 같은 이미지로 상징되는 여성적인 힘을 더 선호합니다.</u> 이런 여성적인 가치를 환경 문제에 적용하는 에코페미니즘(ecofeminism: 생태주의(ecology)와 여성주의(feminism)의 합성어, 생태여성주의)에서는 자연을 정복과 지배의 대상으로 인식하기보다는 오히려 공생과 상호 협력의 동반자나 거대한 모성을 지닌 생명의 어머니로 대합니다. 에코페미니즘은 남성과 여성, 자연과 인간이 원래 하나라고 규정하고 어울림과 균형을 통한 모든 생명체의 통합을 강조합니다.

반드시 유의할 것은, 현대 사상의 페미니즘 지향적인 경향이 남녀 사이에 차별이 없는 양성평등의 질서를 추구하는 것이지, 여성 우위의 질서만을 추구하는 것은 결코 아니라는 점입니다.

가이아 이론

『전통윤리』 교과서(교육인적자원부, 258~259쪽)에는 가이아 이론에 관한 내용이 나와 있습니다. 위의 내용과 관련하여 참고로 여기에 소개합니다.

인간을 포함한 자연 전체를 하나의 살아 있는 생명체로 보려는 동양적 자연관은, 현대 과학의 발전과 더불어 그 진리성이 날로 입증되고 있다. 예를 들어, 가이아 이론은 생물, 대기권, 대양, 토양 등까지를 포함하여 지구 전체를 하나의 살아 있는 유기체로 보려는 입장이다. 즉 지구를 생물과 무생물이 서로에게 영향을 미치는 역동적 생명체로 바라보면서, 지구가 자체적으로 조절과 균형을 유지하는 유기체임을 강조하는 것이다. 이러한 이론은 자연 전체를 하나의 생명체로 보고, 그 안에서 다양한 존재들이 상호 의존적으로 작용하면서 조화와 균형을 유지한다고 보는 동양적 자연관과 크게 다르지 않다.

가이아의 세 가지 속성

(가이아 이론을 주장한 영국 과학자) 러브록(Lovelock, J.)의 견해에 의하면, 첫째, 가이아는 스스로 모든 생물들에게 적합한 환경 조건을 만들어 준다는 것이다. 따라서 인간이 가이아의 역할에 심한 간섭을 하지 않는다면, 가이아는 그 속성을 그대로 유지할 것이라고 한다. 둘째, 가이아는 마치 생물처럼 중요한 기관을 가지고 있으며, 또한 부속 기관을 가지고 있어 필요에 따라 신축, 생장, 소멸이 가능하고 장소에 따라 역할이 달라질 수 있다는 것이다. 마지막으로, 가이아는 매우 정교한 자기 제어 시스템처럼 목적을 가지고 조절하는 능력을 가진다는 의미이다. 이러한 가이아 이론은 지구를 환원적이고 지엽적인 시각이 아니라, 전일적이고 종합적인 관점에서 파악했다는 평가를 받고 있다.

* 가이아라는 명칭은 그리스 신화에 나오는 대지의 여신 이름을 빌린 것입니다. 즉 그리스의 서사적인 헤시오도스(Hesiodos)의 작품인 신들의 계보를 말한 『신통기(神統記)』에 나오는 것으로, 하늘(우라노스, Uranos)과 바다(폰토스, Pontos), 산(山)을 낳게 한 신을 말합니다.

◇ 공산주의의 한계와 유혹 ◇

공산주의만큼 그 한계를 뚜렷하게 드러내면서 무너진 이데올로기

처칠

도 드뭅니다. 제2차 세계대전이 연합국의 승리로 막을 내리자, 연합국(소련, 프랑스, 영국, 미국 등)의 일원이었던 소련은 전쟁 중에 자기의 지배권으로 들어온 나라들을 중심으로 공산 진영을 형성하지요. 그리고는 자유 진영과의 경계에 이른바 '**철의 장막**(鐵의 帳幕)'을 칩니다. 철의 장막이란 1945년 3월 영국 수상 처칠(Churchill. W.)이 소련을 비롯한 공산권의 폐쇄적이고 비밀주의적인 대외 정책을 풍자한 말입니다. '뚫을 수 없는 장벽'이라고 하면 되겠군요. 이로써 세계는 자유 진영과 공산 진영으로 나뉘어져 냉전적 대립 구도를 형성합니다. 공산 진영은 폭력 혁명을 통한 자본주의 체제의 전복을 끈질기게 노렸고, 자유 진영은 이에 반공 정책으로 맞서지요. 사회 운영 방식으로, 자유 진영은 자유 민주주의 의회 제도와 자본주의 자유 시장경제를 채택했고, 공산 진영은 인민 민주주의 공산당 독재와 사회주의 계획·명령 경제를 채택합니다. 그렇지만, 어느 한쪽도 완전무결한 것이 아니었습니다.

다만, 자유 진영은 필요한 경우에 사회주의 쪽의 아이디어를 수용하여 수정자본주의나 복지 자본주의 같은 대안을 제시한 데 비하여, 공산 진영은 자기 수정과 보완에 실패하고 말았습니다.

이에 따라, 1990년을 전후로 종주국이었던 소련을 위시한 동유럽의 위성국가들은 결국 무너지고 말았지요. 현재 동유럽의 옛 사회주의 국가들은 거의 모두 자유 시장경제 질서와 자유 민주주의 대의 정치 질서에 적응해 나가기 위하여 안간힘을 쓰고 있는 상황입니다.

우리와 가까이 있는 중국은 어떨까요? 중국은 자본주의 국가가 된

걸까요? 중국의 경우, 1970년대 초반까지만 해도 사회주의 계획 경제 제도와 공산당 중심의 정치 질서를 사회 운영의 기조로 삼아 왔습니다. 그런데 <u>1970년대 후반부터는 '**사회주의 시장경제**'라는 아주 독특한 중국 특유의 새로운 경제 질서를 만들어 냅니다.</u> 사회주의는 원래 시장경제가 아니라, 계획 경제였지요. 1992년 6월에

장쩌민

중국의 장쩌민(江澤民) 총서기가 중국의 새로운 체제 이론으로 제창한 것인데, <u>정치 체제 면에서는 사회주의 골간(공산당 중심의 중앙 집권적 정치)을 유지하고, 국가 경제 운용 면에서는 자본주의 기법(시장경제)을 과감하게 도입한다</u>는 것이었습니다. 이것이 성공하여 현재 중국은 우리가 두려워할 만큼 고도의 경제 성장률을 보이고 있지요.

수정자본주의와 혼합 경제

· **수정자본주의**(修正資本主義): 자본주의가 고도로 발달함에 따라 공황과 불완전 고용, 노사 대립 등의 폐해가 발생하자, 자본주의의 근본 원칙인 생산수단의 사유 제도와 사회구조는 그대로 두고, 독점 제한 또는 금지, 부당 경쟁 금지, 사회 보장 제도, 공공 투자 정책 등으로 자본주의의 모순을 완화하려고 하는 일종의 통제 경제 정책이다. <u>이 이론의 주창자는 케인스(Keynes, J. M.)이며, 대표적인 정책으로는 1920년대 미국의 뉴딜 정책과 영국 노동당의 산업 국유화 정책, 1930년대 독일의 국가 사회주의 정책 등</u>이 있다.

· **혼합 경제**(混合經濟): 기본적으로는 자본주의 경제인 시장경제를 채택하면서도 중요한 경제 부분에는 국가의 개입과 통제가 행해지는 경제 체제를 말한다. 이는 자유방임주의 경제의 장점과 사회주의 계획 경제의 장점을 합한 것이다. <u>민간 경제 부문과 정부 경제 부문이 혼합된 자본주의 경제</u>이다.

『윤리와 사상』 p.192.

◇ 공생적 삶에 대한 위협 ◇

자유 민주주의는 개인주의를 바탕으로 하고 있지만, 이러한 개인주의적 경향이 지나칠 경우 이기주의로 전락하고 말겠지요. 그러면 빈부 격차의 구조화와 같은 사회적 모순을 빚어내는 결과를 낳기도 합니다. 이런 이유로 자유 민주주의 사회는 공동체 의식을 중요시하게 되었습니다. 사실, 인류는 오랜 역사의 과정 속에서 한편으로는 생존 경쟁을 위해 투쟁했지만, 다른 한편으로는 공동 운명체로서 공존공영을 위해 다 함께 힘을 합하여 문화를 지켜 온 양면성을 갖고 있지요. 마찬가지로 국제 정치도 경쟁적으로 자국의 실리를 추구하는 **현실주의**와 평화, 공존 공생을 추구하는 **이상주의**로 나뉘어져 있습니다.

문제는 현실주의만을 추구하는 것이죠. 자국의 실리를 추구하기 위해 강대국들이 약소국을 위협하는 것도 그렇고, 세계 곳곳에서 발생하고 있는 크고 작은 국지 전쟁(한 지역 내에서 이루어지는 전쟁↔세계 전쟁)은 근본적으로 이기주의에서 출발한 결과들입니다. 전쟁과 테러, 특히 9·11 미국 테러 사건 등등으로 인류의 공생적 삶은 위협을 당하고 있습니다.

그럼 어찌해야 할지, 여러분은 이미 알고 있지요. 화해와 협력을 통하여 공생을 모색하는 '더불어 살기'를 추구해야지요. 실제 오늘날 각국은 이런 노력을 기울이고 있습니다. 이 과정에서 전통 사상과 현대 사상 사이의 조화를 통해 현대사회의 여러 가지 문제를 해결하기 위한 방안을 찾으려는 시도가 나라마다 다양하게 나타나고 있습니다.

3) 미래 사회사상의 발전 방향

◇ 복지 주의 ◇

최근 대학에서 가장 수요가 많이 늘어나는 학과가 있다면 사회복지 계통의 학과일 것입니다. 미래의 사회사상은 무엇보다도 먼저 복지주의를 지향할 것으로 전망되기 때문이지요. 그런데 '복지(福祉)'라는 말뜻이 간단치 않습니다. 일차적으로는 인간 사회의 모든 구성원이 쾌적한 생활환경 속에서 안녕과 행복을 누리는 삶을 의미하지만, 현대적 의미에서는 주로 이러한 삶의 조건을 확립하기 위한 국가의 정책적 작용과 사회 공동의 각종 서비스 활동을 가리키는 말로 사용되고 있습니다.

이런 의미의 변화에는 역사적 배경이 있지요. 자유 민주주의 발달의 초기에는 위와 같은 삶의 조건을 자유방임의 상태에서 자유롭게 이룩해 나갈 수 있다는 생각을 가졌습니다. 이런 생각은 국왕에게 모든 권력을 위임하고 그 절대 권력의 보호 아래서 행복한 삶을 보장받을 수 있다고 믿는 절대 국가론에 대한 신흥 시민 계급의 반발에서 나온 것이었지요.

그러나 자유방임적 질서만으로는 해결하기 어려운 문제들이 발생하자, 오히려 국가의 개입을 요구하는 상황이 벌어집니다. 이를테면, 어쩔 수 없는 사정으로 절대 빈곤의 상태에 빠진 극빈층이나 각종 사회 간접 자본(도로·항만·통신·전력·수도 등의 공공시설)에 대한 투자, 여성이나 아동에 대한 교육·의료 등등은 국가가 정책적으로 공공의 서비스를 제공해 주어야 하겠지요. 이런 문제들은 시장에 맡겨 둘 수 없는 것들이니까요.

결국, 선택적인 국가 개입주의에 입각한 적절한 수준의 개인주의와 공동체 의식의 조화가 필요할 것입니다. 현대의 사회 사상가들은 이런 조화를 통한 복지 사회 건설을 현대 사회의 최우선 과제로 간주하고 있지요. 우리나라 헌법도 복지주의를 추구하고 있음을 명시하고 있습니다. 볼까요.

헌법 제10조에서 "모든 국민은 인간으로서의 존엄과 가치를 가지며, 행복을 추구할 권리가 있다."고 하여 행복 추구권을 규정하고 있으며, 제34조에서 "모든 국민은 인간다운 생활을 할 권리를 가진다. 국가는 사회 보장·사회 복지의 증진에 노력할 의무를 진다. ……." 라고 규정하고 있습니다.

◇ 개방주의 ◇

복지주의와 더불어 미래의 사회사상은 개방주의를 지향할 것으로 전망됩니다. 개방주의는 '열려 있음'을 지향하는 사고와 행동 방식(↔폐쇄주의)을 말합니다.

'열려 있음'은 자유로움으로 인하여 무한한 창조를 가능하게 하며, 국가적으로는 언제나 흔쾌히 국가의 문호를 열고 외국과 원활하게 통상하게 합니다. 문화적으로도 다양하고 이질적인 문화와 다양한 분야에서 활발히 상호 교류를 펼쳐 나감으로써 창조적 발전을 모색해 나갑니다.

그러나 이러한 개방주의 노선을 성공적으로 지켜 나가기 위해서는 몇 가지 선행 요건이 충족되어야 하지요. 안목을 세계적인 범위로까지 확대해야 하고, 자기 고유의 것을 찾아 확보해야 하며, 자기 특유의 것을 갈고 닦아 세계적인 안목에서 최고라고 인정받을 수 있도록 국가 경쟁력을 확보해야 한다는 것 등입니다.

◇ 제3의 길 ◇

『제3의 길』은 영국의 사회학자 **앤서니 기든스**(Anthony Giddens: 1938~)의 저서입니다. 그는 '제3의 길'을 현대 사회민주주의의 복원과 성공에 이르는 길로 규정하고 있지요. 그러면서 이것은 단순한 좌우이념의 타협이 아니라 사회경제적 변화라는 현실에 필요한 적극적 방법이라고 주장합니다.

아무튼 미래 사회에서는 어떤 특정 사상이 독점적인 영향력을 행사하지 못할 것입니다. 나라마다의 역사적 경험이나 문화적 배경에 따라 사회사상들이 여러 모양으로 변화됨으로써, 이른바 '제3의 길'이 다양하게 모색되고 있기 때문입니다.

전 세계가 자본주의 체제를 채택하고 있지만, 아직도 해결하지 못한 과제를 안고 있는 만큼 미래 사회에서는 <u>자유 민주주의와 자본주의를 중심축으로 하고, 다른 사상의 좋은 점을 수용하여 조화를 이룬 새로운 형태의 미래 사상을 탄생시켜야</u> 합니다. 이렇게 미래의 사회사상은 독립된 특정한 사회사상만으로 존재하는 것이 아니라, 여러 사상들의 바람직한 요소들을 가미한 복합 사상으로 발전할 것으로 예상됩니다.

그리고 마지막으로 예상되는 다른 미래 사회사상은 **'생태주의'**입니다. 인류의 생존 문제와 관련된 부작용을 해소하기 위해서라도 인류는 환경 문제와 관련된 공동체 의식을 가져야만 합니다.

글머리에서 얘기했지만, 우리는 지금 '윤리와 사상'이라는 제목의 교과를 공부하면서 I 단원에서는 윤리와 사상의 뜻을 살펴보았고, II 단원에서는 윤리, III 단원에서는 사상을 공부했습니다. 이제 마지막 IV 단원에서는 윤리와 사상이 앞으로 나아가야 할 방향을 살펴보고 책거리를 합니다. IV 단원은 바람직한 한국 윤리사상의 정립을 위한 우리의 노력을 주로 다룹니다. 당연히 우리가 마땅히 해야 할 배(당위적인)에 대한 내용들이 나오겠지요? 여러분은 바른 생활에 대해서, 그 실천은 어렵지만, 내용은 잘 알고 있을 테니 매우 쉬운 내용들입니다. 한두 가지 중요한 내용을 제외하고는 간단히 정리하는 선에서 마무리하는 것이 좋겠습니다.

Ⅳ. 한국 윤리 및 사회사상의 정립과 민족적 과제

1. 현대 한국 사회의 윤리 사상적 당면 과제

1) 현대 한국 사회의 윤리적 문제

나라에 의(義)가 지켜지지 않으면 비록 클지라도 반드시 망(亡)할 것이요, 사람에게 착한 뜻이 없으면 힘이 있을지라도 반드시 상(傷)하고 말 것이다.

― 유안(劉安)

◇ 물질 만능주의와 이기주의 ◇

우리는 8·15 광복 이후 여러 시련과 역경을 거치면서도 산업화와 민주화를 이룩하는 데 성공하였고, 이제는 대부분의 국민이 인간다운 삶을 살아갈 수 있는 경제적·사회적인 외적 조건을 갖추게 되었습니다. 그러나 외적인 삶의 조건이 향상되었지만, 윤리적·정신적 성숙이 함께 이루어진 것은 아니었으며, 오히려 여러 가지 부정적인 모습과 가치관의 혼란 등이 나타나게 된 것도 사실입니다.

어떤 문제들이 나타났을까요? 아마도 가장 심각하게 부각되고 있는 것이 물질 만능주의와 이기주의라고 할 수 있을 겁니다. 사실, 물질 만능주의는 삶의 물질적 조건이 빈약했던 사회에서 물질적 조건이 향상되면 나타나는 일반적인 현상이라고 할 수 있지요. 여러분 중에서도 "돈이면 안 되는 것이 어디 있어?"라고 반문하는 친구들이 있습니다. 그러나 우리 한국 사회는 지나치게 물질적 욕구를 추구함에 따라 많은 소중한 것들을 잃어버리고 있지요. 또한, 물질문화와 정신문화의 발달 차이에서 오는 괴리로 인해 심각한 가치관의 혼란을 겪고 있습니다.

이기주의만 해도 그렇습니다. 인간의 기본 속성상 어느 시대나 이기주의를 완전히 극복할 수는 없겠지요. 그런데 우리 한국 사회의 이기주의는 단순한 개인적 이기주의 차원이 아닙니다. 계층, 집단, 지역 등 다양한 이기주의가 표출·대립함으로써 사회 통합, 국민 통합을 달성하는 데 커다란 걸림돌이 되고 있습니다. 특히, 많은 사람들의 이해관계가 여러 가지 모습으로 얽혀 있는 한국 사회의 특성상 이기주의는 어쩔 수 없는 당연한 일쯤으로 여겨지기도 하지요. 그러나 분명한 것은 물질 만능주의와 이기주의, 이 두 가지 문제는 (산업화와 민주화에 따른 불가피한 것이라고 인정하더라도) 한국 사회의 바람직한 윤리적 좌표를 형성하기 위해 꼭 해결해야 할 문제들이라는 것입니다.

한국 학생들의 이기주의적 성향

한국 교육 개발원은 중·고등학생 1,700명과 성인 1,600명을 대상으로 도덕성 덕목에 대한 의식 수준과 실천 수준에 대하여 조사하였다. 조사 덕목은 경로효친, 절제, 근면·성실, 생명 존중, 타인배려, 평등 및 인권 존중, 공정성, 신의, 인류애, 공동체 의식, 환경 보호 의식, 성윤리, 정보 윤리 의식 등 18개 항목이었다. 이 중에서 눈길을 끄는 것은 이기주의적 성향에 대한 학생들의 태도이다.

· 우리 동네에 혐오 시설이 들어오면 반대하겠다. – 학생 60.3%, 성인 48%
· 헌혈을 한 적이 있거나 사후에 장기를 기증하겠다. – 학생 13.1%, 성인 38.8%

『윤리와 사상』 p.203.

◇ 도덕적 삶에 대한 관심 부족 ◇

여러분도 알다시피 외국인들은 근면·성실한 한국 사람들의 모습에 찬사를 보냅니다. 우리 한국 사회에서는 자라나는 세대에게나 기성세대에게 모두 각자 맡은 바 역할과 책임을 다하는 성실한 자세를 강조합니다. 그런데 이러한 생활 자세의 강조, 이처럼 더 나은 미래를 위한 관심과 노력이 <u>도덕적인 삶의 영역에서는 얼마나 나타나고 있는지</u>는 의문입니다. 즉 우리 한국인들의 관심은 지나치게 물질적이고 현실적인 측면에만 집중되어, 상대적으로 도덕적 삶에 대한 관심은 부족했다고 할 수 있지요.

실례로, 우리는 자라나는 세대들의 의식과 그들을 가르치는 교육 현실에서 이를 엿볼 수 있습니다. 가정에서는 부모님이 도덕교육을 하고 있고(?), 학교에서는 한두 시간의 도덕시간이 있지만, 그것마저 시수를 줄이고 있고 아예 도덕이 선택과목이 되어 가는 실정입니다. 가르치는 사람이나 배우는 청소년들 모두 도덕적 삶의 필요성을 현실적이고 실제적으로 느끼지 못하고 있다고 해야겠지요. 도덕 교과서의 내용도 절반이 (통일문제는 타 사회교과목 중에서 해도 될 듯

한데) 통일에 대한 내용이고, 도덕적 판단능력을 키워 나갈 수 있는 교육과정은 눈 씻고 찾아보아도 쉽게 찾아볼 수가 없네요. 도덕적인 가르침들은 원론적이고 형식적인 수준에 그치는 경우가 많습니다.

반면에, 입시공부는 열심히 합니다. 대학생들은 너나 할 것 없이 토플·토익 공부에 매달려 있지요. 청소년들은 자신의 더 나은 삶을 위한 지식 및 기능의 습득에 대해서는 절박한 필요성을 느끼고, 그러한 능력을 배양하기 위해 대부분의 시간을 과외나 학원에서 보내고 있습니다.

꼭 교육 현장이 아니더라도, 현실 사회에서도 사람들은 도덕적 삶에 대한 관심보다 물질적으로 향상된 삶을 살기 위한 관심 속에서 하루하루를 살아갑니다. 심지어 어떤 사람들은 도덕적 삶에 대한 강조를 정신적 허영심이나 현실 사회에 대한 회피로 비하하기까지 합니다. 쓸데없이 시간만 낭비하고 있다고요. 이런 사람들은 세상에서 가장 중요한 공부가 '자신을 (내면을) 찾는 것'임을 모르는 사람들입니다.

한마디로 말한다면, 오늘날 한국 사회에서는 도덕적 삶의 의미 및 도덕적 삶을 살기 위한 노력들은 한국인들의 주요 관심사에서 벗어나 있다는 사실입니다. 그런데 이런 삶이 대체 무슨 문제가 있는 것일까요?

풍요롭고 튼튼한 정치·경제·군사적 기반을 가졌지만, 그에 합당한 정신문화, 도덕적 삶에 대한 국민들의 관심이 부족했던 나라들을 보면 알 수 있습니다. 이런 나라들은 오랜 역사를 이어 온 예가 거의 없다는 엄연한 역사적 사실이 있지요. 오히려 물질적 풍요에 있어서는 부족함이 있더라도, 정신적·도덕적으로 무장된 국민들이 있을 때 강인한 생명력을 유지했던 국가들을 많이 찾아볼 수 있습니다.

이런 점을 생각해 보면, 국민들의 도덕적 삶에 대한 관심 부족은 단순한 도덕적 차원이 아니라 국가 발전과 생존이라는 측면에서 고려해야만 하는 문제라고 할 수 있겠네요.

◇ 사회제도와 구조의 비도덕성 ◇

사회제도와 구조의 비도덕성 문제를 다루려니, 생각나는 인물이 있지요? 도덕교과서에서 배웠던 미국의 신학자 **니부어**(Reinhold Niebuhr, 1892~1971)가 『**도덕적 인간과 비도덕적 사회**』에서 "도덕적인 인간으로 구성된 사회일지라도 그 사회는 비도덕적일 수 있다."고 했지요. 개인으로서는 양심적이고 이성적일 수도 있고 자기를 도덕적이되게 할 수 있지만, 사회 집단(집단이기주의)은 그렇지 않다는 것이었습니다. 사회는 몹시 이기적이지요. 매우 중요한 내용이라고 배웠을 겁니다.

이처럼 아무리 개인이 도덕적인 삶을 살려고 노력해도 사회제도나 전체적인 사회구조가 비도덕적이고 바람직하지 못한 방향으로 흘러간다면, 그 사회는 어찌 될까요? 그 미래는 결코 밝지 않을 것입니다. 그래서 개인의 도덕성뿐만 아니라, 사회 전체의 도덕성도 요구되는 것입니다.

이렇게 보면, 현대 한국사회의 여러 가지 제도와 구조의 운영 속에서 나타나고 있는 각종 부조리와 비도덕성은 현대 한국 사회가 안고 있는 중요한 윤리적 문제의 하나라고 할 수 있겠지요.

그중에서도 몇 가지 심각한 문제들을 지적해 보면 다음과 같습니다. 첫째, <u>부정부패 현상</u>입니다. 부정부패는 우리의 뿌리 깊은 관행 때문에 정치, 경제, 사회, 문화 및 기타 대부분의 분야에서 나타나고 있고, 또 사라지지 않고 있습니다. 더 심각한 문제는 '어느 정도의 부정부패는 어쩔 수 없지 않은가?'와 같은 비관적인 자세일 겁니다. 이렇게 깊이 박혀 있는 사고방식들을 완전히 바꾸기 위해서는 더 긴 시간이 필요할 것 같습니다.

둘째, <u>연고주의, 파벌주의</u>입니다. 자기와 특별한 이해관계가 있는 개인이나 집단을 먼저 고려하는 것이죠. 이것은 어느 정도 어쩔 수 없는 일이 아닐까요? 그러나 우리 한국의 연고주의나 파벌주의는 단순한 집단 간의 차이를 보여 주는 현상에 그치지 않고, 자기 연고나 파벌에 대해 맹목적으로 추종하면서 전체 한국 사회의 통합을 해치고 있습니다.

그리고 셋째로, <u>계층 간·지역 간에 나타나는 단절과 분열(=계층 간의 갈등, 지역 이기주의)</u>이 문제입니다. 이것도 둘째의 연고주의나 파벌주의처럼 전체 한국 사회의 통합을 해치고 있지요. 그런데 많은 사람들이 연고주의나 파벌주의는 비판하면서도, 계층 간·지역 간의 갈등은 정당한 권리 행사로 여기는 경우가 많다는 데 문제가 있습니다. 연고주의나 파벌주의에 비해 비판의 강도가 아주 약할 수밖에 없겠지요.

세 가지 문제점을 보았는데, 이러한 한국 사회 전체의 제도적·구조적 비도덕적인 모습들을 개인들이 자신의 도덕성을 가늠하는 기준이요, 잣대로 삼는다면 어떻게 될까요? 사람들은 개인적으로 저지르는 잘못에 대하여 사회적 비도덕성에 비하면 아무것도 아니라는 식으로 정당화할 수 있겠지요. 그러면 전체 사회의 비도덕성을 더욱 심화시키는 악순환을 반복하게 할 것입니다.

2) 현대 한국 사회의 사상적 문제

> 당신의 정신을 위대한 사상으로 기르라. 영웅을 믿는 일이 영웅을 만들어 낸다.
> — 디즈레일리(Disraeli, B.)

◇ 전통적 가치와 근대성의 부조화 ◇

　현대 한국 사회의 사상적 문제로서 첫째, 전통적 가치와 근대성의 부조화라는 문제가 있습니다. 그런데 근대화(近代化)가 무엇일까요? 근대화란, 정치·경제·사회·문화 등의 모든 면에서 전근대적인 상태(?)로부터 근대적인 상태로의 이행을 뜻합니다. 전근대적이니, 근대적이니 하는 말도 무슨 뜻인지 규명이 되어야겠지요. 아무튼, 가난으로부터의 탈출, 민주주의 및 통일의 실현 등은 모두 근대화라는 기치하에 포함되었습니다. 근대화의 출발과 그 주체에 대하여 몇 가지 논란도 있었지만, 우리는 열심히 일했고, 엄청난 교육열로 인해 근대화의 흐름을 지속시켜 왔습니다. 그러나 이러한 근대화의 성공적인 측면과 함께 나타난 문제점 중의 하나가 전통적 가치와 근대성과의 부조화라는 것입니다.

　다시 말해, 우리나라가 근대화(≒서구화)됨에 따라 서구의 가치관이 들어오면서 우리의 전통적인 가치관과 충돌하게 되었습니다. 민주주의와 자본주의를 기반으로 하는 서구의 자유와 평등, 경쟁과 같은 가치관이 우리 생활에 스며들게 된 반면에, 권위에의 존중과 복종, 위계질서를 강조하는 전통적 가치관을 견지하는 사람들은 자유와 평등을 방종과 무질서, 무례한 행동을 가져오는 바람직하지 못한 사상으로 몰아세우면서 문제가 생겨납니다.

　여러분은 '자유와 평등, 더욱 더 풍요로운 삶을 살기 위한 경쟁이 왜 문제가 되는가?'라고 생각할지 모르지만, 협동과 공동체를 강조하는 전통적인 가치관의 입장에서 볼 때, 개인의 행복을 위하여 경쟁을 당연시 여기는 태도는 결코 용납할 수 없는 것이지요. 이런 문제들은 성급한 근대화의 추진과 근대화 자체에 대한 차분한 반성의 부족으로 인하여 나타난 것입니다.

◇ 사회 발전에 대한 사상적 갈등 ◇

하지만, 그동안 급속한 근대화에 대한 비판의 목소리가 없었던 것은 아니었습니다. 눈부신 경제적 성장은 좋았지만, 그 과정에서 파생된 정치적 권위주의의 파행, 경제적 불평등, 사회구조의 왜곡 등에 대한 비판은 지속적으로 제기되어 왔습니다.

그로 인해서 국가 발전 전략을 제시하는 다양한 세력들이 형성되었고, 나아가 이들의 대립은 우리나라의 발전 방향이나 목표에 대하여 서로 자신들의 입장만을 강조하는 사상적 갈등으로 비약되지요. 경제적인 측면(&정치적·사회적 영역)에서 나타난 이들의 주장을 정리해 볼까요.

성장을 중시하는 입장
· 경제 성장만이 우리가 살 길이다.→적극적인 시장의 논리가 필요하다.
· 단기적으로는 부의 불평등과 계층 및 계급 간의 위화감을 조성할 수도 있다.
· 그러나 장기적으로는 효율성과 생산성의 제고를 통하여 급속한 국부(國富)의 축적을 가능하게 하고, 그것은 곧 개인의 풍요로운 삶으로 연결될 수 있다.
· 성장을 위하여 어느 정도의 희생을 감수할 것을 강요하다 보니, 정치적으로 권위적인 모습을 띨 수밖에 없다.→권위주의적인 안보 체제와 동원체제가 나타난다.

분배를 중시하는 입장
· 시장의 논리보다 인간다운 삶을 보장할 수 있는 물질적 평등을 강조한다.
· 완전 시장경제 체제는 부의 불평등 구조를 만들어 내고, 그것은 정치적·사회적 불평등 구조로 나타난다.
· 공정한 부의 분배를 위해서는 어느 정도의 사회주의적 경제 방식이 필요하다.
· 평등한 인간적인 삶을 강조하다 보니, 정치적·사회적 민주주의를 강력하게 요구한다. →종종 국가 권위에 대한 저항 세력으로 여겨지기도 한다.

이와 같은 입장 차이가 우리가 매스컴을 통해 흔히 들었던 소위 '진보 대 보수', '민주 대 반민주', '개혁 대 반개혁'과 같은 말들을 만들어 냅니다. 이들의 다양한 목소리는, 국가 발전에 대한 국민적 관심과 참여를 유도하는 긍정적 역할을 하기도 하였지만, 국론 분열, 장기적인 국가발전 전략 수립의 어려움, 심각한 이기주의적 경향을 나타내는 등의 문제점도 낳았죠. 또한, 힘 있는 사람들, 즉 일정 정도의 힘과 능력을 갖춘 세력들만의 사상이 표출되고, 다양한 소수의 목소리는 힘을 얻지 못함에 따라, 특정 개인과 집단의 이익을 넘어선 진정한 국가 발전 전략의 사상들이 창출되지 못하는 문제점 등이 나타납니다.

◇ 통일과 남북 관계에 대한 논란 ◇

현대 한국 사회의 사상적 문제로서 전통적 가치와 근대성의 부조화라는 문제와 사회 발전에 대한 사상적 갈등을 간단히 보았지요. 세 번째로는 통일과 남북 관계에 대한 논란을 들 수 있습니다. 통일 문제는 특정 집단만의 문제가 아닌 우리 민족 모두의 문제라는 인식이 확산되고 있지만, 이에 대한 다양한 의견 표출과 논의의 과정에서 심각한 (남북갈등뿐만 아니라) 남남(南南) 갈등 문제를 표출하기도 하였습니다.

어떤 갈등이 있을까요? 크게 세 가지 정도 이견을 보이고 있습니다.

우선, '북한을 적으로 보아야 하는가, 아니면 형제로 보아야 하는가?'에 대한 것이죠. 북한에 대한 서로 다른 인식 태도의 문제입니다.

둘째는, '안보를 중시해야 하는가, 아니면 화해·협력을 중시해야 하는가?'라는 문제인데, 당연히 북한을 적으로 보는 입장에서는 안보를 강조하고, 북한을 형제로 보는 입장에서는 화해·협력을 더욱 강조하게 되겠지요. 그러고 보면 앞의 인식 태도의 문제가 중요하군요.

마지막으로, '통일 문제에 참여하는 주체는 누구인가?' 하는 문제입니다. 이것도 당연히 한국인이라면 모든 이가 참여하는 것이 바람직하겠지요. 그러나 과거 냉전 체제하에서는 통일 논의가 정부 주도하에 이루어졌고, 오늘날은 각계각층의 목소리를 반영하고 민간의 참여도 확대하는 방식으로 변화하였음에도 불구하고, 통일 문제에 대한 정부의 역할과 각종 단체들의 참여 방식에 대해 끊임없는 논쟁이 이어지고 있습니다. 그리고 덧붙인다면, 대북 정책에 있어서 주변국과의 정책을 어떻게 조정하느냐 하는 것도 중요한 문제로 부각되고 있지요. 통일 문제는 우리 민족의 문제일 뿐만 아니라, 전 세계의 평화와도 직결되는 문제이기 때문입니다.

3) 윤리 사상적 문제의 해결 방향

◇ 윤리적 문제의 해결 방향 ◇

앞서 우리는 현대 한국 사회의 대표적인 윤리적 문제로 물질 만능주의와 이기주의, 도덕적인 삶에 대한 관심 부족, 사회제도와 구조의 비도덕성을 꼽았고 이에 대하여 살펴보았습니다. 그러면 그 해결책은 무엇일까요?

첫째, 산업화와 민주화 과정에서 나타난 부정적인 측면으로 대표적인 것이 **물질 만능주의와 이기주의**라고 했습니다. 당연한 애기지만, 물질 만능주의와 이기주의의 극복을 위해서는 내면적 정신 가치의 소중함에 대한 인식과 공동체에 대한 배려의 문화가 요구됩니다. 다시 말해 이기주의를 극복하기 위해서는 공동체에 대한 배려, 역지사지의 정신, 상생의 삶, 연고주의로부터의 탈피가 요구됩니다.

둘째, **도덕적인 삶에 대한 관심 부족**을 극복하기 위해서는 어떻게 해야 할까요?

가치관을 정립하고 도덕성을 회복하려는 노력이 시급하게 요구됩니다. 물질적인 발전과 더불어 바람직한 인간을 만들기 위한 노력은 상대적으로 부족했음을 인정하고, 가치관 정립이나 도덕성 회복을 위한 사회의 전반적인 노력을 해야 합니다. 핵가족화에 따른 가정교육의 약화와 함께 윤리적 지체 현상이 나타났음을 볼 때, 학교에서의 도덕 교육 못지않게 가정에서의 인간 교육도 매우 중요하며, 이를 위한 사회에서의 도덕성 회복 노력도 시급하다고 해야 하겠지요.

셋째는, **사회제도와 구조의 비도덕성 문제**라고 했지요. 위에서 말했듯이 이를 해결하기 위해서는 부정부패, 연고주의 및 파벌주의, 계층·지역 간에 나타나는 단절과 분열을 극복해 나아가야 합니다. 또 어떻게 해야 한다고 했었지요? 무엇보다도 사회제도나 구조들을 개선하기 위해 노력해야 한다고 했었죠. 즉 오늘날 우리 사회에서 나타나고 있는 부정부패, 연고주의와 파벌주의, 계층·지역 간 갈등 문제는 뿌리 깊은 관행과 복잡한 이해관계로 얽혀 있어서 개인적 차원의 노력만으로 완전히 해결할 수 없기 때문에, 사회 윤리적 관점에서의 사회 개혁 노력이 요구된다고 하였습니다.

물질 만능주의의 폐해

◇ 사상적 문제의 해결 방향 ◇

자, 이제 현대 한국 사회의 윤리 문제를 보았으니, 사상적 문제를 봅시다. 사상적 문제는 전통적 가치와 근대성의 부조화, 사회 발전에 대한 사상적 갈등, 통일과 남북 관계에 대한 논란과 관련이 있음을 바로 위에서 살펴보았습니다.

이런 문제들에 대한 해결 방향은 무엇일까요? 여러분들도 이미 알고 있습니다.

첫째, 전통적 가치와 근대성의 부조화를 해결하기 위해서 <u>근대적 가치관과 전통적 가치관의 적절한 조화를 추구</u>해야겠지요. 즉 서구의 가치관에 대한 일방적 수용보다 전통적 가치관과의 접목을 통하여 양자의 장점을 조화시켜 나가자는 것이지요.

둘째, 사회 발전에 대한 사상적 갈등이 때로는 자유로운 사상의 분출을 통하여 새로운 방향으로 공감대를 설정하는 긍정적인 역할을 하기도 하지만, 공동의 목표를 향한 공동의 노력을 방해하는 부정적인 역할을 하기도 한다고 하였습니다. 그렇다면 긍정적인 역할을 할 수 있도록 해야 하겠죠. 즉 다양한 사상적 갈등을 대립 관계로 발전시키지 말고, <u>국가 발전을 위한 다양한 목소리의 참여 기회로 수렴해 나아가야</u> 합니다. 여기서 중요한 것은 다양한 입장의 표출을 대립을 위한 갈등이 아니라, 보다 더 나은 방향의 정립을 위한 공동 노력의 과정으로 보는 것입니다.

셋째, 통일과 남북 관계에 대한 논란에 대해서는, <u>국민적 합의를 모으는 과정에서 나타나는 자연스러운 현상으로 이해</u>하고, 절차적 정의를 통해 얻어진 국민적 합의를 존중하는 자세가 요구됩니다. 아울러 커다란 원칙을 가지고 일관되게 남북 관계를 발전시켜야 하지만, 안보적 자세는 필수적이라고 해야겠지요.

2. 한국 사회의 바람직한 윤리 사상의 정립

1) 한국 전통 윤리사상에 대한 이해

'전통'에 대해 갖는 흔한 편견 중의 하나가 전통은 '변하지 않는 무엇'이라고 보는 것입니다. 즉 전통 윤리사상은 "조상들이 남긴 어떤 보편적이고 당위적이며 고정 불변의 생활 원리를 가리킨다."고 보는 것입니다. 그러나 전통 윤리란 시대와 생활환경의 변화에 따라 새로운 모습을 지니면서 우리의 생활양식과 가치관을 지배해 온 총체(總體)를 가리키는 것입니다. 따라서 우리에게 전통윤리사상이란, 어느 특정한 시대를 살았던 우리 조상들의 정신과 가치관을 형성하는 데 영향을 끼친 원시 신앙과 유·불·도 3교를 말합니다. 전통 윤리가 우리의 생활양식과 가치관을 지배하고 있다면, 전통 윤리사상을 재인식하는 것은 곧 우리 삶을 근원적으로 이해하는 것이고, 정확한 자기 인식에도 도움이 되겠지요.

◇ 원시 윤리사상 ◇

위와 같이, 우리의 전통 윤리사상은 토속적 민간 신앙과 유교, 불교, 도교와 결합되어 백성들의 삶을 지탱해 온 원동력이 되었습니다. 그 가운데 특이할 만한 것은 대체로 토속민간 신앙이 도교적 윤리사상과 융합되거나 혹은 불교의 윤리사상과 결합되어 우리 민족의 정신 영역과 삶의 정서를 지배해 왔다는 사실입니다. 따라서 우리 민

토테미즘

족이 지닌 삶의 원형을 이해하기 위해서는 원시 윤리사상과 단군의 건국 이야기, 그리고 그것과 결합되어 있는 불교와 도교 윤리사상의 영향력을 이해할 필요가 있지요. 이것들을 하나하나 보겠습니다.

먼저, 단군의 건국 이야기는 당시 존재하던 원시 윤리사상들을 집대성한 것으로 간주할 수 있지요. 거기에는 하늘을 숭배(崇拜)하는 **경천사상**과 샤먼(shaman, 무당)을 중심으로 하는 **샤머니즘**(Shamanism), 특정한 동물이나 식물 등을 신앙의 대상으로 삼는 **토테미즘**(Totemism) 등이 결합되어 있으며, 홍익인간 정신을 바탕으로 한 우리의 가치관, 세계관, 건국이념이 담겨 있습니다. 그리고 이런 정신이 국난(國難)을 당했을 때 이를 이겨 내기 위한 정신적 지주로서의 역할을 수행하게 됩니다.

단군의 건국 이야기에 담긴 윤리사상의 성격은 '한국의 인간관'을 공부하면서 개략적으로 살펴본 바가 있습니다. 즉 인본주의, 천인합일 사상, 곰과 호랑이로 대표되는 자연과의 친화(親和) 정신 및 조화 정신으로 정리됩니다. 특히 조화 정신은 한국 윤리사상의 전개 과정에서 여러 사상들을 수렴하는 사상적 묘합(妙合)의 근본이 되는 민족성의 특질로 발전하여 옵니다.

◇ 유교 윤리사상 ◇

우리 민족의 윤리사상이라고 하면 유교를 떠올릴 만큼, 유교 윤리사상은 지금도 한국 사회에 큰 영향을 끼치고 있는 윤리사상 중 하나로 꼽을 수 있지요. 그 특징은 다음과 같이 크게 세 가지로 나눌 수 있습니다.

첫째, <u>인간 본성에 대한 믿음</u>인
데, 한국의 유교 윤리사상에서는
대체로 인간의 착한 본성을 인정하
는 경향(성선설)이 강하게 나타납
니다. 서양의 윤리사상 중에는 이
기적이고 사악한 인간을 전제로 한
것이 많은데, 이와 상당히 대조적
이라고 할 수 있겠네요.

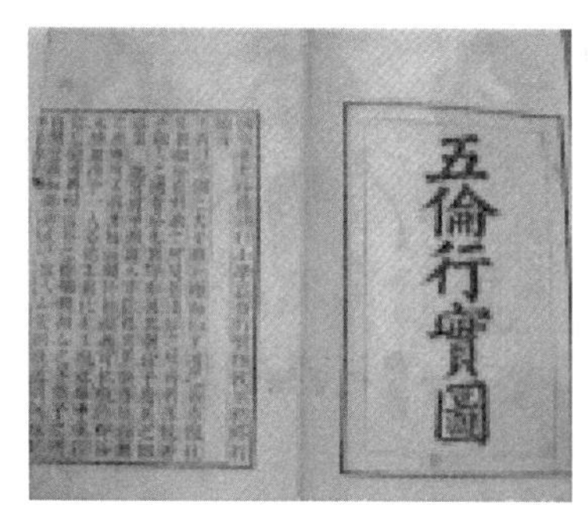

오륜행실도

둘째, <u>개인의 수양과 실천</u>을 강조합니다. 인간 본성 자체는 착하지
만 여러 가지 현실적 욕심과 이유 때문에 어쩔 수 없이 인간 본성
자체를 거스르는 행위를 하는 것이기 때문에 우리 조상들은 이러한
욕심과 욕구들을 제거하고 선한 인간의 본성으로 돌아가기 위해서
여러 가지 수양과 실천 방법을 제시합니다. 예컨대 이황이 경(敬)을
강조하고, 이이가 성(誠)을 강조한 것도 이러한 맥락이라고 할 수 있
지요. 성(誠)은 "인간을 인간답게 하는 참되고 거짓 없는 마음의 바
탕을 의미"하며, 경(敬)은 "경건하고 차분한 자세로 항상 옳은 일에
몰두하는 것을 의미"합니다.

셋째, <u>다양한 인간관계의 윤리</u>를 강조합니다. 이것은 우리 조상들
이 나 자신을 생각하는 삶보다는 다른 사람, 더 나아가 공동체를 배
려하는 삶을 살 것을 강조한 것입니다. 이러한 인간관계의 윤리를
강조하는 가장 대표적인 덕목이 바로 오륜(五倫)이지요. 오륜이 무
엇이었던가요? 오륜은 부자유친(父子有親) · 군신유의(君臣有義) ·
부부유별(夫婦有別) · 장유유서(長幼有序) · 붕우유신(朋友有信)을
말합니다. 간단히, 친(親) · 의(義) · 별(別) · 서(序) · 신(信)이라고 알

아두면 생각이 날 겁니다. 그 뜻은 물론 알고 있겠죠? 어버이와 자식 사이의 친애(親愛), 임금과 신하 사이의 의리, 부부간의 구별, 어른과 어린이 사이에 차례, 벗은 믿음이 있어야 한다는 것이었죠.

아무튼, 유교 윤리사상이 오늘날 우리 삶을 반성하고 인도하는 데 커다란 영향력을 갖고 있음을 볼 때, 단순한 이론적 차원의 이해가 아니라, 세계화라는 새로운 시대에 접목할 수 있는 방안을 탐색해 보는 자세가 필요할 것입니다.

◇ 불교 윤리사상 ◇

불교를 창시한 석가모니는 당시 지나치게 사변적(思辨的, 경험에 의지하지 않고 논리적 사고만으로 현실이나 사물을 인식하는)이고 편견에 빠져 있는 윤리사상을 비판했습니다. 그는 중도(中道) 사상에 입각한 올바른 삶의 길을 강조하였는데, 이미 본 것처럼, 중도란 우주의 본질과 현실의 양면을 객관적으로 관찰하자는 것입니다. 불교의 윤리사상은 연기설(緣起說), 사성제(四聖諦), 삼법인설(三法印說)을 중심으로 전개되며(* 연기설과 사성제는 2장 동양윤리의 연원 불교 쪽을 참조할 것), 그 주요 내용은 누구나 다 부처가 되어 모든 생명을 위한 자비의 삶을 실천할 수 있다는 것이었습니다.

어려운 말이 많지요. **'삼법인(三法印)'**은 '진리에 대한 세 가지 징표'라는 의미로, '제행무상(諸行無常)', '제법무아(諸法無我)', '일체개고(一切皆苦)'로 구성되어 있습니다. 좀 어렵지만, 그 뜻을 풀어볼까요. "일체

칠성각

는 무상(無常)하고, 무상한 것은 괴로움(苦)이요, 괴로운 것은 무아(無我)”라는 말입니다.

불교의 진리는 매우 심오해서 여러 해석이 있을 수 있으나, 여러분이 이해할 수 있도록(?) 나름 쉽게 풀이를 해 보면 이렇습니다. 우리는 흔히 세상에서 변치 않는 무언가가 있을 것

산신각

이라는 막연한 생각을 지니고 있지만, 그렇지 않습니다. 그것이 '**무상(無常)**', 즉 '항상 됨(常)이 없다.'는 제행무상입니다. 또한 변치 않는 무언가가 있을 것이라고 생각하여 집착을 하면 어떻게 될까요? 고통이 따르겠지요. 실제로는 영원한 것이 없는데 거기에 집착을 했으니까요. 그것이 '무상한 것은 괴로움이다.'라는 말의 뜻입니다. 그리고 '나'를 비롯한 일체의 사물은 서로가 서로를 의존하여 존재하기에, 이것이 바로 홀로 떨어져 존재하는 '나'가 없다는 '**무아(無我)**'의 의미가 되겠지요(그 깊은 뜻은 2장의 불교 쪽을 다시 읽어 보면 이해가 될 것입니다.).

이러한 석가모니 사상에 한국적인 특징을 가미한 것이 한국 불교입니다. 한국 불교의 특징으로는 크게 호국 정신과 조화 정신을 꼽습니다. 먼저, 호국 정신은 불교가 전래되었던 당시의 상황과 밀접하게 관련되어 나타났습니다. 삼국의 성립으로 등장한 지배 세력은 불교를 정치 이념과 국가를 위한 종교로 수용하였던 것이지요. 이 외에도 신라 삼국 통일의 이념적 기반, 고려의 건국 사상, 국난 극복의 염원을 담은 고려 대장경 축조 등은 호국 불교의 성격을 잘 나타냅니다. 결국 불교는 국가적 차원의 통합 이념으로 역할하면서 우리

민족의 정신적 구심점이 되었습니다.

　또한, <u>조화 정신의 예로는 원효로부터 시작된 원융 회통(圓融會通) 사상</u>을 들 수 있습니다. 이후 원융 회통 사상은 한국 불교의 중요한 전통이 됩니다. 즉 고려 왕조에 그대로 계승되어 국가적 행사인 팔관회로 이어졌으며, 의천과 지눌 등에 의해 교선 일치를 위한 사상적 기틀을 마련하게 됩니다. 원효는 석가모니 사후 분열된 각 종파의 서로 다른 이론들을 인정하면서도 이들을 좀 더 높은 차원에서 통합하려고 시도합니다. 그래서 어설프거나 무조건적인 절충이 아니라, 하나인 세계로의 조화요, 종합이라 할 수 있습니다. 그런데 원융회통이 무엇이었는지 생각이 나나요? 이미 공부했듯이, <u>원융(圓融)이란 원만하여 막힘이 없다는 것이며, 회통(會通)이란 대립과 갈등이 보다 높은 차원에서 해소된 하나로의 만남을 의미합니다.</u> 어때요? 조화정신을 잘 나타내고 있지요. 또한 이와 같은 특성이 종파적으로 전개된 중국 불교와의 차이라고 해야겠지요. 특히, 조화 정신은 불교와 직접 관련이 없는 산신(山神)을 모신 산신각(山神閣), 본래 도교에서 신앙하던 (인간의 수명장수와 재물을 관장하는) 칠성신을 모시는 칠성각(七星閣) 등으로 우리 민족의 사상적 바탕을 형성해 온 민간 신앙을 불교 속으로 통합하는 사상적 기반이 되었습니다. 여러분들도 불교사찰에 모셔져 있는 산신각이나 칠성각을 많

도교의 이상향이 담긴
백제의 금동 대향로

이 보았을 것입니다.

◇ 도교 윤리사상 ◇

좀 어려운 말이지만, 도교 윤리사상의 주된 주장은 궁극적으로 만물과 인간과의 구별이 존재하지 않는다는 것으로, 만물 사이에 존재하는 차별을 철폐하고 자연과의 합일을 이루려 합니다. 즉 도(道)의 절대성을 근거로 인간의 감각적 인식과 편견을 제거하여 인간 내부에 존재하고 있는 타고난 자연의 덕을 되살리려고 합니다. 또한 탈속(脫俗)을 통해 정신적 절대 자유를 추구하려고 합니다.

왜 감각적 인식을 제거하려 할까요? 인간의 감각을 통해서는 아무것도 정확하게 인식할 수 없기 때문이지요. 인위적인 것들은 도(道)를 깨우치는 데 방해가 되기 때문에 타고난 자연의 덕을 되살려야 한다고 주장합니다(혹시 이해가 안 된다면, 불교와 마찬가지로 2장의 도교 쪽을 다시 읽으면 도움이 될 것입니다.).

도교 역시 삼국시대에 우리나라에 전래된 이후 불교와 더불어 일반 백성들의 안심입명(安心立命: 천명을 좇아 마음의 안정을 얻음)을 위해 중요한 역할을 수행해 옵니다. 백성들의 한(恨)과 억울함, 간절한 기원을 풀어 주는 심리적 역할을 담당하기도 하였을 뿐만 아니라, 예술 활동의 영역에도 많은 영향을 주었지요. 도교는 우리 눈에 쉽게 띄지 않지만, 우리 사상 체계 속에 토속 신앙과 선도(仙道)라는 형태로 녹아 있으며, 우리 민족의 생활 속에서 구체적으로 드러난 예가 **풍수지리(風水地理)** 사상입니다.

풍수지리가 무엇이죠? 땅을 살아 있는 생명으로 대하는 전통적인 지리학이라고 할까요. 풍수는 '방풍 득수(防風得水)'에서 나온 말로,

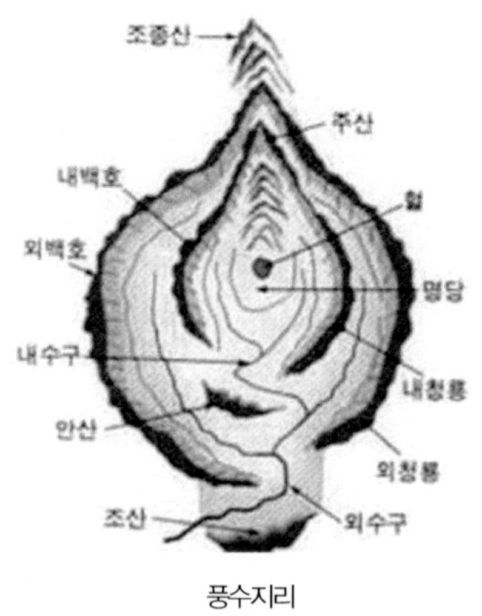

풍수지리

그 뜻은 '바람을 막고 물을 얻는다.'는 것입니다. 산의 모양과 기복, 바람과 물의 흐름 등으로 땅의 의미를 파악하여 좋은 터를 찾는 사상이지요. 이처럼 우리 조상들은 풍수지리 사상을 바탕으로 우리가 살아가는 산천 경계, 즉 자연을 인간에게 생명력을 베푸는 살아 있는 생명체로 여겨 왔습니다. 다시 말해, 부모와 자식이 같은 몸을 나누듯이 인간과 자연은 한 몸으로 연결되어 있어서, 자연은 사람을 돌보고 생명을 베풀며, 사람은 자연 속에서 원활한 삶을 영위해 가는 존재라는 의미를 담고 있는 것이지요. 이런 관점에서 작금의 환경 문제를 생각해 보면 어떨까요?

이와 같이 여러 면에서 도교 사상은 현대에 각광받는 사상이 되어 가고 있습니다. 물욕을 배제하고 정신적인 측면을 중시하는 인간상을 지향하는 내용을 강조한다는 측면에서, 자본주의가 낳은 병폐인 물질 만능주의를 극복하기 위한 이론적 근거가 되고 있지요. 한번 살펴볼까요

· 21세기의 환경과 자연을 보호하기 위한 방안이 될 수 있다.
· 자연의 풍요로움을 공유하면서 자연의 한 부분으로 존재하는 인간의 본래적 가치에 대한 추구를 보다 심화시킬 수 있다.
· 물질문명의 무분별한 확대에 의해 점차 열악해지는 현대인 삶을 건강하게 회복하는 데 시사하는 바가 크다.

2) 한국 사회에 영향을 미친 외래 윤리사상에 대한 이해

◇ 개인주의 ◇

"우리나라 사람들은 다른 사람들을 부를 때, 그 사람의 직책이나 직위를 부르는 경우가 많지만, 서구 사람들은 사람의 이름을 부르는 경우가 많다는 주장"이 의미하는 바가 무엇일까요? 곧 "우리나라 사람들은 인간관계를 중시하고, 서구 사람들은 개인의 가치를 중시한다."는 뜻이 되겠죠.

물론 이러한 개인 중시의 사고방식은 서구 근대의 개인주의 사상에 바탕을 둔 것입니다. 그래서 서구인들은 한 사람을 볼 때, 인간관계 속에서(누구의 부모나 자식, 형이나 동생, 선배나 후배로) 보는 것이 아니라, 그 사람 자체를 본다고 하지요.

이에 따라, <u>더 이상 나누거나 다른 사람과는 바꿀 수 없는 절대적 개인을 설명하기 위하여 서구인들이 제시하는 개념이 '품성'과 '권리'</u>라고 합니다. 그 누구도 품성이 같을 수는 없고, 따라서 모든 사람들은 각자의 품성에 따라서 개인의 고유한 성격, 개성, 심리 상태, 정체성 등을 나타냅니다. 권리 또한 모든 사람은 그 어떤 것으로부터도(어떤 인간관계나 도덕 규칙도) 간섭할 수 없는 개인만의 절대적인 권리를 갖는다는 의미입니다(한편, 개인적 권리의 불가침성을 인정받는다고 했지만, 그 권리는 모든 사람이 똑같이 갖기 때문에 근대 서구의 평등사상도 가능해진 것이지요. 그래서 근대사에 공헌한 서양의 개인주의를 과소평가해서는 안 됩니다.).

그런데 문제는 오늘날 개인주의는 물질문명 속에서 인간을 소아

(小我)로 만들면서 위기를 맞게 되었다는 데 있습니다. 자기를 상실한 현대인이 그 본래의 모습을 회복하기 위해서는 소아의 굴레에서 벗어나 대아(大我)를 지향하는 동양의 공동체성을 확립하는 것이 필요하게 되었습니다.

◇ 자본주의 ◇

자유 민주주의와 자본주의 시장경제는 동전의 양면과 같은 관계라고 배웠습니다. 이 두 체제는 개인의 자유와 선택을 채택하고 있다는 점에서 완전히 일치하고 있지요. 경쟁과 사적 소유 및 시장 원리는 자본주의 시장경제의 주요한 생명력이 된다고 했습니다. 그런데 문제는 어느 사회도 이기적인 동기에 의해서만 지탱될 수는 없다는 데 있습니다. 또 더 큰 문제는 그러한 이기주의가 독점과 투기, 불로소득과 과소비 등과 연관되어 천민 자본주의적 조짐을 드러내는 것입니다. 그러면, 고전적 자본주의의 덕목인 일에 대한 헌신과 절제, 참된 의미의 자조 정신마저도 퇴색되어 버릴 수 있겠지요.

한국은 '유교 윤리', 즉 전통적인 절제와 검약 정신, 그리고 자손들을 위하여 자신을 바치는 희생정신을 바탕으로 자본의 축적을 이루어 왔지만, 완전히 성숙한 자본주의, 안정된 자본주의에 도달했다고 할 수는 없겠지요. 성숙한 자본주의는 서구의 프로테스탄트 윤리에서 볼 수 있듯이, 이성적 윤리와 의무감이 있어야만 꽃피울 수 있습니다.

◇ 자유주의 ◇

자유주의는 서구 근대를 관통하는 가장 기본적인 사상 원리였지요.

또한 현대 자유 민주주의 국가의 기본적 틀인 헌법에 보장된 인권 존중, 민주적인 정치 제도의 확립 등은 모두 자유주의에서 출발한 것이라고 할 수 있습니다. 자유주의의 주된 내용 & 자유주의가 전제 하고 있는 인간관은 다음과 같습니다.

기본 내용

· 특정한 개인이나 집단이 다른 개인이나 집단을 공격하거나 해치지 않는 한 자유롭게 행동할 수 있다는 관용의 정신
· 모든 종류의 표현의 자유를 포괄하는 언론의 자유
· 사회 계급 · 인종 · 성(性) 등에 관계없이 만인이 평등한 시민권을 가져야 한다는 예속(隷屬)적 지위의 폐지 등

인간관

· 인간은 자신 삶의 계획에 맞추어 주어진 욕구와 능력들을 조직 · 선택하고 발전시키는 존재이다.
· 인간은 본성적으로 이기적인 행위 동기뿐만 아니라, 다른 사람들과의 상호 작용을 통해서 사회성이 구현되는 방향으로 행위하는 사회적 동기(동감(同感)의 감정 & 이타심)도 가지고 있다.

그런데 현재 우리나라에 유입된 자유주의는 왜곡되게 수용되었습니다. 여기에는 여러 가지 이유가 있겠지요. 서구와 우리나라가 지닌 역사적 경험의 차이, 자유주의를 추구하고 성장시킬 역할을 담당할 시민 사회의 미성숙, 이데올로기의 대립으로 인한 냉전 구조, 전 지구적 냉전의 확산으로 인해 등장한 권위주의 정권의 등장(개인의 기본권 도외시) 등등.

그러나 냉전이 종식되면서 한국 사회에서도 인간의 자유라는 기본 가치가 중요하게 부각되었으며, 자유주의의 수용을 통하여 과학 기술의 발달에 따른 사회의 진보를 확신하는 근대성이 확산되기도 하

였다는 사실, 이 긍정적인 면도 주목해 보아야 합니다.

다만, 우리가 유의해야 할 점은 자유주의의 확산 그 자체만으로 현재 한국 사회가 가진 모든 위기와 윤리·도덕적 문제들을 온전하게 해결할 수 없다는 것이지요. 개인 이익의 무한정한 추구를 방치한다면, 공동체의 위기가 닥칠 것은 필연적이기 때문입니다. 결국, 개인 이익에 대한 보다 올바른 이해와 공동체를 배려하는 사회성의 조화가 필요할 것입니다.

시민 사회

시민 사회란, 자유롭고 평등한 개인들이 자율적인 상호 계약적 관계를 통하여 기본적인 권리와 자유가 핵심이 되는 기본적인 선(primary goods)을 최대한 유지하고 향유하면서, 각 개인의 다양성을 최대한으로 유지하고 개발하는 공공 영역이라고 정의한다. 이러한 시민 사회는 자연적 조건과 그것을 배경으로 형성된 역사적 조건 속에서 그 조건을 개선하려는 인간의 투쟁이 만들어 놓은 또 하나의 역사적 산물이다.

현대의 시민 사회는 정부의 공적 혹은 법적인 개입 없이 복지, 환경, 문화, 예술, 재난 구조 등의 문제를 자율적으로 해결하거나 심지어 인권, 부패, 평화, 국제 협력 문제의 해결까지 시도하고 있는 각종 자원 봉사 운동이나 시민운동으로 이루어지고 있다.

『윤리와 사상』 p.226.

3) 현대 한국 사회의 바람직한 윤리사상의 정립

산 속에서 보물을 찾기 전에 먼저 자기 두 팔 안에 있는 보물을 충분히 이용하도록 하자. 자기 두 손이 부지런하다면, 그 속에서 많은 것이 샘솟듯 솟아나올 것이다. 인간은 누구나 자기 두 손에 비상한 능력을 보유하고 있다. 자기 능력을 제때 발굴하여 나름대로 유용하게 이용하는 사람이 되자.

— 스탕달(Stendhal)

◇ 인간 존엄성의 확립 ◇

사회 변혁과 가치관의 변화를 유도할 경우, 인간 존엄성에 대한 이해가 선행되어야만 좋은 결과를 낳을 수 있습니다. 칸트는 "인간이란, 우주의 목적 그 자체이며 그 자체 내에 목적 천국을 가지고 있는 만큼, 누구도 인간을 유용성의 객체로 이용해서는 안 된다."고 하였습니다. 스위스의 교육자 페스탈로치(Pestalozzi, J. H.)는 "왕좌에 앉은 임금이나 초가집 어두운 방구석에서 살고 있는 가난한 사람이나 다 같은 존엄한 인간"이라고 합니다.

그렇다면 '인간 존엄성'의 근거는 무엇일까요?

첫째, 인간은 자신을 스스로 대상화할 수 있는 존재라는 데 있습니다. 이는 자신에 대하여 반성할 수 있음을 뜻하는 것이고 자신을 초월할 수 있음을 의미하는 것입니다. 나아가 타인을 고려하는 도덕적 능력을 가졌음을 의미하는 것이기도 하지요.

둘째, 인간은 자신의 자유 의지에 의해 스스로 옳다고 믿는 바를 행동으로 옮길 수 있는 도덕적 주체입니다. 자유의지 없이 본능에만 따른다면 도덕도 불가능하겠죠? 모든 도덕적 논의는 인간이 자신의 행위를 스스로 선택할 수 있는 능력이 있다는 사실을 전제로 합니다.

두 가지 근거를 보았는데, 사실 <u>현대 한국 사회의 바람직한 윤리사상의 정립에 있어 가장 근본적인 출발점으로 삼아야 할 것이 바로 인간의 존엄성 확립</u>이라 할 수 있습니다. 왜냐고요? 오늘날 인간 소외와 같은 문제가 대두된 원인이 바로 인간의 존엄성보다 유용성을 우선했기 때문이 아닐까요.

◇ 조화론적 윤리사상 ◇

현대 문명이 위기를 맞았다면, 극단적 개인주의와 인간성 상실, 정복지향적 세계관에 따른 환경 파괴 등등의 문제가 심각하지요. 그렇다면 현대 문명의 위기로부터 인류를 구출할 수 있는 대안은 무엇일까요? 앞에서노 여러 번 언급했지만, 그중 하나를 동양의 진통 사상인 인간과 인간, 인간과 자연 간의 조화를 강조하는 정신에서 찾아볼 수 있습니다. 나아가 동양과 서양 윤리사상의 조화가 필요합니다. 물론 정(情)과 직관이 지배하는 동양의 지혜와, 지(知)와 합리가 지배하는 서양의 정신을 한 그릇에 담는 것은 결코 쉽지 않은 일이겠지요.

소아(小我)에 집착하는 이기주의에 기초한 서양의 합리주의는 동양의 인(仁), 무위(無爲) 또는 해탈(解脫)과 조화를 이루기 힘들 것입니다. 동양 역시 인정(人情)이 가족주의적 편협함에 갇혀 있게 되면 현대 문명의 위기를 극복하는 지혜로서의 역할을 하기 어렵겠지요.

동양과 서양 윤리사상의 조화가 필요하다고 했는데, 참으로 쉽지 않지요. 그러나 합리적 정신이 개인적 이익을 위해서 사용되지 않고 사회 전체를 위해 발휘된다면, 서양의 합리주의는 동양적인 인(仁), 예(禮)와도 쉽게 융합될 수 있을 것입니다.

그런데 사실 이러한 조화 정신은 한국 사상의 뚜렷한 특징이라고 할 수 있는 것이지요. 잘 알다시피 풍류나 동학사상에 나타난 유·불·도3교의 조화성이나 원효의 화쟁사상 등등이 있었지요. 이와 같은 조화의 전통을 오늘날에도 계승·발전시켜 나가면 됩니다.

다만, 한 가지 유의할 점이 있다면 현대의 윤리적 문제를 극복하기 위한 새로운 규범 윤리의 체계는, 우선 보편적 가치에 기초해야 하지만, 인간 생활에서의 경험적 요소도 포함해야 한다는 것입니다. 도덕의 원리에서 보편성만을 강조하다 보면, 현실과 동떨어진 공허성과 추상성을 나타낼 수 있기 때문이지요. 인간의 본능, 욕구, 감정, 관심, 이익 추구, 애착심 등을 토대로 한 경험적·사실적 측면도 통합적으로 구성되어야 도덕은 제대로 기능을 다할 수 있습니다. 한마디로 조화론적 윤리사상을 정립해 나가야 한다는 것입니다.

◇ 가치 갈등 및 사회 문제의 윤리적 해결 ◇

이제 우리 사회는 사회의 각 부문에서 많은 도덕적 문제들을 보이고 있습니다. 절대 빈곤 대신에 상대적 빈곤 문제, 과소비 조장 문제, 그리고 경제적 풍요 속에서 새로운 욕구를 충족하고자 하는 요구 등등.

이와 같은 문제들을 어떻게 해결할 수 있을까요? 그 방법에는 법적, 정치적, 경제적 접근 등 다양한 노력이 있겠지만, 보다 더 근원적인 해결을 위해서는 윤리적 노력이 우선되어야 합니다. 모든 문제를 이해관계의 조정이라는 차원에서만 해결하고자 할 때는 그 해결이 더욱 어려워지기 때문입니다. 오직 문제는 우리 사회의 모든 구성원들이 서로가 서로를 존중하고 양보하며 이해하고자 하는 데서 풀리는 것이 아닐까요.

특히, 니부어의 주장에서도 보았듯이, 사회 윤리적 입장에서 '인간의 존엄성'과 '사회 정의'의 가치를 올바로 실현할 수 있도록 사회의 구조와 제도를 합리적이고 민주적인 틀로 개선해야 합니다. 인간 존엄에 대한 주장이 자연스러운 것임은 두 말할 나위 없고, 사회 문제에서 가장 핵심 사항이라고 할 수 있는 <u>사회 정의의 실현은 합리적 자발성에 기초해야 함도</u> 당연한 것입니다.

[*사회 윤리(社會倫理, social ethics)란 "사회구조나 질서 또는 제도와 관련된 윤리 문제에 대한 도덕적 규범의 총칭"입니다. 그 영역은 크게 5가지로 나누어 볼 수 있는데, **생명 의료 윤리**(임신중절 · 안락사), **성 윤리, 사회 · 정치적인 쟁점**(인종적 · 사회적 편견, 시민 불복종, 살인, 전쟁과 폭력, 공권력과 개인의 자유, 분배 정의 문제), **환경윤리**(생태계 파괴), **가정 문제** 등입니다.]

3. 민주적 도덕 공동체의 구현

1) 민주적 도덕 공동체의 형성

> 관용이란 인간애의 소유이다. 우리는 모두 약함과 과오로 만들어져 있다. 우리는 어리석음을 서로 용서한다. 이것이 자연의 제일 법칙이다.
>
> — 볼테르(Voltaire)

◇ 민주적 도덕 공동체의 의미 ◇

우리가 지향해야 할 바람직한 국가 사회의 모습은 어떤 것일까요? 민주적 도덕 공동체입니다. 즉 그 가장 큰 특징은 '**도덕 공동체**'라는 데 있으며, 다른 특성은 '**민주 공동체**'라는 말이지요. 도덕 공동체란, 자신이 소속된 공동체의 구성원들이 함께 어우러져 사는 정의로운 터전을 말하는 것이며, 민주 공동체는 시민 각자의 인간적 가치가 자유롭게 구현되는 정치의 장(場)을 말합니다.

그렇다면 민주적 도덕 공동체는 개인과 집단의 자율성과 독자성이 보장되면서도 동시에 사회 정의가 실현되는 곳이 되겠네요.

◇ 민주적 도덕 공동체의 구현 원리 ◇

바로 앞에서도 암시되었지만, 민주적 도덕 공동체의 구현 원리는 함께 사는 삶, 자유로운 삶, 인간다운 삶 등에서 찾아볼 수 있겠군요.

첫째, '**함께 사는 삶**'은 각자의 이익을 추구하는 존재인 인간들이 함께 어울려 살면서 생겨나는 갈등을 모두에게 이익이 될 수 있는 방향으로 조절하는 원리와 관련됩니다. 한정된 것을 놓고 경쟁과 갈등이 생길 때 되도록 마찰 없이 해결할 수 있는 합의의 도출이 참으로 어려운 것임을 보면, 인류의 정치적 경험이 성숙해진다는 것은 바로 이 합의의 효과적 구성 방안을 발전시켜 나간다는 것을 의미합니다. 민주 사회에서는 모두가 동일한 정치적 권리를 기반으로 가치 배분 과정에 평등하게 동참하고 있지만, 이 평등한 동참이 형식적인 기회 균등에 그치지 않고 실질적인 형평의 구현으로까지 이어질 때, 진정한 의미의 함께 사는 삶이 가능해질 것입니다.

둘째로, '**자유로운 삶**'은 민주주의의 요체라고 할 수 있습니다. 그러나 '주권 재민(主權在民)'이라는 말이 무색하게, 자유로운 시민들로 구성된 강력한 시민 사회가 존재하지 않는 곳에서는 정치 엘리트의 수중에 놓인 국가 권력이 강화되기 쉽습니다. 따라서 민주 공동체에서는 국민 각자의 권리를 국민들 스스로의 힘에 의해 지킬 수 있는 제도적 장치가 마련되어야 하며, 국가는 이러한 장치를 보호하고 그 지속적 작용을 보장해야 하겠지요.

마지막 셋째로, **'인간다운 삶'**은 인간이 민주적 도덕 공동체를 이루고 사는 궁극적 목적과 관련 있습니다. 그동안 세계는 인간다운 삶의 구현을 기치로 내걸고 등장한 자유 민주주의(자유)와 공산주의(평등)로 양분되어 왔었지요. 그러나 이들 양대 이념은 그들 각자가 주장하는 인간적 가치가 상호 보완 관계에 있다는 중요한 사실을 망각해 왔습니다. 하지만, 이제는 인간적 가치를 온전하게 구현하기 위해서는 자유와 평등이 동시에 필요하다는 사실을 깨닫게 되었습니다. 남한과 북한도 서로의 이념과 생각을 앞세우기보다 인간적 가치를 구현할 민족 공동체를 형성해 나가야 하지 않을까요?

◇ 열린 마음과 민주적 도덕 공동체 ◇

민주적 도덕 공동체의 구현 원리를 세 가지로 정리해 보았지만, 실제 민주적 도덕 공동체가 형성되기 위해서는 열린 마음을 지녀야 합니다. 열린 마음이 어떤 마음일까요? 구성원 각자가 불신과 편견, 이기와 독단 등에서 벗어나 서로 상대방을 이해하고 존중하며 격려하고 협동할 수 있는 마음입니다.

그러나 이기와 편견의 자물쇠, 독단과 맹목적 미신의 자물쇠가 굳게 잠겨 있을 때, 마음의 문은 좀처럼 열리지 않겠지요. 그렇지만 우리에게는 진리를 탐색하는 '이성'이 있고, 선을 추구하는 '의지'가 있으며, 아름답고 고귀한 것을 부러워하는 '감정'이 있습니다. 이러한 잠재력이 우리의 닫힌 마음을 열어 줄 수 있지 않을까요. 민주적 도덕 공동체를 지키고 사랑하는 것, 그것은 나의 생명과 존엄, 재산과 명예를 지키는 기본적인 조건이라 할 수 있습니다.

2) 민주적 도덕 공동체의 실현 조건

◇ 자유와 평등 및 책임 ◇

자유와 평등은 자유 민주주의 체제를 올바르게 끌고 나갈 수 있게 해 주는 양대 요소로서, 마치 수레의 두 바퀴와 같다고 비유합니다. 자유 민주주의에서 말하는 자유란, 국민 각자가 보람 있는 삶을 영위하기 위하여 자신의 욕구에 따라 그 삶의 조건들을 선택하는 것을 뜻합니다. 그렇다고 해서 모든 개인과 집단이 자신들의 욕구 실현만을 주장하고 다른 사람들의 욕구 실현을 고려하지 않는다면, 사회는 상호 갈등만 일으키게 되겠지요.

따라서 지극히 당연한 얘기지만, 자유 경쟁은 다른 사람의 자유를 침해하지 않는 범위 안에서만 이루어져야 합니다. 이러한 제약은 각 개인의 자유가 최대한으로 보장될 수 있도록 하기 위한 최소한의 규율이라고 해야겠지요.

그런데 이러한 제약이 선별적이거나 차별적으로 적용되어서는 안 될 것입니다. 그것이 바로 평등입니다. 자유 민주주의에서 말하는 평등이란 기회 균등을 의미한다는 것, 설마 모르는 사람은 없을 겁니다.

문제는 자유와 평등은 상호 대립적인 면이 있어서, 평등만을 강조하다 보면 자유가 위축되기 마련이고, 자유를 지나치게 강조하다 보면 평등이 손상될 수 있다는 데 있습니다. 따라서 우리는 <u>자유와 평등을 누리기에 앞서 그 전제 조건으로 책임이 있다</u>는 사실을 알아야 합니다. 최근 우리나라가 겪고 있는 국가적·사회적 혼란이나 무규범(無規範) 상태는 국민 개개인이 자기의 책임을 다하지 못하는 데서 나오는 것이라고 해야겠지요(무규범 상태(anomie): "사회적 규범의 동요, 이완, 붕괴 등에 의하여 일어나는 혼돈 상태 또는 구성원의 욕구나 행위의 무규제 상태를 의미한다. 신의나 법의 무시를 뜻하는 그리스어의 '아노미아(anomia)'에서 유래되었다." 『윤리와 사상』 p.239.).

◇ 다원성과 국론 통합 ◇

민주적 도덕 공동체의 실현 조건으로 '자유와 평등, 책임'을 들었습니다. 두 번째로, 다원성과 국론 통합입니다. 다원성과 국론 통합은 다양한 삶의 방식이 존재하고 다양한 주장이 있게 마련인 자유민주주의 사회에서 절대적으로 필요한 요소라고 할 수 있습니다. 왜 그럴까요? '다원성(多元性)'은 자유 경쟁을 활성화시키는 한 가지 요인으로, 사회의 지속적인 성장과 발전을 추진하는 데 크게 기여하기 때문입니다. 물론 다원성 그 자체가 사회의 성장·발전으로 직접 연결되는 것은 아니지만요. 오히려 그 이질성으로 인해 대립과 갈등을 유발시키는 원인이 될 수도 있을 겁니다. 따라서 다원성

롤스

이 사회나 국가 발전에 기여할 수 있기 위해서는 조화롭게 통합되지 않으면 안 됩니다. 그렇다면 그 통합 방안은 무엇일까요? 타인과의 이해관계는 고정된 법조문이나 전통적 규범만으로는 조정하기가 어렵겠지요. 자유 경쟁은 개인의 자기 규제에 의해서 자율적으로 조절되는 것이 가장 바람직합니다. 이런 의미에서 보면, 자유 민주주의의 발전에 필요한 성숙된 시민 의식이란 곧 개인의 성숙된 자기 규제 능력을 의미하는 것입니다. 결국 국론의 통합은 개인 또는 집단 수준에서 상대방을 인정하는 태도와 대화 및 타협을 통해서 합의점에 도달하려는 태도를 기반으로 할 때에 비로소 가능합니다.

◇ 정의와 복지 ◇

민주적 도덕 공동체는 생존에 필요한 물질적 측면뿐만 아니라, 정신적 · 사회적 · 문화적 측면의 복지가 조화롭게 갖추어진 사회를 말합니다. 그래서 세 번째는, 정의와 복지입니다. 행복의 조건이 무엇일까요? 돈(물질)만 있으면 행복할까요. 아니지요. 인간 생활의 풍요와 만족은 물질적인 측면과 정신적인 측면이 고루 갖추어져 있을 때에 가능합니다. 이 둘은 따로 떼어 놓고 생각할 수 없습니다.

즉 "자연으로부터 무엇을 얻어 내고, 그것을 어떻게 생산하여 공급하는 것이 효과적이냐?"의 문제는 과학적 지식과 기술이 해결해 주지만, "생산하여 공급된 것을 어떻게 분배하고 소비해야 하느냐?"의 문제는 사회 윤리와 사회 정의의 원칙에 따라서 해결되어야 합니다.

여기서 다시, 공정한 배분과 관련된 주요한 쟁점으로는 ① "무엇을 배분할 것인가?"의 문제, ② "어떠한 기준에 따라 배분할 것인가?"의 문제로 나누어 고찰해 볼 수 있습니다. ① 분배의 대상과 관련하여 아리스토텔레스는 명예와 금전 등을, 마르크스는 물질적 부

(富)를, 미국의 현대 철학자인 **롤스(Rawls, J., 1921~2002)는 사회적 기본 가치**(primary social goods)를 강조합니다.

특히, 롤스의 주장은 주목해야 합니다. 그는 ① 사회적 기본 가치를 인간이 자신의 생(生)에 대한 의도와 목표를 보다 성공적으로 성취하는 데 필요하다고 생각되는 대상들로 간주합니다. 그래서 권리와 자유, 기회와 권한, 소득과 부 및 자존감 등을 분배의 대상에 포함시키고 있지요.

바로 위에서 말한 ② 이러한 대상들을 어떠한 기준에 의해 분배할 때 공정한 결과를 가져올 수 있는가에 대한 논의가 바로 '정의론'의 핵심적 문제입니다. 롤스는 『정의론』이라는 책에서 분배의 기준에 대해서 무려 500쪽 분량으로 설명합니다. 롤스는 그 기준으로 **평등한 자유, 차등, 공정한 기회 균등의 원칙** 등을 제시합니다.

어렵지요? 위와 같은 내용을 교과서의 설명을 중심으로 다시 설명해 보도록(?) 하지요. 교과서의 설명 자체가 어려우니, 설명을 다른 말로 하고 싶은데, 전혀 생소한 말로 하면 교과서의 지문이 출제되었을 때 여러분이 당황스러울 것 같습니다.

롤스가 주장하는 정의의 원리는 **원초적 입장**에서 선택되는 **'정의의 두 원칙'**으로 이루어져 있습니다. '원초적 입장'에서 선택되는 무슨 원칙이 있는 모양인데, 우선 '원초적 입장'이라는 말 자체가 어렵지요? 교과서 설명에 의하면, '원초적 입장'이란, "자신의 개인적 특성이나 사회에서의 위치를 모르며 서로에게 무관심한 합리적 당사자들이, 모든 사람에게 적용되기를 바라는 분배 원칙을 선택하는 가상적 상황"입니다. 다시 말해, 만약 자신이 불리한 위치(조건)에 있는지 또는 유리한 위치에 있는지를 알거나, 상대방에 대해 특별한 관심이 있다면 분배 원칙을 자신에게(혹은 관심 있는 타인에게) 유리하게 만들려고 할 테니 합리적인 원칙이 안 나오겠지요. 롤스는 합리적인 개개인이 인간사회에 대한 지식은 가지고 있지만, 자기 자신이 어떠한 위치(배경 등)에 놓이게 되는지 모르는 상태를 '무지의 베일'에 가려 있는 상태라고 표현합니다.

이런 상태에서 사람들은 과연 어떤 선택을 하게 될까요? 사람들은 자신의 입장을 정확히 모르기 때문에(=무지의 베일) 혹여 자신이 최악의 상황에 처할 수도 있다는 생각으로 행동하지 않을까요? 이런 상황이라면 당사자들은 자신이 가장 불우한 계층이 될 가능성을 염두에 둘 것입니다.

이때 사람들은 불평등한 분배가 모든 사람, 아니면 적어도 어떤 사회 체제 안에서 가장 불리한 여건에 있는 사람(=사회의 **최소 수혜자들**)에게 이득이 되는 경우에만 경제적 자원을 불평등하게 분배하는 방식을 택할 것입니다.

정리하자면, 원초적 입장에서 당사자들이 선택할 두 가지 원칙은 다음과 같습니다.

· 첫째, **평등한 자유의 원칙**으로, 각 개인은 기본적 자유에 있어 평등한 권리를 가져야 한다는 것입니다.

· 둘째, **차등의 원칙과 기회 균등의 원칙**으로, 사회적, 경제적 불평등은 다음 두 조건을 만족시켜야 합니다. 하나는, 가장 불리한 여건에 있는 사람, 즉 최소 수혜자에게 최대의 이득이 되어야 한다는 것이고, 또 하나는, 그 같은 불평등은 기회 균등의 원칙하에 모든 사람에게 개방된 직책이나 지위와 결부된 것이어야 한다는 것입니다. 그런데 뒤에 말이 어렵지요? 한마디로, 모든 사람에게 기회가 동등하게 주어져야 한다는 말이지요. 그러고 보니, 『도덕』 교과에서도 롤스의 정의론을 배웠군요. 한번

상기해 볼까요.

> "정의로운 사회란 첫째, 각 사람이 다른 사람의 자유와 양립할 수 있는 평등한 기본적 자유를 최대한 누리는 사회다. 둘째, 사회적·경제적 불평등은 최소 수혜자에게 최대의 이익을 보장하되 후세를 위한 절약의 원칙에 위배되지 않도록 조정되고, 또 불평등의 계기가 되는 지위는 공정한 기회 균등의 원칙에 따라 모든 사람에게 개방하는 사회다."(『도덕』 p.90.)

이렇게 롤스의 정의론은 정치적 자유와 사회·경제적 평등을 원칙으로 합니다. 그런데 궁금한 것은, 이 원칙들이 서로 충돌을 일으킨다면 어떻게 해야 할까요? 원칙들이 충돌할 경우 자유의 원칙이 우선합니다. 또한 차등의 원칙과 기회 균등의 원칙이 충돌할 때에는 후자가 우선한다는 사실도 알아 둡시다.

교과서에 롤스의 정의론과 관련된 중요한 탐구과제가 있어 소개합니다.

* 다음 글을 읽고 자신의 견해를 정리한 다음, 토론을 통하여 논의해 보자.

롤스는 사회적으로 가장 열악한 상태에 있는 최소 수혜자 집단(물질적으로 가장 가난한 계층)은 사회적 의사 결정 과정에서 거부권을 행사해야 한다고 주장한다. 이러한 롤스의 견해는 다수결 원리에 정면으로 위배되는데, 이러한 생각은 어떻게 정당화될 수 있는가?

『윤리와 사상』 p.242.

☞ 위에서 말했던 차등의 원리가 어떤 의미였지요? 가장 불리한 여건에 있는 사람, 즉 최소 수혜자에게 최대의 이득이 되어야 한다는 것이었지요. 그런데 사회적으로 가장 소외된 계층이 사회적 의사 결정에 있어서 그것이 만약 자신들에게 이익이 되지 않거나 혹은 이익을 제거하는 경우 어떻게 해야 할까요? 그들은 그 의사 결정에 대항할 수 있다는 것입니다. 사실 다수라고 항상 옳은 것도 아니고 소수라고 항상 틀린 것도 아니지요. 다수결로 표출이 되는 '다수의 횡포'를 허용하지 말아야 합니다. 그래서 민주주의적 의사결정에서는 결론보다도 거기에 도달하는 과정의 공정성이 중요합니다. 이러한 공정성 확보를 위해 토론과 공청회 등과 같은 논의과정을 통해 자발적 합의를 도출하는 것이 반드시 필요합니다. 그렇지만 실제로는 합의를 도출하는 과정이 생략되고 다수의 의견이 강요될 수 있기 때문에 불리한 위치에 있는 사람들을 보호하는 장치도 필요해집니다. 그 가운데 하나가 바로 최소 수혜자의 거부권 행사라는 것입니다.
이것은 그들에게 거부권을 부여함으로써 그들의 고통을 우선 배려해야 그 사회에서 진행되

3) 민주적 도덕 공동체의 실현 과정

> 훌륭한 가장, 정직한 상인, 모범적인 지주, 독실한 그리스도교인들이 존재한다 할지라도 공공성을 내용으로 하는 시민 정신에 투철한 시민이 없다면, 위대한 민주 사회는 존재할 수 없다.
>
> — 토크빌(Tocqueville, A.)

위에서 민주적 도덕 공동체의 실현 조건을 보았습니다. 이제 그 실현 과정을 볼까요. 실현 과정에서는 자유와 질서의 조화, 공공성의 확립과 공정성의 실현이 중요합니다.

◇ 시민 공동체의 형성 ◇

우리 사회에서 '공동체' 하면 혈연이나 지연 공동체가 먼저 떠오르지만, 이러한 공동체는 본질적으로 '나'의 외연적 확대에 지나지 않는 것이었지요. 즉 '얼마나 나와 가깝고 먼가'가 본질적인 문제였습니다. 다시 말해, 이러한 공동체는 '평등하고 자율적인 개인 삶의 유기적 결합체라고 할 수 있는 (서구의) 시민 공동체'와는 거리가 먼 것이었습니다. 보통 '서구=개인주의(자유주의)', '우리=공동체주의'라고 생각하지만, 서구에서도 개인주의를 견제하는 시민적 공동체가 있음을 알아야 합니다.

예컨대, 도덕·윤리의 이념을 이성적 개인이 지닌 자유로운 의지의 문제로 본 칸트(Kant, I.)는 차치하더라도, 이러한 윤리·도덕을 사회적 관계에서 해명하려 했던 헤겔(Hegel, G. W. F.)이 있고, 나아가 생산수단의 사유화를 극복함으로써 공산주의적 도덕을 실현할 수 있다고 본 마르크스(Marx, K.)도 있습니다.

우리는 예로부터 개인의 도덕·윤리와 공동체의 도덕·윤리를 동일시해 옴에 따라, 개인의 수신(修身)마저도 가정과 국가를 보다 나은 상태로 만들기 위한 수단으로 간주해 왔습니다. 이런 생각이 서양의 윤리 체계와 접촉하면서부터 많은 문제를 드러내기 시작합니다.

◇ 자유와 질서의 조화 ◇

개인의 자유는 책임의 기초이자, 도덕·윤리의 기초가 됩니다. 즉 자유는 자신이 원하는 대로 쓸 수 있는 것이 아니라, 인내와 절제 아래 있어야 한다는 뜻이죠. 또한, 자유는 '질서 안에서의 자유'입니다. 질서가 있어야 자유를 누릴 수 있다는 말입니다. 만약 질서가 무너진다면, 강자들만의 세상이 될 겁니다. 한마디로, 자유와 질서는 분리되는 것이 아니며, 어느 정도 자유의 제한은 진정한 자유를 달성하기 위한 방법이라고 해야겠지요.

사회질서

사회질서란, 사회 집단에서 사회 과정이 일정한 조화와 균형을 이루고 있는 상태를 일컫는다. 사회질서를 이루기 위해서는 사회 성원들 사이에 질서를 요구하는 자발적 의지가 필요하다. 이같이 사회 성원들 사이에서 자발적·자연적으로 생기는 질서를 자연적 질서라고 한다.
그러나 사회질서가 자발성·자연성만으로, 즉 관습적으로 성립하는 일은 드물기 때문에, 일반적으로는 어떤 강제가 작용하고 있다. 이런 의미에서 사회질서는 자발성·자연성과 강제와의 사이에 성립하고 있다.
사회질서를 유지할 수 있는 것으로 도덕·종교·법률 등을 들 수 있는데, 이것들은 개인에 의하여 선택되는 것이 아니고 강제적인 힘을 가지고 개인을 구속하는 객관적인 사물이다.
따라서 사회질서는 외부적 강제력이 사회 내부로 확산·심화되면서 그 정당성을 획득할 때 성립된다.

『윤리와 사상』 p.244.

◇ 공공성의 확립과 공정성의 실현 ◇

먼저, '공공성(公共性)'은 시민들이 스스로의 권익을 지키기 위해 반드시 갖추어야 할 덕목입니다. 이는 민주주의의 제도적 장치들이 제대로 기능하기 위해서 필요한 것이지요. 만일 공공 문제에 무관심한 시민들이 대다수인 정치 공동체가 있다면, 어떻게 될까요? 그 공동체는 소수의 정치 엘리트에 의해 독단적으로 운영되기 십상일 것입니다. 그래서 정치 공동체는 개인적 윤리 의식과 더불어 사회적 책임 의식을 요구합니다.

다음으로, '공정성(公正性)'은 자유와 평등에서 요구하는 것을 함께 충족시킬 수 있는 내용을 지니고 있기에 중요합니다. 다시 말해, 자유주의 이념이 방치할 수밖에 없는 불평등이나, 평등주의 이념이 허용할 수밖에 없는 억압적 구속의 문제를 동시에 해결할 수 있다는 것이죠. 그래서 **차별 속의 평등**'을 가능하게 해 줍니다. 차별 속의 평등이라는 말이 어려운데, (롤스가 말하는) '차등의 원리'를 말하는 것입니다. **롤스(Rawls, J.)**는 "사회·경제적으로 유리한 위치에 있는 사람은 그 유리한 조건을 불리한 위치에 있는 사람의 조건을 개선하는 데 기여할 수 있는 한에서 자신의 유리한 위치를 정당화할 수 있다."고 주장하였는데, 공정성의 원리로서 매우 유익하다고 할 수 있습니다. 유리한 위치에 있는 사람이 불리한 위치에 있는 사람의 조건을 개선해야 한다고 주장함으로써, 차별이 존재할 수밖에 없는 사회에서 평등을 말하고 있기 때문이죠.

4. 한국의 진로와 민족적 과제

1) 국가 정체성의 확립

◇ 국가 정체성의 의미 ◇

국가 정체성(國家正體性)을 확립하려면, 먼저 국가 정체성이 무엇인지를 알아야겠지요. 국가 정체성이란 "한 개인이 국가라는 집단에 속해 있다는 느낌 내지는, 자신을 국가의 구성원으로 생각하는 신념"이라고 할 수 있습니다. 만약, 국가 정체성의 의미를 개인 정체성이 더욱 확대된 국가 소속 의식이라고 정의 내린다면, 이는 집단과 개인 간에 감정적 유대가 결속된 심리 상태라고 볼 수 있습니다. 이때 한 개인의 과거, 현재, 미래는 민족의 역사의식과 연결될 수 있겠지요.

이렇게 보면, 국가 정체성은 국가의 체제를 존속시키기 위해 없어서는 안 될 필수 요소라고 할 수 있으며, 한 국가가 존속하기 위해서는 국가의 체제적 성격과 관계없이 국민들이 국가 정체성을 확립해 나가야 합니다. 국가 정체성의 확립은 국가에 대한 헌신과 개인적 희생정신을 고취시킵니다. 하지만 자칫하면 다른 나라 사람에 대하여 배타적인 태도를 지니게 하는 부정적인 면도 있을 수 있습니다.

같은 국적을 지니면, 그 국가의 국민이 될 수 있겠지만, 그들 모두가 동일하게 국가를 사랑하며 믿고, 또 일체감을 느끼는 국민이 될 수는 없습니다. 따라서 한 개인, 국민으로서의 요건이나 자질을 결정하는 것은, 단순히 법적이거나 외적인 조건이라기보다는 오히려 개인의 심리적이고 내적인 조건이라고 할 수 있습니다. 당연히 국가 정체성은 후자의 조건에 의해 형성되는 것이 바람직하겠죠. 정리하자면, 국가 정체성은 한 개인이 지니는 국가 구성원으로서의 자신에 대한 신념과 그 정도라고 정의될 수 있습니다.

◇ 국가 정체성의 형성 ◇

그런데 국가 정체성은 저절로 형성되는 것이 아니랍니다. 국가 구성원들의 국가 정체성이 확립되기 위해서는 그들의 계속적인 노력과 일련의 과정이 필요합니다.

아동기에는 국가에 대한 감정적 지각이 시작되며, **청소년기**에는 더 많은 지적 내용이 보충되어서 정치적 자아가 형성되며, **성인기**에는 국가의 기능, 국민의 권리와 의무 등과 관련된 추상적 개념을 파악하여 이를 실제 생활에 적용하게 됩니다.

오랜 단일 민족 국가로서의 역사를 지닌 우리나라 국민들의 국가 정체성은 비교적 잘 확립되어 있다고 할 수 있지만, 광복 이래 신생 민주 국가로서의 국가 건설이 안고 있는 여러 문제점들은 이를 저해하는 요인으로 작용하기도 하였습니다.

이를테면, 남북 분단과 대치, 민주적 정치 발전의 한계, 소득 분배의 불균형, 특히 선진국과의 비교에 의한 상대적 결핍감 등등.

교과서에는 자신과 국가와의 관계에 대해 생각해 보게끔 하는 두 가지 사례가 제시되어 있네요. 한번 볼까요.

□ 2002 FIFA 한국－일본 월드컵 경기가 시작되면서 나는 고등학생인 딸 아이의 변화에 온통 신경을 집중하고 있다. 유명 댄스 그룹의 사진들로 도 배되어 있었던 방 안의 풍경이 서서히 국가 대표 선수들의 사진으로 바뀌기

시작하였고, 대표 선수들의 등 번호가 적힌 붉은 티셔츠가 하나둘씩 걸리기 시작하였다. 8강전에 진출하던 날에 발표된 기말고사 일정에는 아랑곳하지 않고, 딸아이는 친구들과 거리의 응원 장소로 나갔다. 큰 소리로 야단치며 기말고사 준비를 하라고 타일렀지만, 어느 새 빠져나가 길거리 응원단에 동참하는 딸아이의 모습을 나는 속이 상한 채 그저 지켜볼 수밖에 없었다. 그러나 월드컵이 끝나고 기말고사를 치르기 위해 학교에 간 딸아이의 방 안을 들여다본 나는 놀라움을 넘어 감동을 느끼게 되었다. 딸아이 방의 벽면에는 대형 태극기와 응원에서 사용되었던 '꿈은 이루어진다.', '대한민국', '아시아의 자존심'이라는 구호가 커다랗게 걸려 있었기 때문이다. 그 글귀들은 내가 살아가는 공동체보다 나의 이익이 더욱 중요하다는 나의 짧은 생각을 단호하게 꾸짖고 있었다. 기성세대들이 도외시해 왔던 조국에 대한 사랑을 확인하고 있는 젊은 세대에게 우리 미래의 희망을 보았다는 것은 나 혼자만의 생각일까?

2002 FIFA 한국-일본 월드컵

□ "하루라도 좋으니 군번을 목에 걸고 비무장 지대에서 철책 근무 경험을 하고 싶다."고 신청한 중증 뇌성 마비 장애인이 있어 화제가 되고 있다. 부산에 살고 있는 ○○○ 씨는 국방부 인터넷 홈페이지를 통해 국방 장관과 병무청장 앞으로 입영 희망 민원을 제출하였다. ○○○ 씨의 이 같은 소망은 병역 기피 문제로 '병역 의무'가 우리 사회의 화두로 등장하고 있는 요즘에 여러 의미를 던져 주고 있다. 부인과 아들을 둔 가장인 그는 "마음과 정신이 올바르면 어떤 난관도 극복할 수 있다."며 군 입대 의지를 거듭 다졌다. 그리고 인터뷰에서 "휠체어를 타고 비무장 지대의 철책 근무를 서는 나를 보고 어떤 사람들은 손가락질하고 비웃겠지만, 그런 내 모습이 이 땅의 많은 젊은이들에게 나라를 지키는 자랑스러운 의무에 대해 깊게 생각하는 계기가 되었으면 합니다."라고 말하였다.

위의 두 사례를 보면, 국가 정체성은 첫째, <u>국가 공동체 속에서 나</u>

자신이 어떤 위치에 있는가에 대한 개인의 자기 성찰에서 비롯된 것으로서, 둘째, 국가와 민족을 위한 구체적인 헌신 행위로 연결되고 있음을 인식하고 있는 마음 상태입니다. 그리고 셋째, 국가 정체성은 개인의 심리적이고 내면적인 마음 상태이기 때문에, 국가에 대한 헌신의 정도나 방법은 다양할 수 있다는 것을 알 수 있습니다. 그러나 개개인들은 우리 국민이 허용하는 한도 내에서 자신의 선택 범위를 설정해야 하겠지요.

---

* **정치적 자아:** 정치 체제의 유지·발전을 위해 규범과 가치를 내면화함으로써 나타나는 자아로, 정치 생활에 필요한 지식·기능·태도를 가진다.
* **상대적 결핍감:** 생활의 기본적 필수품을 획득할 수 없어 최저의 생활수준도 유지하지 못하는 절대적 빈곤의 상태가 아니라, 타인들과 비교를 통해 갖게 되는 심리적 결핍이다.

비무장 지대(DMZ)

1953년 7월 27일 휴전 협정에 따라 설정된 군사 분계선(휴전선)으로부터 남북 각각 2km의 지대가 비무장 지대이다. 비무장 지대의 사전적 의미는 '국제법상 국가가 군사 병력의 주둔과 군사 시설의 유지를 아니 할 의무를 지는 그 국가의 특정 지역'을 말한다. 남방 한계선과 북방 한계선 사이에 위치하며, 남북한 간의 적대 행위 및 전쟁 재발 방지를 위해 설치된 완충 지대로서 한반도 전체 넓이의 약 0.5%에 해당된다.

『윤리와 사상』 p.248.

비무장지대

---

2) 미래 한국의 진로와 역할

인간성이 인정할 만한 미래를 갖기 위해서는 과거나 현재의 연장에 의거해서 안 된다. 만약 우리가 그러한 기초 위에서 21세기를 건설하려고 한다면, 우리는 반드시 실패한다. 이러한 실패의 대가는 암흑이다.

— 홉스봄(Hobsbawm, E.)

◇ 미래 한국을 위한 준비 ◇

미래 한국의 발전을 위해서는 <u>첫째, 시민들이 여러 사회 문제에 대해 민주적으로 참여하는 문화를 정립해 나가야</u> 합니다. 그 방법의 하나는 '정치 참여' 또는 '정치 행동'입니다. 즉 선거를 통해서 자신들이 원하는 대표를 선출하거나, 스스로 의회에 진출하는 등 소위 제도권 내에서 민주적 절차에 따라 행동하는 것이지요.

다른 하나는 '직접 행동' 또는 '집단 운동'입니다. 즉 정치 참여나 정치 행동을 통하여 자신들의 권리를 제대로 보장받지 못할 때, 정치 제도권 밖에서 동료 대중을 동원하거나 단합된 힘을 과시하여 정부와 직접 교섭하거나 대결하는 전략이지요.

<u>둘째, 시민운동에 있어서도 민주 시민 문화가 정착되어야</u> 합니다. 과거 국가 기구들은 사회에 대해 간섭적이고 민간에 대해 권위주의적으로 군림해 온 측면이 적지 않았지만, 이제 정부는 민주적인 시민 문화의 터전이 마련될 수 있도록 각종 시민 집단의 자율 능력을 배양해 주어야 할 것입니다.

◇ 미래 한국의 진로와 역할에 대한 이론적 틀 ◇

한반도의 미래와 세계의 변화를 설명해 줄 이론적 틀이라는 게 과연 있을까요?

'세계화'가 바로 그러한 답변 중의 하나가 될 수 있습니다. 그런데 세계화는 구체적으로 무엇을 의미하는 것일까요? 이 물음에 대한 대답은 세계화가 가져다줄 결과에 대한 상이한 평가 문제와 직결됩니다. '세계화의 본질=민족 국가의 종말'이라는 견해가 많이 나오고 있지요. 정말 이제 민족국가는 수명을 다하고 있을까요. 일반적 경향은 세계화와 더불어 민족 국가의 규범적 틀이 해체된다는 것입니다. 그렇다면 이러한 시대사적인 진단은 우리의 미래 및 통일 문제에 어떤 의미를 주는 것일까요? 만약에 남북한이 이해관계 위에서 성립되는 이익 사회의 관점에서가 아니라, 특수한 공동 사회의 구성 부분으로서 스스로를 인식한다면, 세계화를 새로운 민족 국가적인 자기 정체성을 구성하는 계기로 받아들일 수도 있습니다.

많은 정치학자들은 <u>세계화가 보편적인 세계 사회의 형성에 기여하기보다는 현재의 부국과 빈국의 관계를 더욱 악화시킬 것</u>이라고 비관적으로 전망합니다. 하지만 긍정적 의견도 있는데, 합리적인 세계 사회의 구성이 반드시 기존의 다양한 자기 정체성을 파괴한다고 할 수는 없으며, <u>오히려 다양한 정체성을 새롭게 재구성할 수 있는 기회가 될 수도 있다</u>는 것입니다.

이미 서구 사회에서는 복지 국가와 세계화의 과정에서 나타나는 **‘노동의 종말’**을 극복하기 위한 대안이 활발히 연구되고 있다고 합니다(미국의 세계적인 경제학자이자 문명비평가로 잘 알려져 있는 **제레미 리프킨**(Jeremy Rifkin, 1945~)은 『노동의 종말』이라는 저서에서 미래에는 정교한 통신 기술이 발달하고 지능 기계가 일터에서 인간을 대신하면서 블루 컬러와 화이트 컬러 노동자들이 실업자로 전락하게 되어 노동자 없는 세계가 될 것이라고 주장합니다.). 예컨대, 복지 사회라는 그물망에서 탈락할 수밖에 없는 노동 인구의 4/5를 ‘노동’이 아닌 ‘보수 없는 사회봉사’로 흡수하기 위한 방안을 연구하기도 하고, 노동의 의미를 변화시켜 ‘재미로 하는 일’이라는 신조어(新造語)를 개발하

제레미 리프킨

는 등등이 그것이죠.

이렇게 세계화를 바라보는 부정적 입장과 긍정적 입장이 날카롭게 대립하고 있지만, 여기서 중요한 것은 이러한 평가의 차이가 민족 통일로 나아가는 과정에서 어떠한 역할을 하느냐 하는 것입니다. 북한은 세계화를 부정적으로 보아서, 일체화(一體化)로 이해하고 있지만, "지역성(주체, 특수성)과 지구성(세계화, 보편성)은 서로 배제하는 것이 아니라, 서로 끌어당기고 만나는 것으로 이해해야 한다."라는 주장을 되새길 필요가 있습니다. 이렇듯 문제의 핵심은 주체(특수)와 세계화(보편)의 관계를 어떻게 정립하는가에 있습니다. 결국 '주체적 세계화'를 지향해야 하지 않을까요?

또한, 세계화와 더불어 자주 거론되고 있는 미래 사회의 특징은 '정보화'입니다. 정보화는 문화 사이에 존재하는 차이까지도 극복할 수 있게 하는 혁신을 낳고 있지요. 하지만 정보망을 통해서 더 많은 사람들이 장소에 관계없이 누구와도 정보를 나눌 수 있게 됨으로써 지구라는 우주선 속에 하나의 세계 정부가 들어선다면, 어떻게 될까요? 캐나다의 미디어 이론가이자 문화 비평가인 **맥클루언**(Mcluhan, M., 1911~1980)은, "사회 성원들은 개인적 정체성을 상실하게 되고, 민족주의는 빛을 바라게 되어 민족 국가의 틀을 해체시킬 것"이라는 전망을 내놓고 있습니다. 우리에게는 암울한 얘기지요.

하지만 정보화는 새로운 형태의 연대 개념을 강화시켜 상대방에 대한 이해와 공유 의식을 촉진시켜 주기도 하므로, 개별 국가들 간의 협력을 통한 다양한 채널을 상설화할 필요가 있습니다. 그러나 역시 인터넷이 만들어 내는 가상 공동체가 결코 통일이라는 민족 공동체를 대신할 수 없을 것입니다. 세계화를 이야기하면서도 바로 지척에 둔 북한 동포의 마음을 헤아릴 수 없는 정보 사회에서 살고 있는 우리에게, 다음과 같은 비판은 타당하다고 해야겠지요. "다른 대륙에 사는 같은 또래의 아이와 인터넷을 통해 정보를 교환할 시간은 있어도 바로 옆집에 사는 친구와는 같이 놀 시간이 없다."

권위

제도 · 이념 · 인격 · 지위 등이 그 가치의 우위성을 공인시키는 능력 또는 위력을 말한다. 우리는 삶의 양식이 다양화된 민주주의 사회에서 살아가면서 권위에 대해 부정적 시각을 가질 수가 있다. 그러나 권위는 부정적인 것이 아니라, 사회가 유지되기 위해서 '반드시 존재해야 하는 어떤 것'이다.

홉스(Hobbes, T.)는 권위를 '어떤 사람이 이것을 하고 이것을 하지 말라고 할 때, 지시한다는 사실 이외에 복종에 대한 어떤 이유도 기대하지 않는 경우의 명령권'으로 규정함으로써 권위의 절대성을 주장한다. 그러나 현대 법철학자인 하트(Hart, H. L. A.)는 권위에 대해 "특정한 믿음을 갖거나, 특정한 행동을 하는 경우 권위가 성립한다."고 주장한다.

결국, 권위란 논리적 · 도덕적 근거와 관계없이 그 자체만으로 다른 사람이 문제의 의견을 수용하는 이유로 작용할 수 있기 때문에, 권위에 복종할 합리적 근거를 찾을 수 있는 능력을 기르는 것이 현명하다.

권위주의

외재적인 권위에 대하여 맹목적으로 복종하는 태도 및 그에 따르는 여러 사고방식과 행동양식을 가리킨다.

『윤리와 사상』 p.251.

3) 통일 한국의 실현

> 이상은 우리 자신 내부에 있다.
>
> — 칼라일(Carlyle, T.)

◇ 통일 한국의 전제 조건 ◇

미래에 남북한의 평화적 통일이 가능할 것이라고 믿는다면, 대체로 그 이유는 다음과 같을 것입니다.

첫째, 이데올로기라는 것은 영원불멸한 체계가 아니다.

둘째, 현재 남한과 북한의 체제를 떠받들고 있는 두 가지 상반된 이데올로기는 한민족의 생활 속에서 자생적으로 형성된 것이 아니라 외세의 영향 아래서 남의 것을 빌려 온 것이거나, 소수의 독재자들이 인위적으로 만들어 낸 것에 불과하다.

셋째, 세계 사상의 흐름이 고전적 자본주의와 고전적 사회주의를 부정하고 새로운 길을 지향하는 추세에 있다.

또한, 우리가 추구하는 완전한 통일은 남북한 간의 갈등과 대립·희생을 최소화하는 가운데 실질적인 민족 공동체를 형성하는 것을 목표로 하고 있기에, 확고한 민족의식이 바탕이 되어야 가능합니다. 즉 남북한 주민들 간에 확고한 민족의식을 바탕으로 통일 사회에 대한 정체감이 형성되고, 모두가 받아들일 수 있는 가치관·신념·지식·법률·정치·경제·제도·예술·도덕 등의 총체적인 생활양식을 갖출 때 비로소 가능하다고 할 수 있습니다.

이에 따른 통일의 전제 조건은 다음과 같습니다.

첫째, 남북한 간에 점진적인 교류와 협력을 거치면서 서로 상대방을 이해하고 보완할 수 있는 과정이 마련되어야 한다.

둘째, 기본적으로 상호 간의 다양성을 인정하고 이해하려는 노력이 전제되어야 한다. 상호 간의 승인(상호의존성)이 전제되어야 남과 북은 공통의 세계에 들어갈 수 있다.

셋째, 근원적으로 '이데올로기적인 편향성'을 최대한 배제하고 인도주의적 가치를 중시해야 한다. 상대에 대한 편향적인 주장들을 시정하고 인간 중심적 가치를 기반으로 하는 논리를 전개할 때, 통합 기반이 조성될 수 있다.

넷째, 남북한 상호 간의 동질성을 발견하고, 이를 토대로 화합 및 통합을 이루기 위한 노력이 필요하다.

다섯째, 동질적인 요소들을 기초로 하여 통일 사회가 필요로 하는 가치관과 세계적인 보편적 가치를 중시해야 한다.

◇ 남북한이 함께 추구해야 할 가치들 ◇

남북한이 앞으로 추구해 나가야 할 바람직한 가치에는 다음과 같은 것들이 있습니다.

첫째, **자유와 평등**입니다. 자유는 모든 시민적 · 정치적 권리의 바탕이 되며, 다원주의 사회의 기본적인 조건이라 할 수 있지요. 따라서 자유는 민주 사회의 가장 기초적 덕목이라고 할 수 있습니다. 또한, 평등은 사회의 다양한 측면에서 주어지는 기회의 균등을 의미하지만, 현대 복지 국가에서 평등은 단순히 기회의 균등이라기보다 21세기의 복지 공동체를 이루기 위한 기본 가치가 됩니다.

둘째, **다원성**입니다. 다원성은 사회 문화 현상의 다양화를 기반으로 합니다. 남북한은 사회 각 분야에서 이질화가 심한 상태이며, 따라서 통일은 개체들의 독특한 특성을 인정하는 가운데 전체성 속에서의 유기적인 통합 내지는 조화를 의미하는 것이어야 합니다. 즉 통일을 위한 노력은 '화이부동(和而不同: 조화를 이루되 획일화시키지 않는다.)'의 자세로 나아가야 할 필요가 있습니다.

셋째, **배려(보살핌)와 관용**입니다. 배려의 윤리학을 주장하는 미국 콜롬비아대 교수 나딩스(Noddings, N.)에 의하면, 배려는 곧 관계성을 의미하지요. 우리 전통에 있어서 관계성은 전통 생활의 원리에 내재해 있는 반려(伴侶) 의식과 적선(積善) 의식으로 규정할 수 있습니다.

여기서 반려 의식이란, '반려자'라는 말도 있듯이 "나 이외의 타자가 모두 내 인생에 있어서 동반자라는 의식"이며, 적선 의식은 "남을 위하는 기쁨, 남에게 봉사하는 즐거움, 남을 위한 희생과 봉사가 내세나 현세에서 나와 내 자손에게 복을 가져다준다고 (자아실현의 요체라고) 생각하는 의식"을 뜻합니다. 그래서 관계성은 상부상조를 가능하게 하는 하위 개념인 것이지요.

또한, 관용은 자신과 다른 의견, 관습, 인종, 민족, 종교 등을 가진 사람들에게 공정하고 객관적인 태도를 지니는 것을 말합니다. 즉 편벽으로부터의 자유를 의미합니다. 서로 다른 이념과 가치 체계에서 살아온 남북한 주민들이 실질적인 통합을 이루려면 우선 서로의 차이를 인정할 줄 아는 관용의 자세가 필요하겠지요.

넷째, **정의와 책임**입니다. 도덕적 덕으로서의 정의는 객관적 의미와 주관적 의미를 동시에 지닙니다. 먼저, 객관적 의미에서의 정의는 제도적이고 정치·사회적 의미를 포함하고 있는 것으로, 외적인 공동생활의 장에서 사람들이 서로 협력하고 갈등한다는 점을 고려한 것입니다. 또, 주관적 의미에서의 정의는 함께 살아가는 다른 사람과의 관계에서 취하는 삶의 도덕적 태도이자 시민적 덕목이라 할 수 있겠지요.

그리고 책임은 인간이 주어진 과제, 즉 맡은 일을 다 함으로써 사회에 이바지하는 미덕을 의미하는 것으로, 역시 남북한이 함께 추구해야 할 가치 중의 하나입니다.

다섯째, **생태주의와 비폭력 및 평화**라는 가치를 추구해야 합니다. 자연계가 내재적 혹은 본질적인 가치를 갖고 있다는 철학적 전제에서 출발하는 생태주의는 우리 인간이 지구와 우주의 중심이 아님을 알려 줍니다. 통일 이후에 무분별한 개발에 착수하게 될 경우, 이는 단순히 한반도의 환경 파괴에 그치는 것이 아니라, 전 지구적 환경 파괴를 초래한다는 사실을 명심해야만 할 것입니다. 또한, 분단국가로서의 군사적 대치 상황은 대화와 토론보다는 폭력에 의존하는 문화를 만들어 냈으며, 통일 이후에도 남북한 간에 다양한 갈등이 존재할 것으로 예견되고 있으므로, 비폭력 혹은 평화는 우리가 추구해야 할 중요한 가치라고 할 수 있습니다.

평화

평화는 인간 집단(종족·씨족·국가·국가군) 상호 간에 무력 충돌이 일어나지 않은 상태를 일컫는 용어이다. 아롱(Aron, R.)에 의하면, '정치적 단위 간의 대립적 폭력 형태가 어느 정도 계속적으로 정지되고 있는 상태'이다.

평화의 실현을 위한 구체적 방안으로는 생피에르(Saint-Pierre, A.)가 구상한 국제 연맹 계획이 그 최초이다. 이것은 루소(Rousseau, J. J.)에게 계승되어 칸트(Kant, I.)에 이르러 한 걸음 더 발전하였다.

칸트는, 각국은 자신의 막중한 주권의 일부를 양도함으로써 국제 조직을 만들어 전쟁을 방지해야 한다고 강조하였다. 그리고 그는 인류 본래의 도덕적 소질에서 비롯된 전쟁 폐지의 요망을 근거로 자신이 제창한 평화 연맹이 창설되리라고 확신하였다. 또, 칸트가 '영구 평화'의 조건으로 '공화정체'를 든 것은 그것이 평화적인 서민의 의사를 정치에 반영시킬 수 있는 최상의 제도라고 보았기 때문이다.

『윤리와 사상』 p.259.

I 단원

겔렌(Arnold Gehlen, 1904~1976): 독일의 사회 심리학자 · 철학자로서 "인간은 '생각하는 존재'도 아니고, 또 동물적 자연본능에 좌우되는 존재도 아니며, 자각적으로 문화를 창조하고 있는 존재"라고 보았습니다. 그래서 새로운 철학적 문화인류학을 제창한 인물로 알려져 있습니다. 주요 저서로는 ≪국가와 철학≫(1935), ≪인간-그 본성과 세계에서의 위치≫(1940), ≪인간학의 탐구≫(1961) 등이 있습니다.

유성룡(柳成龍, 1542~1607): 조선 선조 때의 정치가로서 1592년 임진왜란이 일어나자 도체찰사(都體察使)로 군무를 총괄, 이순신 · 권율 등 명장을 등용하였습니다. 주요 저서로 ≪서애집≫, ≪징비록(懲毖錄)≫ 등이 있습니다.

헉슬리(Thomas Henry Huxley, 1825~1895): 영국의 생물학자로 불가지론(agnosticism)이라는 말을 만들어 낸 인물입니다. 저서에 ≪자연계에 있어서의 인간의 위치≫ 등이 있습니다.

러스킨(John Ruskin, 1819~1900): 영국의 비평가 · 사회 사상가로서 화려한 예술비평가의 길과 험난한 사회 사상가의 길을 차례로 걸었던 인물입니다. 후에 간디, 톨스토이, 버나드 쇼 등은 러스킨을 두고 '당대 최고의 사회개혁자'라고 평하기도 했습니다. 주요 저서로 ≪건축의 칠등(七燈)≫(1849), ≪베니스의 돌 The Stones of Venice≫(1851~1853), ≪참깨와 백합≫(1865) 등이 있습니다.

에머슨(Ralph Waldo Emerson, 1803~1882): 미국 시인이자 사상가로서 세속을 싫어하고 구애되지 않은 자연 속에서 사색을 쌓아 '문학적 철인'이라고 추앙받기도 하였습니다. 주요 저서로는 ≪자연론≫(1836, 공저), ≪대표적 위인론≫(1850), ≪영국 국민성론≫(1856) 등이 있습니다.

루쉰(魯迅, 1881~1936): 중국의 소설가로서 ≪광인일기≫, ≪아큐정전(阿Q正傳)≫ 등을 썼습니다. 중국사회와 민중의 현실을 그린 소설을 발표, 중국 근대문학의 출발점을 마련한 인물입니다.

헤세(Hermann Hesse, 1877~1962): 독일(독일계 스위스인)의 시인이자 소설가로서 1946년 ≪유리알 유희≫로 노벨문학상을 수상하였습니다. 주요 작품으로 ≪수레바퀴 밑에서≫(1906), ≪데미안≫(1919), ≪싯다르타≫(1922) 등이 있습니다.

도스토예프스키(Fyodor Mikhailovich Dostoevskii, 1821~1881): 러시아의 소설가로서 톨스토이와 함께 19세기 러시아 문학을 대표하는 세계적인 문호입니다. 주요 작으로 장편 ≪죄와 벌≫(1866년), ≪카라마조프의 형제≫(1879~80년) 등이 있으며, 그의 문학세계는 진보적 사회운동을 하다가 탄압받은 경험이 뿌리가 되었다고 합니다.

Ⅱ 단원

권근(權近, 1352~1409): 고려 말·조선 초의 문신·학자로, 그가 지은 ≪입학도설≫은 한국 최초로 그림을 넣어 학문을 설명한 책으로 후에 이황에게 큰 영향을 주었다고 합니다.

≪채근담(茱根譚)≫: 중국 명말(明末)의 홍자성의 책으로 인생의 처세를 다루고 있습니다. 유교, 도교, 불교의 사상을 융합하여 교훈을 주는 가르침으로 꾸며져 있으며, 채근이란 나무 잎사귀나 뿌리처럼 변변치 않은 음식을 말합니다.

헤밍웨이(Ernest Miller Hemingway, 1899~1961): 잘 알려진 것처럼, ≪노인과 바다≫(1952)로 퓰리처상, 노벨문학상을 수상한 미국의 소설가입니다. 그 외에 ≪무기여 잘 있거라≫, ≪누구를 위하여 종은 울리나≫도 유명합니다. 문명의 세계를 속임수로 보고, 인간의 비극적인 모습을, 간결한 문체로 묘사한 20세기의 대표작가입니다.

글래드스턴(William Ewart Gladstone, 1809∼1898): 영국의 전 총리로서 윈스턴 처칠과 함께 가장 위대한 영국의 수상으로 여겨지고 있습니다. 저서로는 ≪국가와 교회와의 관계≫(1838), ≪호메로스와 그의 시대≫(1858) 등이 있습니다.

Ⅲ 단원

짐멜(Georg Simmel, 1858∼1918): 독일 출신의 사회학자로 사회학의 독특한 연구 분야를 그대로 그려 내고자 했습니다. 독일에서의 사회학을 사회과학으로 확립하는 데 공헌합니다. 과학이 되기 위해서 사회학은 과학적 방법으로 연구되어야만 하는 잘 규정된 연구 주제를 가져야 한다고 짐멜은 제안합니다.

베르그송(Henri‐Louis Bergson, 1859∼1941): 프랑스의 철학자로서 생명의 창조적 진화를 주장하였습니다. 그의 학설은 철학ㆍ문학ㆍ예술 영역에 큰 영향을 주었으며, 주요 저서로는 ≪의식의 직접소여에 관한 시론≫(1889), ≪물질과 기억≫(1896), ≪도덕과 종교의 두 원천≫(1932) 등이 있습니다.

힐티(Carl Hilty, 1833∼1909): 스위스의 사상가ㆍ법률가로서 헤이그 국제사법재판소의 스위스 위원으로 지냈습니다. 그리스도교 신앙을 기반으로 하는 이상주의적 사회개량주의의 입장입니다. 주요 저서로는 ≪행복론≫, ≪잠 못 이루는 밤을 위하여≫ 등이 있습니다.

알랭(Alain, 1868∼1951): 프랑스의 철학자ㆍ평론가로서 행복ㆍ그리스도교ㆍ문학ㆍ미학ㆍ교육ㆍ정치 등에 관한 짧은 에세이를 발표해 유명해졌습니다. 또한 결정론을 경멸하고 '판단의 자유'를 중시했습니다.

톨스토이(Aleksei Konstantinovich Tolstoi, 1817∼1875): 러시아의 시인, 극작가, 소설가로 자연에의 사랑과 고대 러시아에의 연모가 담긴 시정이 넘치는 작품을 저술했습니다. 주요 저서로 ≪돈 후안≫

(1862)이 있습니다.

헨리 W. 비치(Henry Ward Beecher, 1813~1887): 자유주의적인 미국 회중교회 목사였습니다. 탁월하고 호소력 있는 언변과 사회문제에 대한 여론 환기로 유명한 당대의 영향력 있는 개신교 설교가였습니다.

네루(Pandit Jawaharlal Nehru, 1889~1964): 인도의 독립 운동가이자 정치가로서 간디의 영향을 받아 반영(反英)독립투쟁에 사회주의적 요소를 결합시키려 하였습니다. 간디와는 달리 적극적인 파업으로 독립운동을 했으며, 인도 독립 이후 초대 인도 국무총리를 역임하였습니다.

Ⅳ 단원

유안(劉安, BC 179 ?~BC 122): 중국 전한(前漢) 때 학자로 문학애호가였던 그는 사상적으로 노장을 주축으로 여러 파의 사상을 통합하려 했고, 도가사상에 의거한 통일된 이론으로 당시 유교 중심의 이론과 대항하려 했습니다. 주요 저서에는 빈객들과 함께 저술한 ≪회남자(淮南子)≫가 있습니다.

디즈레일리(Benjamin Disraeli, 1804~1881): 영국의 정치가이자 문인으로 재무장관을 지내고 총리가 되어 제국주의적 대외진출을 추진하였고 공중위생과 노동조건의 개선에 힘썼습니다. 빅토리아시대의 번영기를 지도하여 전형적인 2대 정당제에 의한 의회정치를 실현합니다. ≪비비언 그레이≫ 등 정치소설을 남겼습니다.

윌슨(Colin Wilson, 1931~): 영국 레스터(Leicester) 지방의 가난한 노동자 집안에서 태어났으며, 공업학교를 다닌 것 외에는 별다른 교육을 받지 않았으나 여러 직업을 전전하면서 독학을 계속하다가 불과 24세의 나이에 ≪아웃사이더≫를 발표했습니다. 저서로 ≪문학과 상상력≫, ≪시간의 발견≫, ≪우주의 역사≫, ≪어둠 속의 제식≫, ≪현대 살인백과≫ 외 다수가 있습니다.

카(Edward Hallett Carr, 1892~1982): 영국의 역사학자로, 주요

저서 ≪새로운 사회 The New Society≫(1951)에서 소비에트형과는 다른, 자유와 평등을 기조로 하는 사회주의의 실현을 시사하는 한편, 아시아의 민주주의 운동을 유럽인들도 이해하여야 한다고 역설하였습니다. 이 밖에도 ≪역사란 무엇인가?≫(1961) 등 많은 저작이 있습니다.

김구(金九, 1876~1949): 대한민국의 독립운동가·통일운동가·교육자·정치인입니다. 상하이[上海]로 망명, 대한민국 임시정부 조직에 참여하고 1944년 대한민국 임시정부 주석에 선임되었습니다. 주요 저서로는 ≪백범일지(白凡逸志)≫가 있습니다.

스탕달(Stendhal, 1783~1842): 프랑스의 소설가로 발자크와 함께 19세기 프랑스 소설 2대 거장으로 평가받습니다. ≪라신과 셰익스피어≫로 낭만주의 운동의 대변자가 되었습니다. 대표작으로는 장편 ≪적과 흑≫(1830), ≪파르므의 수도원≫ 등이 있습니다.

볼테르(Voltaire, 1694~1778): 널리 알려진 프랑스의 계몽주의 작가이자 계몽사상가입니다. 비극작품으로 17세기 고전주의의 계승자로 인정되고, 오늘날 ≪자디그≫, ≪캉디드≫ 등의 철학소설, 역사 작품이 높이 평가받고 있습니다.

토크빌(Alexis de Tocqueville, 1805~1859): 프랑스의 정치학자이자 역사가이며 정치가입니다. 전통적인 자유주의 정치전통을 대표하는 인물로 프랑스의 정치에 적극적으로 참여하였습니다. 나폴레옹 3세의 1851년 쿠데타 이후에 정치에서 은퇴하여 ≪구체제와 프랑스 혁명≫을 저술하였으며, 이후 미국을 여행한 후에는 ≪미국의 민주주의≫를 저술하였습니다.

안중근(安重根, 1879~1910): 한말의 독립운동가로 삼흥학교(三興學校)를 세우는 등 인재양성에 힘썼으며, 만주 하얼빈에서 침략의 원흉 이토 히로부미[伊藤博文]를 사살하고 사형되었습니다. 옥중에서 미완으로 끝난 저서 ≪동양평화론(東洋平和論)≫을 남겼습니다.

홉스봄(Eric Hobsbawm, 1917~): 영국의 마르크스주의 역사가로서 영국 공산당 당원이자, 공산당 역사가 그룹의 회원입니다. 일찍부터 마르크스주의에 관심을 가졌으며 자본주의 형성과정과 그에 따른 인간의 다양한 삶에 근거한 근대자본주의 사회의 역사 연구로 명성을 얻었습니다. 저서에 ≪혁명의 시대≫, ≪자본의 시대≫ 등이 있습니다.

칼라일(Thomas Carlyle, 1795~1881): 영국의 평론가·역사가로서 이상주의적인 사회 개혁을 제창하여 19세기 사상계에 큰 영향을 끼쳤습니다. 저서로는 ≪의상철학≫, ≪프랑스 혁명사≫, ≪영웅 숭배론≫, ≪과거와 현재≫ 등이 있습니다.

| 이미지 출처 |

| 단원

인간이란 무엇인가: http://blog.naver.com/lalaky?Redirect = Log&logNo =
150004436059
피히테: http://cafe.daum.net/joucheol/587L/823?docid =
veRc|587L|823|20061207142444
맹자: http://maximlee.cafe24.com/spboardpro/board.cgi?id =
classicsamples&action = view&gul = 3&page = 1&go_cnt = 0
라이프니츠: http://cafe.naver.com/gifted1031/1431
주자: http://kr.ks.yahoo.com/service/ques_reply/ques_view.html?dnum = S&qnum
= 5673694
고 이수현: http://cafe.naver.com/308community/497
안창호: http://blog.daum.net/glinhaus/15013576
하이데거: http://cafe.naver.com/kjijon/5114
난타: http://blog.naver.com/exsalt?Redirect = Log&logNo = 10016994047
논어: http://cafe.naver.com/cr07/224
토마스 모어: http://blog.naver.com/sonanne?Redirect = Log&logNo = 150005471439
베버: http://blog.naver.com/hosan62?Redirect = Log&logNo = 10003665057
드 트라시: http://blog.naver.com/braveattack?Redirect = Log&logNo = 10046809356
버크: http://news.naver.com/main/read.nhn?mode = LSD&mid = sec&sid1 = 101&oid
= 011&aid = 0000165733
카뮈: http://blog.naver.com/jin0803n?Redirect = Log&logNo = 110079309085
『1984』: http://blog.daum.net/kobysh/14994782
바쿠닌: http://blog.naver.com/soulunion?Redirect = Log&logNo =
10079293847

Ⅱ 단원

공자, 맹자, 한비자, 묵자: http://maximlee.cafe24.com/spboardpro/board.cgi?id =
 classicsamples&action = view&gul = 3&page = 1&go_cnt = 0
순자: http://cybergosa.net/ahgo4.htm
석가모니: http://blog.empas.com/happyman203/31319032
노자: http://k.daum.net/qna/view.html?qid = 3WJkI
상선약수: http://mbnpd.co.kr/ik_ct/bbs/board.php?bo_table = gdb1&wr_id =
 11&page =
장자: http://blog.empas.com/huangdi/list.html?c = 1507667&p = 2
주자: http://kr.ks.yahoo.com/service/ques_reply/ques_view.html?dnum =
 S&qnum = 5673694
왕수인: http://blog.empas.com/jinguja/11116366
혜능: http://www.chbuddha.com/darma/board/board2/view.asp?num = 47&block =
 &gotopage = 1
죽림칠현: http://blog.chosun.com/blog.log.view.screen?userId = njkorean&logId
 = 1974242
단군: http://club.cyworld.com/club/main/club_main.asp?club_id = 52834287
최치원: http://kr.blog.yahoo.com/pyj4334/243.html?p = 2
진감선사비문: http://www.hwagae.re.kr/board6.html?func_name = view&idx =
 317&pageno = 1
이황: http://imagebingo.naver.com/album/image_view.htm?uid =
 sizuka5000&bno = 28070&nid = 9485
이이: http://blog.naver.com/yskim004?Redirect = Log&logNo = 130016667270
정약용: http://photo.empas.com/gonia80/gonia80_13/photo_view2.html?psn = 246
원효: http://photo.empas.com/day4988/day4988_41/photo_view2.html?psn = 1925
의천, 지눌: http://korearoot.net/sasang/ethics/eth3.htm
최제우: http://cafe.naver.com/agokoi.cafe?iframe_url =
 /ArticleRead.nhn%3Farticleid = 208
프로타고라스: http://albablog.kr/52
소크라테스: http://kdaq.empas.com/qna/view.html?n = 3414493
플라톤: http://maximlee.cafe24.com/spboardpro/board.cgi?id =
 bigmanmaxim&action = view&gul = 32&page = 1&go_cnt = 0
아리스토텔레스: http://nucl − a.inha.ac.kr/physics/sphys/main/sec − 1 −
 2.html

아테네학당: http://blog.naver.com/yj651215?Redirect＝Log&logNo＝140052312829
아우렐리우스: http://www.seelotus.com/gojeon/bi－munhak/cheol－h
　　　　ak－book/myeong－sang－lok.htm
에피쿠로스: http://photo.empas.com/gomakie/gomakie_36/photo_view2.html?psn
　　　　＝507
예수: http://imagebingo.naver.com/album/image_view.htm?uid＝tours&bno＝
　　　　464&nid＝53
아우구스티누스: http://cafe.naver.com/dolover.cafe?iframe_url＝
　　　　/ArticleRead.nhn%3Farticleid＝1857
아퀴나스: http://club.cyworld.com/club/main/club_main.asp?club_id＝52566235
베이컨: http://kdaq.empas.com/qna/view.html?n＝6378431
홉스: http://kdaq.empas.com/qna/view.html?n＝7994530
흄, 스피노자, 키르케고르: http://blog.aladdin.co.kr/jun4098/category/
　　　　504258?CommunityType＝MyPaper&page＝3
데카르트: http://club.cyworld.com/club/main/club_main.asp?club_id＝52677014
칸트: http://joonyale.springnote.com/pages/1099130
헤겔: http://litdoc.oranc.co.kr/lithis/hegel.htm
벤담: http://limecoke.egloos.com/702585
밀: http://k.daum.net/qna/view.html?qid＝0C0Dr
쇼펜하우어: http://club.cyworld.com/club/main/club_main.asp?club_id＝52022010
사르트르: http://blog.empas.com/jinguja/11000121
듀이: http://blog.naver.com/ejparkchoi?Redirect＝Log&logNo＝90030405126
슈바이처: http://photo.empas.com/supermen1/supermen1_98/
　　　　photo_view2.html?psn＝2541
한스 큉: http://www.kmctimes.com/news/articleView.html?idxno＝23434
벽오청서도: http://blog.empas.com/eunnara74/list.html?c＝311694&p＝10
히로시마 원폭 투하: http://kdaq.empas.com/qna/view.html?n＝6057991
투하된 원자폭탄: http://blog.chosun.com/blog.screen?blogId＝7134
지구본: http://www.antiochia.org/2008hp/submenu/family.php

Ⅲ 단원

마르크스: http://blog.naver.com/burumacs?Redirect＝Log&logNo＝100012099603
나폴레옹: http://blog.naver.com/cheezlove?Redirect＝Log&logNo＝

120001060263

링컨: http://cafe.naver.com/akinspan/181

키케로: http://blog.naver.com/nsman2000?Redirect = Log&logNo = 150042224081

루소: http://cafe.naver.com/dufrhdzlxl/25

마르크스와 엥겔스: http://blog.naver.com/paintting?Redirect = Log&logNo = 130008467331

레닌: http://blog.naver.com/sirax?Redirect = Log&logNo = 140054011252

고르바초프: http://blog.naver.com/reallife000?Redirect = Log&logNo = 30076488226

히틀러: http://blog.naver.com/cjsekdn?Redirect = Log&logNo = 130074264800

무솔리니: http://blog.naver.com/chsi99?Redirect = Log&logNo = 150072151611

케인스: http://blog.naver.com/math8529?Redirect = Log&logNo = 130041718769

베버: http://blog.naver.com/hosan62?Redirect = Log&logNo = 10003665057

루스벨트: http://cafe.naver.com/historygall/3296

애덤 스미스: http://blog.naver.com/ktkwon012?Redirect = Log&logNo = 70003059965

정보화마을: http://cafe.naver.com/logosesang/84346

아고라: http://blog.naver.com/nsa_nis?Redirect = Log&logNo = 50051427836

팬옵티콘: http://blog.naver.com/doojoonc?Redirect = Log&logNo = 26561417

스탈린: http://cafe.naver.com/booheong/15934

처칠: http://cafe.naver.com/chilli/5674

장쩌민: http://blog.naver.com/reallife000?Redirect = Log&logNo = 30076497049

IV 단원

물질 만능주의의 폐해: http://blog.naver.com/hankanghun?Redirect = Log&logNo = 42373369

토테미즘: http://blog.naver.com/braveattack?Redirect = Log&logNo = 10046974403

오륜행실도: http://blog.naver.com/wolf3322?Redirect = Log&logNo = 150055305017

산신각: http://blog.naver.com/beremo197?Redirect = Log&logNo = 130002043901

칠성각: http://blog.naver.com/wtjeon?Redirect = Log&logNo = 30074307048

백제 금동대향로: http://cafe.naver.com/63cr/112

풍수지리: http://blog.naver.com/sjlee0242?Redirect = Log&logNo = 140092101459

유네스코 마크: http://blog.naver.com/braveattack?Redirect＝Log&logNo＝
　　10037008091

롤스: http://blog.naver.com/happyclown?Redirect＝Log&logNo＝20090014375

2002 FIFA 한국－일본 월드컵: http://cafe.daum.net/tjdnftlcjd/BNdX/5?docid＝
　　1Hyjc|BNdX|5|20090626160557

비무장지대: http://cafe.naver.com/atoncursed/166

제레미 리프킨: http://blog.naver.com/chomsky77?Redirect＝Log&logNo＝
　　130023776662

허 훈 ───

▌약력

　철학박사
　상일여자고등학교 교사, 중앙대학교 강사

▌주요 논저

『사상체질로 본 성공리더의 조건』(2003),
『환인의 리더십』(2005),
『이제마의 건강심리학』(한국학술정보(주), 2007),
『한국윤리와 생명윤리』(한국학술정보(주), 2007),
『동무 이제마의 철학사상』(2008),
『보인다 윤리』(한국학술정보(주), 2009),
『마음은 몸으로 말한다-동서양의 심신의학』(한국학술정보(주), 2010)
외에도 다수의 논문이 있다.

윤리와 사상의 흐름

보인다!
윤리와 사상

초판인쇄 | 2010년 7월 9일
초판발행 | 2010년 7월 9일

지 은 이 | 허 훈
펴 낸 이 | 채종준
펴 낸 곳 | 한국학술정보(주)
주　　소 | 경기도 파주시 교하읍 문발리 파주출판문화정보산업단지 513-5
전　　화 | 031) 908-3181(대표)
팩　　스 | 031) 908-3189
홈페이지 | http://ebook.kstudy.com
E-mail | 출판사업부　publish@kstudy.com
등　　록 | 제일산-115호(2000. 6. 19)

ISBN　978-89-268-1161-0 03130 (Paper Book)
　　　　978-89-268-1162-7 08130 (e-Book)

이담 Books 는 한국학술정보(주)의 지식실용서 브랜드입니다.